流程牵引目标实现的理论与方法
——探究管理的底层技术

卢锡雷 著

中国建筑工业出版社

图书在版编目（CIP）数据

流程牵引目标实现的理论与方法：探究管理的底层
技术 / 卢锡雷著. —北京：中国建筑工业出版社，
2020.10（2024.7重印）
ISBN 978-7-112-25525-2

Ⅰ.①流… Ⅱ.①卢… Ⅲ.①建筑工程－生产流程－
研究 Ⅳ.①F407.962

中国版本图书馆CIP数据核字（2020）第185750号

　　流程既是任何组织进行战略决策、职能履行、管理控制以及生产建造不可或缺的途径，也是完成从结构设计到功能实现不能跨越的环节，具有重要意义。然而当前流程研究学理不畅、案例不深，尚不够更好地深入化、系统化、实用化，鉴于此，作者展开了多年的理论思考和实践研究，并不断完善升级。

　　本研究围绕定义、分类、表达、编制与优化、效应及绩效衡量、史实研究、应用方法、核心地位与作用等内容展开。为体现流程在组织诸要素中具有核心地位、是组织的核心竞争力，作者创立了"流程牵引目标实现"的"流程牵引"理论，归纳总结出"L管理模式"四大内容即：流程型组织的流程体系、流程要素、沟通为中心的管理运作、IT支撑智能建造及智慧管理。

　　希望本书能够抛砖引玉，真正引起组织决策运营者、管理研究及实践者、生产操作者的重视，以此作为管理的方法论和实用工具，对各种组织实现目标战略有所帮助。

责任编辑：张　晶　牟琳琳
版式设计：锋尚设计
责任校对：张惠雯

流程牵引目标实现的理论与方法——探究管理的底层技术
卢锡雷　著
*
中国建筑工业出版社出版、发行（北京海淀三里河路9号）
各地新华书店、建筑书店经销
北京锋尚制版有限公司制版
建工社（河北）印刷有限公司印刷
*
开本：787毫米×1092毫米　1/16　印张：18½　字数：435千字
2020年12月第一版　2024年7月第二次印刷
定价：**58.00元**
ISBN 978-7-112-25525-2
（36528）

流程管理是一种以构造端到端卓越流程为核心，以持续地提高组织绩效为目的的系统运筹方法，是规范化管理和协同运作的基础。管理大家德鲁克认为：泰勒的"科学管理开创了运用知识研究工作流程的先河"，流程所起作用及流程管理的有效性不断得到验证。工程上，流程是技术逻辑和管理逻辑的表达，呈现为工艺流程和管控流程，是实现规范化和协同化的必要工具。

当前，计算技术、网络通信技术及人工智能技术的快速发展，算据、算力、算法成为智能建造、智慧管理的核心。数字孪生、智能建造催生工程行业和企业数字化转型与升级，然而，要促进数字化和智能化的实现，始终需要建立在流程管理的基础之上。

纵观百余年来杰出的管理人与管理理论丛林，几乎为欧美等垄断，我国原创的管理理论与方法并不多见，这不仅跟我国绵延悠久的管理史和大国地位不相称，也无疑削弱了国家的综合竞争力，我们需要也应当鼓励创新，勇于并善于创新，这对于探索我国的管理水平提高途径有重要意义。正是从这个意义上，我们很乐意看到"流程牵引"这样的思考和探索，期待其成为东方管理和东方思维的典型代表。

作者独具视角，深化和拓展了流程的内涵，论证其与传统流程不尽相同的外延，从管理学、运营学、组织行为学和哲学等学科进行了综合分析和诠释，颇有意味。对流程作用展开深入分析，不仅为流程的使用埋下了伏笔，也为流程地位的确定做了铺垫。体现了管理是实践的思想和方法。

作者所构建起来的"L模式"、提炼总结的典型实践案例，使流程牵引思想易学易用。尽管作者所举例子多来自建设行业、工程企业和项目管理，实际上并不局限于此，作者还广泛地涉猎了其他行业的典型案例，展现了流程牵引理论的广泛性和适用性。例如流程四维度内涵、类型划分、属性分析、九要素归纳、表达、演化历史、适用原则以及流程与BIM及ERP融合等，都具有作者的独创性视角和独到的看法。这些独特的审察和陈述方式，相信能够给读者很多启示，给行业提供较好的流程管理借鉴和指导，并借此进一步提高行业管理水平和企业核心竞争力。

作者具有从事工程行业"技术员、管理员、教练员"的经历，能够挥洒自如地将流程牵引思想和理论应用到解决行业规范化需求、企业业务管理难题和项目管理实践等痛点问题的解决中，透着较为深厚的管理功底与人文情怀。全书图文并茂，深入浅出，极具实践意义，意味深长。

我很高兴能够为本书作序推荐，希望它能够很好发挥其"理顺、术通、实行"的作用，给工程管理乃至各界带去思想营养、管理工具和实效案例，启发大家，服务于社会。

中国工程院院士　华中科技大学原校长
丁烈云　教授
2019 年 09 月 28 日

在科学管理过程中，流程是关键的影响因素之一。科学管理是企业核心竞争力的体现，工作流程之于企业如同一条生命线保障着企业工作面的开展进度和实施质量，其对企业的管理效率、管理目标有着重要的影响。

对于一个组织而言，在经营运作过程中需要合理的流程，并成为一条不间断运行的链条，将各个有机工作单元融为一体，使之合理有序地循环于组织的经营活动之中。流程既是组织进行战略决策、职能履行、管理控制以及生产建造不可或缺的因素，对提升组织的科学管理具有重要意义。随着企业竞争越来越激烈，流程优化、流程重组等相关研究和应用一直十分热门，但系统性和实用性是相当缺乏的。

本书作者有二十余年建设工程和建筑企业的管理工作经验，在管理实践中深刻体会到了流程对于科学管理的影响，并经系统性梳理和实践性检验，完成了本书的研究成果。难能可贵的是，作者在管理科学基本研究的基础上，做到了研究理论与方法的创新，提出了"流程牵引目标实现"的"流程牵引"理论，归纳总结出"L管理模式"，全面阐述了流程型组织的流程体系、流程要素、沟通为中心的管理运作、IT支撑生产自动化与实现管理控制的四大部分内容，使得流程管理更具有有效性、整体性和程序化，这对组织科学管理的研究和组织运作方式具有重要的价值。作者在系统阐述理论与方法的同时，结合自身在建设行业的管理工作经验，将理论与实践很好地结合起来了。

希望此书能为组织决策者、管理实践者、运营操作者等提供实际的帮助，也以此鼓励更多的具有一线管理经验的工作者注重科学管理、提升综合竞争力、积极总结实践经验，为管理学的发展添砖加瓦。

教育部原副部长　同济大学原校长
吴启迪　教授
2014 年 05 月 18 日

第二版
自序

　　第一版出版以后，我们的工作主要集中在以下几个方面：

　　（1）在全国率先为研究生开设"流程管理学"课程，系统讲授流程知识，从2015年算起到2020年已经六个年级。作为土木工程学院的专业硕士来说，他们觉得掌握流程知识、培养流程思维、融流程入实践，对自己较快掌握专业知识、顺利融入职业发展、提高思考效率十分有益，帮助很大，不管是学管理专业的，还是学其他专业的，都是如此。同时注重在本科工程管理专业教育中，推广流程思想，也收到较好效果。

　　（2）对流程的研究。流程内涵，不仅仅从管理维度，还从运营、组织行为学和哲学维度进行了论证，这大步扩展了视野，也确证了其作用发挥的底气。流程属性构成、作用发挥、地位确立等均有深入和拓展。同时挖掘了世界管理大家对流程的肯定和看法，有利于我们理解和产生深入探究的愿望。

　　（3）对"流程牵引理论"的完善。已经完整地形成三大部分，即除了理论表达外，还包括"流程牵引主要内容阐述""流程牵引原则原理""流程牵引实践案例"。更适合于传播和应用，并具有原创性地位，虽名为流程，其实已经远非传统可比。

　　（4）实践和案例分析。不仅结合如"最多跑一次"等国家行政管理效率提高的当下命题、"网联改革"控制风险的互联网金融流程再造、"装配式建筑流程体系"、"BIM应用流程体系"等具有解决现实问题的课题，还深入进行体系性应用的构建与推动：如"建筑工程施工工艺体系""公路工程施工工艺体系""基于流程牵引的精准管控""敏捷高等工程教育体系（流程构建）""全过程工程咨询流程体系""工程造价咨询流程体系""工程监理流程体系"等，极具挑战性和应用价值。

　　（5）为了推广和加强与社会的交流，我们还以原创为主编撰了"流程牵引"微信公众平台，及今已经达150期，获得良好反响的同时，收获了很多宝贵意见。同时也在多个工程项目咨询中采用流程牵引理论，帮助提高项目的实施效率。

因此，本次进行了相当大规模的修订和完善，主要架构为四大篇：理论篇、方法工具篇、实践篇和附录篇，正文章节从第一版的6章扩大为第二版的10章，着重就学理方面进行提升和补充，弥补了管理上"没有理论高度的应用技术很可能生命力受限"的不足；增加了大量的流程牵引理论应用实际案例，以建筑业为主，增扩到广义的管理领域。限于篇幅，遗憾地删除了第一版"建筑业大融合"的内容。总体上形成"理论、方法、工具、实践"的完整体系，促使构建的理论具有高度、深度和广度。而我们提供的大量"流程图"，尽管规范化、标准化程度大幅提高，但并不是供读者照搬照抄的，是希望"思想可鉴、思路可仿、稍改可用"，这一点请大家务必留意和见谅。

研究表明，要全面系统地提升管理，需要长时间慢慢累积，这不符合当下时代变化快速的竞争节奏，不符合发展中国家的现实急需。所以要发挥后发的优势，在世界管理理论和实践基础上，总结出能够帮助我们较快提高管理水平的理论和方法，实现后来者赶超和居上的局势。这种方法，我们认为在"人、事、物"中，只有紧紧咬住"事"，梳理事情的逻辑、优化做事的途径、推动成事的自动化，才是实现这一目标的正确途径。当然不是否定"以人为本""人文管理"的先进思想和理念，是在说，从人本身的复杂性和改造人的缓慢过程构成以及未来智能代替人的部分增多趋势来看，不如先理清楚"事"，更能将事情做好，从而进一步实现"人本"，避免复杂性导致的"纠缠"。正如华为董事长任正非所说："以人为中心是封闭的，以事为中心是开放的"。至于物，则算是一个相对静止和容易整合的因素，也更容易精细化管理，即使把资本看作是特殊性的物，也是如此。终究，个人和组织都是"完成任务，而实现目标"的，任务就是目的性更强的"事情"。

正是基于这样的认知，我们仍然埋头研究流程的学理，构建流程牵引理论，实践和验证其有效性，深耕探究其中的奥妙。我们得到的经验和感受认为："流程牵引目标实现的理论与方法"是切合实际，具有生命力的管理理论、方法和工具，将帮助我们达到以提升管理效率为抓手的组织提升管理水平的目的。

这个过程中，我的研究生们从收集资料、绘制图片和表格、进行修订、讨论完善等各个方面付出了巨大的努力，不仅如此，许多成果是他（她）们在学习、研究过程中取得的，也采纳到了本书中。他们是：2017级傅静芸、潘梦夏、钟铭；2018级张晗辉、陈细辉、陈兆龙；

2019级牛凯丽、楼攀、陈志超；2015级赵灿、吴航、张宸浩；2016级黄旭雷、高林炎、余琳；本科工程管理专业的董晶晶、余园园、邵宜强等同学。特别是徐一鸣、陈威文、胡兴华三位既是好朋友又是管理实践领域的专家，参加本书的审校，指正了不少错漏疏失之处。

在面对面的直接交流中学习是最快的办法，我在跟专业人士和朋友们交流中，能够迅速获得他们长期的经验（这些往往是他们沉淀已久的精华），甚至是压箱底的宝贝。当然更大量的是书面的交流，读经典的、通俗的各种流程相关论文、书籍和微信公众号文章，获益非常大，也深受启发。

对流程的知识认知和重要性认识，我个人在欣喜"流程"一词越来越常听到和被用到的同时，仍然强烈感到全社会对此认知的肤浅和应用的片面，以及对其作用的模棱两可甚是不满，这更加促使我们加深研究、加紧宣贯、加强实践，唯有"实干"，才能更好地发挥流程的价值。

第二版，获得绍兴市夏禹城市发展研究院的赞助、得到绍兴文理学院出版基金资助，才得以及时付诸印刷。

卢锡雷

2020 年 03 月 22 日

于华夏战胜新冠肺炎疫情，封城两月之武汉

流程存在久远，对流程的研究历史却并不长，系统全面地开展研究更是最近20多年的事情。

世界范围内，在以西方管理思想为主流的学界、业界，研究流程最早的是美国的佛雷德里克·泰勒（Frederick W.Taylor，1856～1915年），在对"工艺流程"（工序）的多年研究之后，出版了《科学管理原理》（1911年）。可以说现代科学管理理论的创立是从研究流程开始的，其追随者连续出版了《动作研究》（1911年）、《应用动作研究》（1917）等专著，这些专著中论述的改进方法、改进工具、改进作业条件等都可以理解为是对工艺流程的改进。亨利·福特在商业实践中，由于采用"流水线"生产T型车（1913年），取得了商业的巨大成功，也开创了自动化制造管理的先河。之后，商业丛林中，管理学者来不及照顾"过程的研究"，流程思想和研究也就悄无声息地沉默了很多年。直到，迈克尔·哈默（Michael Hammer）的"流程再造"（BPR，1990年）再次提起该话题，并席卷全球。但是在鼓吹革命性的、彻底的流程再造遇到现实的壁障之后，这一股幻想的浪潮，犹如悄然划过夜空的流星，明亮而没有持久。尽管如此，却给全世界的业界、学界留下了巨大的探索空间，从这一点来说，哈默的探索恰似夜幕荒野中点燃的火焰，照亮了流程研究前行的方向。

中国的流程思想及应用比1911年要早得多。版本完整的《御题棉花图》，将棉花从布种、培植到成布、印染分成16个步骤，每个步骤用一幅图画表示，诗文说明，郑重签印，不仅生动明了，还趣味盎然，是典型中国式的集技术标准、书法艺术、刻画艺术、诗歌艺术于一体的优秀"艺术"作品。单纯从流程研究的角度，其全过程的系统性、步骤性及完整性、描述的技术要点的精细化和创新性，涉及机械、气候、质量管理，甚至贸易商业法则等流程知识要素，是现存于世的绝无仅有的素材！用美轮美奂来形容《御题棉花图》，是一点也不为过的！这事件发生在1765年，中国清乾隆三十年的四月，比BPR

早了225年。

流程具有自成体系的学科知识的特点，如果将其名列于管理科学之下，仍将是俊秀的"奇葩"，"流程学"是可以期待成为独立的新学科的。从流程定义、分类、表达到其核心地位与作用、史实和编制与优化方法、作为应用工具及巨大效用，已完全可以形成完整的体系。由于流程是结构、功能和过程三个重要哲学范畴之一，其研究价值的重拾，将是迫在眉睫且意义非凡的。对于高度复杂性、多维度、动态性的竞争环境来说，组织经营者只有跟踪和管理好动态的流程才能彻底摆脱管理困境，免陷运营失败的泥潭。

然而，对于流程的理论建构却十分滞后。当前，倘若流程再造（BPR）勉强算是理论（其实是观点与方法），在流程应用的凭借和指导方面，理论仍可以说是捉襟见肘的，因为，几乎没有较为成熟的理论可以依靠。

"流程牵引"（"流程牵引目标实现的理论与方法"的简称）理论是作者斗胆摆出的理论之一。作者不揣学识浅陋，胆大不拘，将其公布，惟愿引起靶向式的反思与研究热潮。当然，作为该理论和方法的探索，作者已进行很久，并且坚信，虽然还显粗陋，但精藏于其华，日后可完善之，却不可以废之也！自分工以来，职能部门之间、职能之间的割裂确实已经太久太久了，甚至有点积重难返。唯一能够真正很好融化这种割裂，以目标为方向、以任务为节点的，但愿如作者所研究和认识到的，就是流程这个组织的核心要素了。

同时由衷感到，当我想到和提出前人不曾详表的观点时，内心是愉悦和不安并存的。在阐述所思所想的时候，本书基本上表达了以下的创新点：流程牵引理论、流程牵引方法——L管理模式、任务要素划分法、流程信度效度和优度概念、流程优度评价方法、流程内在线索、"流程大使"软件架构，同时对困扰行业信息化的信息细度概念、全息管理、信息的流转方式等不常见于论著的论述也作了明晰的论述。在对流程进行分类时提出的四流程图，希望也能被大家看到是与以往不同的研究亮点，这将为流程型企业的运营提供理论基础。我是按照"描述、论证、验证和设想"这样的思路来完成上述的整个表达的。全书描述了一个牵引理论，一个管理模式；对其核心的地位和对组织竞争力的影响力进行论证；用分散的管理实践验证其应用实效；提出建设行业流程大再造的设想。当然，希望的是能让研究结论尽快返回去为组织和经理人服务，期望不仅仅是一种思维方法，更是实践的工具，是一个真正发挥流程作用的实践工具。

对于阅读，取决于读者的思索追求、时间精力、兴趣和管理需求。对有管理理论基础、喜欢思辨与对注重案例借鉴不想追根究源的阅读应当有所不同。本书方法的阐述和方法范例是重点，而不是论证，理论、方法和实践方面，各有偏重。

这是一本追求管理行为完善、寻求行动效率、连系系统要素、速达管理目标的思考与研究集。虽然写作时间不长，而且我非常希望能多用几个图和表，来代替过多的文字，并且尽量缩短篇幅，以免浪费读者的时间。

写过好几个版本的序言，随心情文字各不相同。尤其是限于作者从事行业的粗放和知识积累的粗糙，加之学识智慧的粗鄙，虽已尽力，错谬之处，仍然俯拾皆是，令人不胜唏嘘。好在基本框架已定，重在思想内容的表达和基本逻辑的脉络，粗疏陋失，已不由己身。

随缘吧。（略有删改）

卢锡雷

2013 年 04 月 29 日

目录

全书逻辑流程

第 **1** 篇

理论篇

第1章　为什么是流程 2

　　本章逻辑图 2

　　1.1　流程现状 3

　　1.2　流程的地位 6

　　1.3　流程的作用 36

　　1.4　流程地位及作用的评价维度 44

第2章　什么是流程 46

　　本章逻辑图 46

　　2.1　流程内涵 47

　　2.2　流程属性 49

　　2.3　流程要素 52

　　2.4　流程分类 56

　　2.5　流程层次 58

　　2.6　流程内在线索 58

　　2.7　流程历史源流 59

第3章　什么是流程管理 62

　　本章逻辑图 62

　　3.1　BPR、BPI、BPM 63

　　3.2　流程管理内容 65

　　3.3　流程管理发展趋势 66

第4章 核心理论——流程牵引理论 68
　　　本章逻辑图 68
　　　4.1 流程牵引理论的提出 69
　　　4.2 流程牵引的理论表达 69
　　　4.3 流程牵引理论组成 70
　　　4.4 对"流程牵引"理论的评价 71

第5章 延伸理论 73
　　　本章逻辑图 73
　　　5.1 敏捷工程教育理论 74
　　　5.2 精准管控理论 77

第 **2** 篇

方法
工具篇

第6章 流程牵引"L模式"法 84
　　　本章逻辑图 84
　　　6.1 L模式的组成 85
　　　6.2 L模式的应用步骤 97

第7章 流程实践方法 101
　　　本章逻辑图 101
　　　7.1 流程型组织 102
　　　7.2 流程规划 109
　　　7.3 流程表达 113
　　　7.4 流程编制 119
　　　7.5 流程执行 123
　　　7.6 流程评价 125
　　　7.7 流程梳理 133
　　　7.8 流程优化 135
　　　7.9 流程管理规范（设想的流程管理规范）...............139

第8章 流程管理工具 141
　　　本章逻辑图 141
　　　8.1 软件体系 142
　　　8.2 流程模拟 142
　　　8.3 流程平台 152
　　　8.4 流程可视化 158

第**3**篇

实践篇

第9章　应用案例 164

　　本章逻辑图 164

　　9.1　理论、方法与实践的融合 165

　　9.2　企业管理案例 172

　　9.3　工程管理/教育案例 178

　　9.4　政务改革案例 204

　　9.5　信息化建设案例 214

　　9.6　流程集锦 217

第10章　流程展望 231

　　本章逻辑图 231

　　10.1　流程发展方向 232

　　10.2　流程牵引的研发方向 233

附录篇

A　流程的定义及讨论 238

　　A.1　流程的定义 238

　　A.2　流程的属性 241

B　流程的表达方法 242

　　B.1　流程的多种表达方法 242

　　B.2　对流程表达方法的评价 250

　　B.3　流程牵引表达法的实际应用 253

　　B.4　流程牵引下的流程表达法与现有

　　　　　实际工具的对接 253

　　B.5　流程表达中的常见问题 254

C　《御题棉花图》的流程研究意义 256

　　C.1　棉事流程的表达结构 257

　　C.2　"棉事总流程" 258

　　C.3　流程（任务）要素描述汇总 262

结束语 263

参考文献 267

感谢 276

全书逻辑流程

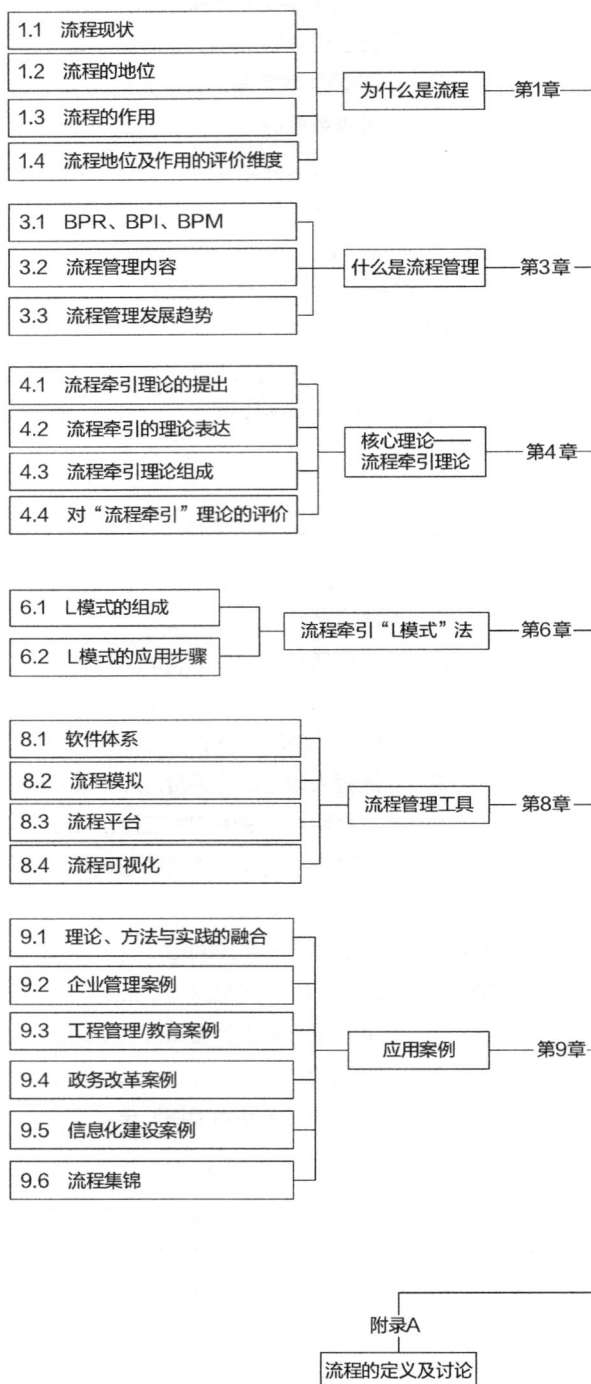

1.1 流程现状		
1.2 流程的地位	为什么是流程	第1章
1.3 流程的作用		
1.4 流程地位及作用的评价维度		

3.1 BPR、BPI、BPM		
3.2 流程管理内容	什么是流程管理	第3章
3.3 流程管理发展趋势		

4.1 流程牵引理论的提出		
4.2 流程牵引的理论表达	核心理论—— 流程牵引理论	第4章
4.3 流程牵引理论组成		
4.4 对"流程牵引"理论的评价		

6.1 L模式的组成	流程牵引"L模式"法	第6章
6.2 L模式的应用步骤		

8.1 软件体系		
8.2 流程模拟	流程管理工具	第8章
8.3 流程平台		
8.4 流程可视化		

9.1 理论、方法与实践的融合		
9.2 企业管理案例		
9.3 工程管理/教育案例	应用案例	第9章
9.4 政务改革案例		
9.5 信息化建设案例		
9.6 流程集锦		

附录A

流程的定义及讨论

图 0-1　全书逻辑流程示意图

全书的逻辑：先阐述流程理论，再描述流程应用方法和工具，然后介绍应用案例，最后提出流程展望，为阐述节奏的紧凑，将流程定义、流程表达及承载中国流程思想的御题棉花图以附录形式录于最后。构成学理、方法、器具、用案的完整篇章节段（图0-1）。

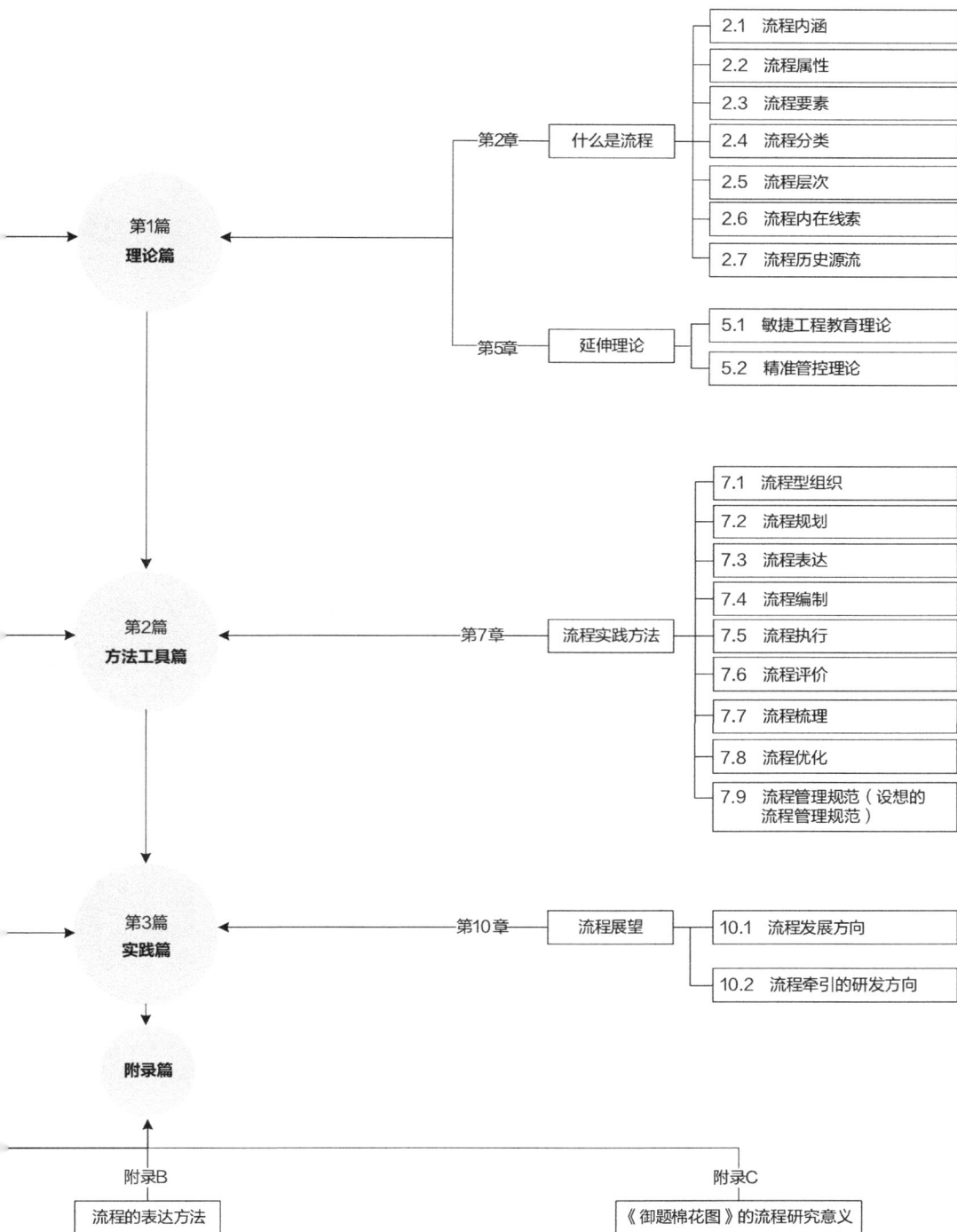

第1篇 理论篇	第2章 什么是流程	2.1 流程内涵
		2.2 流程属性
		2.3 流程要素
		2.4 流程分类
		2.5 流程层次
		2.6 流程内在线索
		2.7 流程历史源流
	第5章 延伸理论	5.1 敏捷工程教育理论
		5.2 精准管控理论
第2篇 方法工具篇	第7章 流程实践方法	7.1 流程型组织
		7.2 流程规划
		7.3 流程表达
		7.4 流程编制
		7.5 流程执行
		7.6 流程评价
		7.7 流程梳理
		7.8 流程优化
		7.9 流程管理规范（设想的流程管理规范）
第3篇 实践篇	第10章 流程展望	10.1 流程发展方向
		10.2 流程牵引的研发方向
附录篇	附录B 流程的表达方法	
	附录C 《御题棉花图》的流程研究意义	

1

第 篇

理论篇

第1章
为什么是流程

本章逻辑图如图1-1所示。

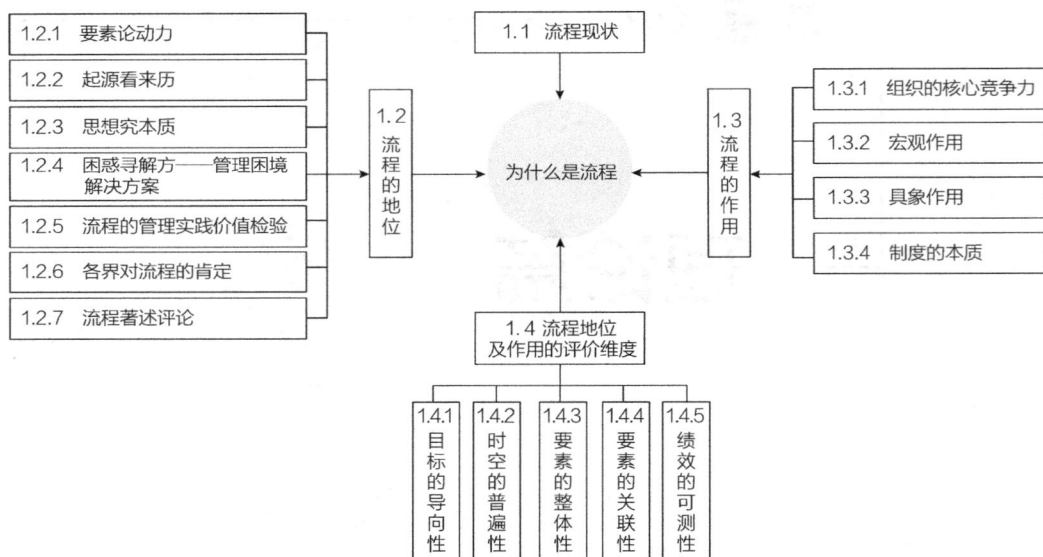

图 1-1　第 1 章逻辑流程示意图

我们认为，一切行为的混乱其根源在于"认知的缺损和肤浅"，因此花大篇幅下大力气讲清楚"为什么是流程"，就是要着墨于提升对流程的认知水平。流程的认知提高了，流程管理才有可能上档次、上水平。

1.1 流程现状

通过调查、研究,我们发现国内对流程的研究和应用总体上呈上升趋势。这些研究目前集中在工程技术、基础研究、行业指导以及基础应用研究层面,分布在40个学科领域,主要聚焦在工商管理、计算机、工业经济等领域。图1-2 ~ 图1-4是在中国知网上以"流程"为关键词所统计的国内文献情况。分布领域的分散也说明应用的广泛,流程是具有广泛应用基础的"知识"。

此外,流程目前还面临地位不定、分类不明、概念不清、误解不少、图形混乱,亟待解惑、亟待提高等现状。在企业管理中还发现流程的标准化设计不足、概念不清晰、没有书面

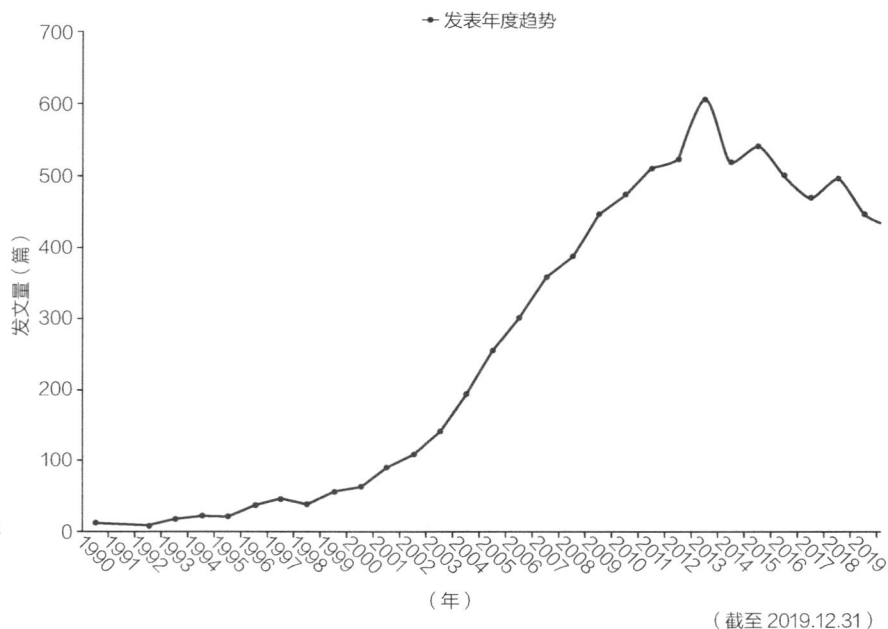

图1-2 流程有关研究各年份文献统计图

(截至 2019.12.31)

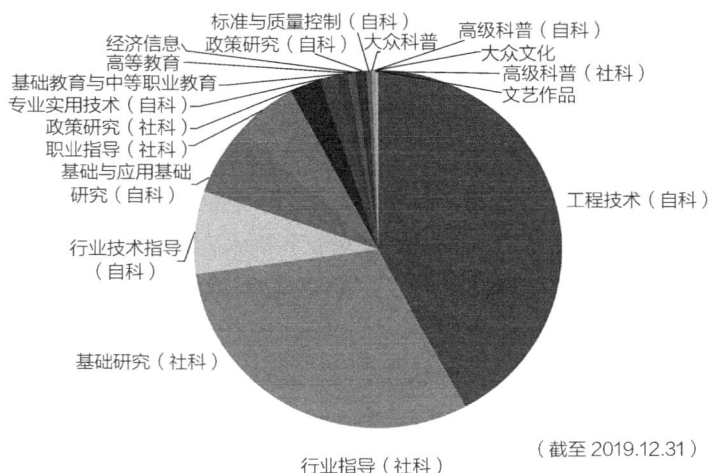

图1-3 流程有关研究各层次文献统计图

(截至 2019.12.31)

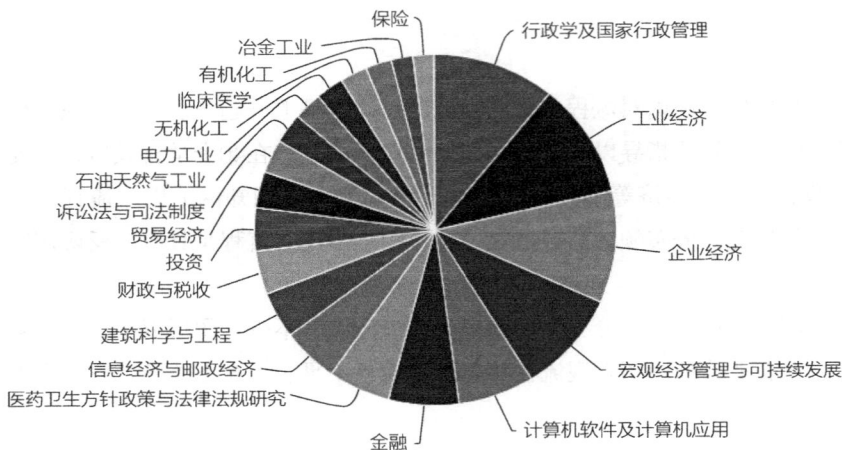

图 1-4　流程有关研究各学科文献统计图

（截至 2019.12.31）

成文的流程、流程的责任人不明确、部分关键工作没有明确规范、与流程相关的制度和标准没有建立等情况，这些问题说明流程认知以及流程管理应用还不深入和规范。具体来看，流程现状如下：

1. 对流程理解不足

一般对流程的认识有以下几种观点：第一，流程就是对工作过程的描述，即描述工作的做法；第二，流程是对现有工作的规范性描述，用规范的语言、规范的方式把事情固化；第三，流程管理是促进管理提升的一种工具和方法；第四，流程管理是对现有管理的运作体系的重新设计和优化；第五，流程管理是从思想上、组织运作上甚至企业文化方面对整个能力和运行机制的重新塑造。这五种观点本身没有错误，但片面地使用一种观点就存在问题。由于对流程本身剖析和挖掘不够，基于流程的管理也自然存在相当的问题。

2. 流程设计思路不清晰

流程管理工作应遵循系统性、与业务密切契合的原则，并应遵循自上而下与自下而上相结合的原则，但以自上而下优先的理念导入和进行体系建设。然而在许多企业流程管理过程中，往往直接从基础的操作层面的流程开始开发，直接将流程应用于具体的作业活动，流程数量多、周期短，而这些流程之间又相互孤立，导致业务不连贯、不顺畅，同时自下而上的流程开发，容易造成流程活动的缺失，不利于企业内部的系统管理。

3. 流程设计不合理

流程设计不合理有两方面原因，一是企业在管理过程中无法打破常规思维，仍是事事以组织职能职责为出发点，未能从业务整体运营的角度去设计流程，导致流程管理失去改善管理的本质意义；二是流程设计在一个封闭的环境下展开，由企业的一个部门或一个员工负责业务流程的开发，而非召集流程中利益相关部门和业务专家参与到设计讨论中，致使设计出的流程具有局限性，甚至出现利益偏颇，导致流程适用性较差，缺乏有效性。

4. 重制度、轻流程

企业的制度管理观念正逐步深入，依赖于"制度"管理企业，同时以罚为主的考核导向，也决定了制度在中国企业管理中的地位，而企业对流程的内涵理解又不到位。在这种背景下，很多人对于流程存在的意义要打问号，也在一定程度上阻碍了流程管理的应用与发展。

5. 流程执行缺乏监督机制

很多企业的流程管理工作既是以流程开发设计为始，亦为终。流程设计发布后，无人去理会流程是否有效执行，执行过程中有何问题，有问题向谁反馈等，没有流程执行监督的机制。在流程管理本就未能成为主流的背景下，就越发导致流程变成一纸文件，流于形式。

6. 缺乏科学有效的流程绩效评估机制

一些企业虽然建立了一套流程绩效评价指标体系，但却未跟进后续评估的运营机制，对于流程责任人、流程评估周期、流程优化改善机制、组织部门都没有详细规定，也将流程绩效评价变成了口号和书面文件，"仅供观赏"。这也是导致流程管理流于形式，未能持续改善的原因之一。

7. 缺乏信息化系统支撑

信息化管理水平不高，无法支撑流程管理需求，流程管理多依赖于信息化系统，而中国企业的信息化管理水平普遍低于发达国家企业，尤其是建筑业企业，由于文化和技术的限制，信息化系统的开发、应用和发展都存在很多问题，直接制约流程技术的应用。

8. 缺乏原创性

统计基金项目、搜索流程学术专著、查阅相关论文等得到的结论是：关于流程、流程管理等方面，缺乏原创性成果。现代管理学语境下，我国的"科学管理"分支，研究和应用的原创性成果非常缺乏，这是不争的事实，在流程知识领域，也是如此。基金研究项目统计分析如图1-5所示。

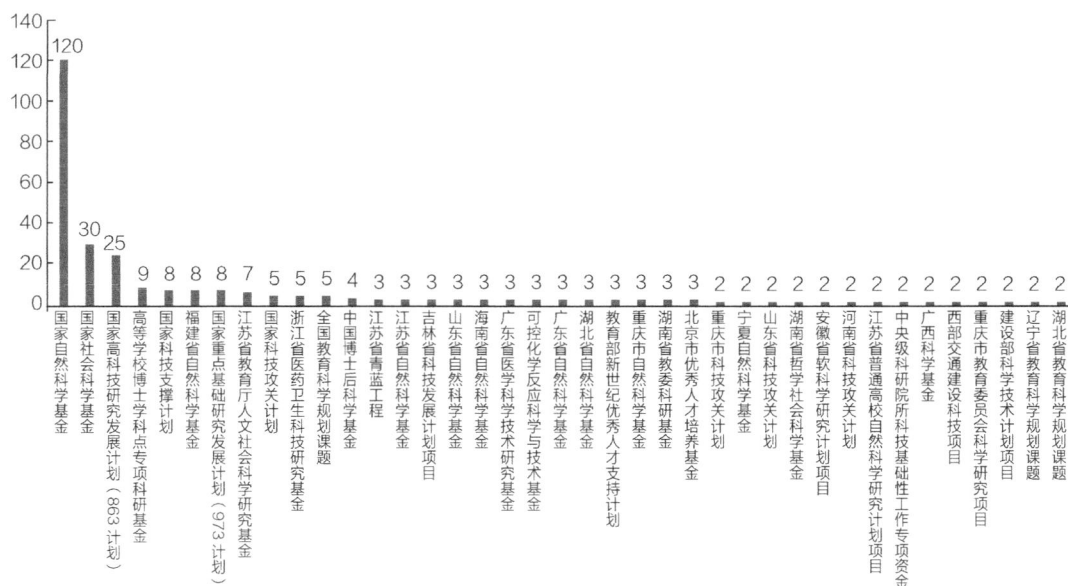

（截至 2019.12.31）

图1-5　流程有关研究各基金文献统计图

9. 流程表达不规范

流程图是一种直观、形象地表达流程的方法。现实情况是：流程表达不规范的现象比比皆是。这不仅限制了管理思想的准确表达，也给人造成了"不规范、不成熟"的印象，影响人们对流程的认知。从概念内涵到流程图编制，需要一个《流程管理规范》来指导，以提高流程标准化应用的程度。

1.2 流程的地位

流程地位的确立，关系到流程相关理论和技术的价值发挥。从组织运作要素论述管理动力、研究起源看流程来历、思想思辨寻求流程本质、运营困惑寻求解决方案以及实践案例探索流程效果，同时顾及学者与企业家的言论、流程心得者的专著七个方面（图1-6），确证流程的地位。此举虽不及数理分析论证来得严谨，但是也应是足够有说服力的。

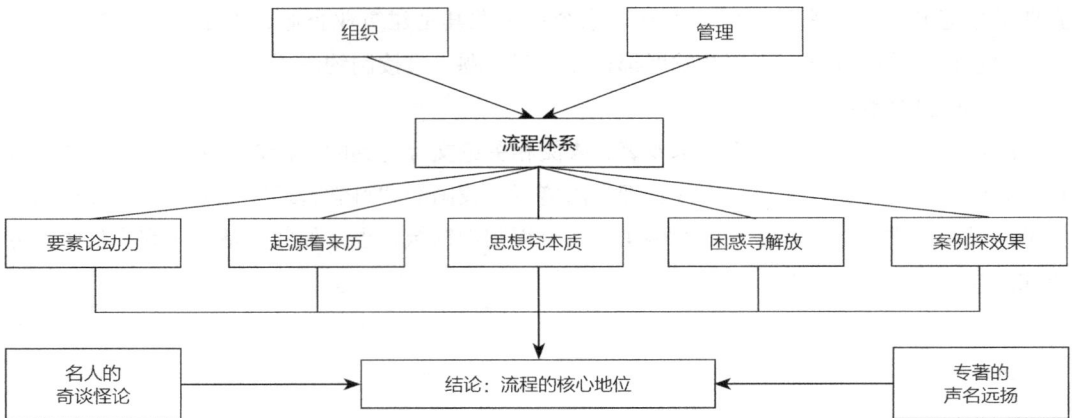

图 1-6　确立流程地位的七个方面内容图

1.2.1 要素论动力

为什么可口可乐公司夸口说即使一夜之间厂房被全部烧掉，也能很快恢复元气？在品牌和秘方的背后，还有没有更深层的促使其成功的因子呢？这是非常值得研究的问题。我们知道，百年来百余位管理大家，研究过的主题很多，管理要素研究集萃可以说构成了管理思想发展的百年脉络，按照时间顺序罗列如下，作为资料也可资研究参考：

科学原理、作业管理、职能化管理、差别计件工资制、时间与动作研究、标准化、
例外原则、精神革命
巴思计算尺
甘特图、工业的习惯、计件奖励工资制

动作研究、制度化管理、疲劳研究、管理人员发展计划

直线—参谋制、奖励工资制、效率的12项原则

非工业部门的科学管理、管理"人情化"

一般管理、管理的14原则、5种职能

组织的官僚模式、传统权力、超凡权力、法定权力

T型车、装配流水线、大批量生产、标准化生产

工业心理学、应用心理学、司法心理学、临床心理学

团结精神、整合统一、责任分担、群体思维、集体意志、相互关联的控制、情境规律

成功定律、PMA黄金定律

霍桑实验、霍桑效应、人际关系运动、行为科学、社会人、非正式群体

人际关系

社会系统学派、经理人员的职能、管理者的权威

古典管理理论、组织设计理论、八项组织原则、管理思想演变

七项管理职能、十条管理原则

组织效率原理、冲突类型和处理对策

有机职能、直线组织和参谋组织

场论、生活空间、拓扑心理学、群体动力学、引拒值、向量、独裁型领导、民主型领导、放任型领导

需求层次理论、生理需求、安全需求、归属和爱的需求、尊重需求、自我实现、人本心理学、巅峰体验

双因素理论、保健因素、激励因素、工作满意度、工作丰富化、工作扩大化

成就激励理论、成就需求、权力需求、归属需求、高成就动机者、胜任素质、素质冰山模型

胜任素质模型、主题统觉测验

管理假设、X理论、Y理论

行为主义、操作性条件反射、强化理论、强化刺激、正强化、负强化、惩罚、消退、斯金纳箱

行为塑造、程序教学

管理职能、管理理论丛林、管理过程学派、经验主义学派、人际关系学派、群体行为学派

领导方式、领导行为连续体

管理学、目标管理、管理责任、绩效精神、有效沟通、后现代组织、事业理论、战略规划

创新、企业家精神、知识工作者、非营利组织

决策理论学派、有限理性、程序化决策、非程序化决策

"不成熟-成熟"理论、行为科学、组织学习、组织防卫、双环学习

帕金森定律、机构膨胀定律、组织瘫痪定律、琐事定律、办公楼定律

战略管理、协同、PEST分析框架、差距分析、安索夫矩阵、市场渗透、市场开发

产品开发、多元化经营、安索夫范式

企业史、大工业企业、企业战略、企业结构、看得见的手、组织能力

公司战略、战略管理、SWOT分析

市场营销、营销近视、以顾客为导向、市场全球化

营销管理、社会营销、水平营销、营销战略

权变理论、组织结构、组织设计、超Y理论

系统方法、权变方法、系统管理理论

生产管理、管理科学、数学模型与程序

组织发展、领导力、墨迹式组织、老大式组织、有机适应型组织

权变理论、组织结构、技术与生产系统、单件生产、大批量生产、连续生产
组织效能

期望理论、激励力、效价、期望值、工具性、领导者–参与模型、独裁专制型、
协商型、群体决策型

公平理论、工作输入、分配公平、程序公平

波特–劳勒激励理论、内在报酬、外在报酬、任务角色

管理新模式、第四系统、支持关系理论、专制权威式、温和专制式、民主协商式、
民主参与式、联接销、利克特量表

管理方格模型、贫乏型管理、乡村俱乐部型管理、中庸之道型管理、任务型管理、
团队型管理

领导权变理论、最难共事者问卷、菲德勒权变模型、认知资源理论

领导情境理论、指示型风格、参与型风格、推销性风格、授权型风格、领导力研究中心

经验主义学派、比较方法、公司经验研究、伟大的组织者

通用汽车公司、事业部制、分权制

彼得原理、层级管理

社会交换理论、人际互倚理论、转换细目表、归因理论、自我服务偏见、基本归因错误

国际商用机器公司IBM、企业信念

管理工作、经理角色、战略管理、战略形成、战略计划、战略5P、国际实践管理教育联盟

责任时间幅度、必要组织、中年危机、判断时距法、杰奎斯法则

提升组织、领导力

生产与经营管理

ERG、生存需要、关系需要、成长需要、挫折–倒退原理

社会学习理论、观察学习、自我效能、自我调节、交互决定论、榜样作用、社会认知

路径–目标理论、指示型领导、支持型领导、参与型领导、成就导向型领导

领导、领导者与管理者

管理者技能、技术能力、人际能力、概念能力

管理学、管理学思想史

波士顿矩阵、现金牛产品、瘦狗、问号、明星产品、经验曲线

定位、营销战略

权变管理理论、有效的管理者、成功的管理者、组织行为、心理资本

Z理论、M型社会

7S模型、峰顶综合症、走动式管理

质量管理、戴明环、统计质量控制、戴明"十四要点"

适用性、质量环、朱兰三部曲、80/20法则、质量计划、质量改进、质量控制、"突破历程"

未来学、未来的冲击、第三次浪潮、权力的转移

未来学、大趋势、定见、新人类观

国际生产折中理论、所有权优势、内部化优势、区位优势、投资发展周期理论

文化差异、洋葱模型、文化维度、不确定性规避、男性化–女性化、权力距离、

个人主义–集体主义、短期倾向–长期倾向

追求卓越

组织文化、组织心理学、睡莲模型、"复杂人"、职业动力学、职业猫

非理性的年代、三叶草组织、S曲线、甜甜圈理论、中国式契约、组合式职业

创新、授权、坎特法则

企业生命周期、"爱迪斯法"、PAEI四大管理风格

管理学、组织行为学、领导、组织变革

竞争战略、竞争优势、成本领先战略、差异化战略、聚焦战略、五力模型、价值链、

钻石模型、产业集群

全球战略、竞争战略、全球化、战略3C、M型社会

客户服务、自来水哲学、水坝式经营、玻璃式经营

日本管理、日本制造、价格U形曲线

活力曲线、无边界、6σ、群策群力

推理式决策、协同

普遍主义、个人主义–集体主义、跨文化管理、专一型—扩散型、赢得的地位—赋予的地位

内部导向—外部导向、依序处理—同步处理、情感中立型—情感型、分析—整合、

平等—阶层、家庭型、埃菲尔铁塔型、导弹型、孵化器型

跨国管理、多国管理、全球公司、国际公司、跨国公司、个性化公司

学习型组织、第五项修炼、自我超越、心智模式、建立共同愿景、团队学习、系统思考

董事、公司治理、团队角色、超级团队、超个体、团体思维

人力资源管理角色、员工激励者、人力资本开发者、职能专家、战略合作伙伴、无边界组织

基业长青、从优秀到卓越、高瞻远瞩公司、第五级经理人、刺猬理念、飞轮效应

麦肯锡咨询公司、管理咨询、领导者原则、组织架构

核心竞争力、战略意图、管理创新、金字塔底层

蓝海战略、价值创新、战略行动、引爆点领导法

荷士卫公司、SPIN销售法、竞争合作、伙伴关系

隐性知识、显性知识、SECI模型、知识创造、知识螺旋

智力资本、知识管理、市场资产、人才资产、知识产权资产、基础结构资产

知识管理、知识员工、注意力经济、知识市场

创新管理、颠覆性创新、颠覆性技术、持续性创新

产品创新战略、无形产品

惠普、惠普之道、巡回管理、开放式管理、从内部提拔人员

原则性领导、客户导向

企业倒闭

高效能人士、前摄、要事第一、统合综效

企业流程再造、行动纲领、企业X再造

平衡计分卡、战略地图、战略中心型组织、绩效管理、战略管理、协调一致

【最近的成果有：精益管理、能力成熟度理论、JIT、ERP、CRM、PLM、BIM、AI、5G】

当看到如此众多的管理主题或者要素，首先我们的问题是：有没有一个或者少数几个因素，是可能起到关键作用的，或者是能够因为抓住该因素而"牵连"到其他因素的呢？

大胆地分析是这样的：组织运营必须是采取行动（即完成任务）而后才能取得成效，从而达到目标以完成组织设立的愿景进而实现其使命的，这一系列的任务构成了实现目标的流程。对行为方式的研究，符合《组织行为学》界定的核心论题，在后面的讨论中，我们认定流程在某一个视角为"流程是组织的行为方式"，并且认为，流程是能够起到纲要作用的核心要素。无论战略导向、资本导向、人才导向、业务导向、价值导向或者其他导向，最终均落实到行动的过程——流程之中。

1.2.2 起源看来历

也许是流程像空气阳光一样的存在，以至于虽然多次浮出水面，但是真正的认知和价值仍然淹没在水下，犹如冰山的90%并非常常能见。简单来看，其过程中可以追溯的几个节点有：

1776年，亚当·斯密的《国富论》，其作为经济学开山之作，对分工和交易进行了奠基，对于制针工艺的研究可算是"工艺流程"（及管理流程）的西方明确表述。

1911年，泰勒出版了《科学管理原理》，是在多年研究钢铁厂工人操作步骤的基础上归纳总结出来的，其本源也可以说就是对"工艺流程"（及管理流程）的不断分析、优化为核心的，并延续到1917年的《动作研究》。正因为如此，经验流派的管理大家德鲁克认为："科学管理的出现开创了运用知识来研究工作流程的先河"。这几乎等于说，流程研究的重要节点，就是科学管理的出现，是站得住脚的。

1913年，福特T3车生产的流水线，奠定了其生产效率、市场份额和价格优势，成就了其汽车业界的商业帝国地位。

1765年，中国的《御题棉花图》，作为案例我们附录在书后，可以说是早期流程思想的完美体现。

1945年，提出计划评审技术。

1980年代 和1990年代，哈默提出"流程再造"。

流程从起源看，思想源流完全是"出身名门"，流派正宗。即使被《组织行为学》有意无意地忽视，流程仍然代表着不可跨越的过程。毫无疑问流程是成就组织目标必不可少的环节，对于这一点我们在后面还会详述。

1.2.3 思想究本质

1. 结构、过程、功能的关系

（1）流程是连接结构与功能的节点

流程是连接结构与功能的"连环扣"。结构和功能是一对系统研究中的哲学范畴，体现价值与工具的具象性。对于一个建筑物来说，这一技术人工物的系统包含着复杂的结构体系和多样化的功能要求。如一个住宅建筑，包含了土木系统、强电系统、弱电系统、给水排水系统、供暖系统、供气系统、通风空调系统、防火系统、防雷系统、交通系统、园林系统等，所有这些系统满足了人们空间构造的居住、照明、用水用气取暖、防火防雷交通等功能，还兼具有环境艺术的欣赏功能。

当代科技哲学，从本体论、认识论、方法论，到工程哲学，正在进一步深化讨论作为采用人为技术所创造的物质形态（即技术人工物）。工程哲学的研究成果表明，结构与功能具有"二元包容"（即非单一对应）的关系，如图1-7所示，有三种。一个结构可以达成多种功能，一种功能可以用多结构表达。比如一辆汽车：可以用作代步工具，可以作为物流容器，可以当成起居房间。代步、物流和起居是同一个结构体现的不同功能；作为交通功能，可以用火车、汽车、马车，还可以高铁、飞机、航天器，这是同一个功能采用多种结构方式得到满足。需要补充的是：多种结构对应多重功能（第四种关系）随着技术发展已经呈现，

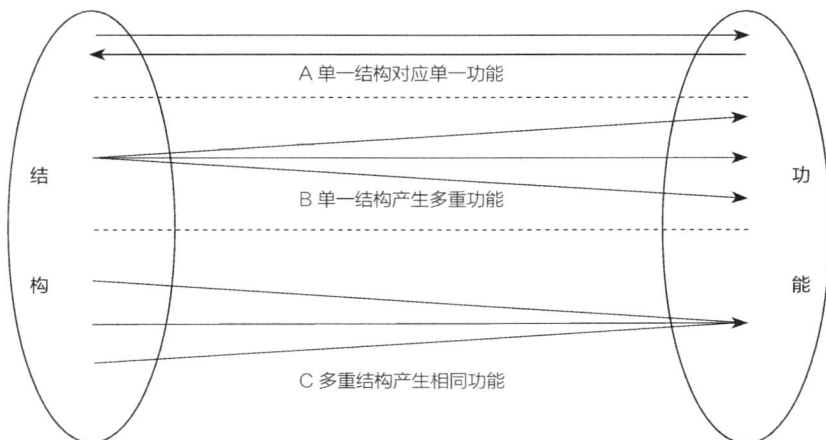

结

构

功

能

A 单一结构对应单一功能

B 单一结构产生多重功能

C 多重结构产生相同功能

图 1-7　结构与功能的三种关系

使得结构功能的关系更加复杂多样。举例来说：拼装式、自由分割式住房，为满足多重功能进行的多种细部结构的调整。

正是"二元包容"的特性，导致了从结构到功能，和由功能找结构，都不是唯一的，均具有多种可能性。单一结构在不同环境下，产生了不同的功能，只能解释为同样的结构中所包含的不同过程产生了不同的功能，得到的结论是"过程是解释系统从结构到功能间因果关系的重要变量"。或者可以说"过程成为影响和决定未来状态（结果）最为根本的原因"（新科学管理，张新国，2011，第54页）。

在多种可能性的选择决策过程中，实际上就是对过程（流程）的选择，甚至可以说过程（流程）起到了决定性作用。过程是连接战略、技术、人力、结构的重要节点，将过程规约化来表达，不就是流程的另一种泛意的表达法吗？

结构与功能的哲学考察结果，司汉武（2000年）、潘恩荣（工程设计哲学2012年）、张新国（2011年）等均得到上述成果。

笔者认为，在结构与功能及其关系的哲学研究取得相当成果的基础上，对过程的研究也势必深入展开。零散的结构要素与构件作为工具，整合成为整体体现价值时，这种散乱的、技术的、物的结构要素，转化为整体的客户需求等物及心理的功能要素时，序化是不可缺少的极其重要的环节，这个序化过程就是"流程"管理过程，因为流程就是工作的有序转化和传递（北大纵横咨询《流程再造》，王璞）。

序化正是笔者对流程的定义：任务的有序组合而产生的成果。如图1-8表示的系统序化的关系。

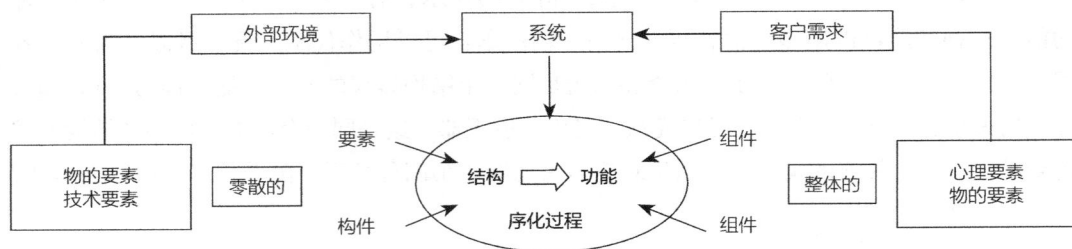

图1-8　流程使零散的要素序化为集合的整体

回到建筑工程的建造过程来分析，系统的完整的功能体现了整个过程的完整成果，而建造过程则刚好是相反的：从最低层级工序级的任务开始，到构件级、分项工程级、子分部工程级、分部工程级、单项工程、单位工程级、工程项目级，及至类似CBD、小城区等级别的逐步上升的任务，每个下一层级的任务成果聚合成上一层级任务的输入条件，达成任务完成的可能性，最后完成总体的最高层级的项目目标。可以用图1-9示意这个过程。

从图1-9，我们可以更加清晰地看到，建造过程对于完成结构的技术要素和物料要素的散乱状态，到成为整体而满足物的要素和心理的要素的整体功能的过程，序化是个必不可少的重要动作。而完整的功能要求，正是客户需求的满足。从这个意义上说，流程是"满足功能而构建一定的结构的过程"。

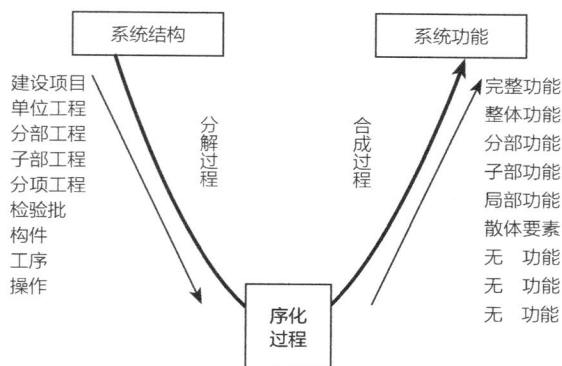

图 1-9 建筑工程的系统结构与建造过程

图1-9在后面讨论"信息细度"时还将用到。现代建造过程的发展趋势是将分解的层次尽量减少，而将不同的构件级变为制造（工厂化生产），并在现场进行组装，如万科的后王石时代三大战略之一是住宅产业化，以及全国正在积极推进的装配式建筑。建造过程的变革将给项目管理带来许多新的变化（如：生产场所的专业化、质量保证率的提高和质量的稳定性、现场工作效率的提高和周期缩短、对环境破坏的减少等）。这也正是流程再造（这里是工艺流程再造）的重要内容。

综合以上分析，"系统的含义包括了从简单到复杂的事物，从描述结构、显示过程、确定属性、区分功能，进而到描述纵横关系、层次关系等"（《系统工程理论与实践（修订版）》，陈庆华等，国防工业出版社），人工系统是在物质的基础上，融合目的系统的新系统。在构造该新系统的过程中，流程具有普遍意义上的连接结构与功能的桥梁作用，有结合物质要素与目的要素的汇聚作用，是解决问题的着力点和支撑点。

在这个过程中，流程是要素的关联点、序化器。通过改变流程，不仅可以改变系统实现、满足功能的效率，甚至改变功能本身。

流程具有无可替代的重要地位。

（2）规划流程是结构与功能的耦合机制

作为哲学的爱好者，缺乏思辨的深度和思辨方式的训练，这是显然的。但是对于流程研究而言，粗浅地理解结构与功能的耦合机制，是必须且有实际意义的，因此，无论切题深浅，必须进行以下分析。

耦合机制的研究，无论从哲学上，还是从实践上都有重要意义。哲学上，寻求"组织的整体"过程中，尚不能完美解释"整体为何大于局部之和"时，必然要对子系统的功能相加大于子系统本身功能的问题进行探究。实践上，则寻找协同的价值和方式，对组织的成长和发挥团队的积极作用具有巨大价值。

耦合方式是以子系统之间的广义因果律，前系统之果成为后系统之因，流程是任务的有序组合，我们阐述了，前一任务的输出成果，可能甚至必然成为后一任务的输入条件，两者内在关系相吻合。流程正是耦合的一种重要方式，至于是否还有其他耦合方式，留待哲学家继续研究。

流程是结构和功能之间耦合的重要机制，这正是我们需要的结论。下面我们用图1-10来表示这种关系。

技术人工物的构建过程，是规划设计在先，建造施工在后。规划设计阶段，对结构的子系统进行分析、解剖，是分解的过程，而建造施工阶段，则是将子系统进行组装、合成的构成。最后形成一个完整的结构，也即成为一个整体，总装的成果。

我们在图1-7中进行了分析，结构与功能之间的耦合存在多种可能性，一个方面，也提醒了人们流程耦合机制的重要性，在多种选择中，选中一个因果关系（实际上就是时序关系、逻辑关系、内容关系）十分重要，另一个方面揭示了流程设计选择优化的可能性。

子系统结构自然性的存在，是满足目的性的一个必要条件。科学发展的历经表明，某种程度上，就是寻找具有功能自然性的结构物，以最大程度满足主观功能（即人类目的性）的过程。自然性是规律的一部分，而寻找的过程就是"耦合"的过程，这个过程，称为流程。

尽管对哲学思辨一知半解，但是仍觉得非常有趣。如以下命题：

整体结构→整体功能（人为的目的部分）；子系统结构+子系统结构＜整体功能。

$$子系统之间的协同，合理的耦合方式 \begin{cases} 正协同：管理学追求的1+1＞2 \\ 反协同：管理学避免的1+1＜2 \end{cases}$$

管理学论题的研究，如果不上升到哲学，那就无法概括其广泛的外延性和综合性。就像人们研究那颗在2005年11月11日陨落的"巨星"彼得·德鲁克一样，找不到确定他的坐标，甚至不能圈定他的角色，而实际上他确实是现代管理学的开创者，是将分散零碎的管理思想、理论、工具、方法收集起来，又由此深入下去，辐射出去的人。因为管理本身就是相当宽泛、多元，几乎无所不及的。这是我研究流程时，猛然醒悟到的道理。舞动在科学与哲学之间，社会科学和自然科学之间的管理学，正是如此，才体现了其兼具科学性和艺术性的双重特征，而流程，恰恰是管理学中最动态的因子。由此得到的结论是：流程概念在管理学知识中，流程牵引在组织运营管理中，显得独具一格，无可替代。对此，作者深信不疑。

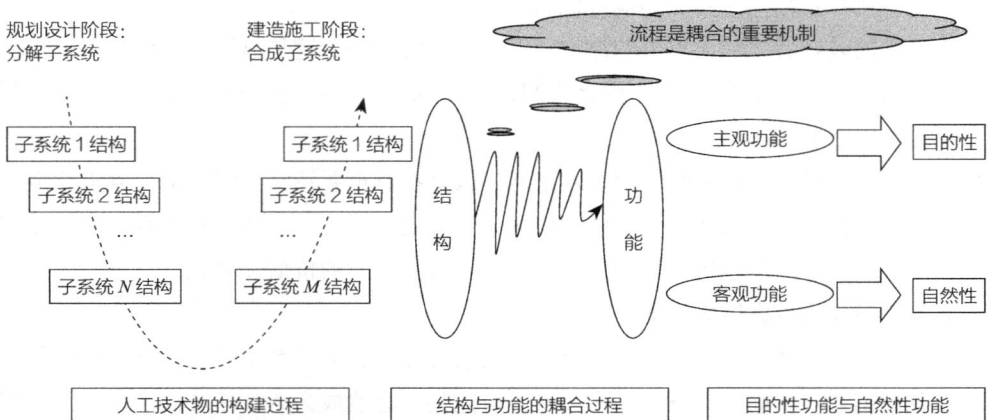

图 1-10　流程是结构与功能耦合的重要机制

2. 哲学与"三论的思辨"

"三论"是指控制论、信息论、系统论，产生于20世纪40年代。在其后的20世纪60年代至70年代产生的"新三论"则指耗散结构论、突变论和协同论。"三论"是20世纪的思想成果，是工业化成熟和加快的保障，也是信息化和自动化，甚至智能化时代到来的催引剂。

20世纪最辉煌的思想成就之一是："三论+新三论"；20世纪最巨大的实践是：管理实践并导致理论丛林的繁茂；20世纪最伟大的一系列工程：登月、原子弹、探天、入海、修坝、网络、高塔、大厦、大桥、长隧。我们跨过了20世纪，来回顾其产生的思想背景和时间意义，看看和我们研究的流程有着怎样的关联。

（1）控制论、信息论、系统论的形成

"三论"的形成是与社会实践互为促进的，实践提供理论的养分，理论促进实践的大胆迈步（图1-11～图1-13）。

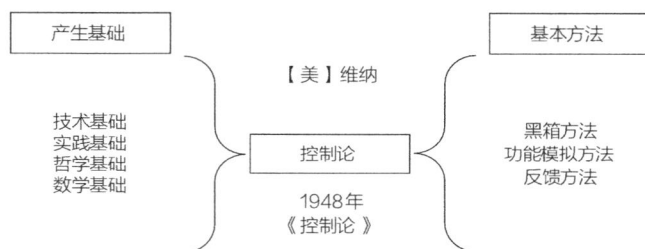

图 1-11　控制论产生基础及基本方法

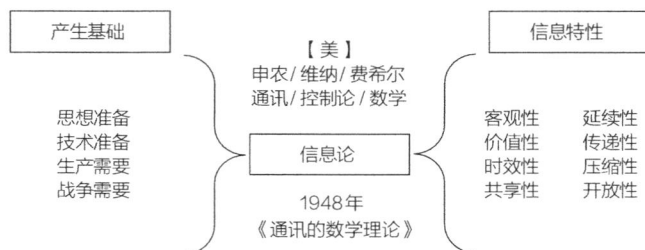

图 1-12　信息论产生基础及信息特性

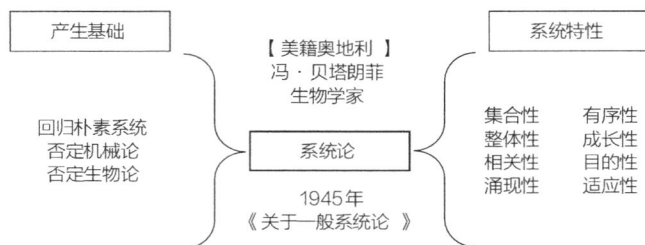

图 1-13　系统论产生基础及系统特征

20世纪初期对牛顿经典力学的质疑与发展，20世纪中期的"三论"并在"三论"基础上发展起来的"新三论"，构成了新型的综合性基础学科，在解决复杂、系统的问题时显示了传统方法无可比拟的优越性。"新三论"分别是：耗散结构理论——1969年，比利时，物理学家，普列高津，《结构、耗散和生命》；突变理论——1972年，法国，数学家，雷内·托姆，《结构稳定性和形态发生学》；协同学理论——1976年，西德，物理学家，赫尔曼·哈肯，《协同学导论》。系统学已经较为完整地形成了学科体系，为人们深入研究社会科学、自然科学、技术科学和工程技术，提供了一个清晰蓝图。当然，"三论"和"新三论"只是简化的叫法，其实是在不断补充发展中，形成了综合的思想体系。

（2）"三论"与流程管理

流程是组织的一种客观存在，是组织从无序到有序的转变，从环境到目标的进程，从资源到价值的实现的过程，流程横跨自然科学、社会科学、技术人工系统，具有基础要素的特征，也是物质、信息、能量传递与转换的渠道。流程的研究，具有重大意义。流程管理则显示其对组织进步的巨大价值，而流程能力将是量化测度组织竞争力的具体指标。分析"老三论"背后的逻辑得知，其内核是"流程"，"三论"与流程管理有密切的关系。

1）控制论与流程管理（图1-14）

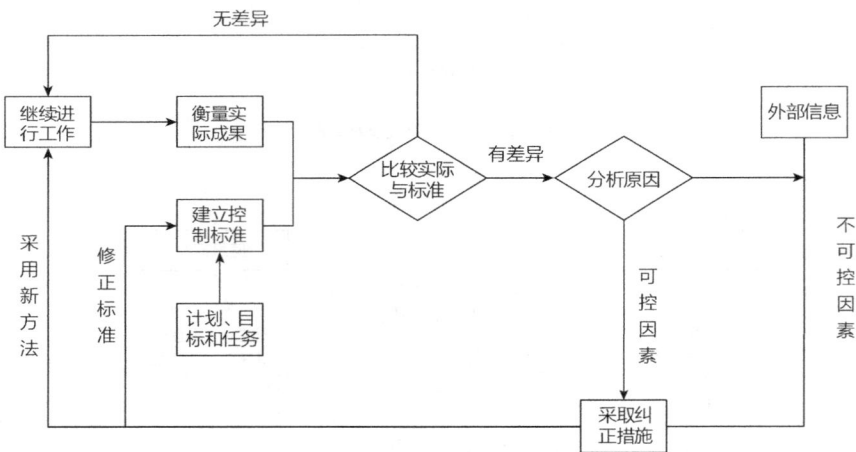

图 1-14 控制过程：一个纠正偏差的流程

2）信息论与流程管理

信息对现代管理的支撑，反映在对职能流程的支持：是计划的基础，而计划是各项具体管理活动的依据；是组织和控制管理过程的依据和手段，管理过程就是信息的获取、处理、传输和使用的过程；是各管理层次和各工作环节互相沟通的神经和纽带。两者关系还反映在对工艺流程的支撑，没有基础数据支撑的工艺流程，将无法顺畅地实现进程。

有人说，管理就是决策。可见决策是管理职能中十分重要的工作。决策不仅必须依靠信息，是信息反馈控制过程，也是考验决策者驾驭信息的能力的标志。决策过程是一个信息输入、综合分析、加工处理和输出新信息的完整流程，如图1-15所示。

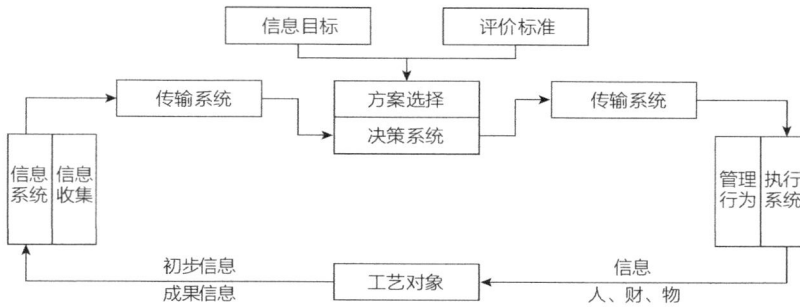

图 1-15　决策过程：信息反馈流程

3）系统论与流程管理

尽管在研究者按照复杂程度考虑划分的系统等级中，与宇宙、社会、人类等相比，框架系统（建筑工程属于此等级）是处于最低复杂程度的，但是，现代建设的系统组成要素数量众多、规模庞大、结构复杂、功能综合、过程不确定性，仍然堪称是复杂的大系统。没有系统的管理思维，是无法达到建设目标的。"三类九等"系统划分如图1-16所示。

流程模型的解决问题思维和方法，可以说是系统方法的完整应用。

流程模型中系统性体现在要素的完整性、周期的完全性、要素之间的关联性、动态性、内部有序性（包括逻辑和层次）。

耗散结构理论、突变论和协同论，不同程度上对系统论进行了完善和发展。理解和应用这些方法，对流程管理有指导和促进作用。"L模式"必须是保持开放的系统，与环境（物质、能量、信息）协调，才能谋求发展，从无序到有序。

4）协同论与流程管理

用一个客观机制来协同组织行为，这个客观机制就是：过程，而过程是用流程来表达

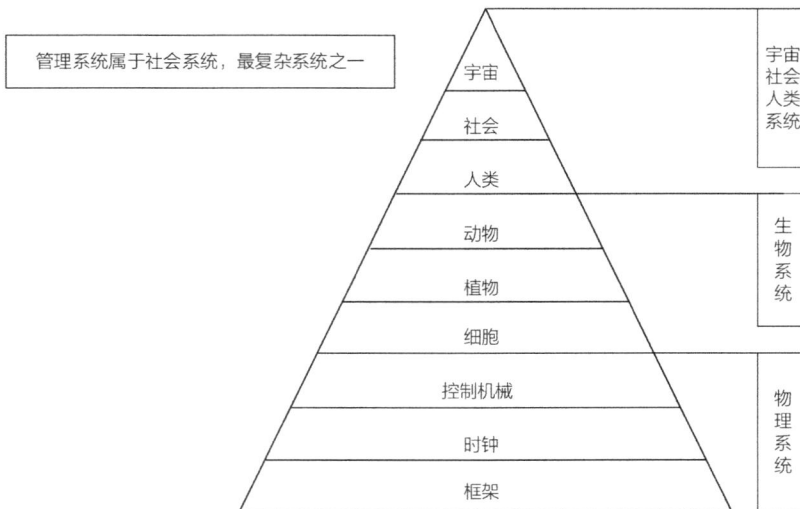

图 1-16　建设管理系统是复杂的系统之一

的。流程成为"协同的中心"。流程的任务节点，就是企业协同的汇集点。1776年亚当·斯密"开创"的工业文明，揭开了分工的大发展序幕，促成了专业化的成长，也形成了职能隔阂的加深。及至现在，如果笼统地谈论合作，而不提供具体协同的落脚点（即任务点）、协同的方式、时间和内容，协同将无法实现。流程成为协同的"接头地点和接头要求"，其作用显而易见。

"企业四流程图"清晰地描绘了从战略到工艺的关系，实际上，战略化为效果，落到实处，转化为价值的途径，就是通过职能流程和工艺流程的执行而达到的。流程能力，可以说，就是企业的综合能力。而流程的同步分解技术，保证了局部的优化，协同为1+1＞2的整体效果，也即消除了局部最优整体次优的"悖论"。

由于流程牵引、主导或者导向的组织，在打破"职能墙"的阻隔方面，对职能隔阂进行了较为彻底的削弱和瓦解，使得组织保持柔性更好地适应业务方向，使之不再是无法逾越的障碍成为现实可能。

3. 重要工程管理技术的流程本质

管理从人类需要进行复杂操作或团队协作的时候便已开始，东西方的管理思想和管理理论在相关历史文献中均有所反应。系统性研究管理理论并将其运用到社会生产生活的方方面面，特别是现代管理理论的起源，还是要从弗雷德里克·泰勒（F.Taylor）的《科学管理原理》出版开始算起。泰勒的科学管理理论、法约尔（H.Fayol）的管理职能及一般管理、马克斯·韦伯（Max Weber）的理想行政组织理论，共同构建了管理学的坚实基础。在此基础上，逐步发展出切斯特·巴纳德（C.I.Barnard）的一般组织管理原理和梅奥（G.E.Mayo）的早期人际关系学说。为了系统性了解管理理论的门派和管理理论的演进，哈罗德·孔茨在1961年12月发表名为《管理理论的丛林》的论文，对早期的管理理论流派进行了相应的总结。他将这一时期的管理理论丛林分为6个学派：数学学派、经验学派、社会系统学派、人类行为学派、管理过程学派和决策理论学派等。

20世纪60～70年代管理流派和管理学说迅速发展，对管理丛林进行了相应的扩充。1980年，孔茨再次发表论文《再论管理理论的丛林》，对管理理论丛林重新进行梳理，将19年前的6个管理学派进行扩充，变为11个。分别为经验（条例）学派、人际关系学派、群体行为学派、社会协作系统学派、社会技术系统学派、决策理论学派、系统学派、数学（管理科学）学派、权变理论学派、经理角色学派、经营管理（管理过程、管理职能）学派。

我国学者张兰霞在2000年提出新管理理论丛林学说，再次对管理学界的管理理论和管理学说进行总结，归结出学习型组织理论、企业能力理论、企业再造理论、智力资本理论、知识管理理论、竞争合作理论、团队管理理论、局限管理理论、情境管理理论、可持续发展理论等10个基本管理理论，并通过管理思维、价值取向、管理导向等12个方面特征分析，指出新管理理论丛林的几大发展趋势：企业组织理论、企业领导理论、企业战略理论、企业文化理论等。

随着管理理论的逐步发展和更新，管理学界对管理的认识已经从最初泰勒的科学管理上升到综合系统管理的高度。由以前的单一工序工艺操作管理，提升到全要素、全周期、全系统的管理，管理的广度和深度全面提高。与此相对应，管理难度也随之增加。为全面系统地实现管理目标、确保管理质量，在现代管理理论思想和科学技术的支持下，各门类、各类型的管理技术相继出现，为现代复杂管理提供了管理技术支撑。

管理技术从产生到现在，经历了传统管理阶段、科学管理阶段、现代管理阶段，从经验管理到操作效率管理再到系统管理。管理技术逐步形成以科学管理论为基础，综合运用运筹学、系统工程学和信息技术等手段实施管理的工具。通过对仲景冰、丁士昭、王雪青、王利平、田金信等学者的著作进行阅读分析并结合建设行业管理人员咨询成果，选取ISO、JIT等现代重要管理技术和PERT、ERP等建设行业重要管理技术共十种管理技术进行研究分析。

（1）ISO标准化

1）ISO起源

ISO既是国际标准化组织（ISO）的简称，也是国际标准化管理的重要管理技术。1947年2月23日，国际标准化组织正式成立。随着第二次世界大战后国际经济交流、物资交换、技术转换的加剧，国际社会急需一种通用型标准来规范世界各国、各地区、各组织之间的信息交流与物资交换，国际标准化组织的成立为这种需求提供了一种技术支持。随着各种需求的深入研究，对于标准化的要求也逐步拓宽。目前，ISO公布的国际标准除了日常熟悉的ISO 9000族质量体系标准、ISO 14000环境管理系列标准、ISO/IEC 27001信息安全管理标准，还包括时间、食品安全、语言、社会责任等其他国际标准。

2）ISO发展与应用

截至目前，ISO总共颁布通用、基础和科学标准，卫生、安全和环境标准，材料技术标准，电子、信息技术和电信标准，建筑标准，农业和食品技术标准，工程技术标准，货物的运输和分配标准，特种技术标准等九大类共计21580项国际标准。随着全球化发展，ISO标准，特别是ISO 9000系列标准已经成为企业等组织加强科学管理、提高自身竞争实力的重要战略措施，同时也是企业对产品质量评估、合格质量管控的重要基础。正是ISO标准的重要性和通用性，ISO标准体系已经成为众多国家的第三方质量体系认证基础。许多国家例如中国将ISO的相关标准纳入本国的标准体系，这为大范围的国际间交流提供了良好的、通用的质量语言。1987年，ISO/TCI76发布ISO 9000系列标准，ISO系列标准持续影响各国各行业，在教育、卫生、建筑等领域应用，并取得了相应的成果。

3）ISO本质

ISO标准的制定与发布不仅仅是为各行各业提供了技术参照标准，更是为各国、各行业、各组织间提供了一种通用语言，其作用已远远超出了单个行业的技术规范范畴。ISO各项国际标准的使用为国际范围内的大规模技术交流和工程协作提供了支撑，减少了信息传递、沟通交流带来的沟通问题。同时，对涉及多要素、多功能结构的复杂工程进行系统管理提供了基本保障。作为面向所有组织的通用型文件，ISO系列标准文件在结构和内容上适用于所用产品类型、不同规模的组织。对组织的生产活动进行规范约束，识别和整理活动中各相关关联关系和作用，对活动的输入、过程、产出从文件源头进行标准规范，并采用"过程方法"

对生产活动的整体过程进行标准规范。系统地识别和管理组织所应用的过程，特别是这些过程之间的相互作用，称为"过程方法"。所以，ISO系列文件是通过对组织活动的整体过程及流程进行标准化、规范化约束，以文字形式将组织活动中各项要素进行标准限定，从而实现对组织输出成果和组织质量监管体系的合理诉求。

（2）准时生产

1）JIT（准时生产）起源

准时生产（JIT，Just In Time），简称JIT系统。1953年，由日本丰田公司总裁大野耐一提出，JIT是20世纪最重要的生产方式之一。JIT本质是确保物质流与信息流在实际生产中的步调一致性，实现恰当的生产资源在准确的时间节点通过标准的生产方式产生合格的产品。

2）JIT发展与应用

第二次世界大战后日本的汽车工业从技术引进开始。当时世界主流的汽车生产方式是以美国福特公司的流水线生产为代表，通过大规模数量生产，在废品率一定的基础上降低单位生产成本和废品数量，从而实现降低成本。但这种粗犷的大规模生产方式并不适合刚刚战败还处在战后恢复期而且资源和劳动力原本就相对匮乏的岛国日本。为此，以丰田汽车公司大野耐一为代表的一些日本管理界人士决定采取一种高效灵活且极具市场竞争力的生产方式，这就是准时生产（JIT），准时生产集合了单件生产与批量生产的特点，实现在多品种小批量混合生产条件下生产高质量、低消耗的产品。JIT是一种以准时生产为目标、相关要素及时按需供给、不必要浪费的资源管理理论方法。随着日本企业的应用成功，在全世界范围内掀起了学习应用JIT的浪潮，JIT理论和其代表的看板管理方法广泛运用在各行各业，如农产品物流、库存管理、建筑原材料管理，并在海尔集团取得了相应的成果。

3）JIT本质

JIT的基本思想是生产计划控制与库存管理，追求在准确的时间按照准确的数量生产正确的产品。其基本出发点是准时生产，根据看板管理按照工序从后一项工序反向向前一道工序索取产品，在生产的同时改进各工序的生产水平并对生产过程中的非增值环节进行整合优化，形成一种产品，形成工艺牵引力，从而提高产品生产的整体效率。同时，依据产品的生产工艺工序，通过月计划、日计划以及相应管理手段对各生产作业、工序、工厂进行整体全流程调控，实现靶向目标的及时调整，保证整体生产的均衡化。另一方面，引入全面质量管理，寻找质量影响因素并采取方法加以控制，保证产品质量。由于JIT实行全面执行，使供应、生产、销售等环节紧密连接在一起，从而降低各个环节的挤压量，使得物资储备、半成品、库存大大降低，进而全面提高生产效率并降低生产成本。JIT通过适时适量生产、弹性配制作业人数、质量保证等三种方法支撑生产过程生产流程化、生产均衡化、资源合理化并整合4M1I（人Man、材料Material、设备Machine、方法Method、信息Information）从而实现目标。究其根本，JIT是通过对生产工艺流程的整体把握和优化，全面系统地统筹协调各生产要素在组织生产活动中的供给需求关系，保证各要素按照流程运作的实际需求保质保量地参与到组织整体流程的运作中，从而实现组织流程运作的高效和有序，进而达到组织活动的最终目标。

（3）全面质量管理

1）TQM起源

质量管理工作作为专项管理活动兴起于19世纪末的工业生产领域。20世纪50年代末，美国通用电气公司的阿曼德·费根堡姆（Armand Vallin Feigenbaum）和质量管理专家约瑟夫·M·朱兰（Joseph M. Juran）提出了"全面质量管理"概念。20世纪60～70年代，日本在美国质量管理专家威廉·爱德华兹·戴明（William Edwards Deming）统计质量管理理论的基础上经过实际应用发展出全面质量管理（TQC）。TQC在传到欧美各国得到进一步发展和完善后，在20世纪80年代后期风靡全球，并在20世纪90年代初演变为全面质量管理（TQM）。

2）TQM发展与应用

全面质量管理（Total Quality Management，TQM）的基本思想与方法可以简单概括为：一过程、四阶段、八步骤和数理统计方法。即企业管理过程；PDCA循环；PDCA循环四阶段的八个步骤（分析现状，查找质量问题；分析质量影响因素；确定主要影响因素；提出计划措施；执行落实计划；检查计划实施；总结经验，标准化成果；遗留问题进入下一循环）；直方图、排列图、相关图、分层法、因果图、分层法、控制图和统计分析表等数理统计方法。对于TQM的形成，有三个重要因素。戴明的PDCA（PDSA）循环、朱兰的质量螺旋和ISO 9000族标准。戴明循环为TQM提供了全面质量管理的路径，将管理要素确定为重点进行不断优化；朱兰的认为质量生产是一个螺旋上升的过程，将生产过程要素作为螺旋重点；ISO 9000族标准为全面质量管理的基础制度建立提供标准的全面权威支撑，为全面质量管理提供依据支撑。同时ISO 9000族标准认为"质量"是"一种固有特性满足要求的程度"，"要求"定义为"顾客和其他相关方明示的、习惯上是隐含的或必须履行的需求和期望"。ISO 9000族标准将TQM的质量目标提升到满足顾客需求的程度。顾客才是质量高低的最终评判者，只有顾客才能为全面质量管理提供最终的诊断。确定顾客是全面质量管理的中心，满足顾客要求、使顾客满意是全面质量管理的根本标准。TQM作为一种科学严谨的质量管理体系，在质量要求高、管理严格的一些领域有相关应用，如医疗、审计、供电、建设施工等。

3）TQM本质

全面质量管理（TQM），是组织以产品质量为目标，全员参与，通过让组织相关方受益而建立的一套科学高效的质量体系，进而形成长期有效的管理途径。全面质量管理是在最优经济的水平上，充分考虑顾客需求条件下，把企业各部门所有质量活动集合成一体的一种有效体系。TQM的目标针对性强，以顾客满意的产品质量为核心；整体性强，以组织的整个生产流程为管理对象。管理的关键在于对组织生产流程的全面掌握和优化，对各产品质量的因素系统分析，找出关键因素并加以控制，同时根据顾客消费意愿的波动及时更新调整整体流程，进而保证稳定的产品质量，满足顾客需求。

（4）六西格玛

1）6σ起源

六西格玛（6σ）由比尔·史密斯于1986年提出，属于品质管理理论和技术。σ是希腊字母，西格玛是其译音。在统计学里，σ是标准差，表示分布与平均值的标准偏差程度。根据正态分布，随机变量ξ的密度函数为：

$$f(x,\mu,\sigma^2)=\frac{1}{\sqrt{2\pi}\sigma}e^{-\frac{(x-\mu)^2}{2\sigma^2}}$$
                                                                    式（1-1）

x在目标值的$n\sigma$范围内的概率：$P(|\xi-\mu|\leq n\sigma)=\int_{\mu-n\sigma}^{\mu+n\sigma}\frac{1}{\sqrt{2\pi}\sigma}e^{-\frac{(x-\mu)^2}{2\sigma^2}}dx$

$n=3$时，$P(|\xi-\mu|\leq 3\sigma)$=99.73%

$n=6$时，$P(|\xi-\mu|\leq n\sigma)$=99.99966%

即，实际值与目标值偏差6σ的概率为1-99.99966%=0.00034%，DPMO（每百万单位缺陷率）=3.4ppm。σ的水平越高，分布越集中，实际值偏离目标值的概率越小。当σ的水平达到6σ时，偏离概率仅为百万分之三点四。将σ引入质量管理体现了管理者对质量的极致追求。

2）6σ发展与应用

在威廉·爱德华兹·戴明（William Edwards Deming）、约瑟夫·M·朱兰（Joseph M. Juran）、阿曼德·费根堡姆（Armand Vallin Feigenbaum）、菲利浦·克劳士比（Philip Crosby）等管理学家研究成果以及相关管理方法的基础上，摩托罗拉公司提出了6σ（六西格玛）管理。6σ（六西格玛）是一种严格高效改善企业流程管理质量的实施思想和技术。

1996年，GE开始实施六西格玛战略并取得巨大收益，经营利润从1996年的14.8%增长到2000年的18.9%。正是六西格玛带来的巨大成就，全球掀起了六西格玛的热潮，飞利浦、摩托罗拉、联迅、美国快递、杜邦、福特、中航工业、中船重工等国际国内知名企业开始大范围地推广六西格玛战略，并取得相应成就。摩托罗拉公司在结合TQM和PDCA的基础上，引入"团队精神""由上至下""6σ口号""品质检定"等提出"七步骤方法"，最终实现了摩托罗拉公司的6σ战略成功。

3）6σ本质

六西格玛管理的早期倡导者Mikel Harry、Forrest W. Breyfogle III等认为六西格玛是一种公司战略不仅仅是一种质量改进活动。胡雅琴、何桢认为六西格玛管理是管理层支持下全员参与，以客户为驱动，以跨职能项目小组为单位，以统计学方法为支撑，采用多种质量改进工具对质量进行持续改进的活动。六西格玛管理既是指引和衡量管理的向导与标准，也是一整套流程持续改进的工具。六西格玛管理与原有质量管理相比具有明确的质量管理目标、科学的理论基础与实施步骤和系统的实施工具。六西格玛方法体系有DMAIC和DFSS两种。DMAIC（界定Define、测评Measure、分析Analyze、改进Improve、控制Control）是六西格玛的常用工作体系，用于企业现有流程的数理分析和改善。DFSS（六西格玛设计，Design For Six Sigma）常用于企业新产品和服务的流程设计。六西格玛通过科学、有效的量化工具和方法确定关键因素，并对关键因素进行持续改进从而达到顾客满意的目标。

（5）精益生产

1）LP起源

精益生产（Lean Production，LP），又名精益制造，是由美国麻省理工学院在"国际汽车计划"研究项目中提出的。因研究调查对象是日本丰田汽车公司，因此也称为丰田生产方式。

2）LP发展与应用

随着第二次世界大战的结束，美国大量军工企业开始转向民用生产，在战争中积累的资源和大规模标准生产技术成为美国制造业发展的基础。美国式制造通过大量标准化生产降低生产成本，这种相对先进的生产方法成为世界各国学习的对象。但是随着战后独立、个性化思潮的影响，消费者对产品的个性化、小众化、精品化需求逐渐增加，这种大众化、标准化的生产方式逐步暴露出各种问题。1950年，日本丰田公司丰田英二到美国福特汽车公司进行考察，他从美国汽车的生产方式中发现，基于丰富资源储备、资金实力的美国式大规模标准化生产并不适合战后经济萧条、资源匮乏的日本。因此丰田英二和大野耐一结合日本实际国情，通过大量实践创造出丰田生产方式，取得成功并在全世界推广。精益生产从诞生开始，在吸收各方先进管理思想和管理经验的基础上逐步发展，形成一批新的管理方法和管理理论，单元生产（Cell Production）、JIT2、5S、TPM（Total Productive Management）、精益六西格玛等。

3）LP本质

精益生产的核心思想是通过生产全过程的整体管理优化，对资源进行合理调配，通过技术的革新，将各生产步骤的成果质量控制在精益范围内，从而确保产品质量，实现资源的合理利用和无效浪费的减少，达到以最小投入生产最优产出的目的。注重对流程的整体控制，通过对各项要素进行精细化控制，并建立完备的评价体系，确保流程实施的可靠性，进而实现精益生产的预期。

（6）计划评审技术

1）PERT起源

计划评审技术（PERT），利用网络分析制定计划并对计划进行评价的技术。美国海军在20世纪50年代实施导弹核潜艇（北极星）计划，由于过程复杂，引入一种复杂工程管理方法，即PERT。新管理技术的引入大大提高项目的实施进度，北极星计划比预计完成时间提前两年，效率提高550%。随后该技术被推广到全世界，被各行各业广泛采用。PRET是一种流程型的箭线图，包含项目的先后顺序及相应的时间和成本消耗，常用的有单代号、双代号网络图等。通过对项目关键线路的预先确定和优化，进行资源的优化配置保证项目的顺利实施，并在实际工作中通过不断的纠偏调整，确保项目按照预定的实施路径进行。

2）PERT发展与应用

虽然PERT诞生于20世纪50年代，但目前在项目前期计划阶段仍在使用。单双代号网络图、Project等相关技术的应用是对PERT的进一步拓展和延伸。

3）PERT本质

PERT通过带有时间的逻辑关系将项目的项目计划中的各个部分相互串联，使之成为一个系统的网络。通过PERT的技术分析，制订计划执行日程，指出关键线路，使项目的各项工作任务，在一个可预见的范围内进行，并及时根据工作实际发展情况进行调整，保证计划的顺利进行。实施PERT的关键是寻找项目各个工作间的逻辑关系，而这就是项目整体实施流程。流程的完整性、系统性和及时更新调整是PERT能够顺利实施的基础，如何理清项目的整体流程、分析清其中蕴含的要素、根据实际实施情况及时调整，是运用PERT的必备能力。

（7）企业资源计划

1）ERP起源

企业资源计划或称企业资源规划简称ERP（Enterprise Resource Planning），是目前重要现代企业管理理论之一。最初，ERP作为一款管理应用软件由美国著名管理公司加特纳公司（Gartner Group）于1990年推出。随着在全世界的推广和应用，ERP逐步由一款应用管理软件上升为重要企业管理理论。据不完全统计，目前全球500强企业中有80%的企业运用ERP理论及其软件进行决策和日常的工作流程管理。

2）ERP发展与应用

ERP，依靠信息技术，以系统管理思想，为企业提供运行决策的管理平台。伴随着信息化技术的发展，ERP成为现代企业在互联网时代生产发展的基本，但ERP理论及软件并非凭空产生，而是在原有思想和技术的基础上逐步发展起来的。ERP管理思想一共经历了订货点法阶段、基本MRP阶段、闭环MRP阶段、MRP-Ⅱ阶段、ERP阶段等五个阶段。

ERP以企业为管理对象，将设计、采购、制造、仓储、销售、财务等多个环节系统综合管理，做到动态可调、事前控制。对企业涉及的各方资源进行合理调配、合理利用，并根据市场等综合环境因素变化及时进行调整保证产品质量，并根据顾客满意度等关键因素进行分析判断，确保企业的稳定发展。

3）ERP本质

ERP是在其他管理理论的基础上发展起来的。对整个供应链人、财、物等资源及相应流程的管理，体现了供应链管理的思想；对企业整体灵活调控应对外部激烈竞争保证产品质量，体现了精益生产、敏捷制造和全面质量管理的思想；提前制定相应企业计划，体现了事前计划、事中控制的思想。其核心思想包括六大部分，工程数据管理、生产管理、项目管理、客户服务管理、物资管理、财务管理，而达到组织活动的最终目标。ERP回归本质还是作为实际应用软件，目前NetSuite、Microsoft、SAP、OPACLE 等公司均有相应的ERP产品，各公司产品有所不同，但相关软件主要包括生产、物料、财务、人资四大模块。

（8）关键路径法（CPM）

1）CPM起源

关键路径法（CPM）是由美国杜邦公司 Morgan Walker和雷明顿兰德公司James E. Kelly两位研究者在解决项目中工期和费用之间关系问题的思路下，基于数学计算、计算机技术提出的一种项目计划管理方法。其内在思想与同时期美国军方提出的计划评审技术（Program Evaluation and Review Technique，PERT）基本一致。

2）CPM发展与应用

由于CPM和PERT两种项目计划管理技术的相似性和PERT的官方背景，使得在一段时间内CPM的发展受到限制，但随着John W. Fondahl在1961年发表了一篇名为 "A Non-computer Approach to Critical Path Methods for the Construction Industry"，根据流程图的简易性和可行性提出了前导图（Precedence Diagramming Method，PDM），同时也促进了CPM的发展与应用。CPM最初应用在化工厂的项目管理领域，随着发展，逐渐应用在医疗、工期延误索赔等领域。

3）CPM本质

CPM的原理本质与PERT相同，及在利用箭线图法（Arrow Diagram Method，ADM）（双代号网络图）、前导图法（Precedence Diagramming Method，PDM）（单代号网络图）详细描述项目发展逻辑和各项工作关系的基础上，通过分析各工作的先后顺序、时间要素、资源要素，进行工期优化和资源合理调配。通过对项目流程和流程要素的梳理，实现对项目的管理。

（9）价值工程

1）VE起源

价值工程（Value Engineering，VE）是由美国通用电器公司劳伦斯·戴罗斯·尔斯（Lawrence D. Miles）于第二次世界大战后提出，学界将1947年《价值分析》的出版视为价值工程的正式诞生。

2）VE发展与应用

GE公司通过运用VE成功解决石棉事件，逐步将VE应用推向市场。鉴于其节约资源、降低成本、提高效率的特点，世界各国、各个行业逐渐引入价值工程用于各自管理。1955年，随着价值工程传入日本，日本管理学者将TQM与VE相融合，形成价值分析方法，使得价值工程更加广泛的传播。1979年，我国引入价值工程管理思想和方法，随之在机械制造、化工、建筑等领域广泛应用。

3）VE本质

根据《价值工程　第1部分：基本术语》GB 8223.1-2009描述，价值工程是通过各相关领域的协作，对所研究对象的功能与费用进行系统分析，持续创新，旨在提高所研究对象价值的一种管理思想和管理技术。VE系统、综合地考虑各方面的效费比，进而选出最优方案，为决策者提供一个系统的解决方案。其中蕴含了系统论的思想，不仅仅简单地考虑局部的最优效果而是考虑全局的最优。

（10）建筑信息模型

1）BIM起源

建筑信息模型或者建筑信息管理（BIM），最早由美国乔治亚理工大学建筑与计算机学院的查克伊士曼博士提出，旨在实现建筑工程的可视化和量化分析，提高工程建设效率。

2）BIM发展与应用

BIM发源自美国，由于其高效化、信息化、协同化的工作效能，目前在世界许多国家都有广泛应用。BIM在日本、韩国、中国等国家以及欧洲地区被大量使用。最初BIM仅仅是建筑信息模型，但随着信息化的深入，建筑信息化管理也被加入BIM中，逐渐演变成建筑信息管理，将建筑项目的各相关方通过BIM平台联系在一起，提高了沟通和协调的效率。BIM平台将平面的二维图纸转化为立体的三维模型，同时添加进度、成本两个要素，实现建设项目的虚拟模拟，对项目管理提供动态模型参考。另一方面，信息的实时高效共享，也提高了各方的管理效率，减少了沟通误差。

3）BIM本质

BIM技术把建筑物建造过程中的各种数据进行集成模拟，将原来分隔独立的建筑数据进行集成整合并加以虚拟模拟，可以发现原来只有在实际施工中才会出现错误，进而提前变更优化，降低风险；同时用虚拟的模型指导实际项目施工，提高进度管理、质量管理的水平。BIM技术将信息化技术与系统管理的思想和集成管理思想融合，用系统、集成管理的思想将建筑信息整合使用，提高建设效率和管理效率。

综上，我们通过对各管理技术进行流程本质的分析，可以认为各管理技术具有流程本质的特性，见表1-1和图1-17。

管理技术流程本质分析表　　　　　　　　　　　　　　　　　　　　表1-1

序号	管理技术名称	流程本质分析
1	国际标准化（ISO）	系统性对生产过程整体进行标准化管控，明确各阶段实施过程、步骤实施操作要求
2	准时生产（JIT）	根据优化生产关系和生产逻辑，系统组织各生产资源调配，确保各环节要素齐全合理地作用于生产过程
3	全面质量管理（TQM）	对整个生产过程系统梳理，对各要素精细化控制并根据生产系统的变化及时调整
4	六西格玛（6σ）	以最终客户需求为目标，在分析各环节的基础上持续性对生产过程进行完善和优化，控制影响因素
5	精益生产（LP）	在持续完善优化生产过程的同时，对各生产要素进行管控，通过对过程与要素的合理控制，保证最终的目标实现并减少资源消耗，追求高效的价值流动
6	计划评审技术（PERT）	对生产过程进行系统分析并根据各要素条件和环境的动态影响不断优化，指导生产管理工作，合理调配各种生产要素
7	企业资源计划（ERP）	对生产涉及的各方因素全面系统考虑，系统分析生产中所涉及的各类要素，并根据生产实际情况及时合理地安排各要素进入生产系统，同时对各环节监控，敏捷地应对变化带来的影响
8	关键路径法（CPM）	根据整体生产条件，合理选择并优化生产线路，指导生产管理工作，合理调配各种生产要素，并根据变化情况进行调整优化
9	价值工程（VE）	整体性分析生产过程中各阶段的效费比，结合生产过程的系统性和要素的整体性合理优化
10	建筑信息模型（BIM）	系统性对生产过程和涉及的各方要素进行信息化模拟指导实际管理工作，并根据偏差分析对生产过程进行优化、对各方要素进行调整

各管理技术虽然管理侧重点、管理对象不同，但其有一个共同的基础，就是流程。各种管理技术的运用追求全流程目标的合理与连贯，整体流程的持续优化，整体流程的标准化实施，流程资源配置及时准确，各环节输入输出衔接精准，实施流程的动态稳定。管理技术最终落实到实际生产流程中，流程将各项管理技术实施目标整合指向全流程系统目标。这些管

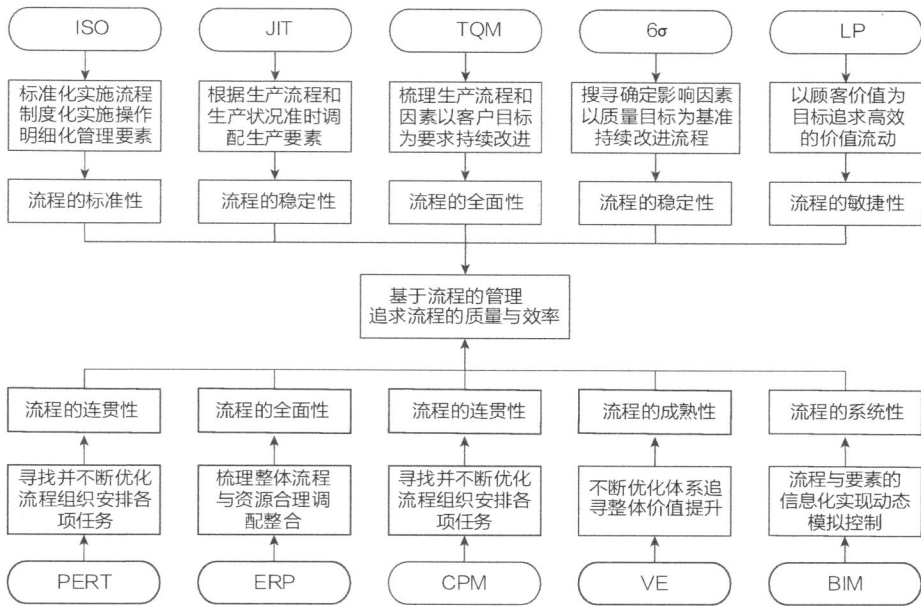

图 1-17　管理技术流程本质分析图

理技术以最终目标的优化、合理为要求，追求整体的系统管理，以全流程的目标代替局部目标。所以，流程是各管理技术的本质。

1.2.4　困惑寻解方——管理困境解决方案

企业是寻求价值表现的一种组织形式。从1850年之后企业意识的苏醒和进化，到1946年公司概念（德鲁克《公司的概念》）的明确，标志着作为一种商业社会的特殊形式，开始了不断接受"在环境和资源的约束下与创造价值和满足需求的不断提高"之间的挑战。在追求明确的分工、规模经济的效益、自由竞争、法律与工会的平衡、劳动效率、利益分享、经理人授权、人性管理、全球化资源整合、大数据时代挖掘个性化消费习惯、准确营销、用户体验等价值和理念的过程中，遭遇管理困顿，产生冲突，寻求解决方案，新理论诞生，工具方法得到应用，冲突情况得到改善，事业环境的变迁和客户需求的变化，再次产生新的冲突，于是进入一个新的不同层次的循环。

在这个过程中，商业的荒野里，在大师们的培植下，苗壮地生长了许多管理理论大树，逐步形成了管理理论丛林，表1-2归纳了管理理论丛林的流派与代表人。

试图对管理实际的困境提出各种解决方案的理论，确实大大推动了管理的实践中解决具体问题的能力，然而，我们似乎迷失在管理理论的丛林中了。

与自然科学理论演进不同，管理科学理论演进有其自身的规律。图1-18是自然科学理论演进的示意图，是在冲突与矛盾的包容中，扩大了对事物现象的理解力和解释力，是一次次"能力扩容"的过程。管理科学理论建立在不同要素之间的研究，可以说是各自茂盛生长的。管理科学的理论发展，是丛林式生长。是在对管理实践中的要素研究基础上，得出经验

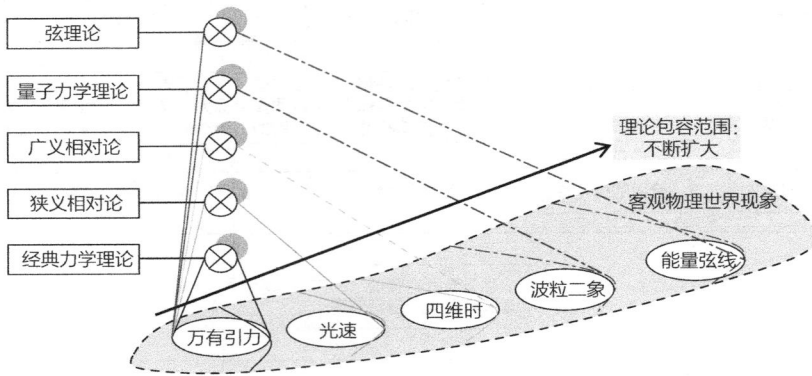

图 1-18　自然科学理论演进：冲突中的包容

性的"理论"，带有明显的艺术特性。并非是包容性，是各自独立解释其中的一部分现象。有时甚至是矛盾的：比如X理论和Y理论。

最复杂的人类社会系统，理论生长的特点就是丛林式的。

管理理论丛林　　　　　　　　　　　　　　　　　　　　　　　　　　表1-2

阶段	总结人	理论（学派）、代表、时间、作品
老丛林	1961.12 "管理理论的丛林" 哈罗德·孔茨 总结时段： 1911~1960年	管理过程学派——哈罗德·孔茨
		经验主义学派——彼得·德鲁克
		人类行为学派——马斯洛
		社会系统学派——切斯特·巴纳德
		决策理论学派——赫伯特·西蒙
		数学学派——埃尔伍德·伯法
修正丛林	1980.10 "再论管理理论的丛林" 哈罗德·孔茨 总结时段： 1961~1980年	人际关系学派——赫茨伯格等
		经验（或条例）学派——彼得·德鲁克
		群体行为学派——梅约
		社会协作系统学派——【美】巴纳德
		社会技术系统学派——【英】特里司特
		决策理论学派——【美】西蒙和马奇
		系统学派——贝塔朗菲等
		数学（或管理科学）学派——埃尔伍德·伯法
		权变理论学派——费雷德·路桑斯，英国的伍德沃德和美国的菲德勒
		经理角色学派——亨利·明茨伯格
		经营管理（或管理过程、管理职能）学派——哈罗德·孔茨和西里尔·奥唐奈

阶段	总结人	理论（学派）、代表、时间、作品
新丛林	2000.10 "新管理理论丛林" 张兰霞 总结时段: 1990~2000年	学习型组织理论——彼得·圣吉，1990，《第五项修炼——学习型组织的艺术与实务》
		企业能力理论——格雷·哈默尔、普拉哈拉德，1990，"企业核心能力"
		流程再造理论——迈克尔·哈默，1990，"再造：不是自动化，而是重新开始"
		智力资本理论——安妮·布鲁金，1996，《第三资源：智力资本及其管理》
		知识管理理论——卡尔·弗拉保罗
		竞争合作理论——乔尔·布利克、戴维·厄恩斯特，2000，《协作型竞争》
		团队管理理论——汉克·威廉斯，1996，《团队管理》
		局限管理理论——艾里胡亚·高德拉特，1990，《局限理论及其应用方法》
		情景管理理论——拉比尔·巴塞，2000，《情景管理：全球新视角》
		可持续发展理论——联合国环境与发展世界委员会，1987，《我们共同的未来》
最近发表	总结时段: 2000~2020年	6σ理论
		精益生产理论
		能力成熟度理论
		JIT、ERP、CRM、PLM、IT等理论及工具

到目前为止，流程和流程牵引理论，因其抽象性和横断性（超越任何组织形式、资源方式、复杂性动态性和多维度），研究成果必将具有强大的生命力，因为没有任何一个战略目标，可以离开作为路径（流程）的实现方式，没有通道，哪里会有目标的达成？

1. 宏观困境

（1）形成原因

最近的企业宏观管理困境，正如学者张新国（新科学管理，2011）精辟地概括的，是在面对"多维度、高动态、复杂性"的极大挑战中出现的。其中，复杂性包括组织、产品和技术的复杂化，尤其是顾客需求的个性化和多元化，已经远非十多年前、几十年前可以比拟。多维度包括企业战略、企业价值和绩效衡量的多维度。技术进步与革新速度加快及市场竞争的激烈化，属于高动态特性，如图1-19所示。

（2）宏观困境

当前管理研究的学界和管理实践的企业界，面临的最多、最大的管理困境：

1）战略与执行的弱连接，低相关度，也就是战略与执行之间的脱节问题；

2）整体与局部的弱呈现，低表现度，也就是追求局部最优却往往导致整体次优的问题；

3）组织与业务的冲突问题，追寻需求变化的步伐要求业务踩上节奏，而组织的变革很难协同。

管理困境描述如图1-20所示。

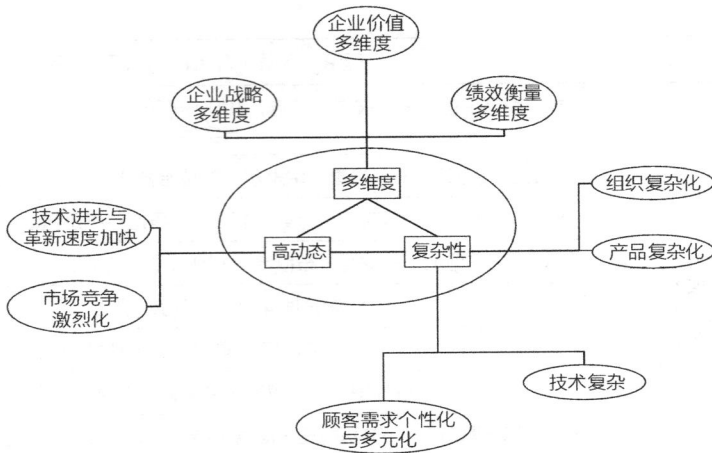

图 1-19　企业面对环境的多维度、高动态、复杂性挑战

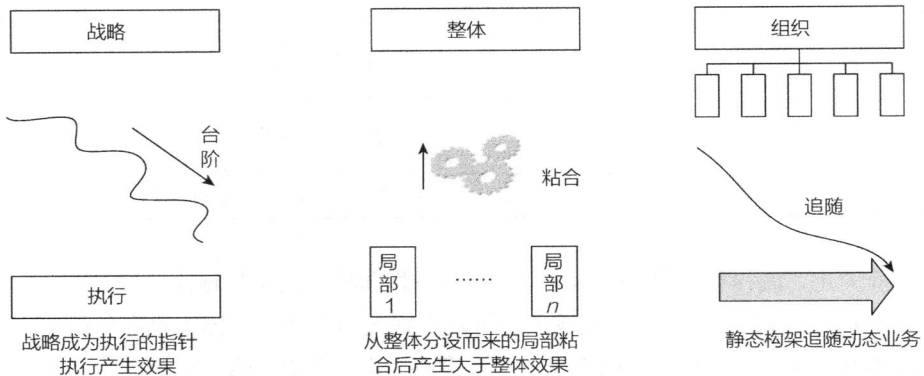

图 1-20　管理困境描述示意图

　　总之，宏观管理困境，或者说管理难题的形成原因，来自于社会的综合全面发展，类似新技术的加倍快速进步，个性化需求的客户环境，人力资源的复杂因素，与企业管理和技术壁垒，对环境变化的敏感性与测度及运营调整的灵活性等之间的冲突。对于普遍性管理困境寻求突围的思考和解决方法的探索，具有重要而实际的意义。

　　（3）解决方案

　　其解决的思路在于找到"战略成为执行的台阶""将组成整体的局部粘合成大于整体效果的粘合剂""连接静态架构以追随动态业务的桥梁"。流程的思维分解性、其要素全息性、时序上的动态性，正是满足"台阶""粘合剂"和"桥梁"的作用之最佳注释。也即：流程是解除管理困境的最佳途径。通过流程的设计、实施使战略联系到执行行动，通过流程的整体协同使追求局部优化满足整体满意，通过流程动态追踪和引导组织变革，使组织顺应业务的发展。

2. 微观困境：企业运作困惑种种

（1）企业运作中的困惑

在实际运作中，企业有许多关键性的问题。以下几个笔者亲历的，困惑着管理者的问题就是其中的部分，这些问题具有普遍性，直接影响到企业的业绩、效率和形象。

1）从何入手的困惑

2003年3月，某企业第二次改制完成，国有股全部退出，成为一个名副其实的民营企业。注册资本金3000万元，年产值3亿元，正式员工125人。董事长兼总经理，开始考虑市场状况，规划企业发展，调整组织结构，制定质量方针，分配各个职能，分析资源能力等，而面对战略、组织、流程、资源、信息等各种要素，面临市场、生产、技术、法纪、行政各样职能，面临"百废待兴"，万事尽举的局面，虽然经过股份制改造，职工的思想意识已经有所转变，但是"群策会、神仙会"开过多次，还在犹豫到底局部还是全面变革，局部变革又从哪里开始，全部变革动作太大，担心员工心态不稳，影响业务。苦思良久，不知从何入手。

2）制度成为摆设的困惑

2006年3月，某企业艰难地完成了改制，从国有企业一举转变为民营股份制企业，并且在5月上旬成功晋级为建筑业264家建筑总承包特级资质企业之一。大家希望公司有大的飞跃，特别是期望管理水平能有一个飞跃，以前随意性的情况也有所改观。于是，本着实际工作的需要以及体系论证和评比文明单位的要求，将原来零散的制度、规章，整理成集、装订成册、分发各部。

然而奇迹并没有出现。"制度"和"做法"两张皮，制度是制度，在资料柜子里摆着，做是做的一套，不知道制度和做事如何连接起来。这不仅影响执行的效率，而且有很多影响公司威信的负面反映，不利于"重生"的公司发展。领导们不禁自问：怎么好好的制度就成为摆设了呢？

3）协调难的困惑

民营企业在我国的发展，其实并不像大家预期的那样健康、蓬勃生机，更多的实际情况是，缺乏国有企业的优势，却有民营企业的更多难处。就内部管理来说，特别是从国有企业脱胎而来的民营企业，也是积重难返。建筑企业是相当特殊的企业，知识密集、资本密集、劳动密集及风险密集。这种特性决定了内部各部门之间需要高度密切协作，这也成为项目顺利实施的必要条件，甚至影响到企业的生存。招标投标、合同谈判至签订、施工准备、材料采购、分包管理、质量安全进度成本的动态控制、信息管理、关系处理、现金流管理等，环节多，变化快，周期长，利益分散。内部协调也绝不是开个会、下个文可以解决的。无奈，大家感慨：就是在民营企业的内部协调，也是那么困难。

4）考核的困惑

一些建筑企业界人士深为考核的事情烦恼。尽管考核的办法已经越来越多，也越来越完善，但还是无法满足各个企业的不同情况。考核频度有的12个月/次，有的6个月/次，有的1～3个月/次。所谓KPI，抓到了重点，但是关键与否不是一成不变的，考核应该是既对事情，又对人员才更完善，更要及时和动态。同步考核和细化考核成为困难。

（2）解决方案

对流程进行彻底思考和分析发现，对于企业的具体的战略困惑、效率困惑、执行随意、考核难协调难，如果从流程入手，将是最好的管理变革的角度，我们已经认识到"现在众多企业内出现了工作低效、无序的问题，并不是由于制度建设或人员素质造成的，而是由于企业内部没有一套工作流程和执行标准所致"。因此在管理基础（组织基础、管理方法、管理目标、竞争战略、企业愿景、企业制度）等薄弱的情况下，以流程带动成为"讨巧"和"抓手"的可能性大大增大，因为全面变革需要更多的资源，如果资源受限，变革显效速度就将大打折扣，而且也无法持续。

每个企业，都必然地存在"目标流、任务流、信息流、物质流和职能流"，我们在寻求管理水平的提升时，我们更多的是在追求这些企业要素的一致性。这一致性包括：目标和任务的一致；物质和信息的一致；职能和目标的一致等。有一致性，才会有效率，逼近目标的效率、控制成本的效率、追求时效的效率。

我们在追求着这些一致性，尽管，这些本来就是该一致的，是我们先将其割裂，才再来寻求其一致的。尽管割裂是无奈的，因为我们在以前，没有认识到其一致的意义（缺乏必要性，其经济意义和时代节奏上都不必有紧迫的一致性）及我们缺乏让它们达成一致的技术手段。

现在，我们具备了这种技术手段：计算机技术、机器识别技术、自动物流技术、便捷交通工具、无线通信、网络传输、即时通信等技术，那么，唯一缺乏的就是让其一致起来的思想方法了。流程的研究不仅为管理的宏观和微观问题找到了解决方案，而且提供了可资信赖的工具。

1.2.5　流程的管理实践价值检验

管理是实践的知识体系，流程管理的价值体现在实践中。研究表明，流程管理具有横断学科的特性，将具有广泛的应用领域、丰富的内容和深刻的影响力。我们在1.2.3中，进行了详尽的论述，流程作为重要管理技术的本质，在实践中得到了检验。

1. 当今管理成效高的技术工具或思想的检验

越是要素众多，越说明企业成功具有一定的离散性，成功的模式也就会越不雷同。但是，总是有些研究得到了规律性的成功原因。这就是管理理论的产生途径。自20世纪开始，管理理论形成了枝繁叶茂的丛林，我们在表1-2中做了列举。然而，我们列举的企业的运营要素，林林总总，研究的深度广度比较全面，可"成果"涌现似一浪高过一浪，指导企业实践也不断取得成功，同时也伴随诸多的失败。这只能说明，还没有找到更广泛的成功要素，或者也许就不会有。如果那样，只有"权变"理论是放之四海而皆准的。

时下，管理学理论研究向着"综合的方向"和"工具性的方向"发展。综合可以说是整体性的"核心竞争力"方向，如企业文化、战略等，然而成熟的市场中很少有企业的成功是因为单一的因素导致的。另外就是细致的工具化的方向，如6σ，说得极端一点，完全是数学，或者说管理统计学方法，但是在指导企业的成功方面，取得了非常了不起的绩效。如

GE公司的6σ应用。还有类似的精益生产、JIT等。

尤其是管理结合自然科学与社会科学，常常以自然科学为管理对象，以社会科学为管理手段，复杂性也就可想而知。也难怪，不断发展的管理理论，要有定则，似乎非常难。

最新的研究，以流程为主导的共性，表现在高动态的环境特征上，流程能力就是典型的广义上不依赖于具体环境背景的知识、技能和能力，相对独立性是价值稳定表现的重要特性；表现在多维度环境特征上，流程就是企业组织系统中的非常重要的序参量；而表现在复杂性的环境特征中，则流程是创造价值的主导因素。

环境变，方法变，变革是必须且需要稳妥的。面对后工业时代的竞争环境，流程再造、6σ、精益思想和能力成熟度模型等支流变革管理方法，已经在管理实践中得到较大程度上的检验。如：GE公司、波音公司、UIC公司、空客公司、中航工业自控所。

"流程再造引发企业再造，深刻认识到企业里创造价值的是流程，对传统组织的职能划分和劳动分工的模式进行变革，追求对流程的设计、改进和再设计的不断循环。"

"精益思想以创造价值和消除浪费为主导，追求价值流连续的流动，并由顾客的需求拉动生产，对传统大批量生产方式进行变革，通过关注顾客和知识驱动，用知识填补直觉认识上的不足。"

"六西格玛通过控制偏差减少缺陷而追求流程的一致性和稳定性，对传统的领导方式和企业文化进行深刻变革，培养基于事实和数据的说话的管理改进模式和文化。"

"能力成熟度模型为跨行业、跨学科的工程管理提供了统一语言，为基于模型的改进提供了基础。"

因此说，"流程再造"是对业务流程的再设计、"精益思想"是追求业务流程的敏捷高效、"六西格玛"是保持业务流程的稳定一致、"CMMI"是评价业务流程的成熟度、"信息化"是实现业务流程自动化。如图1-21所示，当前多种有效的管理工具，都是基于流程的，足见流程在管理实践中，已经并更将得到更多实效的检验。

由此我们得到的结论是：流程不仅在理论上得到证明，在管理实践中，也已经证明具有核心地位和核心的作用。

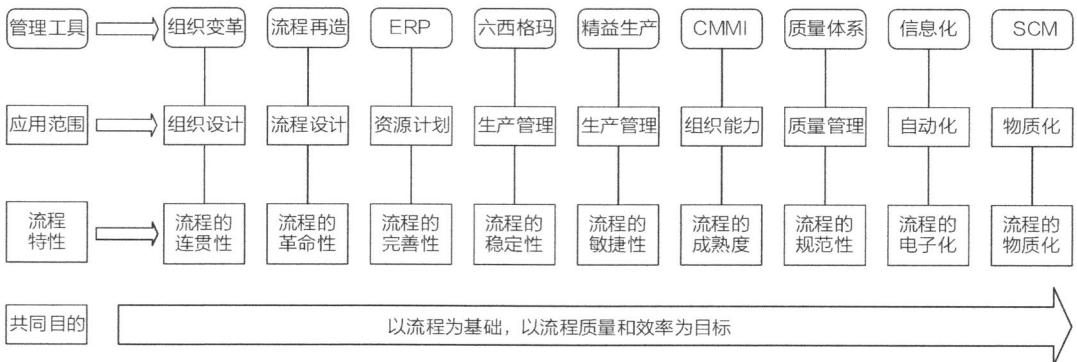

图1-21 多种管理工具的流程基础

2. ERP 与流程再造反思：流程知识体系图

前面作为成功的例子说明，流程经受了管理实践的检验。事实上，ERP在向全世界推广的过程中，遇到的失败的案例，是不在少数的。我们的研究认为，其主要原因是，ERP首先必须在进行严肃的认真的BPR基础上，才能开展工作。而BPR，对流程进行再造，就需要对流程本身进行深入的研究，积累关于流程的各种知识。流程的知识体系如图1-22所示。

3. 流程是不同战略类型组织的绩效载体

企业组织的战略导向类型可以不同，比如以战略导向、以财务导向、以文化导向和以资源导向，但是在将战略落实到执行（职能的和工艺的）时，必将通过流程才能到达实处。流程是不同战略类型组织的绩效载体，如图1-23所示。

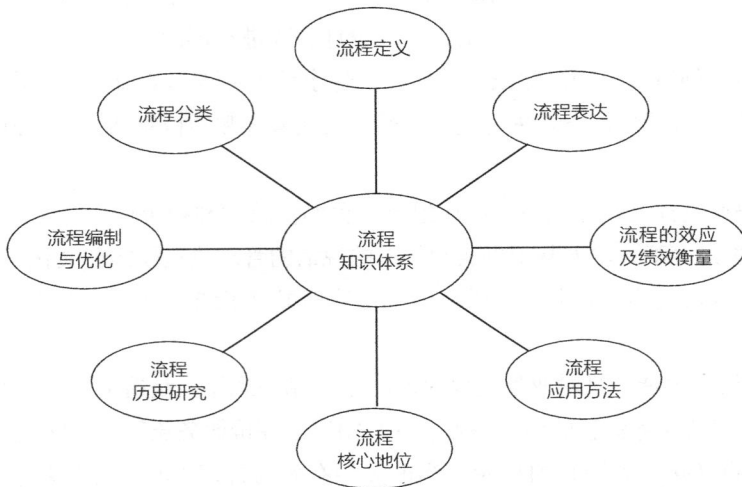

图 1-22　流程的知识体系图

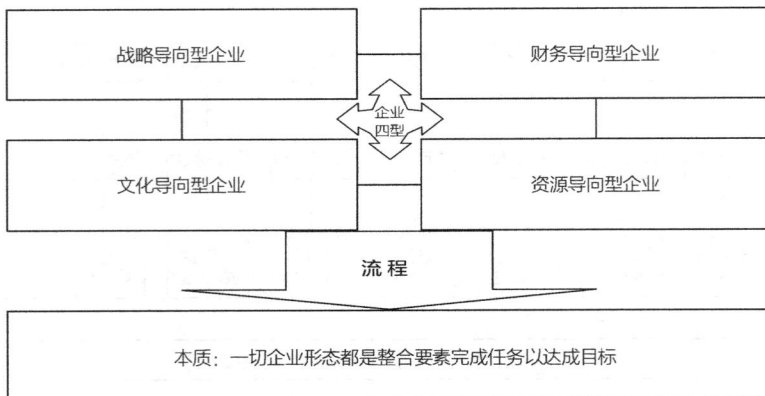

图 1-23　流程是不同类型导向企业的绩效载体

1.2.6　各界对流程的肯定

随着流程认识的加深和实践案例的总结传播，各界对其应用价值的肯定也越来越多。例举各方言论如图1-24所示。

任正非说："企业管理的最终目标是建立流程化体系。"而所谓流程化体系则是指公司的战略、业务（包括研发、营销、供应链、服务）、人力资源、财经，全部是流程化的。

图 1-24　关于流程的各方言论内容图

1.2.7　流程著述评论

即便学理研究上，不算有突破性的奠基工作，对流程应用者来说，著述的作品无论数量上和实用效果上，都是值得肯定的。著述数量和质量本身，都相当程度上说明了流程研究和应用的活跃度，以至于延伸到流程价值本身，参考文献列举了部分。

另外，新近作者的流程牵引团队，通过流程的虚拟仿真，进一步验证了流程作为"管理核心要素"的预见性作用，也可以说从管理之实结合仿真技术之虚，得到流程应用价值的证实。

综上所述，流程这个管理要素，具有无可替代的地位。正以为如此，其作用也将是无与伦比的。

1.3 流程的作用

1.3.1 组织的核心竞争力

企业组织的一个很大特点，就是要不断面对"流动""流逝"的环境。而如果环境"动"了，无论内部还是外部环境发生了变化，企业仍然"静"着，不作出相应的变革，新的危机就开始孕育了。大堤溃于蚁穴，这样的结果总是有原因的。我们讨论流程的地位，要指出，能够与流动的特点紧密结合的全世界唯一的就是"时间"这个因素。因此从时间特性入手，进而讨论流程的驱动作用，流程在企业要素中所处地位，流程能够帮助企业实现哪些有益的变革。这是本节讨论的内容。

1. 流程结合了时间的客观性

对于管理人来说，全球最重要、最一致的要素，就是时间。时间具有的特性：

（1）客观性。战略目标的长中短划分，日常任务的年月日安排，等速、均匀，不以人们的意志而发生变化。时间成为一个最具客观性的因素。这种特性，有时候也是"时机"的最好诠释。

（2）可测性。任何需要效率的任务，都必须可以测量，有一定的时间限制。我们将流程的职责定义为，完成任务所应达到的要求，其中重要的要求就是时间要求，也就是结合在任务的进程要求中。因此，流程变得可以并容易测量。同时，这个性质，也就成为流程优化的一个重要数据指标。

（3）价值性。马克思说，一切的节约就是时间的节约，含义深刻，至情入理。为顾客创造价值，也可以体现在为其提供产品或服务使其获得满足的速度上。这个速度的创造在于时间的缩短上。"速度经济时代"，尤其体现时间的价值。

（4）流动性。现代企业管理，强调的是变化的特点。体现在流程上，就是流程的流动性。一旦启动一个任务，或者多个任务，就需要随时间发生，而不能被静态地安置。相比制度等要素，静态地无法跟随任务，流程就具有动态的特性。

2. 流程具有驱动力量即牵引作用

牵引是拉动、引领，是主动积极的引导前进。当然，重要的是起到导向作用的内涵。推还是拉，物理学上是有很大区别的。用人推小车的受力图来说明，如图1-25所示。

这个比方不能完全等同于管理，受力角度的不同也未必恰当。不过道理上是说得通的，有一个导向拉动前进总比要推动一个事情来得顺畅，我们可以理解为在目标导向的作用下，

推动前进	拉动前进
阻力 FT= 本身阻力+推力的 一部分分力	阻力 FL= 本身阻力−拉力的 一部分分力

显然：$FT > FL$

图1-25　推动与拉动的受力分析图

合力努力奋斗，总比被动地被要求做这个做那个要好得多。

为什么说流程起到牵引作用呢？因为流程是业务开展时执行任务的"安排"。如果没有业务的进行，制度就没有作用、成本就不会发生、职责就没有落实的地方、各方互不相干、成果不会产生、目标无法达成，战略也就成为空话。而业务的开展，流程起到了整合资源、协调各方、产生成果、规范要求的作用，毫无疑问，用牵引来表述，是十分恰当的。

"流程是任何一个企业的驱动力量，流程涉及企业的相关部门、相关人员，承载企业相关的业务数据在不同部门之间流转。"（来源：企业业务流程如何规范运作，eNet硅谷动力）

MIT（麻省理工）Sloan 管理学院信息系统研究中心主任Dr.John.F.Rochart绘制了过程的重要作用示意图1-26。

这里的过程，即为流程，其地位很显然是处于核心位置。

关于过程的重要性，在欧洲质量管理基金会对"大型公司、运营部门和业务部门版本"适用的"欧洲质量奖卓越模式"（EFQM Excellence Model）中，特别强调了过程的意义，如图1-27所示。

3. 流程是企业要素的核心

王璞、曹叠峰在《流程再造》一书中，鉴于流程的重要作用，提出"流程企业"的观

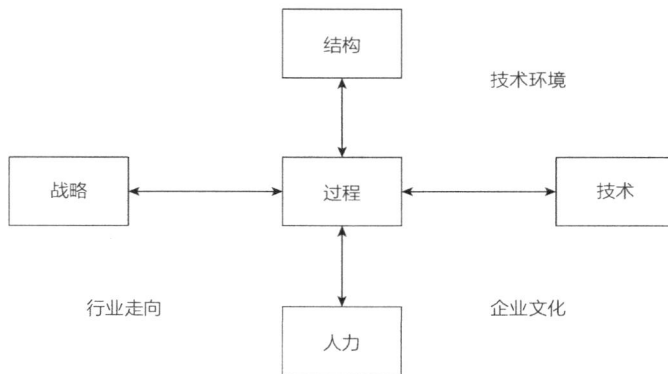

图 1-26　过程的重要作用示意图

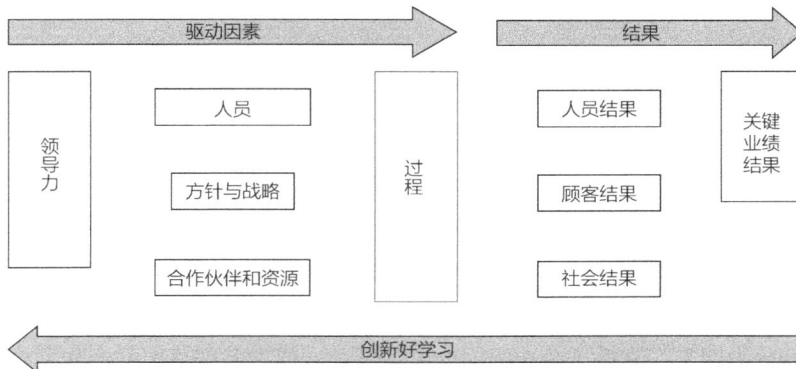

图 1-27　EFQM 中的过程

点。作者认为虽然流程再重要，也不是企业本身，而是企业的核心要素，但是，对此也可以理解为将流程的地位强调到确实十分特殊的程度。而我们一再提及企业管理的要素（图1-28）是通过流程来实现企业的使命和目标的。

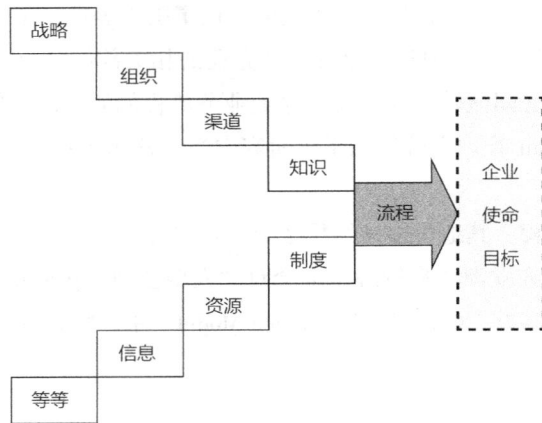

图 1-28　企业资源要素

具有相同观点的如"只有高效、科学的业务流程才能保障战略目标的实现"（张雯华，2004）。文章认为公司设定的战略目标、使命和价值观是公司发展的方向所在，而通向这个目的地的轨道就是和战略目标相一致的业务流程。脱离企业战略的业务流程只能使企业犹如脱缰之马，偏离原来的目标；而缺乏业务流程支持的企业战略，也只是海市蜃楼，难以达到和实现。企业惟有将战略目标落实到日常的工作流程，落实到企业各个部门每个员工的具体行动中，才能够充分发挥思想和行动的互动作用，才能够使战略目标不至于成为企业家书架上的陈设。

总之，流程是企业的核心要素，为组织实现目标立下了"汗马功劳"。

4. 可实现动态管理

在同一个流程管理平台上，可视化地了解到自己的任务和被授权限，并可以了解到同事的任务，极大地实现了管理的互动，可以及时了解自己应该在什么时点提交本任务的成果，提交给哪个相关方。

战略有了落脚点、团队从概念到实在运作，实时动态可视，是管理者孜孜以求的目标，只有在流程牵引的理念下才能够很好地实现。

5. 有机一体化

实现组织、任务、资源、信息等的有机化、一体化。企业的要素是多种多样的，侧重点也不同，但是，既往诸多要素中，始终没有认清楚流程的核心作用，导致企业管理者"困惑"很多，尤其是当遇到经营不顺的时候，更加抓不住关键点，起到实施"纲举目张"的效果。

流程将其分为四类，囊括了企业组织的一切活动，成为名副其实的流程型企业组织，较好地实现了有机一体化的管理目的。这是其他要素无法达成的。

6. 对管理实效的提高

切实地引用"流程牵引"在项目实施中的观念，使之成为实际运作企业的工具和手段，可以大大提高管理实效。体现在：①将制度成为实现任务的指南；②考核即时跟进，流程中的下一个相关方对上一个执行者的成果的追索和检验，无疑比一年一度的考核来得及时和更有效果。考核的"时滞"是考核效果大减的根本原因，甚至要大过考核方法本身；③协同以价值为导向；④实现组织的扁平化。组织扁平化指标是：管理宽度和层级的缩小。寻求扁平化的动力在于追求内部管理成本的降低。

我们采用提高领导者和被领导者的成熟度、改变沟通方式、利用先进的IT技术等方法来达到组织扁平化的目标，但是效果受到局限。但是如果借助后面设计的流程表达表，采用IT技术运行"流程牵引"的方法，将使得组织扁平化成为现实。

7. 对BPR的指导作用

由于深入地研究了流程的分类和各类流程担负的功能，对"流程再造"的针对性，起到一定的指导作用，从而也为ERP的顺利实现打下基础。

综合以上分析，我们可以毫无疑问地认为，流程是企业要素中处于核心地位的要素，具有无可替代的作用。而"流程牵引"的方法，将使企业管理更加有效。

因此，"流程牵引目标实现"可以这样来理解：一个方面——流程牵引，作为一个词语，理解成为，流程作为动力，起到拉动、引擎的作用；另一个方面——牵引目标实现，理解成为项目的实施，是被"一种力量"驱使达到目标的。

同时，还需要说明：这里项目的含义是广义的项目，现代管理认为项目是组织实现目标的重要形式，甚至有观点认为，未来的管理面对的都是项目，21世纪是项目管理的世纪。对于建筑企业来说，建筑工程项目管理的重要性与建筑企业的管理重要性是一致的，因为，建筑企业就是以管理建筑工程项目为对象的，项目达成目标等同于组织实现了目标。

1.3.2 宏观作用

我们将流程的宏观作用归纳为八个方面，其中有四环境（文化、制度、IT、组织）、四功用（协同、目标、执行力、标准化），如图1-29所示。

1. 协同

协同是不同的人（组织、部门），在（同一时间或者不同时间、同一空间或者不同空间）完成同一任务。

或者说：协作他人达到同一目的。自己的工作成果+协助他人取得的成果+他人的工作成果=共同的成果。如果不是同一目的，就不是协同，而是服从。流程具有驱动力量即牵引作用。

2. 目标

流程是起点与终点的链接，是日常事务累积成果的集成。关系如图1-30所示。

3. 标准化

标准化是在技术、科学和管理等社会实践中，对重复性的事物和概念，通过制订、发布

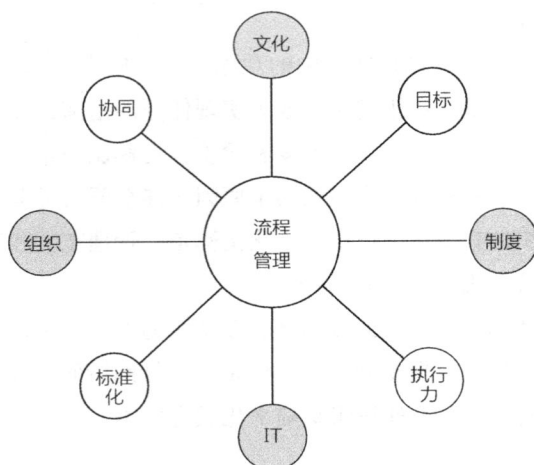

图 1-29　流程管理环境与功用图

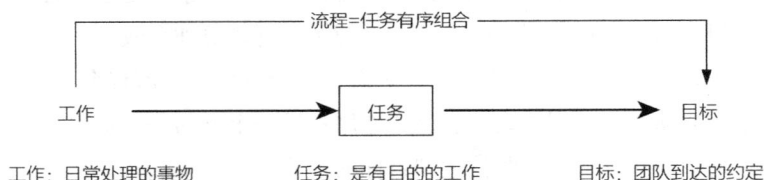

图 1-30　目标与关系、任务的关系图

和实施标准达到统一，以获得最佳秩序和社会效益。公司标准化是以获得公司的最佳生产经营秩序和经济效益为目标，对公司生产经营活动范围内的重复性事物和概念，以制定和实施公司标准以及贯彻实施相关的国家、行业、地方标准等为主要内容的过程。

4. 执行力

执行力的损耗，首先来自于目标不明确，协同不充分，而此中关键是：交代不清楚，以流程为工具，把任务的"目标、依据、资源、职责、相关方、信息和需要的成果"，尤其是涉及最佳的逻辑路径描述清晰，将大大提升执行能力和效率，其执行力得到大大提高。

5. 组织

组织就是在一定的环境中，为实现某种共同的目标，按照一定的结构形式、活动规律结合起来的，具有特定功能的开放系统。简单来说：组织是两个以上的人、目标和特定的人际关系构成的群体。

组织是两个以上的人在一起为实现某个共同目标而协同行动的集合体。它是以目的为导向的社会实体，具有特定结构化的活动系统。组织由以下四个要素组成。

（1）人组织由（两个或两个以上）的人组成，这些人为了共同的目标走到了一起，具有主观能动性的要素。

（2）共同目标——前提要素。组织拥有一个（经常更多）的目的或目标。

（3）结构——载体要素。他们有互相协调的手段，保证人们可以进行沟通、互动并交流他们的工作。由部门、岗位、职责、从属关系构成。

（4）管理——维持要素。为了实现目的，他们拥有一套计划、控制、组织和协调的流程。

6. 文化

我们这里的文化是指企业文化。企业文化则是企业在生产经营实践中，逐步形成的，为全体员工所认同并遵守的、带有本组织特点的使命、愿景、宗旨、精神、价值观和经营理念，以及这些理念在生产经营实践、管理制度、员工行为方式与企业对外形象的体现的总和。企业文化是企业的灵魂，是推动企业发展的不竭动力。它包含着非常丰富的内容，其核心是企业的精神和价值观。这里的价值观不是泛指企业管理中的各种文化现象，而是企业或企业中的员工在从事商品生产与经营中所持有的价值观念。企业文化具有以下作用：

（1）导向作用：所谓导向功能就是通过它对企业的领导者和职工起引导作用。

（2）约束作用：企业文化的约束功能主要是通过完善管理制度和道德规范来实现。

（3）凝聚作用：企业文化以人为本，尊重人的感情，从而在企业中形成了一种团结友爱、相互信任的和睦气氛，强化了团体意识，使企业职工之间形成强大的凝聚力和向心力。

（4）激励作用：共同的价值观念使每个职工都感到自己存在和行为的价值，自我价值的实现是人的最高精神需求的一种满足，这种满足必将形成强大的激励。在以人为本的企业文化氛围中，领导与职工、职工与职工之间互相关心，互相支持。特别是领导对职工的关心，职工会感到受人尊重，自然会振奋精神，努力工作。

（5）调适作用：调适就是调整和适应。企业各部门之间、职工之间，由于各种原因难免会产生一些矛盾，解决这些矛盾需要各自进行自我调节；企业与环境、与顾客、与企业、与国家、与社会之间都会存在不协调、不适应之处，这也需要进行调整和适应。

（6）辐射作用：文化力不止在企业起作用，它也能通过各种渠道对社会产生影响。文化力辐射的渠道很多，主要包括传播媒体、公共关系活动等。

7. 制度

现在提倡制度管理，本身是很对的，甚至很多企业提出"制度第一，董事长第二"，要以制度管人，企业追求的是基业长青。不过实际操作中，困难很大。"从人治（随意性大）到法治（按制度办）"，需要根本性地从文化角度得到改变。也许，国内现阶段，还只能算是"制度化"治理的启蒙阶段，特别是对于民营、私营企业来说。但这并不妨碍我们的分析研究。

通过"流程牵引目标实现"的研究，在企业获得利益的同时，逐步加强依照制度办事的意识，不失为提升制度管理理念的一条途径。对于那些苦于没有合适方式来推进制度化管理的管理者，则是"雪中送炭"。

作为流程要素，制度是重要的依据之一，执行过程中，将其作为引用、对照、考核的准则，同时，对于完善制度本身，也是必不可少的：删除那些从来不被引用的条款，补充那些执行时发现不完备的条款，增加实际中需要条文中却没有的条款。

8. IT

IT在建设领域的最大价值之一是对建造自动化的促进与支撑。管理需求信息技术提供适配的硬件软件技术手段；信息技术反过来促使管理的变革。在这个相互影响的过程中，新的信息化技术和新的管理理论和方法都有可能产生。

1.3.3 具象作用

我们将流程的具象作用归纳为十个方面，如图1–31所示。

1. 导向目标

流程具有导向目标的作用。组织以流程为牵引动力，整合资源，达成目标。如图1–32所示。

2. 计划基础

在管理学中，计划具有两重含义。其一是计划任务，是指根据对组织外部环境与内部条件的分析，提出在未来一定时期内要达到的组织目标以及实现目标的方案途径；其二是计划形式，是指用文字和指标等形式所表述的组织以及组织内不同部门和不同成员，在未来一定时期内关于行动方向、内容和方式安排的管理文件。而流程的特性正好符合这些。

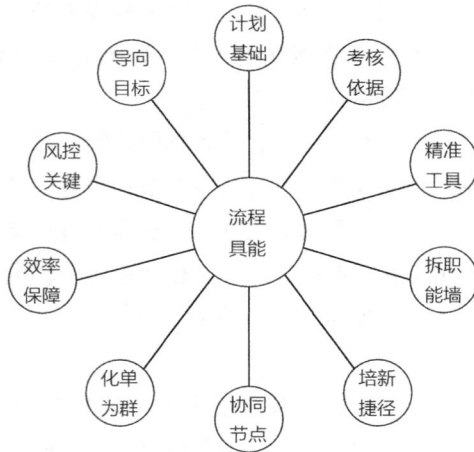

图 1-31　流程支持管理方式（流程价值）图

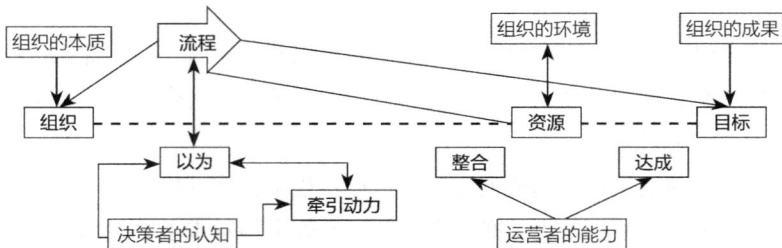

图 1-32　流程导向目标示意图

3. 考核依据

通过绩效考核，传递组织目标和压力，促使技术人员提高工作绩效，达到提高技术人员的工作能力、纠正技术人员偏差的目的。考核的依据有目标计划及日常、月度、季度工作关键业绩指标达成情况、对公司各项技术规章制度执行情况、行政违纪记录和岗位违纪记录以及满意度评价记录、安全质量行为记录等。

4. 精准工具

流程是可以分解的。我们可以将流程分解为一级流程、二级流程、三级流程，视流程体系的复杂程度分解到何级别。流程也可以用时间表示起始进程关系。有了这些特性，就可以借助流程，找到问题本质、精准方案设计、精确资源到位、精确责任分配、精益成效取得。具体体现为通过对过程中的工序以及环节按照一定的科学原理进行优化与整合，达到精准管控的目的。

5. 拆职能墙

组织架构调整中，通过对部门进行精简合并、精简业务流程，下面管理层将获得更大决策权。

对于大企业而言，其规模化和专业化将使得部门增多，部门的增多又会增加横向协调与沟通的难度，很多人称为大企业病，而破解大企业病的关键在于打破部门墙。而合理的设置部门能够有效地打破部门墙，通过流程的目标导向，以权责平衡为支点，合理地设置部门。

6. 培新捷径

培养新员工，教给新员工做事的方法很关键。虽然给新员工安排的工作难度不大，但是必须要让他掌握合理的操作方法。流程能快速且简便地掌握这些，有助于新员工快速进入角色，掌握工作要领。

7. 协同节点

"协同"概念有着更深的含义，不仅包括人与人之间的协作，也包括不同应用系统之间、不同数据资源之间、不同终端设备之间、不同应用情景之间、人与机器之间、科技与传统之间等全方位的协同。

流程是任务的有序组合，任务与任务之间的节点至关重要。任务各自之间的协调、协作形成拉动效应，推动事物共同前进，协同的结果使整体加强，共同发展。

8. 化单为群

组织的力量来自于群体的智慧和经验积累。一个组织中往往个别人或者几个人的能力比较突出，流程牵引思想提供了一种"能力累积"的方法，使得个人的知能能够转化为组织的知能，这是组织所追求的，也是组织成长的最重要途径。这就是这里所说的"化单为群"的作用。

9. 效率保障

流程对于提高工作效率，提高组织的价值链直接性，起到无可替代的作用。

10. 风控关键

风险设别、标注、测量、控制，本身就是一个风险管理流程。而设置风险控制流程的系统环节，进行检测和决策，进行资源调配，就是风险控制的实质内涵。好比设立一个检查站，流程中设置风险控制任务节点，就直接起到了控制风险的作用。

1.3.4 制度的本质

在流程牵引理论下，讨论制度的本质是试图阐述清楚"为什么制度不能很好发挥作用？""如何简化如此众多的制度条文？""如何避免陷入繁文缛节而忽视管理重心。"

（1）为什么制度不能很好发挥作用？直接的原因是：制度与行动没有直接挂钩。完成任务达成目标以实现愿景，在完成任务的行动中，不能直接挂接制度条款，制度就不会被好好执行，效果自然大打折扣。制度与任务直接，或者说流程依据制度，自然就解决了这个问题。

（2）如何简化如此众多的制度条文？制度除了上述问题之外，还有制度的表达问题，制度的相关"通畅、协同"问题，制度的宣贯问题。凡是语言文字，必然有"语义歧义"，不能够精确是必然的。更不必说，制度"汇编"的人的种种时间、精力、水平局限。1幅图=4张表=9页字，管理实践中是有相当道理的。简化的路径也明了了。

（3）如何避免陷入繁文缛节而回归管理重心。精细化=繁文化，是个极大的误解。在咨询、推广流程管理过程中，很多人反映，流程烦琐，难以接受。这里首先着重的是管理重心，是以实现管理效率提升而进行的流程优化、再造。

那么制度的本质是什么呢？

其实很简单：制度的本质，第一是组织的行为方式；第二是行为的标准。第一个恰恰就是我们流程牵引理论所定义的流程，也即"流程是组织的行为方式"，规定组织该如何运行的方式，是制度最本质的核心，通俗地讲，就是如何做正确的事情，即"如何做事"。第二则是规定行为的标准。包含时间、资源、岗位、权限、额度等，以及违反了标准应当受到的"处罚"标准。也是我们BLF流程表达方法中的B——标准，有标准才能实现精准，也即做到什么程度。

归纳起来，制度就是做事的方式（用流程表达）和执行的标准（用图/表表示），这样就形成了"流程体系、标准体系和范本表单体系"，而避免一大堆模糊不清的文本，需要花很多时间梳理才能完整掌握。

1.4 流程地位及作用的评价维度

1.4.1 目标的导向性

流程以组织为牵引动力，整合资源，达成目标。其中以目标为导向，牵引为协同，如图1–31所示。因此，将目标导向的能力作为评价流程的一个维度。

1.4.2　时空的普遍性

时间的普遍性——流程具有的一个特性之一是其时序性，也即用时间表示的起始进程关系。尽管有时差，但是都用统一的时间标尺，这就为流程的效率测度提供了方便，也为对比提供了参照量。因此，流程是与时间密切联系的。

空间的普遍性——流程无处不在，在任何空间，任何事务都有其对应的流程。

1.4.3　要素的整体性

流程作为企业要素，具有诸多特性。而流程本身又是由多要素组成的，或者说包含了诸多的要素，并且这些要素是可分解的。我们在以往进行企业管理和项目管理实践时，都是从职能划分的角度，人力资源、物资管理、财务管理、行政管理、信息管理、组织管理等管理的要素是分裂的，各自角度的，并不具有基本单元的性质。我们从任务的角度将全部要素归集（是本源的，不是人为的）在一起，从本质上为解决由于部门分割导致的信息不共享，无法协同的管理难题，提供了依据和方法。而此时，所归集的要素是否齐全在一定程度上反映了流程本身的质量。流程牵引理论认为，每项任务都有九项基本要素，即任务编码、名称、依据、组织、资源、职责、信息、各方、成果。

1.4.4　要素的关联性

一个要素，如果独立存在，和其他要素之间的没有关联，这样的要素不可能起纽带的核心作用，流程是与所有管理要素密切相关的要素，正因为如此，流程处于诸要素的中心，成为联系各要素的枢纽，我们还将证明其是组织名副其实的竞争力的核心。

1.4.5　绩效的可测性

无测度，不管理。

流程优劣好坏的测量，具有必要性，也存在可能性。定义一个测量的指标，探索流程的影响因素，由此不断改进，用客观指标来衡量，是流程学科发展的需要，也是管理学对组织绩效衡量的需要。

第2章
什么是流程

本章逻辑图如图2-1所示。

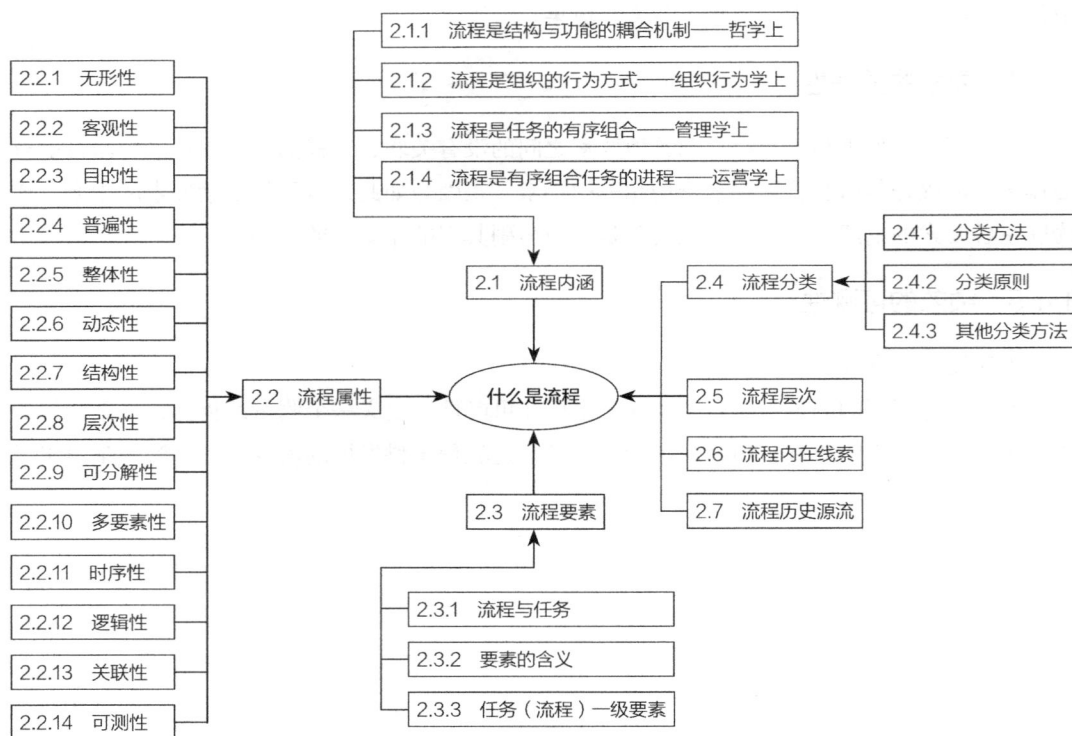

图2-1　第2章逻辑流程示意图

　　在我们看来，流程的内涵需要从多个视角进行界定和理清。任何单个方面的界定都不足以窥到全貌，而片面的概括，必将导致实践的疏失。

2.1 流程内涵

流程牵引理论分别从哲学、组织行为学、管理学和运营学视角对流程内涵分别进行了审察和界定。哲学角度：流程是结构与功能的耦合机制；组织行为角度：流程是组织的行为方式；管理角度：流程是任务的有序组合；运营角度：流程是有序组合的任务进程。流程的本质是组织管理的内在逻辑，包含技术逻辑和管理逻辑。多角度认识流程本质内涵的阐述，如图2-2所示。

2.1.1 流程是结构与功能的耦合机制——哲学上

泛义地理解结构与功能，是非常普遍的，如细胞、组织、器官、系统构成了人体，这是一个高度复杂的结构体系，构成人类的"循环、解毒、输送、呼吸、滤过"以及其他种种功能。植物也如此，这是有机世界的结构功能，无机世界，同样有各种不同的结构，显示出不同的功能，比如碳分子的不同结构，导致强度的千差万别。

人文社会学科意义上的管理学、组织学，结构与功能有所不同。以建筑工程的企业为例，包含以下多种结构：建筑产品结构（分部分项，检验批构件，工序操作）、组织结构、人资结构、资金结构、成本结构、业务结构等，以实现企业的创利、成长、达标、完成使命等功能。要注意，这是人为制造出来的结构与功能，跟上面自然界中的无机（矿物）和有机（动、植物）是完全不同的。我们讨论的是人造的物质和软件的结构与功能。

结构与功能，在哲学上是一对叫作"范畴"的概念存在的，就是具有广泛意义的概念（范畴）。但是，一个非常奇怪的事情是：结构与功能的关系，不是那么容易"理得清楚"的。以交通工具和到达目的地为例来讨论：汽车作为人类发明的一种"技术人工物"，结构精巧已众所周知。但是汽车除了作为交通工具之外，还有如仓库储存礼物、武器进攻敌人、躲雨作为房子、休息作为床、灯具作为照明等功能。而要实现到达目的地的功能，可以有火车、汽车、飞机、马车、轮船等多种结构物来达成。这样一种选择，就形成了如下关系：一种结构：具有多种功能；一种功能：可有多种结构，其关系如图2-3所示。

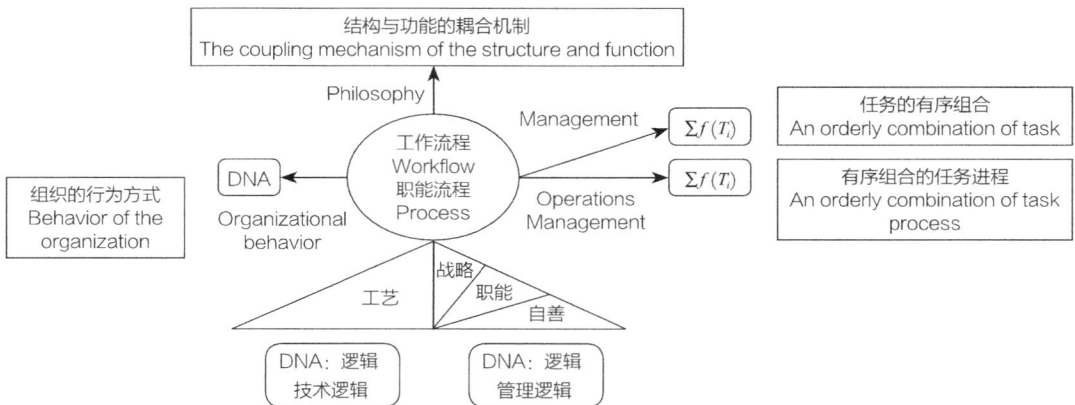

图 2-2　综合视角的流程内涵图

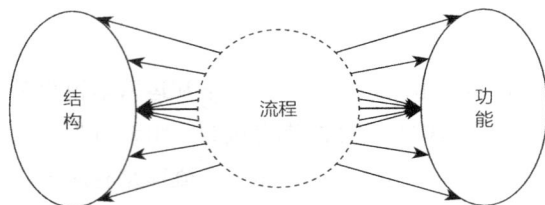

图 2-3　结构与功能的关系图

这样产生了一个管理学上的终极问题：管理就是追求"满意的决策"，不断地进行优化选择和变化后的调整，就构成了"过程管理"的独特机制，类似于运筹学的优选过程，我们称之为"流程"。也即如何选择最优途径达成目的的问题。

由于现实的问题，都不是如此简化的单一因素的问题，研究流程就显得格外重要。还以建筑工程为例，选择一种结构满足一定功能（如：高净空宽大结构、满足体育比赛等）是需要考虑2TQ2CIS七个核心要素的同步调整的条件的，这些调整的原则构成了"耦合机制"（互相作用，条件变化，相应变化，可以理解为耦合）（说明：2TQ2CIS是作者工程管理的讨巧归纳，意为"技术—Technology""进度—Time""质量—Quality""合同—Contract""成本—Cost""信息—Information""安全—Security"，是工程项目管理的最重要内容）。

不断选择（构建）结构，满足（实现）功能的过程，就是流程在哲学意义的内涵：流程是结构与功能的耦合机制。

2.1.2　流程是组织的行为方式——组织行为学上

组织是依靠行为（行动），产生出成果（绩效）的。所谓："行之，有效""事在，人为"。而学问深刻与否，就在于这行为的方式上。不同的组织，或许有类似的始发条件，相似的外部资源，却有大相径庭的绩效，原因就在于"行为方式的不同"。传统的《组织行为学》没有能够挖掘流程这一重要要素，而过于强调动机、激励、环境、领导以及目标、战略和绩效，是使其远未发挥巨大作用的重要原因。

流程是组织的行为方式，道出了"静态"的组织行为学与"动态"的组织行为学之间的飞跃与区别。孜孜以求组织绩效的人们，必须认真思量"行为方式"。

2.1.3　流程是任务的有序组合——管理学上

"序"，就是秩序，有序，有条理。把一切的工作安排得妥妥帖帖、井然有序，是管理追求的高境界。"序"既是名词的秩序、规律，也是动词的序化。就流程内在来说，就是把诸多的繁复要素，梳理成为有规则的排列，然后按部就班地交付实施，这种"良好的"组合，称为流程。这个定义中，不仅仅指示了管理的追求，也昭示了管理的方法。

需要特别留意的：我们说任务是有目的的工作，或者说，任务是目的性更强的工作，以强化工作的追求和消除工作的漫无目的不求效率。管理就是帮助组织高效地达成目标，完成使命。

2.1.4　流程是有序组合任务的进程——运营学上

管理人不会断然否认这个观点："经营、管理、运营"是三种企业不同的境界。运营是运用管理的综合实践。

细细咂摸，管理似乎缺少那么一点"动"的味道，所以总是要强调"动态管理"。而运营则不然，说的就是"动态"的事情，追求的是"快人一步的启动""稳人一层的路途""早人一段的结果"。总之，就是关注"进程"，前进的历程：起点、中途和终点。

"事情进展如何？""进程是否顺利？"，可以将任务进程中的种种复杂归聚起来研究的学问都纳入流程中。

2.2　流程属性

流程具有多种特性，正是流程的多种特性，表明其多元的包容性和多重关联性，并使得流程能够发挥重要的作用，流程特性概括如图2-4所示。

2.2.1　无形性

流程的无形性指其隐形的性质，流程（行为方式与经验积累）的知识是隐性的。流程与组织的其他物质性硬资源不同，以无形的方式存在，就像市场的"无形之手"起决定作用，但看不见。它是一系列活动的先后顺序关系，是导向目的地的不同路径设计。无形性给认识流程增加了困难，也就常常被功利的企业管理者所忽略。并且，无形性使流程更加难以把握。惟其如此，在近百年的管理理论研究的历史上，尽管对流程有过多次"亲密接触"，但

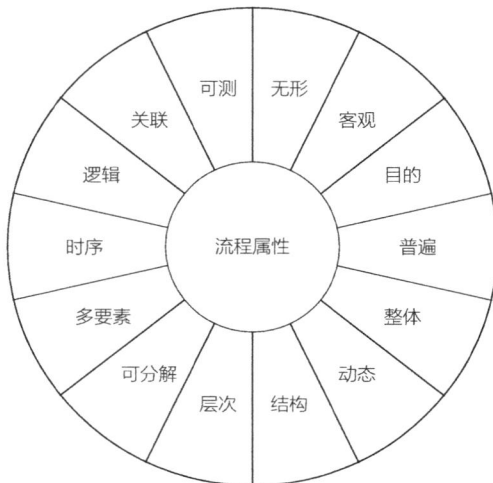

图2-4　流程的多种特性图

是对其核心地位的确立和巨大作用的论证至今还是显得分量不够。

2.2.2 客观性

流程的客观性是指流程是客观存在的，具有"不以意志为转移"（优化后的流程仍然如此）特性。组织只要运营，就存在行为方式——流程，其本质是过程的不可或缺性。

2.2.3 目的性

目的性也称目标性，流程是为实现目标而规划、设计的，任何一条流程的设计或执行，都需要首先明确目标，只有通过目标导向，才能真正实现流程的价值。

2.2.4 普遍性

流程的普遍性指流程无处不在、无时不有，具有普遍存在的特性。无论是医院就诊、财务报批、会议组织、行政审批、企业运营，还是房屋建造等，都存在一系列的流程，由流程体系确保运作的正常。

2.2.5 整体性

流程是任务的有序组合，单个任务无法构成流程，因此，流程需要多个任务的有序组合构成整体；流程的整体性也体现在它有一个总目标，流程的运作都紧紧围绕着这一目标展开，通过对流程体系的搭建，使之成为一个整体，共同指向目标；流程整体性还体现在对于组织的全面系统的保证性，构成完整的"网络"。流程的整体性越强，协同效果就越好，获得绩效就越高。

2.2.6 动态性

流程的动态性体现在流程随着时间推进，不断处于动态变化之中，同时流程结构内部也在不断地变化。流程不能停留在某一个任务环节，一旦启动，"奔向"目标。同时，整合资源（耦合）的过程都是动态的。

2.2.7 结构性

结构性是指组成流程的各序列活动之间的相互联系与相互作用方式，具体表现为三种形态：串行、并行、反馈结构形态。实质上是表明其内部组成的逻辑关系，条件、使然、因果性的反映。

2.2.8 层次性

流程的层次性将流程分为三个层级，即操作层、职能层、决策层。每一层级都有其对应的流程，通过层级的划分，能实现对流程的有序管理。

2.2.9　可分解性

系统由要素组成，若系统不能分解为子系统、子子系统，该系统将失去复杂性，并不具备可认知和应用性。毫无疑问，流程是可以分解的，我们可以依据流程体系的复杂程度将其分解为一级流程、二级流程、三级流程等。流程的可分解性同时也表现为结构性，包含层级与细度。流程分解结构与工作分解结构（WBS）、目标分解结构（TBS）、组织分解结构（OBS）、资源分解结构（RBS）在分解到某任务时应当在层级和细度上相一致，也即同步。

2.2.10　多要素性

流程作为组织要素具有诸多特性，而流程本身又是由多要素组成的，或者说包含了诸多的要素，我们将一级要素归纳为"流程九大要素"。

2.2.11　时序性

时序即用时间表示的起始进程关系。当前世界范围内，最得到公认应用的两大元素是时间和数字。尽管有时差，但可用统一的时间标尺，这就为流程的效率测度提供了方便，也为对比提供了参照。因此，流程是与时间密切联系的。

2.2.12　逻辑性

流程的内在逻辑是工作秩序的根本，包含技术逻辑、管理逻辑。就建筑行业而言，流程本质上是针对建筑结构物建造过程及自设目标的设计和规划的路径，具有时序、因果、主次、总分等逻辑关系，兼具客观的逻辑和主观的逻辑特性。

逻辑关系的调整使流程优化成为可能。如将先后关系调整为并列的关系，平行作业将缩短流程时间，从而提高效率。

2.2.13　关联性

一个要素若独立存在，和其他要素之间没有关联，这样的要素不可能起纽带的核心作用，流程是与所有管理要素密切相关的要素。正因为如此，流程处于诸要素的中心，成为联系各要素的枢纽，我们认为流程是组织竞争力的DNA。

2.2.14　可测性

流程是可以测量的，我们在1.4流程的评价维度进行了论述。如果流程不具有可测量的性质，评价就无从进行。流程可以测度的内容包括：任务与目标的相关性，可借用相关分析方法，任务的数量、时间长短、资源消耗以及逻辑关系的复杂性等具有重要意义。流程绩效评价章节中将继续讨论。

2.3 流程要素

2.3.1 流程与任务

流程是任务的有序组合，也就是说任务按照一定的逻辑关系集合而成为流程。逻辑关系用可用函数表示。

其关系可以用式（2-1）表示：

$$流程 = \sum_{i=1}^{n} f_i（任务） \qquad\qquad 式（2-1）$$

当：$n=1$时，流程=任务（这是为了讨论方便而假设的特殊情况，实际不可能存在只有一个任务的流程）。所以，论及要素时，常常混同使用"流程要素"和"任务要素"。因为指任务要素时，对要素的理解更直接。这里面包含着"全息管理"的实质内容："要素的自相似"（关于自相似和全息管理，后面详细阐述）。如同人体的成长形态，无论年龄大小，五脏六腑的结构形态是相似的，除了像生殖等个别系统功能不同外，只有重量体积上的差异。任务和流程的要素结构、要素类别是相同的，只是数量上有所不同。

$$流程要素 = \sum（任务要素）$$

2.3.2 要素的含义

流程要素或任务要素是指"作为一个任务或者任务的组合必须包含的基本元素或者组成部分"。由于可分解性，要素是与流程的层级匹配的，因此不一定是最小的组成部分或单元。

我们以往进行企业管理和项目管理实践时，都是从职能划分的角度，人力资源、物资管理、财务管理、行政管理、信息管理、组织管理等管理的要素是分裂的，各自角度的，并不具有基本单元的性质。我们从任务的角度将全部要素归集（是本源的，不是人为的）在一起，从本质上为解决由于部门分割导致的信息不共享、无法协同的管理难题，提供了依据和方法。

2.3.3 任务（流程）一级要素

我们将任务的要素归纳为九大类，叫作"任务九要素"，如图2-5所示。

1. 任务名称

这是自然属性，任务当然要有一个名称。

任务名称的命名有两个要求：一是应当尽量保持唯一性（编码是唯一的），简单明确，不宜过长，最好10个汉字以内。二是词汇应采用动宾结构，即动词+名词（做宾语），表示动作完成的内容，以表达任务的执行性。

如：考核全员　　　　办理施工许可证　　　　招聘安全员　　　　接待客户
　　编制流程　　　　通知半年度开会　　　　签订分包合同　　　　处理民工工资投诉

2. 任务编码

为便于数字化管理，利用计算机自动记录、识别、整理、查询，可以提高工作效率，特

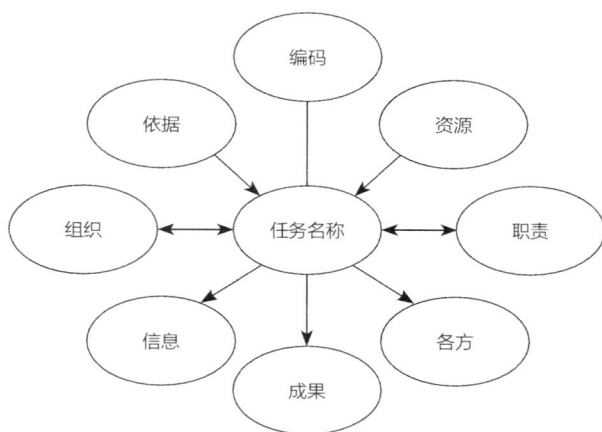

图 2-5　任务的一级要素示意图

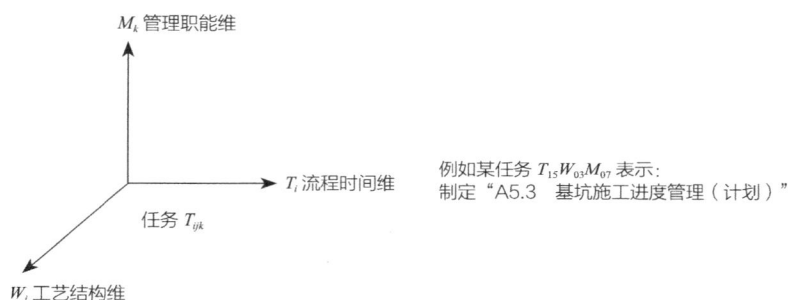

M_k 管理职能维

T_i 流程时间维

任务 T_{ijk}

W_j 工艺结构维

例如某任务 $T_{15}W_{03}M_{07}$ 表示：
制定"A5.3　基坑施工进度管理（计划）"

图 2-6　任务编码的方法

别是多任务管理尤为必要，这也是现代规范化管理的统一要求之一。对任务的编码成为任务管理时一项重要的工作。

任务编码规则，每一个组织内部必须进行统一。如果是独立项目，项目内部统一，如果是企业组织，企业内部统一，如果是行业管理，行业管理范围内统一，这也不是很简单的事情。在复杂管理中，通常我们的任务是如图2-6所示的三维的交点：流程时间、工艺结构和管理职能，因此，编码单纯用流水序号，恐怕难以满足管理的需要。在编码规则制定时，也将有多重的编码要求，如流程时间编码、工艺结构编码和管理职能编码。

3. 任务依据

做任何事情，应当首先想到的问题是做这个事的依据有哪些？至少这个问题应该放在该任务的成果（或目标）是什么之后。建设工程项目的任务依据很多，包括法律法规、技术标准、合同文件、设计图纸、指令变更等。在后面我们还将详细讨论。

4. 任务资源

完成任务需要消耗资源，整合资源的能力、消耗资源的水平，甚至成为了企业组织的核心竞争力，资源管理能力也就成为企业的主要工作内容。资源包括"人资资源、资金资源、物质资源、知识资源、渠道资源"。流程资源要素中的HR（人资资源）不是企业的HRM（人力资源管理），前者仅仅是作为人工资源的人数、岗位、工作量、考核的管理，是后者的基础管理信息。HRM则应包括招聘、培训、薪酬、考核、辞退、岗位描述等全部内容。资金资源，作为任务要素其包含内容侧重于成本、价格等信息。成本是属性，不是资源，是信息，在建造过程中形成的信息。低成本是能力，低价格是资源。物质资源包括设备、材料、器具。企业的一切知识资产统称知识资源。渠道是指采购等获取资源的通道，比如采购某大型设备，应该具有与合格供应商联络、协作的通道，另外还指办理行政审批等的渠道，统归渠道资源。

实践表明，"思想资源"是组织更高层次的资源，影响到战略方向、商业模式。

5. 任务组织（职能）

为了避免与通用职能概念的混淆，也称"任务组织"，也即执行任务的部门和岗位或个人，是任务的承担者和相关者。现代大型企业的架构越来越复杂，从职能制、事业部制、直线制、矩阵制、网络制到极端扁平化后的分布制，呈现权限高度分散、任务高度协同的特点，给未来的任务分配结构变革提出了更高的要求。而责权利平衡却是任何组织形式的基本支点，亘古不变。任何事的完成，都是和人、权、责关联的。有人提出流程的拥有者、所有者等与此有关。

6. 任务职责

不同于岗位职责，任务职责的含义是指任务本身所需要达到的，即任务目标或任务要求。比如任务的完成时间（进程、工期）、任务的质量要求（产品质量最终取决于工作质量，因此精细化管理的质量管理是关注每一个细节环节的质量，而不仅仅是最终成品的质量）、任务成本要求（同样道理，秋后算总账式的管理已经逐步被过程成本控制所替代）、安全要求、环境保护要求、职业健康要求、文明工程施工要求等。

7. 任务信息

完成任务需要企业或其他组织内部的相关"惯例"，包括既往同类任务的依据、资源等信息，这可以归为知识类的信息；完成任务的过程中将产生很多信息：如产品的状态信息、管控信息等，属于第二类信息，可以归为过程信息；完成任务后，重要的是成果信息，包括产品和业务成果，技术和管理的经验总结，可以归为成果信息。企业信息管理是知识资产管理的重要内容。对指导新员工的培训、开发新产品的参照、具体工作的引用和分享，都是非常重要的。与任务有关的一切信息，均应得到管理。

8. 任务各方

为了用词的对仗采用任务各方，本义是任务的相关方。相关方是否清晰是解决任务进行中沟通效率和效果、帮助厘清责任的主要手段。复杂项目管理中，相关方很多，利益诉求不同，甚至文化背景不一，工作习惯差异很大，往往成为项目管理中最难处理的难题。各方的沟通管理是管理的核心内容。

9. 任务成果

流程的成果是我们追求的，最终目标是由每个任务的成果集合（不仅仅是累加）而成的。成果可能包括"一个产品或半成品、某项服务、一个协议、一个客户、一个批准文件"等。如果没有规定成果的任务，是没有必要执行的，执行也将是效率不能保证的。

没有成果的任务，不需要成果的任务，是不产生效益的任务，从组织的价值链来看，是属于应该取消、削弱、不配置资源的事项。成果既是管理目的性的体现，也是衡量绩效的标准。实现任务化管理对成果采用自动化统计、评估是未来绩效考核的方向。只为考核而工作，应当转变为"目标"而工作，化被动为主动。这也算是现代目标管理的方向之一。管理经验主义学派特别强调的就是成果、绩效导向的管理，是最有效的管理，这是值得深思的。

上述就是任务的九大一级要素。

有必要指出：

（1）关于人。在人力资源、职能和各方中均涉及人，其侧重是不同的，人力资源作为资源，最关注用工的数量和人工的价格；在职能中，则侧重哪些部门、哪些岗位是担任该任务的主要责任者，配合辅助者，监督检查者和其他相关者，其角色特性是重点；而各方则以沟通为中心，以规划沟通方式、分享信息方式为重点。归纳起来，可以说是分别解决多少人、什么价、干什么、怎么样干的有关人这个核心要素的方方面面问题。

（2）关于时间。我们在流程要素描述中，没有特别指出"流程时间"，或者没有把时间作为直接要素来描述。不是忽视或不应重视。事实上，所有要素中唯一最客观，有普适性的要素就是时间，而且，流程时间是我们任务，最终完成目标具有评价其效率的必须要素。

流程时间包含"周期时间""保留时间"。"周期时间是完成任何项目的一个任务或者行为所需要的时间"。而"保留时间"则是单个项目在文件夹里或办公桌上所停留的时间，保留时间是非生产性时间。

在我们的研究中，流程时间是作为职责要素，即对流程（任务）的要求而被包括进来的。我们发现，提高一个组织的效率，应当不断对流程进行思考、评估、分析，并对流程进行合并、简化、删除、新增，这些都是"流程再造"的内容。提高流程效率的焦点在于消除流程中的"多余时间"，削减、压缩流程的"停留时间"，优化和缩短"周期时间"。

总之，上述论述非常清楚，任务的不可缺少的要素是"为什么做（成果）；谁做（职能、组织、责权和岗位）；根据什么做（依据）；做的条件（资源）；做的要求（职责）；和谁相关（各方）；利用、产生、存留哪些信息（信息管理）"（包含比5W2H更全面的管理信息，我们将其升级为6W3H2R，后面将有论述）。无论什么任务，都必然包含这些要素，因此将其归结、固化为企业管理或项目管理的DNA——"要素基本单元"，并不无道理。任务要素是内在的，任何管理工作，都是在解决这些要素的归集融合、分享协同，没有例外。因此后面将继续证明"流程是组织竞争力的DNA，而内在要素则是DNA中的本质信息——管理基因"。

2.4 流程分类

2.4.1 分类方法

1. 二分法

达文·波特指出，业务流程是一系列结构化的可测量的活动集合，并为特定的市场或特定的顾客产生特定的输出。他将流程划分为业务流程+管理流程、经营管理+管理与支持流程。

2. 三分法

三分法将流程划分为战略流程、经营管理流程、管理与支持流程三类。

3. 四分法

四分法将流程体系定义为四流程组成的内控体系，其优越性体现在：①囊括了所有内容；②是一个完整的自洽体系；③阐述了内在动力；④导引了目标方向。经过认真的思考和对企业要素的详尽分析，我们将组织运作中的流程，按照任务在组织中所处的层级和所起的作用方式划分为以下四类，即：战略流程（也叫目标流程）、职能流程（也叫管理流程）、工艺流程（也叫操作流程）、自善流程（也叫控制流程）。后面将对战略、职能、工艺和自善流程进行详细介绍。

总之，经过这样的分类以后，整个组织的全部流程应该包括《组织的战略流程集》《组织的职能流程集》《组织的工艺流程集》和《组织的自善流程集》。

4. 十二分法

1992年，美国生产力和质量中心（APQC）联合来自全世界80多个组织的成员共同构建了流程分类框架。

APQC建立的流程分类框架对业务流程进行了科学划分，即流程分类十二分法，将其划分为运营流程和管理及支持流程两大类，其中包含5个运营流程：①发展远景与战略；②设计与开发产品及服务；③市场营销与销售；④运送产品与服务；⑤管理顾客服务。7个管理及支持流程：①发展与管理人力资本；②信息技术管理；③管理财务资源；④取得、建构及管理资产；⑤环安卫管理；⑥管理外部公众关系；⑦管理知识、改善与变革。

2.4.2 分类原则

1. 任务均衡

对流程进行分类首先强调的是任务均衡性，即各类流程中的任务分工要均衡，不能一些流程中任务过多，也不能另一些流程中任务过少，企业在进行流程分类设计时应该把握一个"度"，避免资源消耗过度集中而造成的浪费。

2. 完全覆盖

不管对流程进行哪些分类，分类后的流程都应该覆盖企业的全部工作内容，以保证企业内部的所有事情都在标准化、流程化的控制之中，进而提升企业管理效率。

3. 形成闭环

进行流程管理需要先制定目标和实施方法，按照既定的方法实施目标，在实施过程中需要不断进行检查，及时发现问题、及时进行纠偏和处理，通过计划（P）、实施（D）、检查（C）、处理（A）等步骤来达成预期工作成果。因此，对流程分类需要满足闭环原则。

4. "L 模式"之四类流程

健康的企业是一个完整、和谐的有机整体。流程作为企业的重要行为要素，无论如何划分，任何流程都应该是为了实现企业整体目标的一部分。因为所有流程指向的对象是相同的，这就是完整的组织，其对于任务要素就应当是高度协调和一致的，是不可分割的。"L模式"中的四类流程体系是四分法流程分类的基本原则。

2.4.3 其他分类方法

流程还可以按照不同的方法进行分类，这些方法主要包括以下几种。

1. 按照流程边界分类

流程边界不难理解，是指流程涉及的相关方在组织结构中的所在位置（图2-7），不仅仅是组织内部的。从其作用范围来说，流程可以划分为跨组织的流程、组织内跨部门流程、部门内流程。这样就势必涉及组织结构的设置和部门的职能划分。因此，流程本身是基于组织结构框架的，组织结构和流程之间有不可分割的重要关系。

图2-7说明，只有组成跨组织流程的任务，才是直接影响整个组织绩效的，岗位、部门内部和跨部门的组织内部流程，是间接影响组织绩效的，由此可知，组织的竞争力主要取决于跨组织流程。

2. 按照流程层次分类

现在流行的一种管理概念是将组织的层次划分为决策层、管理层和操作层。对应这个分法，流程也可以划分为决策流程、管理流程和操作流程。这种典型的科层制划分方法，在将来也还会存在。

3. 按工程项目（产品结构）的分类

工程项目相对于其他许多项目具有不同的特性，所以其发展为相当独立的知识体系。拿

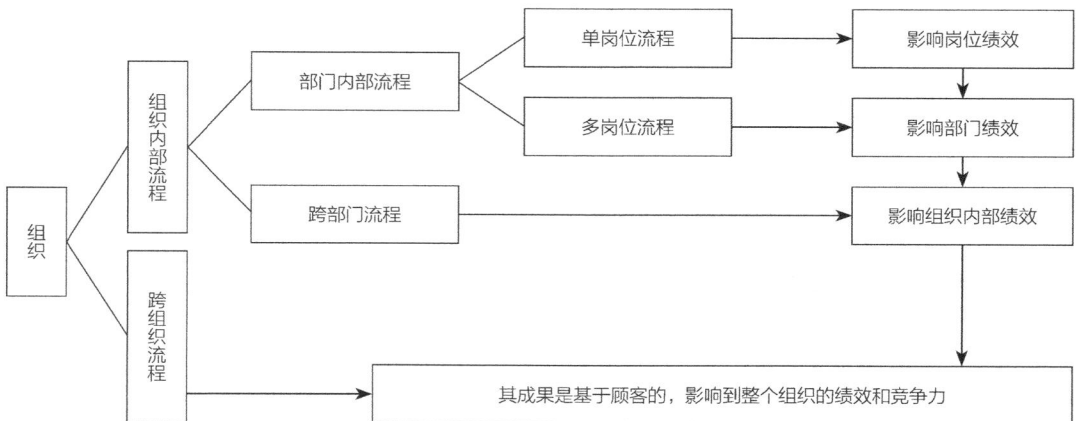

图 2-7　按组织边界划分的流程及对绩效的影响

公路工程来说，划分层级的关系是建设项目级、单位工程级、分部工程级、分项工程级、工序级、操作级。流程也可以对应分类。

如能正确理解这样的复杂关系，其他诸多项目管理就会举重若轻。

4. 其他分类

如同附录A关于流程的定义还多种多样一样，流程还有一些其他的分类，在此不多举例。但是，应该指出，这些分类均不够全面、严谨，不足以全面系统地描述组织的运营管理。因此，在实际工作中常常会遇到因由概念不清而无法更好地发挥流程知识体系来解决问题的困境。

2.5　流程层次

流程的可分解性决定了流程的层次，不同颗粒度的流程按照粗细可以分为不同的级别，即流程具有层次，不同层次的流程之间是有关系的。我们可以将流程分解为一级流程、二级流程、三级流程，也可以视流程体系的复杂程度决定流程的层次级别。流程的分级与信息细度是相匹配的，详见第9章，9.5.1中图4。

工艺流程可以根据不同层次分解为建设项目、单位工程、分部工程、子部工程、分项工程、检验批、构件、工序、操作（图2-8）。

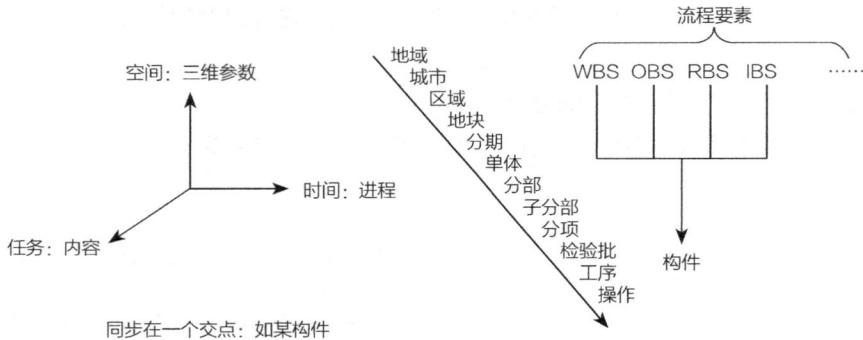

图 2-8　同部分解到例如构件级

2.6　流程内在线索

流程的技术和管理内在逻辑，是按照其内在线索连贯起来的。内在线索的合理性、一致性成为流程合理性和优化流程的重要手段。内在线索例如：时序、成本、人员、责任、质量、物料、设备等各种要素，其在时间、空间中、事项中的展开与结束，成为流程是否顺畅的必要条件。后面的案例中我们列举了各种内在线索，细细体会将发现，其贯穿组织行为的"牵引"索作用，十分奥妙。

2.7　流程历史源流

　　流程历史包括流程思想史和流程理论体系发展史。流程思想发展的历史，几乎可以追溯到很远，甚至可以说与人类有计划的工程活动同步，大大超前于现代科学管理发展，前已简单述及，这里再详细论述。流程理论体系发展，《国富论》（1776）的分工、《科学管理原理》（1911）的操作优化、福特流水线（1913）、《动作研究》（1917）、计划评审技术（1945）、流程再造（1990）等是国外的思想历程，我国1765年出版的《御题棉花图》中就有了类似现代流程的思想，对流程思想历史的挖掘以及原创新理论、方法和工具的研发，具有重要意义。流程的原创性理论与方法仍然相当缺乏，规范性也仍然不足。流程管理思想史如图2-9、表2-1所示。

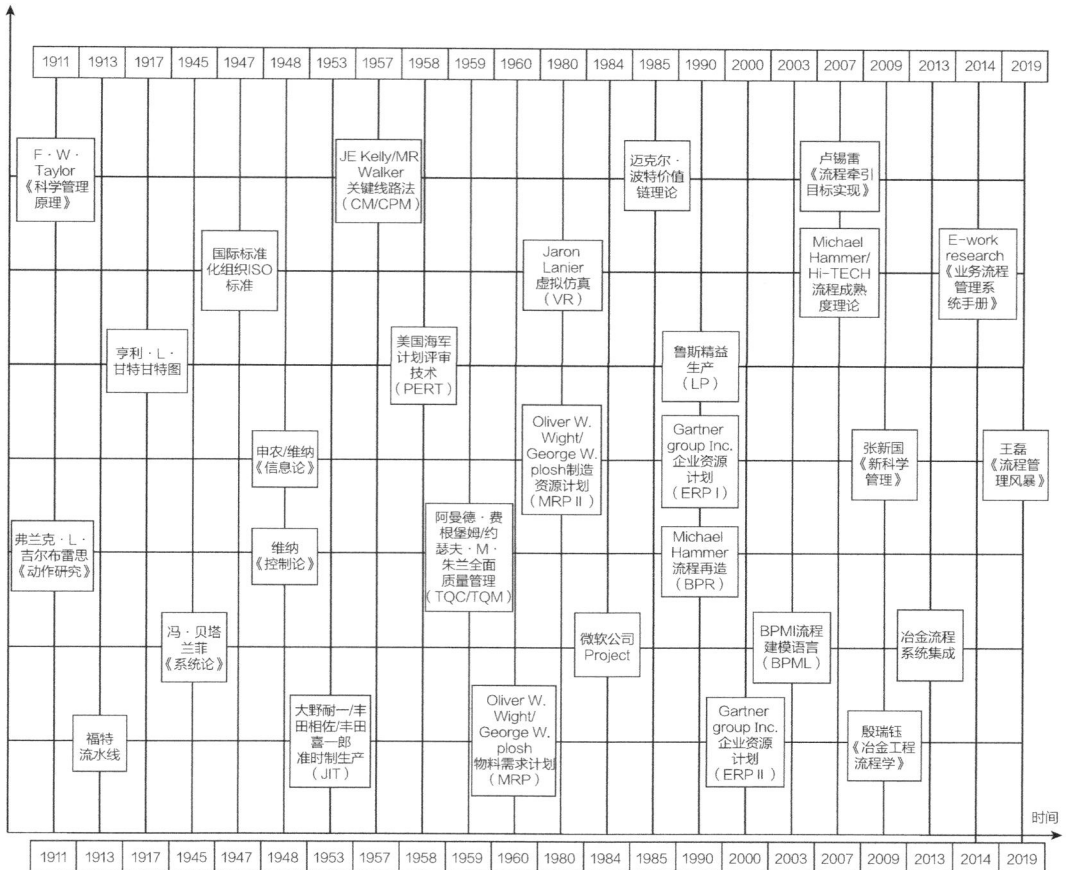

时间轴（1911 | 1913 | 1917 | 1945 | 1947 | 1948 | 1953 | 1957 | 1958 | 1959 | 1960 | 1980 | 1984 | 1985 | 1990 | 2000 | 2003 | 2007 | 2009 | 2013 | 2014 | 2019）

- 1911：F·W·Taylor《科学管理原理》
- 1953：JE Kelly/MR Walker 关键线路法（CM/CPM）
- 1984：迈克尔·波特价值链理论
- 2003：卢锡鲁《流程牵引目标实现》
- 1947：国际标准化组织ISO标准
- 1960：Jaron Lanier 虚拟仿真（VR）
- 2003：Michael Hammer/Hi-TECH流程成熟度理论
- 2014：E-work research《业务流程管理系统手册》
- 1917：亨利·L·甘特甘特图
- 1957：美国海军计划评审技术（PERT）
- 1985：鲁斯精益生产（LP）
- 1948：申农/维纳《信息论》
- 1980：Oliver W. Wight/George W. plosh制造资源计划（MRPⅡ）
- 1985：Gartner group Inc.企业资源计划（ERPⅠ）
- 2009：张新国《新科学管理》
- 2019：王磊《流程管理风暴》
- 1913：弗兰克·L·吉尔布雷思《动作研究》
- 1948：维纳《控制论》
- 1959：阿曼德·费根堡姆/约瑟夫·M·朱兰全面质量管理（TQC/TQM）
- 1990：Michael Hammer流程再造（BPR）
- 1953：冯·贝塔兰菲《系统论》
- 1980：微软公司Project
- 2000：BPMI流程建模语言（BPML）
- 2013：冶金流程系统集成
- 1913：福特流水线
- 1948：大野耐一/丰田相佐/丰田喜一郎准时制生产（JIT）
- 1959：Oliver W. Wight/George W. plosh物料需求计划（MRP）
- 2000：Gartner group Inc.企业资源计划（ERPⅡ）
- 2009：殷瑞钰《冶金工程流程学》

时间

图2-9　流程管理思想

序	年份	思想内容	代表人物	备注（流程本质）
1	1765	《御题棉花图》	方观承	将棉花的全过程划分为16个步骤，对其进行了工艺技术等详细描述
2	1776	《国富论》	Adam Smith	将制针的作业分解为18个工序这样的分工，不仅大大提高了工作效率，也形成了不同的职业
3	1911	《科学管理原理》	F·W·Taylor	科学管理
4	1913	"流水线"、T3	福特	分解细化流程，使操作简单、标准化
5	1917	《动作研究》	弗兰克·吉尔布雷思	找出最简最优的方法，以最少的动作最终达到节约人力、提高效率、充分降低时间成本以达到提高经济效益的目的
6	1917	甘特图	亨利·L·甘特	基于作业排序，将时间与工作一起研究进度问题
7	1945	《系统论》	冯·贝塔兰菲	系统的整体观念
8	1947	ISO标准	国际标准化组织	程序文件、质量手册
9	1948	《信息论》	申农/维纳	研究信息的有效处理和可靠传输的一般规律的科学
10	1948	《控制论》	维纳	研究动态系统在变的环境条件下如何保持平衡状态或稳定状态的科学
11	1953	准时制生产（JIT）精益生产（LP）	丰田相佐、大野耐一、丰田喜一郎	在需要的时候，按需要的量生产所需的产品
12	1957	关键线路法（CM/CPM）	JE Kelly、MR Walker	根据各工序属性以及相关要素限制合理整合安排最优流程
13	1958	计划评审技术（PERT）	U.S. Navy	以工艺、工序为研究对象，整合资源，优化流程
14	1959	全面质量管理（TQC/TQM）	阿曼德·费根堡姆 约瑟夫·M·朱兰	以质量管理为中心，以全员参与为基础，目的在于通过让顾客满意和本组织所有者、员工、供方、合作伙伴或社会等相关方受益而使组织达到长期成功的一种管理途径，持续管理
15	1960	物料需求计划MRP	Oliver W.Wight/George W.plosh	以物流为基本手段，打破生产与流通界限，集成制造资源计划、能力资源计划、分销需求计划以及功能计划而形成的物资资源优化
16	1962	看板管理	丰田公司	看板管理方法是在同一道工序或者前后工序之间进行物流或信息流的传递
17	1980	制造资源计划MRPⅡ	Oliver W.Wight/George W.plosh	合理配置企业的制造资源，包括财、物、产、供、销等因素，以使之充分发挥效能，使企业在激烈的市场竞争中赢得优势，从而取得最佳经济效益
18	1984	MS Project/P3/梦龙	微软公司/Primavera/广联达梦龙	一种在国际上享有盛誉的通用的项目管理工具软件，凝集了许多成熟的项目管理现代理论和方法，可以帮助项目管理者实现时间、资源、成本的计划、控制

序	年份	思想内容	代表人物	备注（流程本质）
19	1985	价值链理论	迈克尔·波特	每一个企业都是在设计、生产、销售、发送和辅助其产品的过程中进行种种活动的集合体。所有这些活动可以用一个价值链来表明
20	1987	平衡计分卡	RobertS Kaplan、DavidP Norton	平衡计分卡是从财务、客户、内部运营、学习与成长四个角度，将组织的战略落实为可操作的衡量指标和目标值的一种新型绩效管理体系
21	1988	并行工程	Winner	并行工程并行工程是对产品及其相关过程（包括制造过程和支持过程）进行并行、集成化处理的系统方法和综合技术
22	1990	企业资源计划ERP	Gartner, Inc	一种供应链的管理思想
23	1990	"流程再造"	Michael Hammer	打破企业按职能设置部门的管理方式，代之以业务流程为中心，重新设计企业管理过程，从整体上确认企业的作业流程，追求全局最优，而不是个别最优
24	1991	敏捷制造	美国国防部	是将柔性生产技术、有技术有知识的劳动力和能够促进企业内部和企业之间合作的灵活管理集中在一起，通过所建立的共同基础结构，对迅速改变的市场需求和市场进度作出快速响应
25	1994	流程成熟度理论（CMMI）	DOD、SEISM、NDIA	一种过程改进的方法，为组织机构提供了有效过程的基本元素。它可以用于指导跨项目、部门或者整个组织的过程改进
26	2000	企业资源计划ERPⅡ	Gartner, Inc	支持和优化企业内部和企业之间的协同运营和财务过程
27	2003	流程建模语言（BPML）	BPMI.org	能够实现模型概念的传递
28	2005	和谐管理理论	席酉民	和谐理论的基本思想是如何在各个子系统中形成一种和谐状态，从而达到整体和谐的目的
29	2007	《流程牵引目标实现》	卢锡雷	以流程为动力牵引目标实现
30	—	业务流程管理平台	—	可以帮助用户更科学的管理企业的各个业务环节，明显让企业在运营效率、透明度与控制力、敏捷性方面受益
31	2009	《冶金工程流程学》	殷瑞钰	是建立在制造（生产）流程层次上的大尺度的整体集成性理论，它研究的对象是一个开放的、远离平衡的、不可逆的复杂流程体系
32	2013	《冶金流程系统集成》	殷瑞钰	
33	2011 2013	《新科学管理》Ⅰ 《新科学管理》Ⅱ	张新国	转变经济发展方式要从传统的工业经济转变到新型工业化经济的发展模式上来，实质是从过去只关注"做什么"转变到关注"为什么"和"怎么做"上来，新科学管理为我们提供了这样一种新的管理思维模式和方法
34	2016	虚拟仿真（VR）	Jaron Lanier	仿真技术（模拟技术），是用一个虚拟系统模仿另一个真实系统的技术

第 3 章
什么是流程管理

本章逻辑图如图3-1所示。

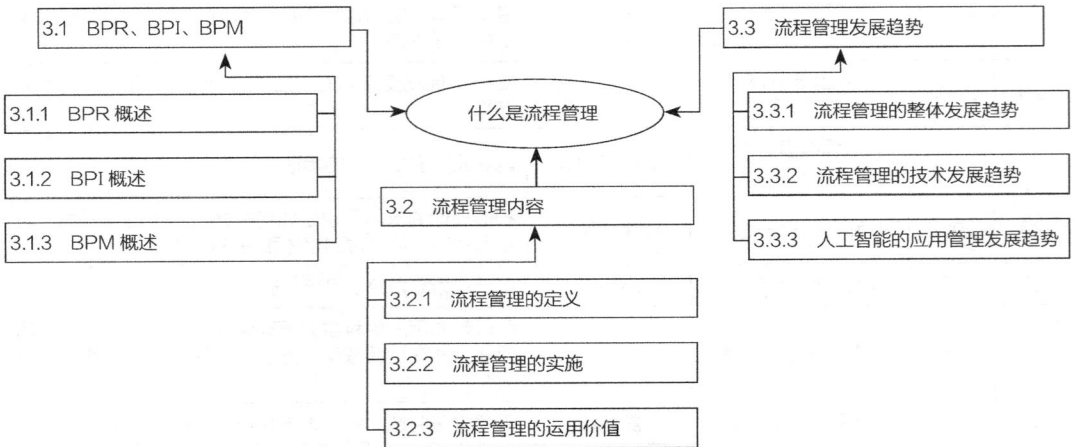

图 3-1 第 3 章逻辑流程示意图

3.1 BPR、BPI、BPM

3.1.1 BPR 概述

业务流程重组（Business Process Reengineering，BPR）理论是于1990年首先由美国著名企业管理大师迈克尔·哈默提出，在其著作《再造公司：企业革命的宣言》一书中，提出的业务流程再造(BPR)定义：对业务流程进行根本性的再思考和彻底性的再设计，利用先进的制造技术、信息技术以及现代的管理手段、最大限度地实现技术上的功能集成和管理上的职能集成，以打破传统的职能型组织结构，建立全新的过程型组织结构，以便在成本、质量、服务和速度等衡量企业绩效的重要指标上取得显著性的进展。该定义包含了四个关键词：根本的（Fundamental）、彻底的（Radical）、显著的（Dramatic）、流程（Process）。

"根本的"，即在再造过程中，企业人员必须自问一些基本问题：我们为什么要进行流程再造？我们如何进行业务流程再造？提出这些根本性问题，可以迫使企业重视经营策略和方法。"彻底的"，就是要彻底改造现行的组织结构和组织形式，寻找新的业务流程。"显著的"，是指流程再造不是要取得小的、局部的改善，而是要使企业取得业绩上的突飞猛进，如大幅降低成本、减少生产周期、提高产品质量等。"流程"，是指企业为完成某一目标或任务而进行的一系列逻辑相关的活动的有序组合。

业务流程再造是一套富有创新思想的理论。它突破了传统的劳动分工思想，强调以流程为核心，改变了原有的以职能为基础的管理模式。为企业的经营管理提出了一个全新的思路，为许多陷入困境的企业带去改革的希望和动力。

3.1.2 BPI 概述

1994年，Bashein、Markus和Riley在"Preconditions For BPR Success and How to Prevent Failures"一文中指出，约70%的BPR项目失败，效果平平的为20%～25%，成功的只有5%。因为在大多数情形下，企业的经营环境变化并不是特别激烈。因此更需要的是持续性改进而不是一次性的革命。因此，在对企业流程再造（Business Process Reengineering，BPR）理论反思的基础上，人们提出了流程优化（Business Process Improvement，BPI）的管理理念。

业务流程优化（BPI）的概念是由业务流程重组（BPR）演化而来，指对企业流程的持续改进方法。20世纪90年代詹姆斯·哈林顿等学者把业务流程改进定义为：业务流程改进是在企业现有流程基础上对流程的持续改进方法。他认为"BPI是一种改进的方法，是指企业在现有业务流程的基础上，根据内外部环境情况，对流程进行持续改进的方法"。

BPI实际上可以看作是BPR其中的一种"较温和"的形式。BPI聚焦在企业的业务流程和流程中的活动，它与BPR不同的是：BPR是以外部的刺激来拉动业务流程的改变，而BPI在于从企业内部出发，寻求一种适合本企业运作的流程模式来推动业务发展；同时BPR需要领导层强有力的支持，而BPI则是一种自下而上的改变方法。最后BPR方式是一种"休克"疗法，它试图通过推倒旧有流程而达到重新建立最优流程的目的，但是企业在其经营的过程中产生的旧有流程一定是具有相当的价值才会被传承下来的，推倒重建会将一些有用的东西也一起推倒；而BPI则是通过循序渐进的方法，逐步将旧有流程中的不理想步骤修正，从而达到业务流程的优化。从这个角度来看，业务流程优化更具有现实意义。

流程优化理论认为21世纪中企业之间竞争的不再是产品和服务，而是生产产品和服务的流程。随着以网络为代表的新兴技术手段的应用，用户要求不断提升，企业的业务流程同样需要持续不断地改进，以新技术为催化剂，以用户为中心，培育和优化企业流程。流程是一组为客户创造价值的相互关联的活动过程。流程优化通过对企业业务流程进行再思考和再设计，改善企业的成本、质量、服务及速度，提升企业管理水平。流程优化要面向客户，以过程为核心，充分运用信息技术，实现组织结构的扁平化。流程优化不仅只是基于业务流程再造，也与全面质量管理理论有联系。全面质量管理追求流程持续的、渐进的改善，但工作重点放在流程的某一职能范围内，采取对现有流程变动最少的方式来谋取连续的改善。因此有BPI比BPR可实行性强这一说法。

3.1.3 BPM 概述

业务流程管理（Business Process Management，BPM）是一种以规范化的构造端到端的卓越业务流程为中心，以持续地提高组织业务绩效为目的的系统化方法。为了实现一定的经营目的而执行的一系列逻辑相关的活动的集合，业务流程的输出是满足市场需要的产品或服务，其发展史如图3-2所示。

国内对于BPM的研究比较晚，不过也有一些企业与清华大学、复旦大学等高校合作开展研究，获得了科技、教育、人事等部门联合批复设立。虽然我国对BPM的专业研究较晚，但是BPM需求的产生是在20世纪末。20世纪90年代初，迈克尔·哈默《公司再造》在美国轰动一时，使美国的流程管理得到了实质性发展。这本书有个显著的观点就是流程再造能够提高一个公司的运营绩效。当时由于缺少业界普遍关注，流程再造行业也没有得到长足的发展。现在业务流程再造有了新名字——业务流程管理（BPM），使得流程管理再次受到管理界、计算机行业的普遍关注。

如今，国内的研究者对业务流程管理越来越重视，有专业咨询专家为企业的流程进行诊断和分析，国内管理软件提供商在企业业务流程建模方面的研究也不断深入，伴随国外软件的实施，国外先进的流程管理思想和建模工具也不断引入中国。

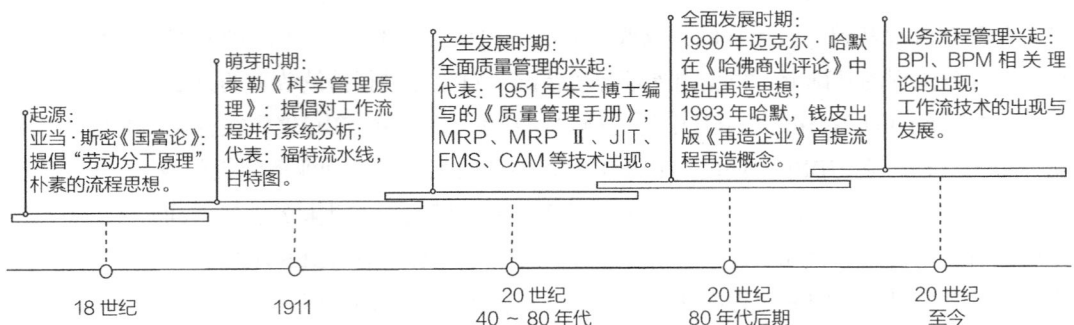

图 3-2　BPM 发展历程

3.2 流程管理内容

3.2.1 流程管理的定义

流程管理是一种以规范化的构造端到端的卓越业务流程为中心，以持续提高组织业务绩效为目的的系统化方法；是一种以顾客为导向，通过跨职能协作，不断提高企业所有流程增值能力的系统化管理方法与技术。

流程管理的核心是流程，流程管理的本质就是构造卓越的流程。流程管理首先保证了流程是面向客户的流程，流程中的活动都应该是增值的活动，且都经过深思熟虑的后果。由此当员工们意识到他们个人的活动是一个大目标的一部分，他们的工作都是为了实现客户服务这个大目标服务的；当一个流程经过流程管理，被构造卓越流程后，人们就可以始终如一地执行它，管理人员也可以以一种规范的方式对他进行改进。流程管理保证了一个组织的业务是通过精心的设计，并且这种设计可以不断地持续下去与BPI相吻合，使流程本身可以保持永不落伍。可以说，构造卓越的业务流程是流程管理的本质，是流程管理的根本目的。

3.2.2 流程管理的实施

流程型组织是实施流程管理的主体，我们在进行流程管理时，涉及了流程规划、流程表达、流程编制、流程执行、流程评价、流程梳理、流程优化等内容，如图3-3所示，我们将

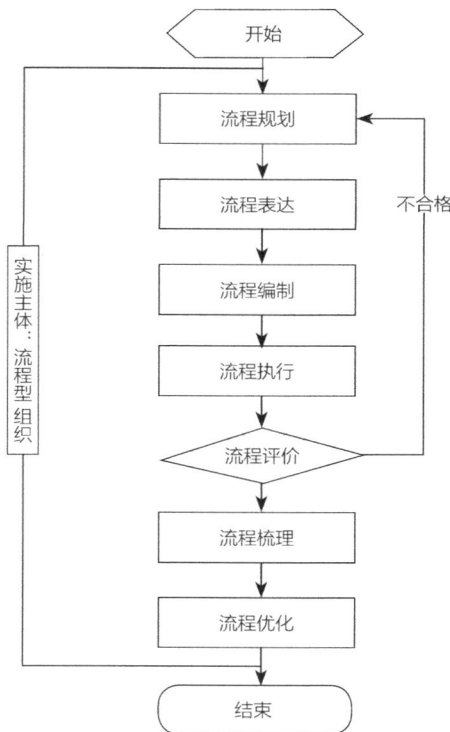

图 3-3 流程管理实践流程图

在第7章对流程管理实施主体和流程管理内容进行详细介绍。

3.2.3　流程管理的运用价值

1.　管理价值

管理价值是指通过融合多种管理手段，实现管理创新，稳定提升流程的一致性和便捷性，形成新的企业文化，打造竞争对手不可复制的可持续的竞争力。流程的全面梳理对于企业管理的价值主要体现在：理清管理思路，确保企业战略落地；规范管理文档，加强管理的标准化；明确做事方法，提高企业的执行力；整合管理体系，提升协同管理能力；建立控制体系，增强企业的管控力；明确岗位职责，提高员工的凝聚力；建立优化机制，提升企业的竞争力。

2.　战略价值

战略价值是使企业占据更大的市场份额、更快进入新市场、提高战略执行力、拥有更大的客户群、具有更强的竞争力。

3.　运营价值

运营价值是指较低的运营成本、较高的资产利用率、更短的运营周期、增加的准确性、更好的客户性、更多的附加值、更简明的流程、持续不断的运营创新。

4.　市场价值

市场价值是以较合理的价格，实现更好的客户满意度、更强大的客户关系和更好的产品和交付。

3.3　流程管理发展趋势

3.3.1　流程管理的整体发展趋势

流程管理的发展历程概括为三大阶段：流程管理的萌芽阶段（20世纪初到20世纪80年代末）、流程管理的初步形成阶段（20世纪80年代末到20世纪末）、流程管理的系统化和成熟阶段（20世纪末之后）。其主要趋势如下：

1.　全流程

全流程是指实现对纯手工流程、系统流程、手工和系统结合的流程、企业内流程、企业上下游合作伙伴的流程、全价值链和产业链流程的系统管理，以抓住新机会和全面提升企业的竞争力。

2.　标准化

流程语言、流程工具和方法论的不断成熟和标准化。通过流程标准化和信息化，实现流程的快速改进，以应对环境的变化。

3.　全集成

充分利用新的流程管理技术和语言例如BPMS（流程管理系统）、BPML（流程建模语言）、BPEL（流程执行语言）、Workflow（工作流）、Web服务、云计算等，实现以流程为基础，通过一个统一的门户，将流程、指标、目标、任务、知识等管理要素和信息，按照岗位全部集成在一起，大幅度提升系统的效果和工作效率。

4. 管理融合

以流程为基础，实现内控、绩效、质量、财务、制度等多种管理体系和系统的集成和融合，并形成综合统一管理平台。

5. 集中协同

对流程统一标准、统一语言、集中管理是新建企业中央流程库的建设，以此为基础建立企业知识中心。

3.3.2 流程管理的技术发展趋势

流程管理技术发展趋势如下：

（1）流程管理逐渐从隐性向显性发展；

（2）流程技术由单一流程技术向综合技术的发展趋势；

（3）流程技术逐步走向信息化的发展趋势；

（4）电子化与网络化进一步结合；

（5）模块化、标准化与平台化的发展趋势；

（6）外部化、扩展化的趋势逐步加强。

3.3.3 人工智能的应用管理发展趋势

流程管理在人工智能应用管理方面的发展趋势如下：

（1）任务管理自动机制（基于环境评估）；

（2）人力匹配自动机制（基于大数据的人力资源管理）；

（3）资源匹配自动机制（基于高集约的资源管理）；

（4）绩效自动考核机制（基于现实数据的评价体系自动、透明、公平）。

第4章
核心理论——流程牵引理论

================== 本章逻辑图 ==================

本章逻辑图如图4-1所示。

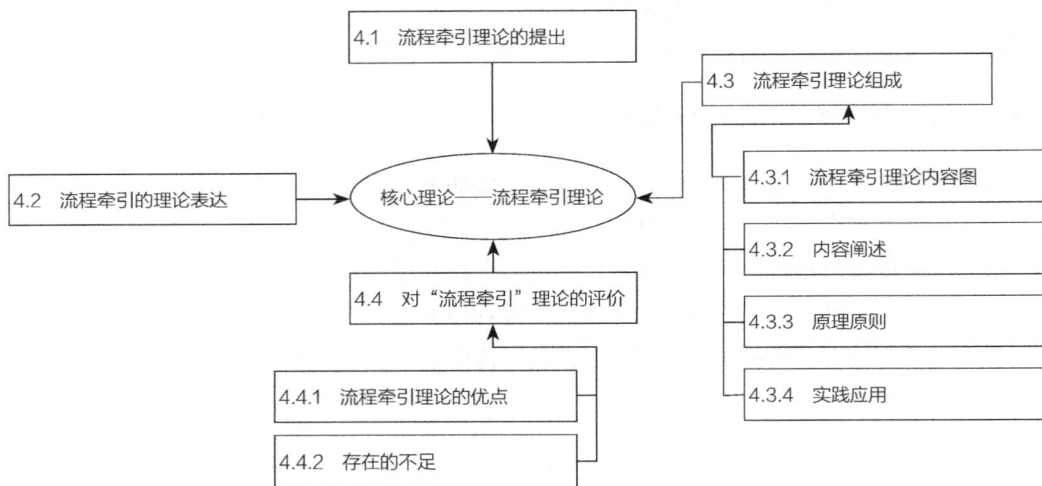

图 4-1　第 4 章逻辑流程示意图

4.1　流程牵引理论的提出

作者于大学毕业时，曾分配一个央企子单位。为了做物料采购计划"少跑一次"审批和领料，而进行了工艺流程分解、细化，并分析每个工序的物料，最后加总得到总计划表提交。计划周全一些，少跑一次就意味着少"六个环节"的审批。分析工序、解剖工序物料需要数量、归纳加总、提交审批，减少疏漏，减少次数，这个想法就是后来"流程牵引"思想的种子。

当作者在在职读硕接触到MRP、MRPⅡ、ERP时，才恍然大悟，原来这其实是包含着"物料资源计划"，甚至"企业资源计划"思想的。由此激发了继续研究、深入研究的热情。直到2014年，在硕士论文基础上完整呈现《流程牵引目标实现的理论与方法——基于建设行业的案例应用》专著，荣幸地得到教育部原副部长、同济大学原校长吴启迪教授作序推荐。

4.2　流程牵引的理论表达

"流程牵引目标实现的理论与方法"，简称为"流程牵引"理论，英文表达为PTAG，是"流程牵引实现目标"的英文首字母简写（The Theory and Method of the Process Traction to Achieve the Goal，PTAG）。

表达为："组织以流程为牵引动力，整合资源，达成目标。"

组织行为都是有目的性的，将所需资源在以流程为动力的牵引作用下，进行归拢、聚集、整合、融通，指向并实现目标。目标的实现，创造了价值。组织存在的基础就是创造价值。

这里的组织包括：政府、企业、个人、项目等作为主体的个人或者团体。组织含义的泛化，有利的是本理论适用范围拓展了，不利的是，可能产生万能的质疑。大道理都是极为简洁的。

流程牵引目标实现的理论与方法可阐释如图4-2所示。

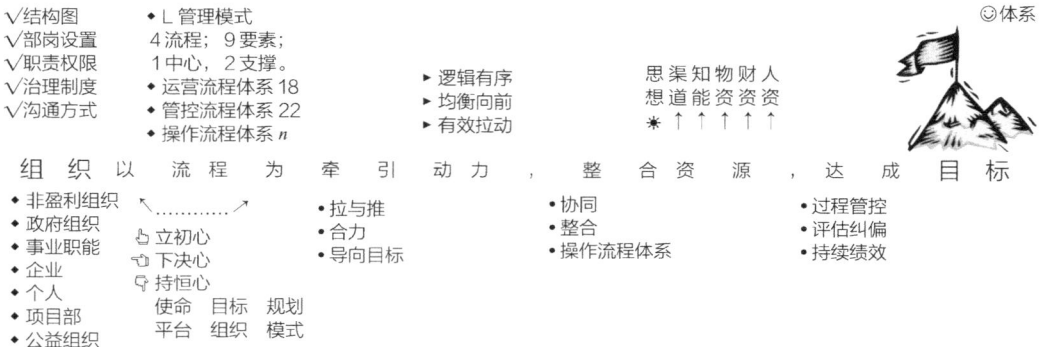

图4-2　流程牵引目标实现的理论与方法阐释图

4.3 流程牵引理论组成

4.3.1 流程牵引理论内容图

流程牵引理论内容图如图4-3所示。

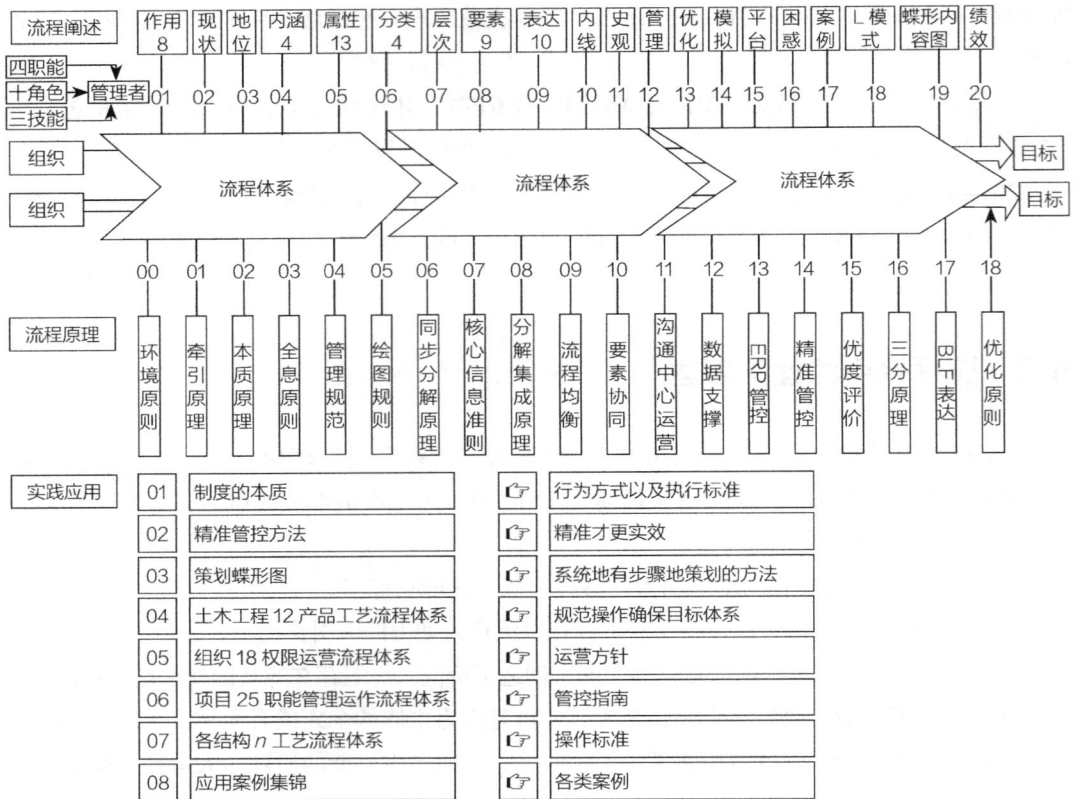

流程阐述 | 作用8 | 现状 | 地位 | 内涵4 | 属性13 | 分类4 | 层次 | 要素9 | 表达10 | 内线 | 史观 | 管理 | 优化 | 模拟 | 平台 | 困惑 | 案例 | L模式 | 蝶形内容图 | 绩效

四职能 / 十角色 / 三技能 → 管理者 01 02 03 04 05 06 07 08 09 10 11 12 13 14 15 16 17 18 19 20

组织 / 组织

流程体系 — 流程体系 — 流程体系 → 目标 / 目标

00 01 02 03 04 05 06 07 08 09 10 11 12 13 14 15 16 17 18

流程原理：

00	环境原则
01	牵引原理
02	本质原理
03	全息原则
04	管理规范
05	绘图规则
06	同步分解原理
07	核心信息准则
08	分解集成原理
09	流程均衡
10	要素协同
11	沟通中心运营
12	数据支撑
13	ERP管控
14	精准管控
15	优度评价
16	三分原理
17	BLF表达
18	优化原则

实践应用：

01	制度的本质	☞	行为方式以及执行标准
02	精准管控方法	☞	精准才更实效
03	策划蝶形图	☞	系统地有步骤地策划的方法
04	土木工程12产品工艺流程体系	☞	规范操作确保目标体系
05	组织18权限运营流程体系	☞	运营方针
06	项目25职能管理运作流程体系	☞	管控指南
07	各结构n工艺流程体系	☞	操作标准
08	应用案例集锦	☞	各类案例

图4-3 流程牵引理论内容图

4.3.2 内容阐述

流程牵引理论内容阐述部分详见表4-1。

流程牵引理论内容阐述部分内容表   表4-1

00理论表达	01流程作用	02流程现状	03流程地位	04流程内涵	05流程属性
06流程分类	07流程层次	08流程要素	09流程表达	10流程内线	11流程史观
12流程管理	13流程优化	14流程模拟	15流程平台	16流程困惑	17流程案例
18蝶形图模型	19 L模型	20流程绩效			

4.3.3 原理原则

流程牵引理论原理原则部分详见表4-2。

流程牵引理论原理原则部分内容表

表4-2

00流程环境原则	01流程牵引原理	02流程本质原理	03全息管理原则
04流程管理规范	05流程图绘制规则	06同步分解原理	07核心信息原则
08分解集成原理	09四流程内控原理	10全要素协同原理	11沟通中心运营原则
12基础数据支撑原理	13 ERP管控原理	14精准管控原理	15优度评价原理
16逻辑职责操作原理	17 BLF表达方法	18流程优化原则	

4.3.4 实践应用

流程牵引理论原理原则部分详见表4-3。

流程牵引理论实践应用部分内容表

表4-3

01 制度的本质	02精准管控方法	03策划蝶形图
04土木工程各产品工艺流程体系	05组织18权限运营流程体系	06项目22职能管理运行流程体系
07各结构n工艺流程体系	08应用案例集锦	

4.4 对"流程牵引"理论的评价

关注结构和关注功能，这在建筑行业中，分别属于"规划和设计""用户"的视角，设计者关注结构，用户关注使用功能。而建筑实体的形成过程则由总承包单位实施。我们关注的，从工程总承包企业管理的角度、项目实施的角度、房地产开发的角度对流程的理解和应用，都会有所侧重。但是，企业管理、产品生命周期管理追求的，是结构、过程和功能的完美结合，这是很高的标准和目标。从对于结构和功能的关注，转移到关注过程，是十分必要的。

关注过程，也就是在"项目全生命周期管理"的理念和方法下，对建造过程涉及的依据、资源、组织和要求，以及信息和利益相关方，特别是过程成果进行"认真、细致"的管理。

既然如前面论证的，流程具有贯穿始终、连接所有利益相关方、集合各类型资源的"地位"，那么企业如果掌握流程管理方法，具有强劲的"流程能力"，在激烈的竞争中将处于不败之地，在商业"丛林"中"长青常绿"。

4.4.1 流程牵引理论的优点

通过前面的论证以及第9章将进行的应用案例举例分析，我们认为，流程牵引理论有以下优点：

（1）明确流程是企业的核心要素。有助于我们抓住企业运作的主要矛盾，尤其是提高作为企业主要形式的项目实施的效率，具有重要意义。

（2）可以认清企业流程再造的重点，提高再造成功率。流程再造应该着重在跨组织的职能流程、聚焦直接影响组织内部绩效的那些流程。应当从自善流程入手，改变监督体系，消除风险隐患；从职能流程入手，改变授权体系。

（3）将流程划分为四类，在流程的进一步研究和应用中发挥作用。流程编制是一种强有力的工具，采用本书的方法，将网络计划技术、WBS技术和OBS及系统流程要素综合起来，作为大型重点项目管理的重要工具，具有十分有效的作用。

（4）通过"流程牵引"，使得制度成为行为的依据、协调更加针对目标、考核实时化和客观量化，对管理理论的深化和解决实践问题具有一定的意义。

（5）流程要素的分析和同步分解技术，成为管理协同的落脚点和节点，给真实实效的协同，带来不同以往的效果。

（6）流程作为连接结构与功能的重要范畴，为优化决策提供了途径。寻找满意的路径，成为管理工作者的最重要工作。

（7）流程要素的高度集成性，解决了企业要素之间不匹配的因素，符合当今企业规模化、集约化管理的方向。

（8）规范化管理是组织追求的重要目标，而流程规范化管理是"数个统一"的最核心之一，这样就为寻求规范化管理，找到了入手的契口。

流程牵引理论具有高度的概括力，将能够实现系统工程思想的落地，为提高管理效率，实现标准化、规范化，对接利用先进的信息技术提供基础性的思想和方法。称得上是管理的底层技术，也是重要的管理理论创新。

4.4.2 存在的不足

流程牵引理论和应用的研究，刚刚起步，还有许多方面不够成熟，需要继续深入。主要有几个方面：

（1）流程要素的细化，我们指出了一级要素，如资源要素，这是一个约束要素，包括了人力资源、资金资源、物料资源以及渠道资源和知识资源。这些要素的进一步细化是落实管理细节的重要保证。

（2）流程效率的量测。流程时间的量测、资源利用的量测、结果的评测等需要走过定性到定量，由粗放到科学的过程。

（3）流程表达，由于其综合程度较高，需要采用集成度高且灵活的IT手段，才能更好地发挥其效果，因此，更适用于重点大型复杂项目，这影响到其普及性。

（4）通过第9章HOPE大学校门项目的实例，应用时对于项目的计划性和预见性有较高要求，因此也就要求项目管理人员有较高的素质。

（5）还应注意到流程管理的局限性，尤其在鼓励创新的一些领域，因为流程强调程序化，可能被误解为与创新所主张的变化相抵触。

第5章
延伸理论

本章逻辑图

本章逻辑图如图5-1所示。

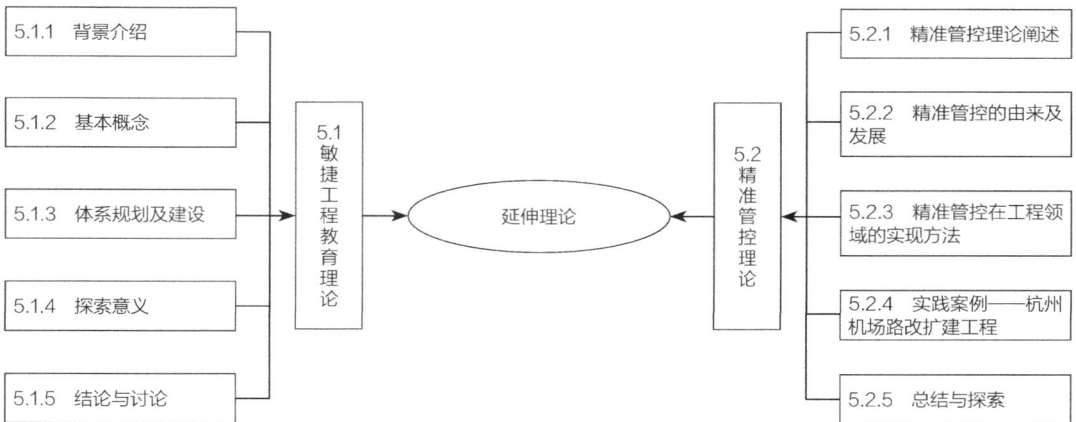

图 5-1　第 5 章逻辑流程示意图

流程管理的追求是为了组织"快速地达成"，首先追求从启动的初始端到达成的目标端，形成端到端的直接相关性，也就是"信度"，即对准目标的程度，其次要通过任务的有序组织，以寻求达成目标的速度，也即效度。所采用的所有方法工具手段，都属于流程管理范围。在高等工程教育和工程要素精准管控方面，流程牵引理论的延伸应用，我们也做了诸多探讨，下面简述这方面的应用。

5.1 敏捷工程教育理论

5.1.1 背景介绍

从工业化、信息时代到智能时代的发展，工程起着推动产业化、提供基础设施、硬件和软件、能源及原材料资源能源、制造与大科学研究等巨大作用，工程环境在最近十多年来发生了天翻地覆的变化，规模、集成度、产业链、供应链、知识结构能力结构构成均已不可同日而语。作为输送工程人才的高等工程教育，自然也必须主动或被动地跟进这种变化。教育教学环境变化主要包括7个方面，如图5-2所示。

此外，在敏捷高等工程教育的紧要性研究中，我们深入分析了当前中国工程教育存在的师资的结构性缺陷、产教融合问题、工程教育问题等主要问题，也试图分析其导致的原因。

5.1.2 基本概念

1. 工程教育

所谓工程教育，指的是工程技术人员所应接受的全面素质教育，包括道德养成、能力训练、理论知识传授和实践水平提高。

2. 敏捷性概念

敏捷性（1995年提出）是一个借鉴而不是照抄制造业的概念。敏捷性的追求在制造业企业管理、产业供应链优化、应急公共事项知识传递等领域应用已久。从管理学的发展演化来看，敏捷性是实现"效率追求"目标的思想延伸和补充，具有"理论的正当性"。

"企业拥有能及时感知环境的变化并快速应对的能力即为企业敏捷性。"

"敏捷性是一种快速战略响应能力，也是一种在不确定的、持续快速变化的竞争环境中生存、发展并扩大其竞争优势的能力。"

当前的工程环境正处于高度不确定性、持续快速变化的竞争环境中，对工程教育提出了快速响应能力的要求，就是敏捷性要求。

3. 敏捷高等工程教育

敏捷高等工程教育是指从事工程教育的高校，充分利用先进ICT手段，遵循知识供应链

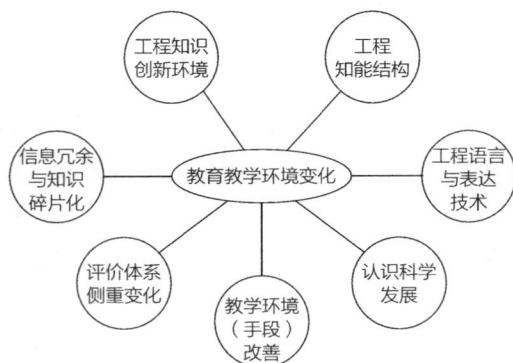

图 5-2　教育教学环境变化内容图

产生、传播规律，通过调配教育技术、教务管理等资源和调动师资、学生各方积极性，以有效和协调的方式快速响应复杂需求，建设工程教育的敏捷性，以实现目标并获得预计价值（简称敏捷工程教育，或敏捷高等教育、敏捷教育）。

敏捷工程教育内容，由三大部分组成：

（1）正本清源，提升思考维度。

（2）关注环境，加快需求反馈。

（3）回归教育，优化敏捷技术。

敏捷高等工程教育具体内容有以下四个方面：

（1）效率进路

教育教学管理是管理的一个分支，追求教育教学效率是一个理所应当的事情，具有"理论正当性"。系统地分析"工程知识链""工程教育价值链"上的各个环节，找到问题挖掘根源，设计方案、扎实实施、及时纠偏、认真评价。取得教育效率提高的进步。

（2）理论准备

①工程哲学；②认知规律；③敏捷理论；④流程牵引理论与方法。

（3）技术整合

ICT/BIM/VR直觉感性，沉浸式体验，人工智能。

（4）方案设计

内容图、教学体系、实践体系实践重构。具体化为：教育技术采用、局部组织变革，需求构成及响应机制建设，教学环境建设、教育资源的远近整合，智能手机、白板、沉浸式体验室、实展室建设、虚拟仿真、支撑平台建设、评价方法建立。

5.1.3 体系规划及建设

敏捷性的获得，可以从知能结构逻辑优化、教育技术提升、实践环节重构、平台项目支撑、表达方式改进等方面进行，使得项目成功取得进展的途径有更多的保障。归结起来，敏捷工程教育基本逻辑如图5-3所示。

基于流程牵引理论的核心思想，笔者构建了敏捷高等工程教育的核心框架，敏捷工程教育体系建设总规划如图5-4所示。

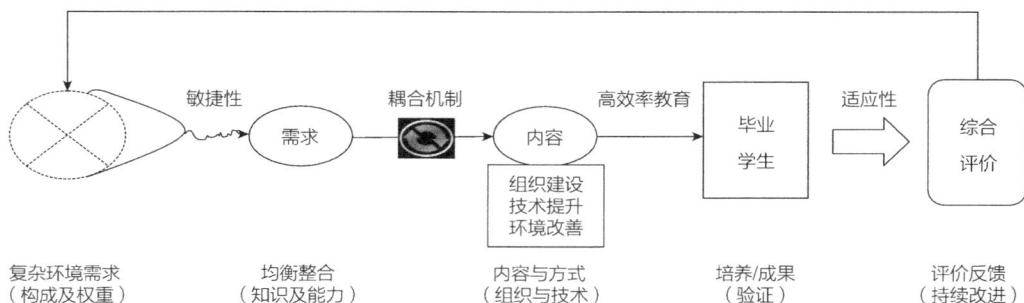

图5-3 敏捷工程教育基本逻辑流程图

敏捷工程教育体系建设流程，如图5-5所示。

敏捷工程教育体系建设

| 特点1：实现精准管控 |
| 特点2：实现内控体系 |
| 特点3：实现无缝衔接 |

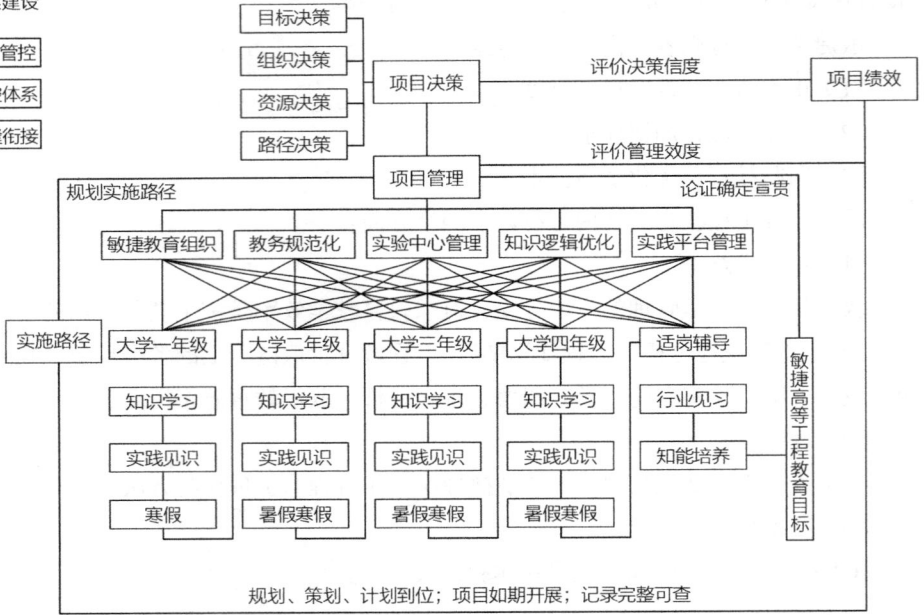

目标决策
组织决策
资源决策
路径决策

项目决策 —— 评价决策信度 —— 项目绩效

项目管理 —— 评价管理效度

规划实施路径　　　　　　　　　　　　　　　　　论证确定宣贯

敏捷教育组织　教务规范化　实验中心管理　知识逻辑优化　实践平台管理

实施路径

大学一年级	大学二年级	大学三年级	大学四年级	适岗辅导
知识学习	知识学习	知识学习	知识学习	行业见习
实践见识	实践见识	实践见识	实践见识	知能培养
寒假	暑假寒假	暑假寒假	暑假寒假	

敏捷高等工程教育目标

规划、策划、计划到位；项目如期开展；记录完整可查

图 5-4　敏捷工程教育体系建设项目框架

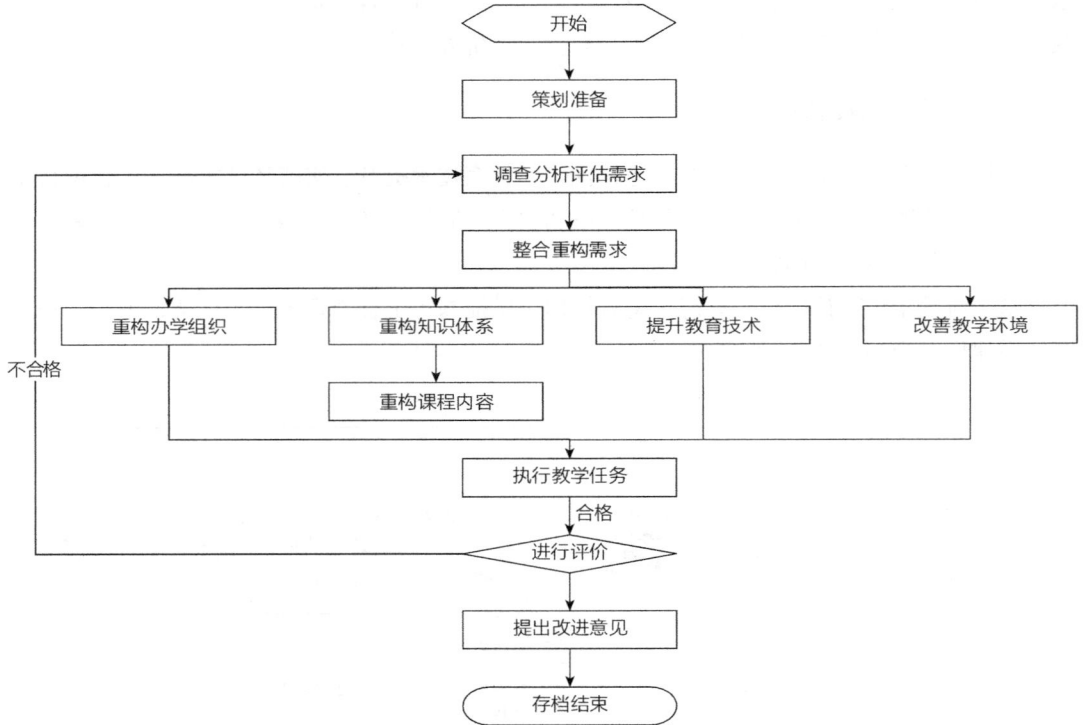

开始
↓
策划准备
↓
调查分析评估需求
↓
整合重构需求
↓
重构办学组织　　重构知识体系　　提升教育技术　　改善教学环境
　　　　　　　　　　↓
　　　　　　　重构课程内容

不合格

执行教学任务
↓ 合格
进行评价
↓
提出改进意见
↓
存档结束

图 5-5　敏捷工程教育体系建设流程图

5.1.4 探索意义

敏捷工程教育体系如图5-4所示。构建从细化"理论准备、方法探讨、工具建设、平台支撑、资源保障、绩效验证、评价体系"方面入手。思考的路径可以描述为：理论的研究与比拟采用→敏捷教育的思考与实践→新技术成熟→问题凝练→需求研究→耦合机制思考→实践环节重构→教务规范化→评价体系建立。

经过长时间研究比较，敏捷高等工程教育的理论，根据心脑科学、认知科学的最新成果，由系统工程思想、敏捷性理论及由此发展建立的敏捷教育（敏捷工程教育定义、敏捷内涵、敏捷三部分内容、目的、目标、基本逻辑等组成）、流程牵引理论与方法、工程管理思想等形成，本身就是一个跨界的知识体系融合。

5.1.5 结论与讨论

敏捷高等工程教育，是一个复杂的系统性课题。在前人探索实践的基础上，结合我们的研究，完善其理论的完整性，认证其实践的可行性，具有重要意义。尽管存在各种困难，但是，相信其将长远影响工程教育建设"敏捷"教育的道路。

5.2 精准管控理论

5.2.1 精准管控理论阐述

精准思想，是管理学和工程科技实践，发展到今天已经成为必不可少的制高点。

在汉语词典中，"精准"解释为：非常准确。

在陈向航先生精细化管理中，将精准重新定义："精"主要指简化、易操作，让目标和结果之间的时间成本、资金成本、风险成本等不断降低，从而提高管理和营销效率和结果质量；"准"主要是指结果定义的清楚，比如各种管理问题的真正原因、解决措施、行动方案、责任归属等，影响销售结果的各种因素、解决措施、行动方案、责任归属等，"准"就是要量化、细化、可操作化。

在本书中，作者将精准管控定义为一种理念，将项目通过流程进行细分、聚焦，并从时间和空间细度上进行匹配。

精准管控的核心思想：在融合精益生产"利用精准的管控来减少建造中的浪费，强化精简组织结构"的同时"不断改善项目的质量、成本和进度"。该思想的精髓强调充分发挥人潜能，用流程牵引进行精准靶向指引，力求一次性做好项目，对各个节点进行管理，最大程度地提高项目质量与效益。

"精"就是切中要点，抓住运营管理中的关键环节。"准"就是管理标准的具体量化、考核、督促和执行。

因此，在精准管控中，"精"是准的前提条件，将一个大项目先精准细分成各个节点，然后再"准",聚焦于各个节点,进行准确把控。

如:军事——精准制导,准确打击;医疗——放射疗法、微创定位;交通——精准定位、精准导航;运营(管控):精准管控;工程——定向爆破、精准爆破。

5.2.2　精准管控的由来及发展

精准管理的概念很早就存在,但是大多流于形式,本章从工程项目管理入手,搜集了国内外的精准管控发展历史资料,供大家参考。

精准化管理的概念,最早起源于被誉为科学管理之父的 Winslow Taylor。1911 年,Winslow Taylor(1911)发表了世界上第一本精准化管理的著作《科学管理原理》。Winslow Taylor 在《科学管理原理》提出了专业分工、标准化、最优化等一些科学管理思想,第一次用科学的手段去分析管理、提升管理效率,指出要达到这一点就需要量化指标,为后来的精细化管理提供了思路。

William Edwards Deming(1950s)的观点是,"为质量而管理"的质量管理理论。直到丰田公司率先启用精细化生产,即要求企业建立标准化的任务和流程及"JIT""零库存""看板式生产"的管理方式,全面调动员工参与的积极性,运用看板简化描述操作流程,杜绝员工的失误,最大程度地节省资源降低成本,由此精细化管理被全世界所关注。

Daniel T. Jones(1999年)在《改变世界的机器》一书中详细介绍了丰田的生产方式即精细生产。

迈克尔·乔治(2005)提出了"精益六西格玛",首次将六西格玛与精益生产结合起来,针对六西格玛的局部性,精益生产通过对流程管理,为六西格玛提供整体框架最大程度减少浪费,达到更佳的管理效果。

汪中求教授(2005)的《细节决定成败》一书中第一次指出了:精细化管理是一类与过去粗放式管理方式相当不同,与现有的某些科学管理理论对应的管理系统,它试图通过使用特定的规则和方法把管理做到精细。

美国项目管理协会(PMI)自1996年推出的《项目管理知识体系PMBOK®指南》(第6版,2017)(Project Management Body Of Knowledge),概括性地描述了项目管理所需的知识、技能和工具。

5.2.3　精准管控在工程领域的实现方法

1. 依托 BIM 技术

BIM技术的工程要素管理的目标、组织机构和主要内容,主要从动态管理模型的创建、冲突碰撞检测、风险因素的识别与预警、数字化安全教育培训等方面,建立基于 BIM 技术的建筑工程要素精准管控体系,并结合层次分析方法建立评价数据模型,对应用效果进行量化分析。

2. 以流程牵引理论为指导

目前的项目管理工作,一定程度上存在着目标制定不合理、各管理部门工作衔接不到位、岗位职责落实紊乱等问题。而流程具有目标性、可分解性、层次性、时序性、逻辑性、相关性、衔接性、动态性以及全要素性等特性，存在于项目、部门、企业工作的方方面面，有着所有环节点到点的精准靶向指引。

以流程牵引理论与方法为指导，直面问题本质、直指目标本身、精准方案设计、精确资源到位、精确责任分配、精益成效取得。具体体现为通过对施工过程中的工序以及环节按照一定的科学原理进行优化与整合，通过各种工种之间的搭配以及科学技术人才之间的学科交叉来实现多工种工作人员相互协调配合的管理效果，最终达到工程要素精准管控。

5.2.4 实践案例——杭州机场路改扩建工程

1. 基于 L 模式的精准安全管理思想

在基于流程牵引 L 模式的精准安全管理模式中，首先针对项目安全风险评估、项目安全目标、安全组织、安全资源、施工工艺等做安全战略决策，指导各岗位职能管理，落实岗位职责；其次，岗位职能又包括建立安全组织、开展各级安全培训、开展安全防护、执行各项安全管理等，深入指导施工工艺操作的每一步细节，无缝搭接，从而直达安全管理目标；同时，对于安全管理目标的论证与确定也一直宣教于各项岗位职责之中，时刻贯彻流程牵引目标实现的理念；除此之外，在 L 模式管理思想中，风险管控对决策信度进行评估的同时，也一直对管理职能、工艺操作进行着监督，衡量流程绩效。基于流程牵引理论的精准安全管理模式思想如图5-6所示。

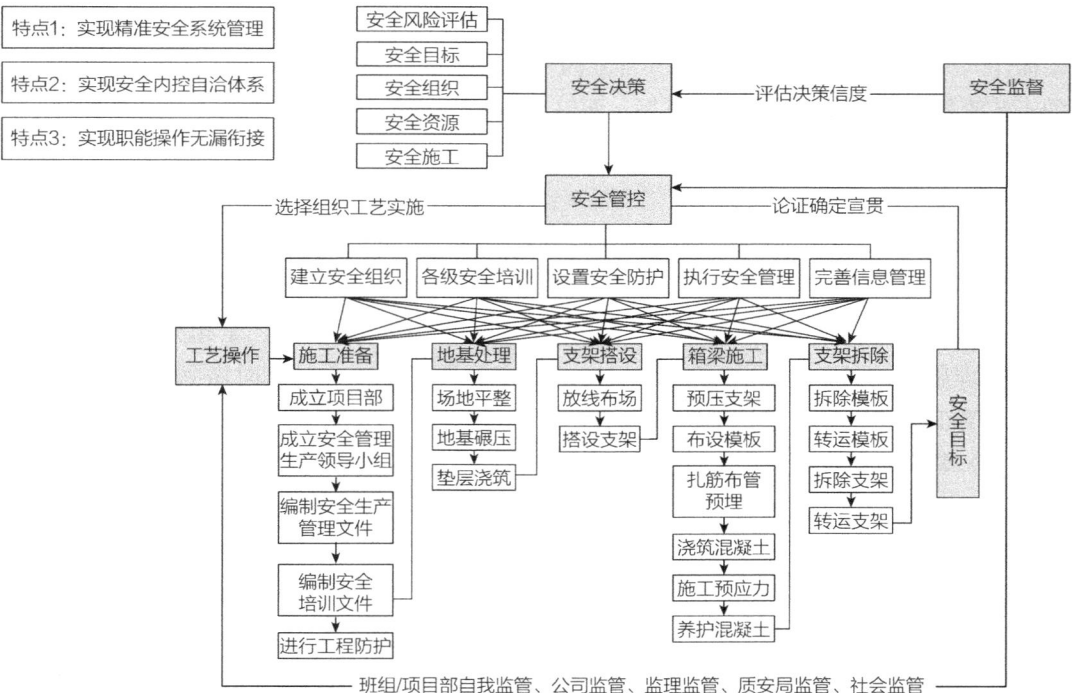

图 5-6 基于流程牵引理论的 L 模式精准安全管理思想图

2. 精准安全管理系统的内容

结合杭州机场路某标段的实例，阐述精准安全管理的内容，包括安全决策、安全管控、安全操作、安全监督以及事故处理五大基本的阶段及内容。该项目的操作流程如图5-6所示，管控的五项内容均建立并施加在详尽的"工艺操作流程"基础上，得以保证安全目标的实现。

（1）安全决策阶段

安全决策的主要内容包括项目安全风险评估、项目安全目标确立、项目安全组织建立、项目安全实施流程（制度建立）、项目安全资源配备等。

（2）安全管控阶段

基于工艺操作流程，安全管理实施的内容包括：

①安全组织建立管理；②各级安全培训管理；③安全防护资源管理；④安全执行落实管理；⑤安全信息完善管理。

（3）安全操作阶段

安全操作的主要对象是施工作业人员，主要内容有岗位配置、培训管理、安全交底、安全信息、安全权责、三护管理、操作工艺流程规范等。三护管理指的是工地范围的维护、工作范围的防护以及工作人员的保护。

而在安全操作的主要内容中，最重要的便是各操作工艺流程规范。因此，《施工作业指导书》中将各工艺流程标准、规范详细说明显得至关重要。在流程牵引理论中，对于作业指导书的各项工艺操作说明，提出使用"BLF图示"，即"标准—流程—范表"。BLF式的工艺操作"标准—流程"说明，能一目了然地对各项工艺流程进行最为清晰化的表达，不论是施工操作人员还是管理层人员，甚至是非业内人士，都能通过BLF式的介绍对于某一需要了解的工艺流程做到最直观的学习与掌握。而BLF中的"范表"，则能最快速地对工程项目实际操作成果进行打分评估，实时反馈，完善不足。

（4）安全监管阶段

安全监管的主要内容包括自我监管、上级监管、政府监管以及社会监管。其中社会监管包括第三方与大众舆论监管。

安全监管的各方则是紧紧围绕"安全生产监督管理"为主题，紧扣流程牵引理论L模式管理思想的各项管理内容展开相应的安全管理工作。并且实时做到监管信息共享化、监管工作动态化、监管部门合作化。

（5）事故处理阶段

工程项目安全事故处理主要包括四个阶段：事故报告阶段、事故调查阶段、事故处理阶段以及事故结案阶段。

5.2.5 总结与探索

工程项目管理是组织为了实现某项目目标，消耗人、财、物、知识、渠道等资源，通过计划、组织、领导、协调、控制等手段达到目标的过程，精准安全管理即要达到安全目标的过程。流程牵引理论是起点资源到目标实现的路径，也是将资源转化为一个个小目标，积累成大目标的结构与功能的耦合机制，因此，在流程牵引理论管理思想指导下的贯穿项目全周期、系统全面又精准细节的精准安全管理，本身便是工程项目安全管理模式的全新探索。

第 **2** 篇

方法工具篇

第6章
流程牵引"L 模式"法

本章逻辑图

本章逻辑图如图6-1所示。

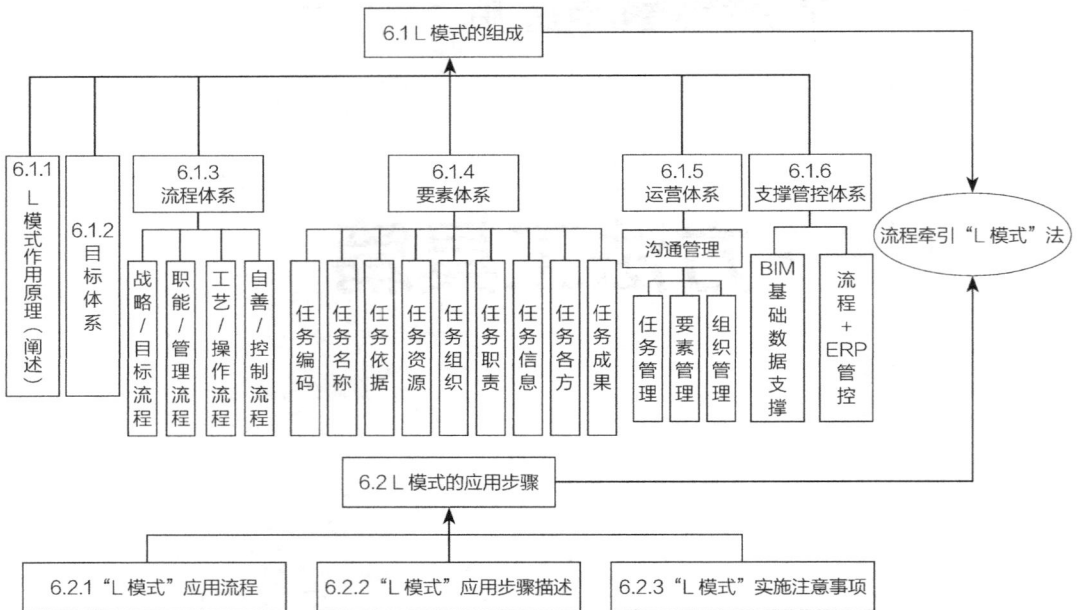

图6-1　第6章逻辑流程示意图

形成原创性的流程管理理论，并非易事。经过近三十年思考、十多年研究和实践应用，现在逐步走向成熟。"L模式"是流程牵引理论的核心。

6.1 L 模式的组成

6.1.1 L 模式作用原理（阐述）

流程牵引理论要具有实践价值，必须形成完整的方法体系。否则仅仅能够自圆其说地在书本上转圈，与管理本身的实践要求不相符，就不会发挥作用。管理就是实践的学科，其科学的特性与艺术的特性，都是为其实践的功用服务的。本章将介绍流程牵引理论中最重要的组成部分之一："L管理模式"（或"L模式"）。

"L"是流程"Liu"第一个拼音大写字母。该模型完整地表示了流程型企业的组织范式，使学界提倡的以流程为主导的企业形式能够真正具有操作性，具有开创性的意义。

整个"L管理模式"组成概括起来就是由"四流程组成的流程体系""九要素组成的要素体系""以沟通管理为中心的运营系统"和"管控体系、支持系统"组成的支撑管控体系四大部分组成，其组成如图6-2所示。

1. 流程体系

我们通过分析，认为复杂企业（主要指业务领域广泛，多元化或业务关联多；组织结构层次和幅度复杂；跨地域分布，管理半径范围宽泛）的管理，需要按照自己的使命、战略和目标，建立适合自己的流程体系，总流程体系包括战略、职能、工艺和自善体系，是为了实现组织既定目标导向而行动的方式——流程体系。

2. 任务要素

对流程任务的要素进行细致分析，详尽列举任务要素表中，作为知识资产和执行依据一

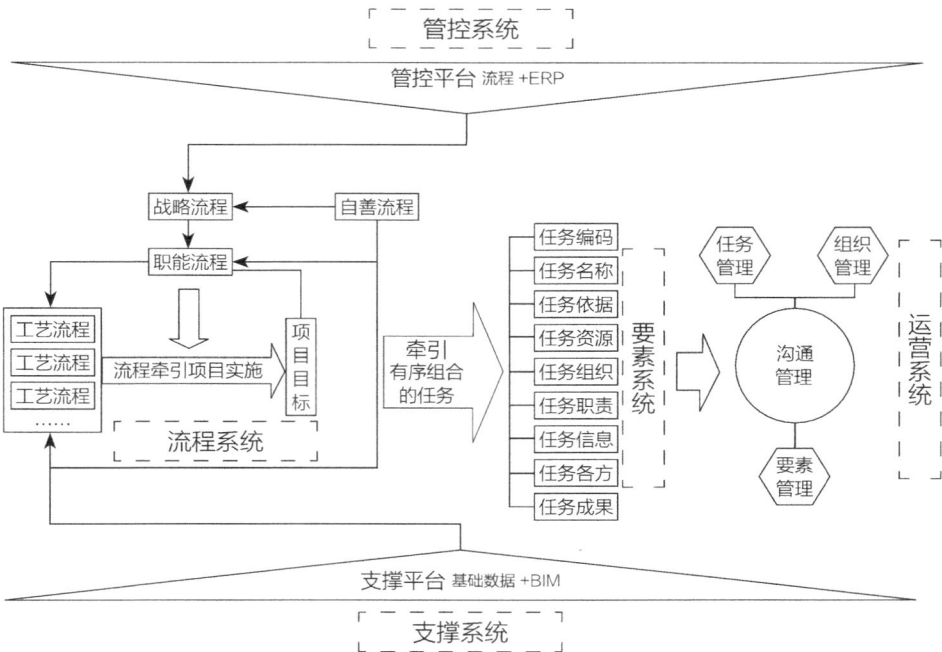

图 6-2　流程牵引"L 模式"

部分对执行者进行规范。流程的规范是企业规范化管理的最重要规范因素，是企业提升企业规范化程度的最有效途径。

3. 沟通管理

沟通的目的是达成共识，各个方面的共识。复杂项目和复杂企业内部沟通管理的重要性是一致的，随着管理研究和实践的深入逐步得到认识和确立。"L模式"中，沟通管理成为管理的核心内容，是基于本研究的深化，认识上的突破以及管理实践中的经验积累和教训。

4. 支撑管控

决策需要数据支持，管控需要信息平台。建设行业以BIM为基础数据支撑、ERP为管控信息平台。信息化建设成为复杂管理的必不可少的平台，生产自动化建立在基础数据的支持之上，管理控制建立在企业管理信息平台之下，两个系统融合成为"大象能否跳舞"的基本形态。

四大流程体系、九大要素体系管理是一个十分复杂的管理工作，需要一个系统的综合管理平台进行全面、自动的管理，综合的ERP系统是一个较好的工具；另一方面，决策管控需要结构复杂的海量建筑产品数据（基础数据、过程数据、成果数据）支持。目前，管理提供数据支撑的最好工具手段是BIM。BIM是针对行业而言的特殊有效的信息管理工具，使得产品的基础信息和状态信息的归集、分享、变更、可视化、形象化、标准化，成为快捷协同的重要工具。

我们认为：任何企业的运营，虽然事无巨细、繁杂多变，但是"L模式"将其所有事项、所有要素囊括其中，具有高度的概括力，充分体现了"系统管理"的思想，这是第一个重要特点。同时，四流程、九要素、一中心、两平台，非常好地阐述了一个内控的闭环系统，这是第二个重要特点。进一步，这样的一种管理内在逻辑，较好地反映了企业组成要素的内在关系，这是第三个重要特点。显然，这样构建了一个充分简洁的模型，该模型为创业者提供了较好的思维方式，为运营者提供了较快的管控工具。既有帮助思考的价值，更有实操的作用。

6.1.2 目标体系

1. 目标管理概述

目标管理（Management By Objective，MBO）是管理专家彼得·德鲁克（Peter Drucker）1954年在其名著《管理实践》中最先提出的，其后他又提出"目标管理和自我控制"的主张。德鲁克认为，并不是有了工作才有目标，而是相反，有了目标才能确定每个人的工作。所以"企业的使命和任务，必须转化为目标"，如果一个领域没有目标，这个领域的工作必然被忽视。因此管理者应该通过目标对下级进行管理，当组织高层管理者确定了组织目标后，需对其进行有效分解，转变成各个部门以及各个人的分目标，管理者根据分目标的完成情况对下级进行考核、评价和奖惩。

2. 目标管理的重要性

哈佛大学有一个非常著名的关于目标对人生影响的跟踪调查。对象是一群智力、学历、

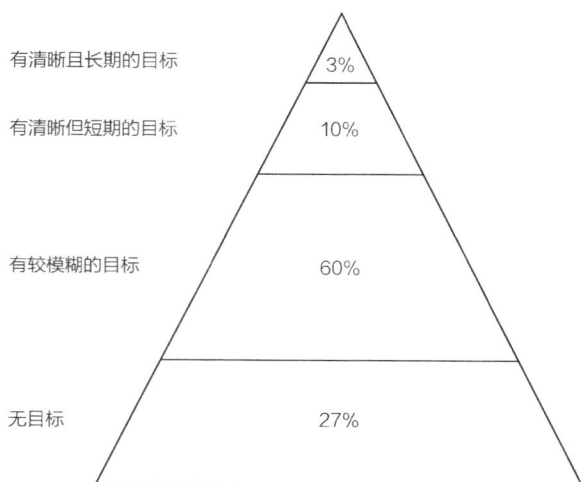

图 6-3　不同目标程度比重图

环境等条件都差不多的年轻人，调查结果如图6-3所示。

　　25年后，有清晰且长期的目标的人几乎都不曾更改过自己的人生目标。他们都朝着既定方向不懈地努力，几乎都成了社会各界的顶尖成功人士，他们中不乏白手创业者、行业领袖、社会精英。有清晰但短期的目标的人大都生活在社会的中上层，他们的共同特点是，那些短期目标不断被达成，生活状态稳步上升，成为各行各业的不可或缺的专业人士，如医生、律师、工程师、高级主管等。有较模糊目标的人几乎都生活在社会的中下层面，他们能安稳地生活与工作，但都没有什么特别的成绩。而无目标的人几乎都生活在社会的最底层，他们的生活都过得很不如意，常常失业，靠社会救济，并且常常都在抱怨他人，抱怨社会，抱怨世界。

　　与此类似，企业要发展要成功，首先要制定统一和具有指导性的目标，同时协调所有的活动并能保证其实施的效果。因此，目标不管对于个人还是组织而言，都显得尤为重要。

　　3.　"L 模式"下目标管理与传统管理方式的区别

（1）共同要素

明确目标、参与决策、规定期限、反馈绩效。

（2）与传统方式的区别

　　1）上下级平等、互相依赖和支持——目标管理是一种参与的、民主的、自我控制的管理制度，也是一种把个人需求与组织目标结合起来的管理制度。在这一制度下，上级与下级的关系是平等、尊重、依赖、支持，下级在承诺目标和被授权之后是自觉、自主和自治的；

　　2）建立目标体系——通过目标分解转化为各级分目标，并进行流程设计，明确流程任务要素（职责等），使得一致的分目标相互配合形成统一的目标体系，只有分目标的完成才能推动总目标的实现；

　　3）以成果作为目标完成以及人员绩效的考核标准——至于完成目标的具体过程、途径和方法，上级并不过多干预。所以，目标管理区别于传统管理模式，其监督的成分很少，而控制目标实现的能力却很强，即以最终成果作为考核依据。

4. 目标管理的流程

由于各个组织活动的性质不同，目标管理的步骤可以不完全一样，但一般来说，可以分为以下四步，如图6-4所示。

（1）建立一套完整的目标体系

实行目标管理，首先要建立一套完整的目标体系。这项工作总是从企业的最高主管部门开始的，然后由上而下地逐级确定目标。上下级的目标之间通常是一种"目的—手段"的关系；某一级的目标，需要用一定的手段来实现，这些手段就成为下一级的次目标，按级顺推下去，直到作业层的作业目标，从而构成一种锁链式的目标体系。

制定目标的工作如同所有其他计划工作一样，需要事先拟定和宣传一些指导方针，如果指导方针不明确，就不可能希望下级主管人员会制定出合理的目标来。此外，制定目标应当采取协商的方式，应当鼓励下级主管人员根据基本方针拟定自己的目标，然后由上级批准。

1）四个步骤

建立目标体系是目标管理最重要的阶段，第一阶段可以细分为四个步骤：

①高层管理预定目标，这是一个暂时的、可以改变的目标预案。即可以上级提出，再同下级讨论；也可以由下级提出，上级批准。无论哪种方式，必须共同商量决定；其次，领导必须根据企业的使命和长远战略，估计客观环境带来的机会和挑战，对本企业的优劣有清醒的认识，对组织应该和能够完成的目标心中有数。

②重新审议组织结构和职责分工。目标管理要求每一个分目标都有确定的责任主体。因此预定目标之后，需要重新审查现有组织结构，根据新的目标分解要求进行调整，明确目标责任者和协调关系。

③确立下级的目标。首先下级明确组织的规划和目标，然后商定下级的分目标。在讨论中上级要尊重下级，平等待人，耐心倾听下级意见，帮助下级发展一致性和支持性目标。分目标要具体量化，便于考核；分清轻重缓急，以免顾此失彼；既要有挑战性，又要有实现可能。每个员工和部门的分目标要和其他的分目标协调一致，支持本单位和组织目标的实现。

④上级和下级就实现各项目标所需的条件以及实现目标后的奖惩事宜达成协议。分目标制定后，要授予下级相应的资源配置的权力，实现权责利的统一。由下级写成书面协议，编制目标记录卡片，整个组织汇总所有资料后，绘制出目标图。

2）目标体系建立的注意事项

①拒绝目标含糊不清、不现实、不协调、不一致。

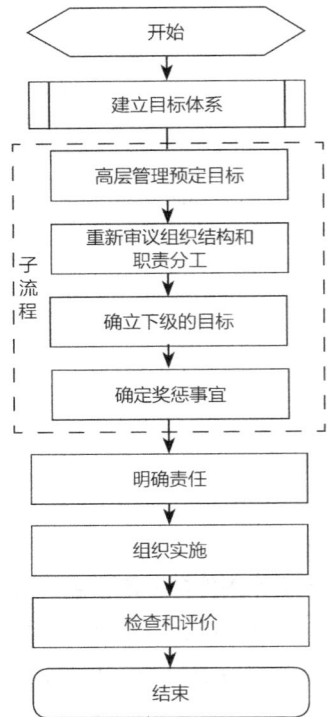

图6-4　目标管理流程图

②设置的目标必须是正确、合理的。

正确——指符合长远利益。

合理——指目标数量设置应科学，不可因过于强调工作成果带给人们压力，但也应让员工始终保持适度的"紧张"。

③设置的目标必须在数量和质量上具有可考核性。

（2）明确责任

目标体系应与组织结构相吻合，从而使每个部门都有明确的目标，每个目标都有人明确负责。然而，组织结构往往不是按组织在一定时期的目标而建立的，因此，在按逻辑展开目标和按组织结构展开目标之间，时常会存在差异。其表现是，有时从逻辑上看，一个重要的分目标却找不到对此负全面责任的管理部门，而组织中的有些部门却很难为其确定重要的目标。这种情况的反复出现，可能最终导致对组织结构的调整。从这个意义上说，目标管理还有助于搞清组织机构的作用。

（3）组织实施

目标管理重视结果，强调自主、自治和自觉。目标既定，主管人员就应放手把权力交给下级成员，而自己去抓重点的综合性管理。完成目标主要靠执行者的自我控制。如果在明确了目标之后，上级主管人员还像从前那样事必躬亲，便违背了目标管理的主旨，不能获得目标管理的效果。当然，这并不是说上级在确定目标后就可以撒手不管了。相反由于形成了目标体系，一环失误，就会牵动全局。因此领导在目标实施过程中的管理是不可缺少的，其管理应主要表现在指导、协助、提出问题、提供情报以及创造良好的工作环境方面。首先进行定期检查，利用双方经常接触的机会和信息反馈渠道自然地进行；其次要向下级通报进度，便于互相协调；再次要帮助下级解决工作中出现的困难问题；当出现意外、不可测事件严重影响组织目标实现时，也可以通过一定的手续，修改原定的目标。

（4）检查和评价

对各级目标的完成情况，要事先规定出期限，定期进行检查。检查的方法可灵活地采用自检、互检和组成专门的部门进行检查，检查的依据就是事先确定的目标。对于最终结果，应当根据目标进行评价，并根据评价结果进行奖罚。经过评价，使得目标管理进入下一轮循环过程，即讨论下一阶段目标，开始新循环。如果目标没有完成，应分析原因总结教训，切忌相互指责，以保持相互信任的气氛。

6.1.3　流程体系

四大流程体系是流程牵引理论的核心，包括战略流程（目标流程）、职能流程（管理流程）、工艺流程（操作流程）、自善流程（管控流程），组成完整的内控体系，四者关系如图6-5所示。四大流程体系，组成一个逻辑自洽、内容闭环的完整图形。同时既有导向的目标，也有进程的路径，不仅可以用于规划、构建管理组织，也可以用于指导运营实践，进一步可以用于评价一个管理组织的完善性。

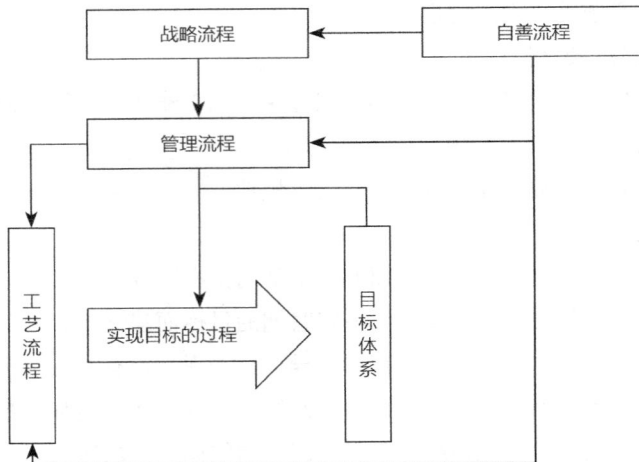

图 6-5　四流程体系图

6.1.3.1　战略流程（目标流程）

研究战略，多从内、外环境入手分析，根据自身的资源能力确定发展战略和实施战略步骤。可以用来指导组织日常行为的是将战略细化、量化而来的目标。这个方面也形成了"目标管理"的一整套理论和操作方法。目标通常不是一步就完成的，也不会由个别人短时间内完成，需要分步实现，比较长周期（短中长期），协作方比较多，对动用资源进行控制，这些特点正与"组成流程"的条件吻合。

制定战略本身和实现战略目标的流程称为"战略流程"，这是比较宏观、较长时段的，具有指引企业发展的航标作用。在战略流程阶段，其成果是明确"做什么、怎么做、做到什么成效"，也就是确定方向和范围，确定目标实现的路线。

不过，在管理实践中，我们常常体现"全息管理"的理念，组织无论大小，均有战略（或目标）流程，也许，决策性的工作，就可以理解为是战略工作，完成其工作的程序就是"流程"，这样的扩义，更加符合管理实践。

6.1.3.2　职能流程（管理流程）

职能管理的主要内容有计划、组织、领导、协调、控制，完成这些职能管理的流程就是职能流程。职能流程有两种作用，一种是对工艺流程的指导、督促，如计划、协调。还有一些任务，譬如人力资源管理（包括招聘、培训、考核），还有如宣传、非采购的财务管理等，不直接面对产品实现，也不直接面对服务，但是不可或缺，是独立作用的，是企业十分重要的一类流程。它们对于操作流程起着指导、督促等作用。

这样的一类"工作流"，称为"职能流程"。职能流程中的核心，也是其"作业"（不同于工业制造中的作业）的操作流程。

相同重复的管理工作，由部分相对固定的人员来完成，可以提高工作效率，这个效率来自专业化的分工，由于重复地进行，使得了解问题、解决问题的程序、方法得到积累，从而技能熟练的缘故，这是导致管理职能和管理的职能部门设立的原因，实际上就是分工的缘由，也是职能流程构建起来的基础。

6.1.3.3 工艺流程（操作流程）

作为技术人员，比较熟悉的就是这类流程。尤其是生产产品的制造业，是基于产品实现的流程，是最科学、具体和细致的，有的产品甚至大部分均可以用机械流水线来完成。工艺流程的严谨的逻辑关系，使之成为与时序对应的重要因素。而消除时间浪费，也就成了优化工艺流程的重要内容。但是，工艺流程的变革也就变得相对困难。一旦确定一定的结构形式以满足功能需要，工艺流程就具有相当的稳定性，只有在科学技术有突破性发展的时候，才会有较大的改变。

工艺流程是自动化制造的根本。

6.1.3.4 自善流程（控制流程）

其含义：为了保证目标任务完整、无偏差地被执行，包括检验、评估、审核、审批、复核判断、评审、检查、监督等任务的流程。为了保证自身的工作质量，其作用十分重要，也很特殊。所以，应当对该类流程的管理从一般意义上的职能流程中独立出来。这是组织内部的流程，是不跨组织的，这也是授权的控制关键。

这是笔者对流程体系的独特理解而首先提出的概念，是对流程体系的一个重要发展，必将对今后流程的研究和管理实践产生深远影响。

这里的自善流程，是指组织内部的控制行为，是不跨越组织的。因此，不包括：政府监督（如技术监督局、专业质检站、安全监督）的行为流程和争议引发后的委托第三方的检查检验行为，在更大范围的组织定义下，可以视为新系统的自善流程。对于比如建筑行业"资质申报"等涉及政府行业资质管理职能的流程，可以直接将该部分流程作为跨组织的任务独立写入管理流程中，而不作为自善流程的内容。

"在管理中，控制是指领导者和管理人员为保证实际工作能与目标计划相一致而采取的管理活动。一般是通过监督和检查组织活动的进展情况、实际成效是否与原定的计划、目标和标准相符合，及时发现偏差，找出原因，采取措施，加以纠正，以保证目标计划实现的过程。"这个过程就是自我完善的过程，实现其过程的任务组合（即流程）称为自善流程。

亨利·法约尔（Henri Fayol）早在《工业管理和一般管理》一书中指出："在一个企业，控制就是核实所发生的每一件事是否符合所规定的计划、所发布的指示以及所确定的原则。其目的就是要指出计划实施过程中的缺点和错误，以便加以纠正和防止重犯。控制在每件事、每个人、每个行动上都起作用。"

管理的成败在于能否实施有效的控制。有效的控制则在于是否能对过程中进行及时、准确的偏差数据的获取，纠正偏差的决策的做出和执行纠偏行为。自善流程针对战略流程、管理流程和工艺流程，不独立存在，但是与组织的整体运营密切相关，它也是整体的一个重要部分。

总之，经过这样的分类以后，整个组织的全部流程应该包括《组织的战略流程集》《组织的职能流程集》《组织的工艺流程集》和《组织的自善流程集》。

6.1.4　要素体系

流程牵引理论认为，每一项任务都有九项基本要素，如第2章所介绍，要素体系包含的九大要素分别为：任务编码、任务名称、任务依据、任务资源、任务组织、任务职责、任务信息、任务各方、任务成果。对于一个任务来说，执行依据和资源是输入要素，编码、组织和职责是设计要素，信息、成果和各方是输出要素，而名称则是本含的属性要素。如前述图2-5所示。

6.1.5　运营体系

在建设工程管理领域，对比PMBOK（美国国家标准《项目管理知识体系指南（第6版）》（PMBOK®指南））与《建设工程项目管理规范》GB/T 50326—2017，其中一个最大的不同在于，前者在十大项目管理知识体系中，"沟通管理"成为重要的一个部分。十大知识体系分别是：整合管理、范围管理、进度管理、成本管理、质量管理、资源管理、沟通管理、风险管理、采购管理、相关方管理，这是抓到了项目管理的实质。

尽管项目管理和企业管理有所区别，复杂项目和复杂企业内部沟通管理的重要性是一致的，随着管理研究和实践，均逐步得到认识和确立。

建立沟通管理中心，实现充分共享。"L模式"中，沟通管理成为管理的核心内容，是基于本研究的深化，认识上的突破以及管理实践中的经验积累和教训。

1. 沟通管理定义

我们从不同角度来看沟通管理有不同含义。从企业角度看，沟通为企业信息的交流与传递。它是管理者们为实现企业的目标，将某一信息传递给客体或对象，以取得客体做出反应效果的过程。

从管理学角度看，沟通是指可以理解的信息或思想在两个或两个以上人群中的传递或交换的过程。目的是让对方清楚你的思想，取得共识或找出异同点，以便于发现问题、分析问题、解决问题。

从工程建设看，沟通是指工程的管理者、各工程师、参建单位在工作中在遵照工程特点的前提下，根据在工作中的位置和所负的责任以及各自工作的需要所进行的信息相互传递与接收，相互交流激发工作积极性的过程。

企业或项目可以看成是具有不同实用性的各种资源的集合，管理的对象是各种资源。而管理工作就是对各种资源进行合理、有效地配置和利用。实施管理的过程，就是信息的传递与反馈的过程。

因此，沟通在组织管理中是决策与执行的基础，是现代管理的一件有效工具。管理者可以用其实现自身最重要的功能：把企业的构想、使命、期望与绩效等信息准确地传递到职工，并指引和带领他们完成目标。

2. 沟通管理的内容

企业管理的内容很多，沟通的内容也很多。用"L模式"将其简化为三部分内容，即任

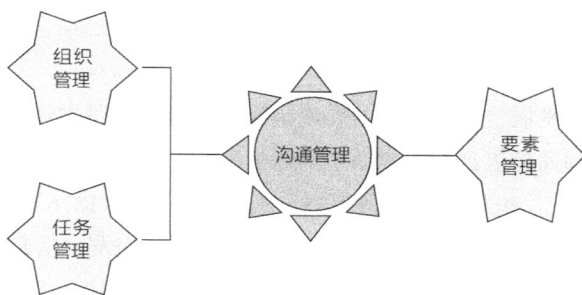

图6-6　沟通管理的组成

务管理、组织管理、要素管理，如图6-6所示。流程牵引的企业以"任务管理为核心，组织管理为中心，要素管理为保障"，达成战略目标，实现企业理念，完成企业使命。目标必须分解和细化为日常的工作，以任务的方式进行分配和布置，要达到高绩效，必须完成对任务的完整理解、彻底执行。

3. 沟通管理的重要地位

有关研究表明，管理中70%的错误是由于沟通不善造成的，这说明管理的关键在沟通，沟通是管理的核心，没有良好的沟通就没有高效率的管理，更说明了组织沟通管理的现状。

沟通对于任何组织都是非常重要的。没有了沟通，就没有了相互了解和彼此协调，更不能真正实现共同的目标。管理的过程是一个通过发挥各种管理功能，充分调动人的积极性，实现企业共同目标的过程。从一定意义上讲，管理的本质是沟通，沟通管理是企业组织管理者成功的法宝。

第一，亨利·明兹伯格的研究结论，经理人员的三项基本工作是：搜集并传递信息，企业决策，促进团结。而这三项基本工作都离不开沟通。

第二，美国未来学家约翰·奈斯比特说："未来竞争将是管理的竞争，竞争的焦点在于每个社会组织内部成员之间及其外部组织的有效沟通之上。"

第三，根据马斯洛的需求层次理论和赫尔伯格的双因素理论，人的需求由低到高分为五个层次。生理、安全、社交方面的需求属于保健因素，自尊和自我实现的需求属于激励因素。员工的人格在沟通过程中受到尊重，往往会产生超越金钱激励的效果。

并且随着现代企业管理模式由"以机器为中心"转变为"以人为中心"，通过达成共识来施展影响力，已经成为管理者们实现有效领导的唯一正确方式。

赢得共识的途径就是沟通。通过沟通，使管理者与员工之间的关系进一步融洽，并产生相互信任感；通过沟通，极大地避免了人与人之间的矛盾和冲突；通过沟通，企业真实的信息能够上下左右自由地流动，避免了混乱信息的干扰。

4. 沟通的方式与手段

用于沟通的技术是千差万别的，留言的、无时间差异的、无空间差异的、多人的等都是沟通方式。在企业或项目管理过程中，主要的正式的沟通方式是会议、文件往来、资料传阅会签审批。良好的会议组织是保证沟通效果的必要途径。会议应该做到：议题明确、人员到位、事先准备、发言简练、记录全面、结论明确、信息周知。结合IT技术的沟通方式更加有效。

而现代科学技术的发展，其中最大的表现是沟通工具和手段进步，基于卫星、地面基站和计算机、网络技术的通信工具大大改变了沟通的手段，时间上缩短，效果上立体（语音到高清画面），方式上交互。电报（莫尔斯1835年）、电话（贝尔1876年）、传真、电视、对讲机、手机、智能手机（2007年）、E-mail、社交网络、社区交友、信息化平台系统、即时语音系统、博客、微博、微信，这确实已经远非是跑步、骑马送信那个时代了。

沟通手段的多样化发展，为多方、多人、异时、异域、即时提供了非常便利的条件。而且大数据时代（大数据时代的三个基本观点是：全样本代替取样，不需要一定精确，相关性而不一定是因果性）云计算技术的"通信"模式为沟通过程留下了印迹，使管理可追溯性的实现成为完全可行。

5. 沟通成为管理的核心

综上所述，我们不难看出，一个有效的沟通管理在现代管理中的地位是何等重要：

（1）沟通管理贯穿整个管理实践的全过程，没有沟通管理的存在，管理的全过程就会支离破碎；

（2）沟通管理是实施各项管理职能的主要方式、方法、手段和途径；

（3）沟通管理是企业管理的实质和核心内容；

（4）在管理实践中，沟通管理不仅存在于横向管理活动的全部过程，而且更存在于纵向管理活动的各个层次。

可以说，沟通管理是管理的核心和灵魂。沟通成为管理核心，是核心的管理职能的时代，是顺应大型复杂组织、多元多样需求满足、资源全球整合、任务交叉多变、竞争激烈残酷的商业生态所需要的，是一个必然的趋势和生命。"L模式"以沟通为纽带，突出任务为核心强调组织中心、保障要素供应，将具有巨大的生命力。

总之，"组织的生命取决于信息，组织对于个人而言，就是一个信息沟通的平台"。毫无疑问，要想让一个组织"基业长青"，以沟通为中心就是运营管理的头等大事，完成合格的沟通需包含沟通方式、平台、内容等模块。

6.1.6　支撑管控体系

信息化建设成为复杂管理的必不可少的平台，生产自动化建立在基础数据的支撑之上，管理控制建立在企业管理信息平台之下，两个系统融合成为"大象能否跳舞"的基本形态。

1. 支持系统（基础数据–BIM）

（1）什么是BIM

BIM的英文全称是Building Information Modeling。国内较为一致的中文翻译为：建筑信息模型。

1）是以建筑工程项目的各项相关信息数据作为模型的基础，进行建筑模型的建立，通过数字信息仿真模拟建筑物所具有的真实信息。

2）BIM技术是一种应用于工程设计建造管理的数据化工具，通过参数模型整合各种项目的相关信息，在项目策划、运行和维护的全生命周期过程中进行共享和传递，使工程技术人员对各种建筑信息作出正确理解和高效应对，为设计团队以及包括建筑运营单位在内的各方建设主体提供协同工作的基础，在提高生产效率、节约成本和缩短工期方面发挥重要作用。

3）BIM标准（美国国家标准NBIMS）对BIM的定义分为三个部分：

①BIM是一个设施（建设项目）物理和功能特性的数字表达；

②BIM是个共享的知识资源，是一个分享有关这个设施的信息，为该设施从概念到拆除的全生命周期中的所有决策提供可靠依据的过程；

③在项目的不同阶段，不同利益相关方通过在BIM中插入、提取、更新和修改信息，以支持和反映其各自职责的协同作业。

BIM就是一种通过立体化构建模型的方式，帮助我们形象化地解决计算、共享、协同作业，参与管理控制的IT技术和工具，尤其是一种工作方式。BIM具有形象化、可视化、模拟性、集成性、协调性、可出图性等特点。

（2）我们团队对BIM的认识

"流程牵引"团队一直致力于对建筑行业的新技术、新政策进行不断学习与研究，BIM作为当前建筑行业的热点，我们对其内涵有其独到的见解，我们将其认识分为五个层次，即：

1）哲学（重构级升级工程语言、认识本体世界的新方法）；

2）产业（形成BIM产业链）；

3）管理（及时、准确、多方的协同，数字化建筑延伸到全生命周期，形象直观的表达和沟通）；

4）技术（新的技术体系、标准）；

5）构件（细部的清晰表达）。

清晰地认知到BIM不同层次的应用，有利于解除不同话语层次的交叉和消除混乱，这个现象当前普遍存在，并影响了探知BIM本质的进程。

2. 管控系统（流程+ERP）

ERP是企业资源计划或企业资源规划的简称，由著名的美国管理咨询公司（Gartner Group inc）于1990年创立，为Enterprise Resource Planning的缩写，最初被认为是应用软件，但很快被全球各地的企业所接受并得到广泛应用。同时ERP思想成为了当代企业管理理论之一。

ERP系统是指以信息技术和系统优化的管理思维构成的企业管理平台，为企业决策和部门进行有效的信息化管理的系统软件。同时ERP也是实现企业流程再造的重要工具之一。ERP功能除了包含MRPⅡ（制造资源计划）即制造、供销、财务管理外，还包括物流管理、人力资源管理、质量管理等。ERP系统重新定义业务流程，在管理和组织上采取更灵活的方式，将供应链上的供给和需求的变化同步，追求敏捷制造和客户实时反应（CRM）；在准确、及时、完整的信息处理前提下，以便做出正确的决策。详细讨论可见1.2.3中的第3点。

3. 支撑与管控的关系

生产自动化依靠基础数据的支撑，否则失去准确的计划和进程的效率，管理在控化则依靠管理信息，作出判断、决策、追踪和纠偏。支撑与管控的关系，就是工艺流程和职能流程的关系。

建造自动化和管理在控化的关系，在"L模式"下，两者关系可以用图6-7来阐明。

支撑和管控的关系是必不可少的两个方面。因为"管控与支撑"是基于目标下的任务管理，是一个体系的完整整体部分，管控靠职能性信息（数据），过程性数据（状态数据）是职能性数据的一种，是通过控制数据的流向（如审批流程）和检查对比（质量状态、安全状态、成本状态等都是和设定的目标进行对比进行判定得到的信息"数据"）来完成的。支撑作用则依靠基础信息（数据）得以实现，尽管建立支撑的软件不够成熟，缺乏多样化选择，培训期较长。

信息化建设目前存在一处阻碍，就是管理信息系统强调了通过流程、审批、权限分配等途径实现管控的目的，却忽视了基础信息（数据）的流动和支撑。实际上，对项目来说，程序性的工作秩序和基础信息化（数据）同样重要，甚至诸多的实际工作环节中，后者更为重要。

基础数据如前面讨论的。基础信息（包括工艺数据七部分）和职能信息（数据）的关系就是"L模式"下的支撑与管控的关系。

目前强调管控的软件公司和系统软件，都在职能信息管理这个方面下功夫，也取得了较大的进展。基础数据的研究则由于缺少真正的项目管理的一线骨干参与，研究也还不够，国内软件企业除了鲁班、广联达等之外，远远不能满足技术进步本身和市场需求的需要。BIM的核心应用，对建设工程项目，也刚刚起步。

我们的结论是：缺乏支撑的管控是无源之水、无本之木；缺乏管控的支撑是无的放矢、无头之蝇。仅仅有完善的基础数据支撑工艺任务的完成，不足以满足风险防范和目标体系的实现。基础数据为实现企业战略起到支撑作用，才更加体现其价值。而管控则无法离开基础数据，无论作出决策、编制计划，都需要有实际的数量、价格、属性、品类和逻辑关系作为

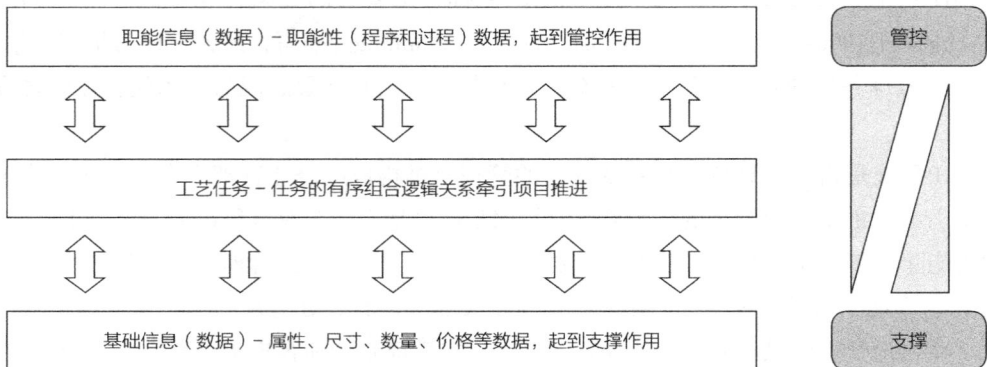

图6-7 "L模式"下基础数据与职能数据的关系

依据。这完全是无法分清主次和先后的整体任务。

在当前的现实情况下，建立以管控体系为核心的信息化系统的建筑业企业，抓紧补充基础数据建设的软硬件体系，融合起来使之成为真正完整的系统，是迫切和必需的。如果是刚刚启动信息化规划，则应快速引导原有零散的应用为系统性的"基础数据支持系统"，并及时部署有效管控系统的建立。这样才能更好"建设有效益的信息化"。

6.2 L 模式的应用步骤

6.2.1 "L 模式"应用流程

"L模式"是研究管理方法，属于工程方法论的范畴，是关于"管理过程"的一个深入研究的成果。指导实践应用是其重要价值所在。

我们将流程牵引实现目标（L模式）的应用步骤绘制成如图6-8所示。

图 6-8　"L 模式"应用九步骤

流程是企业实现战略目标的良好手段与强大工具，但它不是企业本身，"流程企业"的意思是将流程这个核心要素的作用发挥得很好的企业。我们研究这个内容，就是要在理论上搞清楚其价值并完善以后，让其在实际中发挥应有的作用。笔者认为，理即法，道理明白了方法就明了。我们要做的是连接这个理与法之间的桥梁。

6.2.2 "L模式"应用步骤描述

1. 明确战略目标

目标是体现组织目的性的具体计划。建设行业来说，项目作为建筑企业具体任务的载体，往往不止一个目标，而是系列目标，即目标体系。目标体系本身的轻重缓急区分，关系资源的合理分配和利用，都是需要明确的。目标制定属于战略工作。

流程与战略的关系，前面已经论证了很多。可以说，流程是实现战略的载体。流程是战略与成果的连接者，流程使战略从空中落到实地，使其从看板上变成每个人的具体任务。因此说，流程是实现目标的必不可少的手段和工具。确认和分解目标成为应用流程牵引理论的第一步。

2. 建立和谐组织（组织成为完成战略目标的执行者）

流程与组织的关系是互动的关系，相互影响，相互制约。组织结构决定着流程任务要素的转移路径和传递方向；流程优化促使组织结构扁平化，减少内部层级和流转次数，降低内部管理成本，同时促使流转路径最短，提高效率。

3. 制定流程体系

流程按照其所处位置和发挥作用，分成战略、职能、工艺和自善四类。目标体系由战略与职能而制定，工艺流程则直指目标体系，是实现目标的具体进程安排。必须指出：构建流程体系的核心步骤是确定"内在线索"。

工艺（操作）流程，用在两个地方：建造过程中和职能工作的具体操作步骤中。建造过程中的工艺流程，直接影响产品实体的本质改变，职能中则不会。工艺流程更多地体现一个企业贴近当代技术的程度，是科学衡量其技术水平的标准之一。工艺流程的制定，是实体组织建造的方案确定的关键内容。从"福特的流水线"开始，不断提高的工艺流程管理理念和手段使得多程序、大量生产赖以不断发展。制造业的工艺流程，已经固化到了流水线上了，而建设行业的建造，不仅"工作场所的专业化程度"没有工厂制造那么高，而且是个"受气候影响、劳动力市场、物质要素市场影响都很大的开放式环境体系"，不仅如此，受政策影响也大。

另外，一个企业里，操作流程是完成任务具体到某个岗位后要进行的操作程序。如《企业管理建模数据流程图集》指出的，当你执行一个审批（这是自善流程）任务时（如审批重要设计变更），你进行的操作是：逐条查阅设计变更单 → 批准设计变更单 → 同意设计变更单签字 → 不同意设计变更单填写修改意见。而填写修改意见的操作还要更具体。

总之，这些操作流程的优化，对岗位的效率影响是很大的，自然也影响到组织的管理效率。而优化设计这些流程，更多地依赖先进的技术手段和工具。

4. 分析任务要素

任务要素的清晰分析和归集是实现目标的执行过程，是非常关键的工作。是使为实现目标而构建的组织整体运作顺畅，职责协调和谐，效率持续提高，目标保持一致的重要保证。任务管理作为职能管理的重要部分，对目标的费用、进程、质量产生巨大影响。

把相同或相近的工作集合起来，成为"专门化"的部门，部门完成其职能，才使目标得以确保实现。这些被集合起来的实质内容是"做事情的方法——流程"。有的职能是直接作用在基本工作的流程上的，有的则在辅助工作的流程上。这就是价值链分析方法的主要依据。

5. 引用管理依据

管理依据主要是指法律法规地方规章、技术规范和合同、项目制度批复审核文件、重要纪要指令、设计文件、管理变更等。依据的主要形式为文本、流程和表单。

制度是重要的依据之一。现在提倡制度管理，本身是很对的，甚至很多企业（如中天集团）提出"制度第一，董事长第二"，要以制度管人，企业追求基业长青。不过实际操作中，困难很大。"从人治（随意性大）到法治（按制度办）"，需要根本性地从文化角度得到改变。也许，国内现阶段，还只能算是"制度化"治理的启蒙阶段，特别是对于民营、私营企业来说，但这并不妨碍我们的分析研究。

通过"流程牵引目标实现"的研究，在企业获得利益的同时，逐步加强依照制度办事的意识，不失为提升制度管理理念的一条途径。对于那些苦于没有合适方式来推进制度化管理的管理者，则是"雪中送炭"。

具体的方法前面已经介绍。作为流程要素，制度是重要的依据之一，执行过程中，将其作为引用、对照、考核的准则，同时，对于完善制度本身，也是必不可少的：删除那些从来不被引用的条款，补充那些执行时发现不完备的条款，增加实际中需要条文中却没有的条款。

6. 调动合理资源

这里所指的资源，不仅是常规的人、财、物资源，还有知识资源、渠道资源、公共关系资源。这些方面的研究和应用最近几年都较好地得到了深入。

人力资源管理，正面临着剧烈的流动导致的高额培训和知识积累困难形成的企业经验曲线的变异。目前，也缺乏更好的办法解决。通过"流程牵引"论题的研究，由于有齐全的要素提供体系保障，可以一定程度上缓解这个矛盾，较好地解决"人走市场走，人走事项停"的人资流动后遗症。

资金和财务管理上，追求信息的即时性和风险的规避。流程牵引，对即时性的帮助在于，它可以通过自动的处理技术，汇总得到我们需要的信息，为决策提供基础条件。

物料的储存产生成本，其运输时间要计算在采购的提前时间内，海尔追求"人单合一"的过程中，总结了很多经验。实质上，单纯"人单合一"是不够的，这个方面流程要素阐述得更为全面。流程牵引项目实施追求资源的更高利用效率。

7. 配备自善体系

一个国家、一个企业、一个项目都需要在机制上自身完善，这就需要有自善的"监控督察审计"制度安排。权限如果不是处于循环的监督环境，偏差就不可避免，甚至可能导致巨大危害。流程运行中也需要不停顿持续跟踪的监督审计。所以自善流程担负这个功能，目的就是为了保证流程的"零偏差"执行。实践证明，但凡偏离目标体系的进程费用超额、质量问题以及权力寻租腐败等，其背后均有自善体系不完善的缺陷存在。

8. 管理完全信息

信息的完全性，尤其是客户的信息和竞争对手的信息，与市场信息、产品信息、过程信息都不可忽视。经过"流程牵引"方法，设置各种流程，及时掌握到需要的完全信息，成为今后企业管理最重要的手段。

9. 进行成果管理

成果是我们追求的，这过程中耗费资源、产生知识、积累资产。管理成果最核心的部分是我们所确定的目标部分，对比预先颁布周知的目标，包括物质实体的质量等级、经济指标、环境保护指标等有形的，还包括无形的知识资产累积目标等。最终成果是由中间成果叠加、组合而成的。因此，对中间成果的管理也是需要引起重视的。

6.2.3 "L模式"实施注意事项

使用流程牵引实现目标的"牵引理论"（"L模式"），应当注意以下几点：

1. 覆盖全生命周期

任何一个方法本身，如果不能涵盖整个项目（或产品的）生命周期（"生命"可能是：企业战略目标、需要实现的产品、为客户创造价值的服务），那一定是不完备的。"流程牵引目标实现"寻求目标实现的全过程管理，而不只是某个环节的管理规律。这是针对任何组织形式而言的，在流程牵引理论中，弱化组织的形式，强调流程。这里的组织同样是指政府、企业、项目、个人。

2. 发挥全职能效率

仅考虑资源的利用效率，还不能保证企业持续和健康的成长。职能效率也是管理者应该密切关注的。如决策效率、控制效率，以避免风险和产生过大的偏差。流程进入PDCA循环中，能产生这样的效应。

3. 充实基础条件

要实现"流程牵引"的思想，需要IT技术的强大支持如机器识别技术、即时通信技术、视屏技术、远程通信技本、计算机集成技术、计算机信息处理技术、流程管理技术。不仅如此，还需要经过严格培训的符合要求的人来管理流程。

还需要指出：企业管理、项目管理都是具有复杂性的事情，教条地使用一种模式，未必能取得预期效果，务必结合外部环境条件和自身资源条件，高度耦合才能取得成功。

第 7 章
流程实践方法

本章逻辑图

本章逻辑图如图7-1所示。

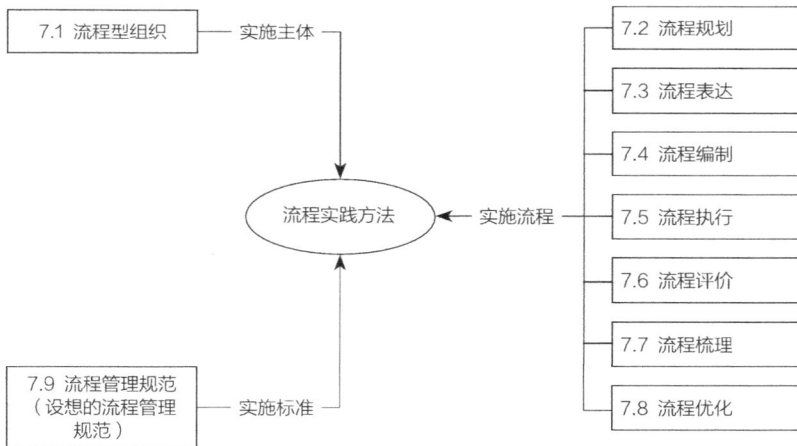

图 7-1　第 7 章逻辑流程示意图

7.1 流程型组织

由于企业组织与环境的相互作用，企业的组织形态也处于不断发展的动态之中，企业的组织结构随着经济的发展、技术的进步以及社会文化价值标准的变迁而按照某种逻辑进行演进。图7-2揭示了组织结构演变的规律是：从垂直管理向水平管理发展，最后演变为散点。从演化过程来看，新型的学习型组织和流程型组织将趋向于扁平化，适应当今的潮流。

7.1.1　"L 模式"下的直线矩阵结构

关于直线型、职能型、矩阵型、混合型、事业部型、网络型等形式包括在内的企业组织结构，已经被讨论得很多。研究的目的是试图解决组织的职能分裂、层级过多、人员封闭、信息孤岛等问题，并且为提高协同效率，还做了很多组织扁平化的探讨和努力。根本的理想图景是"让大象起舞"，追求组织柔性和制度刚性之间的平衡。

作为目前建设行业最普遍存在的，以下面将要讨论的三层级（集团、分公司、项目部）组织结构为例，集团与各分公司组成了"一级矩阵"，某个分公司与各项目部，组织了"二级矩阵"。这个组织框架，是矩阵型的，是个二级矩阵。集团单元里，从集团决策层到职能层，内部是直线型，决策层领导职能部门，分公司内部也是如此，分公司领导作为二级决策层指挥其下属的职能部门。

矩阵型组织的优点是结合了专业性（职能部门是因为分工而要求的专业性）和现场灵活性，对客户和公司的要求有较快的响应；矩阵上级对项目资源以及进度成本的统一与平衡协调有一定作用。缺点是多重领导、无法平衡矩阵下级（分公司经理、项目经理）与矩阵上级（集团职能部门）的权力；对项目经理的要求较高；关注公司整体目标性差。

我们提出流程型组织结构，流程型组织结构的权限平衡点在具体的流程中。其特点是：①强化了目标管理；②流程型组织本身是一个自我完善的系统；③对职能与流程的协调进行了较为独特的设定；④以流程任务作为协同点，强化了节点的牵引作用。流程型组织结构处理双重领导的方式如图7-3所示。

在流程型组织中是以流程任务确定流程责任人，来协调职能经理与项目经理之间的关系。在绩效上，所有人依据对目标的贡献进行考核，对任务成果负责。从职能部门来看，最

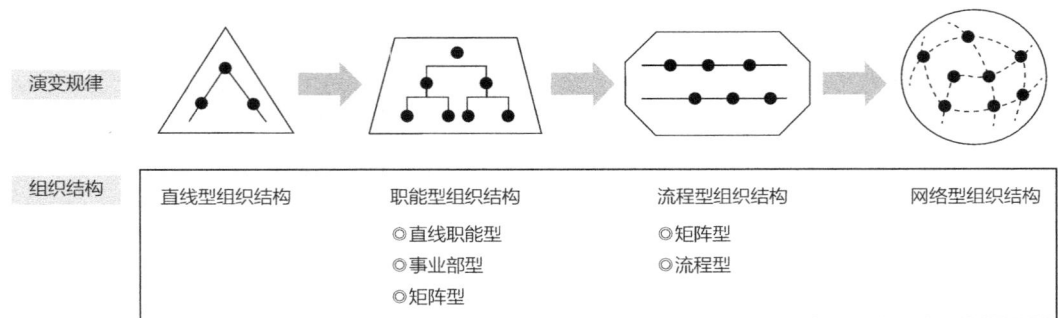

图 7-2　组织结构演变图

大的责任就是帮助任务的具体承担者，进行有限知识资产的充分利用、资源的整合调配、决策信息的收集、对外渠道的建立等，为任务的执行提供条件，监督过程执行中产生的偏差。职能部门应将自己的管理内容沿流程的全程进行要素梳理。如成本管理，应当从总流程的起点开始，对成本发生的所有环节，进行完整的归集，系统整体地规划，以保证成本总体最优化的管理，避免个别环节最优，而总体次优。项目经理则应将流程要素分解至各职能部门，形成以目标导向，流程基础的双向互动。

成本管理在施工过程中的"流动"，在流动环节中进行对比，这就是资金风险管控，也即前文所述的在流程路径上"设卡"。图7-4、表7-1是施工项目中的资金流管理。资金流程与职能管理及科层分级的关系分析，是非常有意义的。关系到由普遍且习惯的科层管理模式，转向流程牵引的新管理模式。全部放弃原有组织结构是不现实的，因此需要对此进行深入剖析，以把握转换过程中的不变基准点，改变模式而不变管理准则。

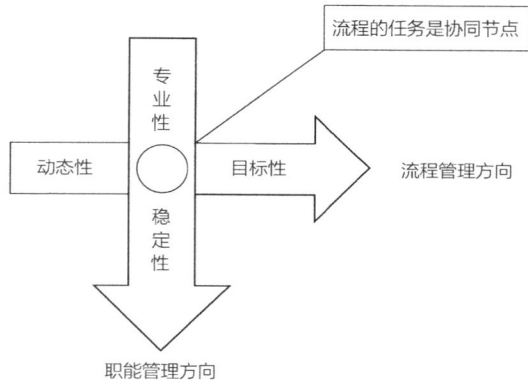

图 7-3　流程型组织的职能与流程协同

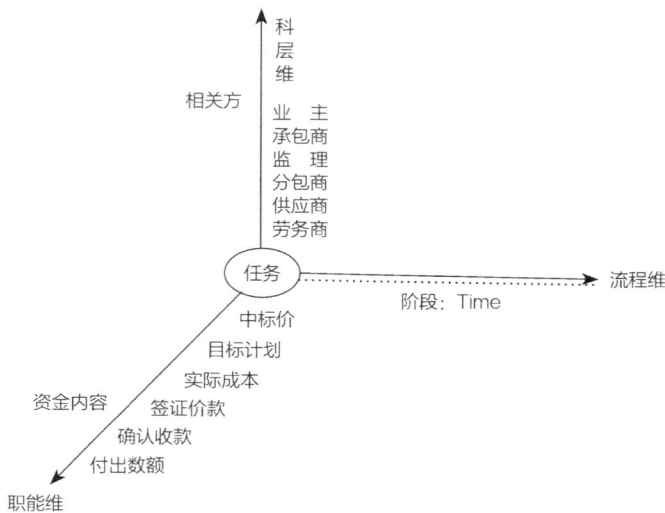

图 7-4　流程与资金八算内容及相关各方的关系

三大维度	八算内容	WBS工作结构	BBS合同清单	CBS成本结构	计算依据	数据来源		量	单价	合价	成本组成
						基础数据	ERP				
进程 Time 空间 Space	① 中标价		●		标书合同	●					
	② 目标成本	●		●	企业定额	●					
	③ 计划成本	●		●	施工方案	●	●				
	④ 实际成本	●		●	实际统计		●				
	⑤ 业主确认		●		业主签证	●	●				
	⑥ 结算价款		●		结算审计		●				
流程 Process	⑦ 收取款额		●		财务账册		●				
	⑧ 支付款额	●		●	财务账册		●				

注：1. 本表根据上海鲁班咨询杨宝明有关资料整理；

2. ●表示关联项。WBS：工作分解结构；BBS：合同分解结构；CBS：成本分解结构。

区别于传统的职能组织结构，流程型组织结构是从左到右、有层无顶的横向管理模式，流程型组织结构示例如图7-5所示。流程型组织以团队创新力为企业创造主要价值，竞争方式是持续创新。通过业务流程增减，改变企业规模，同时每个业务流程独立运行，实行系统化、集成化管理。在互联网时代，产品更新换代速度加快，需要的是不断创新，因此流程型组织是互联网时代的主流组织结构形式。

流程与企业组织结构的讨论，还需要深入一步。"流程牵引目标实现"的理论与方法，

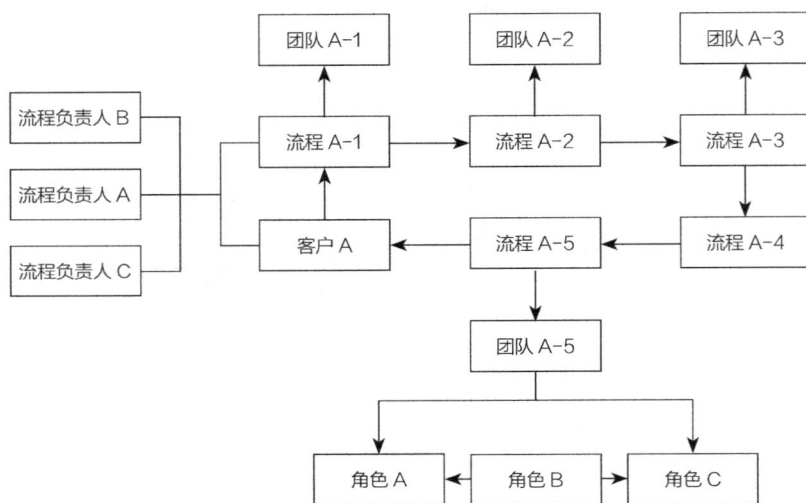

图 7-5 流程型组织结构图

主张建立以流程为中心的流程型企业组织结构，摒弃了以组织结构为中心的传统管理思维。

（1）以组织结构为中心所面临的主要问题是：传统的劳动分工理论将企业管理划分为一个个职能部门，业务流程被分割成各种简单的任务，并根据任务组成各个职能管理部门，经理们将精力集中于本部门个别任务效率的提高上，而忽视了企业整体目标，对企业发展战略和快速变化的竞争环境无法形成有效支撑。而以业务流程为主导的运作思路：强调整体全局最优而不是单个环节或作业任务的最优，强调管理要以流程为对象，流程本身是以产出（或服务）和顾客为中心，将决策点定位于流程执行的地方。根据业务流程管理与协调的要求设立部门，通过在流程中建立控制程序来尽量压缩管理层级，最大限度地发挥每个人的工作潜能与责任心，流程与流程之间则强调人与人之间的合作精神。

（2）流程主导与企业组织结构为中心关注的重点相异。传统以职能组织为中心的管理模式下，流程隐蔽在臃肿的组织结构背后，流程运作复杂、效率低下、顾客抱怨等问题层出不穷。对于企业的普通员工而言，一方面被组织所控制、管理，另一方面组织的存在也给所有人提供了心理和实质上的依赖感。本位主义的产生，即源于此，而以流程作为管理的重点时，则容易做到关注整体而非局部。

（3）价值来源。组织的价值，是通过流程创造的，企业的竞争力体现在流程上，而不是静态的组织上，因此组织的设计应该符合业务流程的需要，而非相反。企业存在的目的，对外而言是创造社会价值，对内则是产生利润。业绩的创造是源于人们执行了一定的流程，而不是他在哪个部门上班。

（4）职权不同，流程的层级也不同，"全流程型"组织会有更明确、有效的目标，更高的效率，不断改善的可能，与职能型组织相比有很大的优势。

当然，组织在相当长时间会存在，作为流程一时无法实现目的的补充和完善。

7.1.2　流程型组织架构型式——四流程图

1. 环境和需求决定企业的战略决策

组织，尤其是经营型的企业，都是处于开放的环境系统中，否则将因不断的熵增，导致企业组织成为无序组织而破产。宏观环境包括外部的客观环境和外部的客户需求。外部环境制约着内部战略，客户需求引导着内部战略。

我们用简化模型表示环境和需求对企业发展的约束作用，如图7-6所示。

企业面对的管理宏观环境是复杂的、多变的，宏观环境包括PESTecl（含义为：政治政策、经济金融、社会文化、科技水平、自然环境、竞争、当时当地性）等。由于宏观环境研究不够深入、把握不好导致的项目失败是不少见的。比如2009年9月我国某公司牵头中标的某国高速公路项目巨额亏损而失败。项目失败原因是双方面的，有我国某公司低估了项目成本价的责任，也有某国供应商联合涨价的因素。不去深究该项目失败的诸多原因，我们注意到一个细节：被当地视为稀有动物保护的一种蛙类，正处于产卵期，工程单位因为将其从公路路基的这边转移到另一边，而停工耗费两周时间，这是对当地社会文化环境不提前了解的结果。正是大的错误，加上小的失误，导致了约40亿的巨大损失，公司的信誉也受到影响。

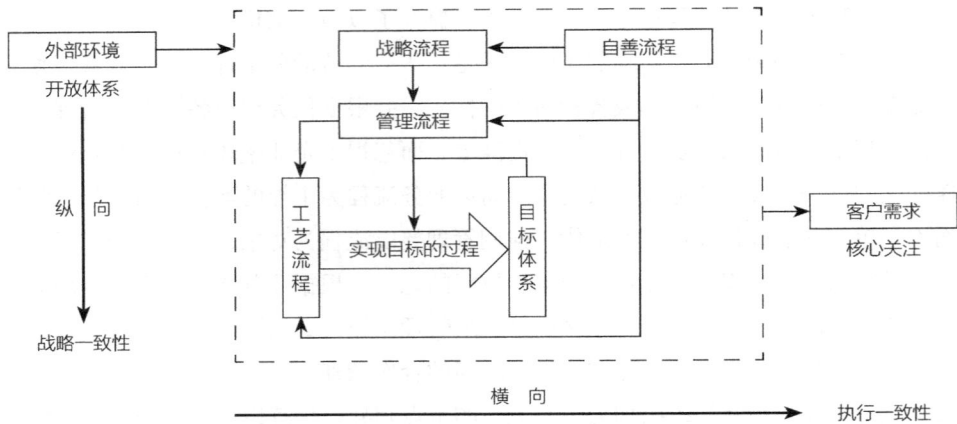

图 7-6　开放环境中的流程型组织型式

此外，诺基亚对客户需求变化跟进不力导致经营处于困境之中，柯达面对数码技术的新需求敏感性不强而致破产等经营失败均说明企业对环境的研究把握不够、对其变化不敏感，或者说无力跟上变化，这往往是企业失败的原因。

2. 流程型组织的构建

传统的金字塔式结构，层次繁多、传递信息速度缓慢、导致决策速度大大降低，而流程组织借助信息技术使企业高层管理者和下层之间直接沟通，极大地提高了组织运行效率。在以流程为中心的组织中，流程团队代替了传统的职能部门，从而大大消除了各部门间的摩擦，降低管理费用和管理成本，减少无效劳动并提高了对顾客的反应速度。因此，如何构建流程型组织是提高企业管理效率、降低管理成本的关键，流程型组织的构建可参考图7-7。

（1）确定组织愿景、目标

流程型组织首先需要确定组织的目标是什么，建立流程型组织的目的是什么，其目标的确定必须坚持顾客导向、市场导向。

（2）进行组织流程的设计

1）流程任务目标；

2）识别客户需求；

3）分析业务流程；

4）确定流程。

（3）构建组织结构

组织结构是实现企业使命和战略目标而设计的各种分工与协作的系统，涉及企业内部的信息沟通、权力分配、产品和服务等相互联结的方式，是战略目标实现的主体，也是保证组

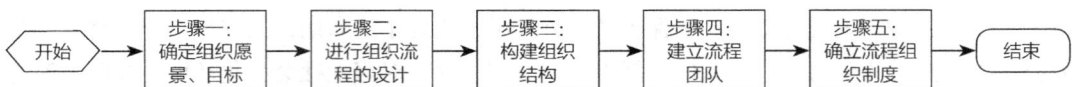

图 7-7　流程型组织构建流程图

织目标实现的重要手段。

（4）建立流程团队

流程结构、技术方案确立以后，确立合理的人员配备就成为一个重要的任务，人员配备是否合理直接关系流程的运行效率，流程团队的设置可分为：

1）流程负责人（流程经理、流程专员）：哈默认为流程主管是由高层团队任命的，是对流程和流程绩效负完全责任的管理人员。

2）团队成员：在流程型组织中，需要的是知识型员工。员工的目标不再是出色地完成一项任务或几项任务，而是实现一个对组织的承诺，员工需要关心顾客、结果和流程。

（5）确立流程组织制度

流程组织制度作为流程型组织建立的关键部分，对流程组织目标实现起着至关重要的作用，在流程型组织制度建立中，需要特别注意协作制度的建立，建立规范的组织管理文件体系。

3. 牵引型企业的流程组织范式

图7-8是开放环境中的流程型组织，是在外部环境和需求双重约束下的组织运营机制设计，与图7-6的区别是，这里强调组织内部的型式。流程型式包含了第2章所阐述的战略流程（目标流程）、职能流程（管理流程）、工艺流程（操作流程）、自善流程（控制流程）。如彼得·德鲁克所说，组织内部应当以成果为导向，是一种追求效率的机制。

流程型组织的流程组成如图7-9所示。

4. 四类流程之间的关系

健康的企业是一个完整、和谐的整体。流程作为企业的重要行为要素，无论如何划分，任何流程都应该是为了实现企业整体目标的一部分。因为所有流程指向的对象是相同的，这就是完整的组织，其对于任务要素就应当是高度协调和一致的，是不可分割的。那么它们是怎样的关系？如何才能保持高度统一呢？

图7-10是流程牵引型企业的四流程模型，较好地揭示了战略（目标）流程、职能流程、工艺流程、自善流程之间的关系。

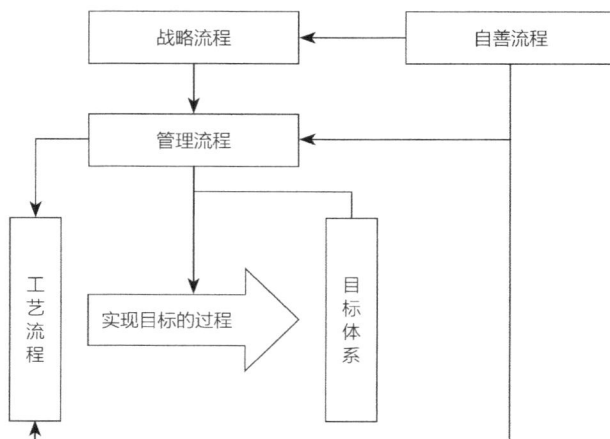

图 7-8　流程牵引型企业的四流程模型

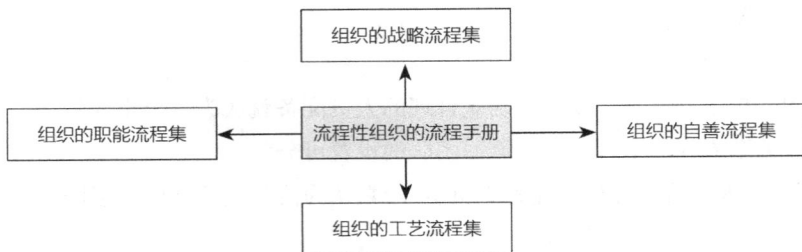

图 7-9　流程型组织的流程组成

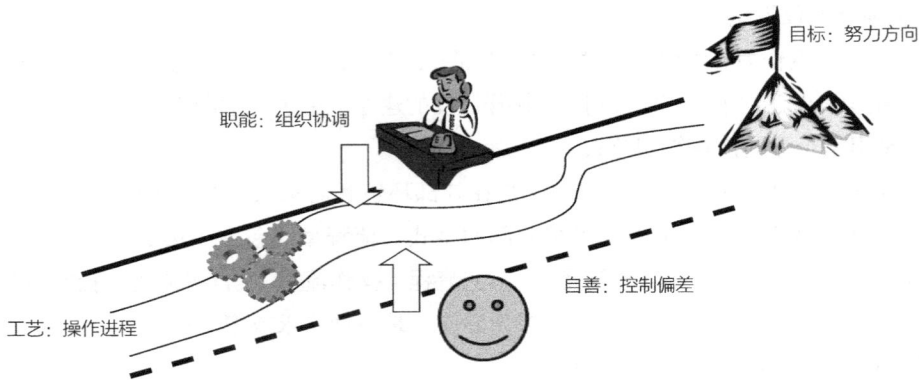

图 7-10　四类流程的关系形象（企业管理工程系统图）

（1）工艺流程是行动的具体化，亦步亦趋、环环相扣、成熟度较高，因此也相对稳定。没有工艺流程，其他的流程就缺乏作用的对象。

（2）目标流程只有分解为具体的职能流程，并且选择合适的工艺流程，目标才能切实实现。

（3）而自善流程对战略（目标）流程、职能流程、工艺流程的"监督"和"完善"恰恰是组织持续改进和永续发展的保证。图7-10形象地表达了四类流程的关系。

德鲁克认为：任何企业必须形成一个真正的整体。企业每个成员所做的贡献各不相同，但是都必须为着一个共同的目标贡献。图7-10是这个思想的完美体现。

战略流程是在对外部环境的研究判断和顾客需求的导向下决定的。一旦战略流程确定之后，就将对管理流程进行设计，产品和服务方式进行论证，工艺流程进行选择，最后选择适合的自善流程。因此，从战略的确定到细节的实现，流程是连接两者的重要管道，是由日常微观的操作达成宏观战略目标的路径。片面强调战略就是一切，或者过于强调细节决定成败的观点，都不符合系统管理的观点，应当回归到整体协同的管理。

需要进一步进行分析的是，业务流程这个词用得很多，传播也很广泛，在传统的流程划分中，只有两类，即业务流程和管理流程。在本研究的讨论中，业务流程与工艺流程的关系是：对于生产型组织，产品是其最终形成的成果，是经历一系列的工艺流程之后，达成的"中间目标"。工艺流程就是制造产品的过程组合。而对于贸易、服务型组织，工艺流程可以理解为创造价值的过程组合，如贸易的完整商品营销过程，服务的全部过程。业务流程内涵过于宽泛，而且对于职能管理来说，也被包含在业务流程之中，有些含糊不清。特别是在流程再造过程中，对业务流程的彻底反思和根本性改变，似乎不很妥当。因为工艺流程除非在技术有突破性的进展时，是相对稳定的，不能轻易改变。

以上对自善流程进行了分析，还需要做些补充。自善流程，顾名思义是系统为了保持自身的完善和健康。其特性为：

（1）不独立存在

自善流程依附于执行中的流程任务（战略的、管理的、工艺的），并且在进行偏差测度的基础上做出判断和采取措施，当然，如果自善流程"独善其身"，不对其他行为发挥作用，在企业的运作中，是没有效率和效果的。

（2）是管理流程（职能流程）的一部分

因为其重要性和独特性，将其单独分列，成为四种流程之一。

（3）自善流程不能削弱职能流程

社会公共服务管理之所以存在这样那样的不足，其中一个重要原因就是社会自善系统的建立和发展方面存在不足。对职能部门的专业自善体系来说，质量监督、安全监督等都是重要部分，如果仅仅作为摆设，自然问题会继续不断出现。当然，社会行政的管理好坏，关键在于宏观的战略（顶层）设计，起着与自善体系相得益彰的作用。

7.2 流程规划

7.2.1 什么是流程规划

流程规划，即针对企业组织进行系统性的流程框架设计，是站在流程的全局视角来规划近一段时间内的流程工作目标，流程规划阶段的成果是指导组织开展后续流程有关工作的根本依据。

什么是框架呢？简单来说，框架就是针对企业的目标系统所具有的体系性的、普遍性的问题而提供的通用解决方案。流程框架往往是对复杂流程体系的一种概括性的表达，流程框架让我们能够正确、合理、直观地理解、设计和构建复杂的流程体系。

流程框架设计是根据企业的战略目标，应用系统的理论、方法、工具，为企业构建流程体系框架，对流程进行分类、分级、分层，梳理各流程之间的接口关系，为企业的管理工作提供基础。

7.2.2 为什么要做流程规划

从宏观层面来看，进行流程规划是为了满足战略的要求，只有使企业的战略目标落实到流程之上，才能进一步保障战略目标得以实现，流程规划是战略目标实现的基础。

此外，在流程管理中存在的缺乏对流程的全局观视角、流程管理重难点不清晰、流程责任主体落实不明确等问题是我们要做流程规划的重要原因。有效的流程管理是成体系的，我们需要满足体系化管理的要求；为了理清不同管理层对流程执行的职责，需要分层管理的要求；同时，企业流程不是一成不变的，随着环境的动态变化，流程也需要在实践中持续优化，流程规划是为了满足流程优化的要求。

7.2.3 怎么做流程规划

我们基于流程牵引目标实现的理论与方法进行流程规划，以"L模式"为框架，可以根据各类企业、各类项目的具体情况构建符合实际企业级、项目级的流程体系，并在此基础上设计、编制、细化流程。

在行业面临越来越激烈竞争的今天，谁赢得了客户，谁就拥有了生存的基础。因此，以客户需求为导向是企业进行流程规划的基本前提。此外，企业在进行流程规划时，还需要结合互联网技术进行有关IT开发规划。

以项目级流程体系构建为例，我们对建设项目全过程流程体系的规划如图7-11所示。

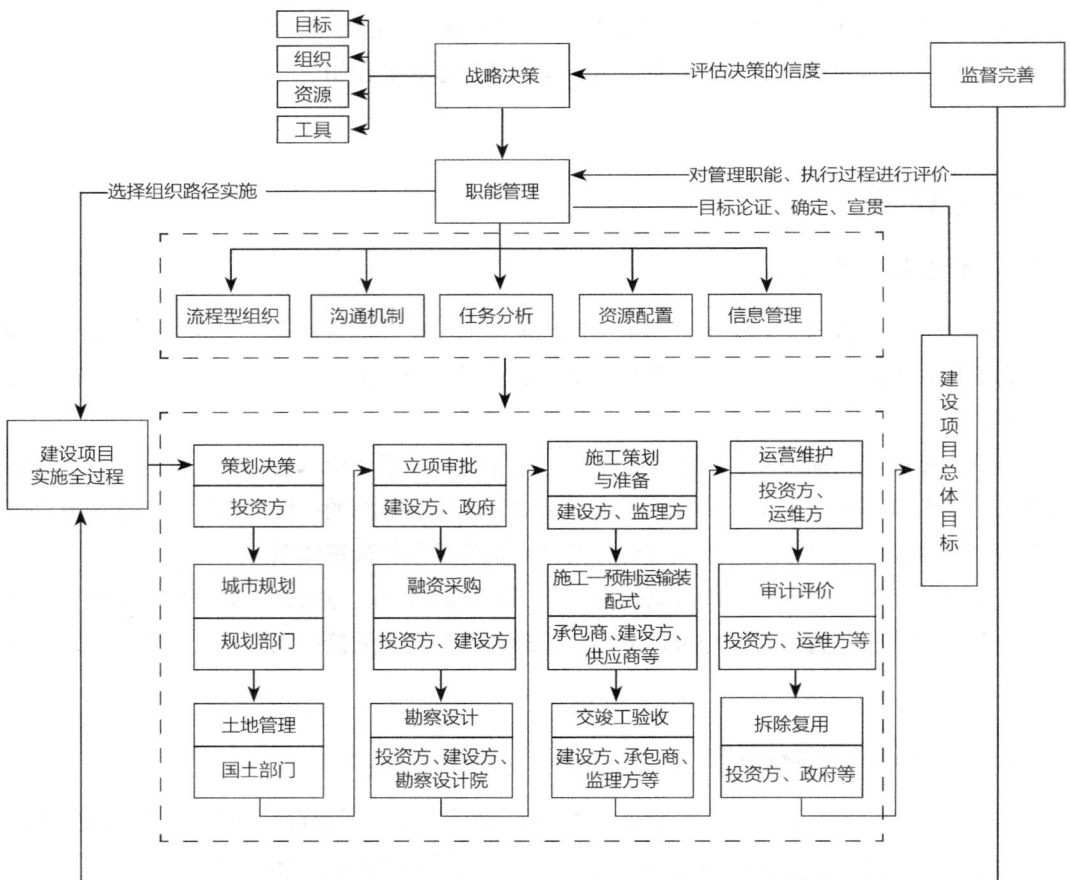

图 7-11 基于"L 模式"的建设项目全过程流程体系思想图

7.2.4 客户为中心的流程规划

1. 客户为中心内涵讨论

管理大师德鲁克指出：企业存在的理由是创造客户。企业和企业家通过对市场与客户需求的洞察做出产品和服务而创造了客户和市场。以客户为中心则是企业为创造客户而存在的根本原则。

"以客户为中心"几乎一夜之间成了全球企业的追求目标，但是什么是以客户为中心和如何以客户为中心，没有几个公司和高管可以完全阐述清晰，从流程规划的角度，更是值得探讨的大问题，因为流程是实现"以客户为中心"的路径和方法。

以客户为中心，至少包含以下几点核心内容（图7-12）：

（1）针对客户的需求。这是基本要求，用时下流行的"客户的痛点"来描述也很贴切，以客户为中心首先必须针对客户的痛点，即客户所急需解决的问题、难题。迈克尔•哈默提出：以客户为中心的本质是创造客户价值。创造客户价值的本质是成就客户，让客户成功，体现在功能、形式、外延、价值以及内心需要。

（2）匹配客户的承诺。商业活动的准则之一，是双方作出的承诺，歧义和争议也往往产生于此。承诺对方，就务必达成，这是以客户为中心的重要表现。

（3）消除客户的疑虑。交易的困难有两个：效率和信任。以客户为中心应当消除客户整个交易过程各环节的"疑惑"，可能包括技术的半懂不懂、服务的过高预期、心理的疑虑存惑，这是使得客户产生信任，甚至依赖的过程，也是得以体现客户为中心的重要途径。

（4）超出客户的增值。为客户提供价值增值的服务，交易产品本身的目的就是价值增加的体现，以及产品之外的额外价值增加，合并为客户提供价值增值。

2. 以客户为中心的流程规划，相应地需要回应上述理念

通用原则："多、快、好、省"。以客户为中心的流程规划，是围绕、关切客户的起始与终结来"建立标准、梳理任务、优化逻辑、配备资源、分工权责、求质保量"。实际上就是

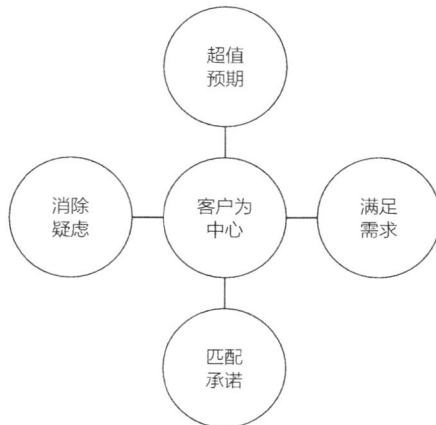

图 7-12　以客户为中心的内容构成

要实现以下几个转变，从关注领导转变为关注客户，关注局部转变为关注全局，关注活动转变为关注输出。

7.2.5 如何快速构建流程体系

快速构建企业管理体系的流程可大致分为四个阶段，即：流程体系构建是一项综合性很强的研究，梳理流程体系构建流程为体系的构建提供了逻辑清晰的实现路径，如图7-13所示。

"企业管理的最终目标是建立流程化体系"，华为正是在这个意义上，说出这个结论的。所谓流程化体系是指公司的战略、业务（当然业务包括研发、营销、供应链、服务）、人力资源、财经，全部是流程化的。

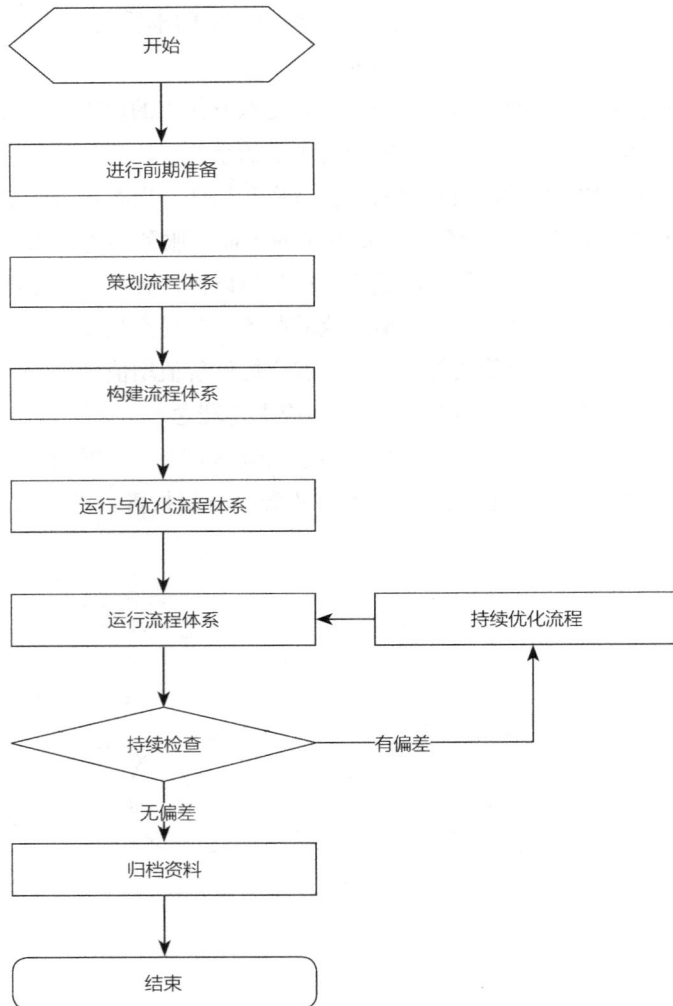

图 7-13　构建流程体系流程图

7.3 流程表达

流程表达是将某条流程中的各项流程任务以流程图或其他方式表达出来，以供执行者完成流程任务的一种方法、工具和手段。

7.3.1 流程表达内容

在附录B中对流程的多种表达方法及应用进行了详细的介绍，这些方法是阶段性的应用方式，不会在短时间内失去应用的意义。比如，工作内容流程图，因为简单、易懂，在各个领域还将进一步使用。我们认为，一个优秀的流程应包括的内容至少应有基本单元，或者必要时包含全部单元的内容：

（1）包含基本单元。如任务内容（工作内容）、完成任务顺序、任务的承担者、任务的基本要求。

（2）包含全单元。任务内容（工作内容）、完成任务顺序、任务的承担者、任务的基本要求以及执行任务的依据、任务持续时间、任务产生的信息、任务相关方、任务成果、任务层级。

7.3.2 流程原则

1. 流程表达原则

（1）应当包含准确的逻辑顺序。在流程中，一个准确的逻辑顺序是流程能够执行下的前提条件。

（2）应当包含更多的要素。很显然，包含越多的要素，越是能详尽、清晰地达到我们的目的。至于避免烦琐化也是要建立在使用目的的基础上的。

（3）应当尽量简单。

（4）应当容易懂、容易看。

（5）应当便于利用计算机进行管理。就目前的信息技术和网络技术发展来看，流程管理如果不使用这些强大的工具，必然不会有生命力。因为只有利用这些技术与工具，才能达到即时、动态、形象化（可视）等现代管理对组织提出的苛刻要求。

2. 流程绘制原则

为了绘制出表达清晰、逻辑合理的流程图，在绘制流程图时也应遵循以下原则：

（1）流程图绘制顺序：从左到右、从上到下。

（2）一条流程以"开始"符号开始，以"结束"符号结束，以矩形框作为任务框。

（3）菱形框为"判断"符号，必须含有"是和否""合格和不合格""通过和不通过"等两个流向。

（4）同一条流程图内，字体大小、符号大小、线段粗细、箭头形式等需要保持一致。

（5）任务框之间的连接线一般不交叉，为了表达逻辑上的关系不可避免时也要保持图面整洁、合理，连接线不能无故弯曲。

（6）任务框均有输入和输出的流向，不可悬挂。

7.3.3 流程表达规定

1. 用动宾结构表述

流程任务应当使用动词加宾语的动宾结构，因为任何流程中的任务都是需要被执行的，这在我们以往的资料中多数是没有注意到的。因此，流程任务表达为一个执行的动词，而被执行的内容则在动词后面。这点需要做出严格规定，在前面章节中已经有所讨论。

其格式如图7-14所示。

```
任务表达:
动词（v.）＋宾语（n.）
动词表示执行的动作；宾语表示被执行的内容
```

图7-14 流程表达的动宾结构

再举几个流程任务表达的例子，如：编制中心预算草案、审核预算草案、调整预算草案、确定年度预算方案、调查人力资源需求、分析研究调查报告、讨论招聘人才方案、执行招聘方案等。

现在各种书籍上有各式各样的表达方式，但在阅读和理解上却十分别扭。多数人没有注意到这一点，但是J·Mike Jacka和Paulette J·Keller 在其《业务流程绘制》（Business Process Mapping）中就使用动宾结构来表达流程任务，也进行了讨论。

2. 符号规定

为了便于普及，当前简化符号体系大有必要，对于普通人员而言，流程绘制的符号（参照ANSI制定），如图7-15中所列的几个就基本够用了，其他一些书中使用了许多"数据流程"的符号，使得流程图显得混乱、复杂，仅仅是看清楚就需要费许多的时间、精力，我们不采用那样的方式。数据流程作为工艺操作流程，具有缜密的体系，也规定了一系列符号，我们在这里不进行详细的讨论。需要指出的是，常用的流程绘制软件有Visio、ARIS、SmartDRAW、ProcessOn等，这些软件各自使用的符号都规定得相当细致。

3. 层级规定

在第2章中我们详细讨论了流程的层级问题。这里我们提到，分级是因为流程表达中，常常会遇到如何表达得更加清楚的问题。分级也是解决问题的一种技术工具。这里有几项规定：

（1）第一层级的流程（1st level）。组织或者组织目标一级的流程，是一个组织最高的流程。

（2）第二层级的流程（2nd level）。组成一级流程的单个或几个部分，对于一般组织来说，是组织内部的部门流程。

（3）第三层级的流程（3rd level）。部门内部岗位一级的流程。

准备
Start

文档
Document

任务 / 活动
Task/Activity

多文档
Multiple documents

分类 / 决策
Decision piont

流线（曲） Flow

流线（直） Flow

粗细 方向 颜色

子流程
Sub-process

结束 End

图 7-15 流程符号

（4）第四层级的流程（4th level）。岗位及岗位操作的流程。

这是一个和组织结构密切结合的划分方法，并不见得那么绝对，因为各个组织的管理结构是不相同的。但是，从组织目标到部门目标和岗位职责，是一个带普遍性的层级，流程需要分层级也是有客观性的，而且层级划分正好迎合中国企业管理功能型组织结构科层制层级划分的现状。虽然扁平化是个趋势，可是还有很长的管理实践之路要走。

需要说明的是，并不是划分的层级越多越好，一味地寻求多层级只是将问题烦琐化，会进一步增加信息处理的工作量。不管哪个层级的流程，其单元都是任务组成的。因此我们讨论过程中，是以任务单元为基本单位作分析。

举例来说，一个复杂工程建设项目，其工艺流程的层级，也相对复杂。如某建设项目：

CBD/商业街/新城	工程建设项目	级	战略流程
区块/分期	工程建设项目	级	战略流程
建筑项目单体	工程建设项目	级	总流程
分部工程		级	流程
子分部工程		级	流程
分项工程		级	流程
检验批		级	流程
构件		级	任务
工序		级	任务
操作		级	任务

管理是艺术加科学，艺术过多，多变，科学过多，僵化。层级划分上，切不可食古不化，应当根据具体情况制定。我们认为，当范围比较模糊时，1～3级；范围清晰时，3～5级；范围确定时，5～7级，甚至8～10级；除非像飞船制造、大型钢铁生产制造项目，可能分解到15～17级，一般5～7级足够细了。

4. 流程结构

流程图的基本结构有顺序结构、选择结构、循环结构三种。

（1）顺序结构

顺序结构表达的是处理任务之间的执行顺序，如图7-16所示。

（2）选择结构

选择结构表达一条流程中的某些节点依据某些条件进行判断、选择、审核等不同的处理，如图7-17所示。

（3）循环结构

循环结构表达重复执行某项任务直到满足某一条件为止，如图7-18所示。

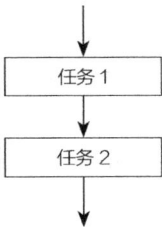

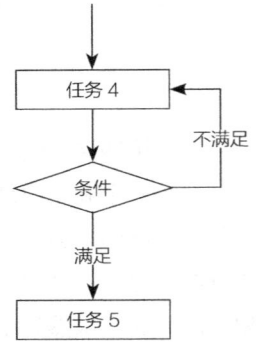

图7-16　流程顺序结构示意图　　　　图7-17　流程选择结构示意图　　　　图7-18　流程循环结构示意图

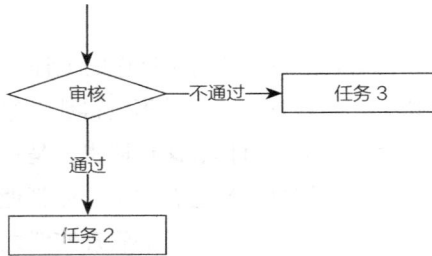

5. 流程牵引下的表达方法

我们推荐采用的方法是：流程图+任务要素说明表相结合的"流程牵引"法。这里特别强调指出：流程图与任务的关系。我们认为，流程图的基本单元是任务，如图7-19所示。

图7-19　一系列任务组成了流程

（1）流程需要包括的内容

1）任务内容；

2）任务编码；

3）时序：持续时间，箭头方向；

4）逻辑关系；

5）流程类型（标注目标、职能、工艺、自善）。

（2）任务要素说明表中应该包括的说明内容

1）资源：任务应该输入的各种资源；

2）依据：任务执行需要的依据；

3）组织：在组织中担任该任务的部门和岗位；

4）职责：任务的范围和要求；

5）各方：各个相关方。在前面任务要素的讨论中已经进行详细讨论；

6）信息：过程和成果的信息；

7）成果：每个任务所应当取得的结果。

要想完整地表达这些流程要素内容，设计流程表达方法显得十分重要。

我们用图7-22的方式来全面地达到这个目的，参见后文图7-22。

要想流程起到牵引项目实施的作用，必须充分利用当下已经发展起来的优秀管理工具。这里包括表达流程所必需的上述要素。这些工具包括：WBS技术（工作结构分解）、横道图和网络图技术、OS技术（组织结构）、要素描述技术（本文第一次提出）。借助现代计算机技术，使管理上一个台阶。通过后面的实例可以更好地理解这一点。一些人可能会说：什么内容都包括在内，这样流程图不是变成了大杂烩？

我们认为，这正是我们探索"流程牵引"理论的原因，正因为其广泛的联系性和要素集成的可能性，确立了其牵引的地位，一个相当独立的任务，就不会有充分的影响力，如同一个独立的信息，也就没有很大的必要进行传播；追求目标流、组织流、信息流和物质流（资源流）的高度协调、统一，是现代管理的终极目的。"流程牵引"正是在向前迈进中的一大步。

6. 流程的牵引表达方法举例

下面，通过一个实例来说明流程的牵引表达方法，如图7-20所示。

（1）依据

《中华人民共和国药品管理法》《JHWY药剂管理办法》《供方评价制度》。

任务名称（WBS）	流程图						组织结构 (OS)				任务要素					
	时间标线						院领导	药学部	药房								
							主管院长	主任	保管员	采购员	资源	依据	职责	信息	各方	成果
1	×××															
2	×××															
3	×××															
4	……	横道图														
5	……															
6	……															
7	……															
8											下面不区分各个任务的任务要素，而是汇总表述					

图 7-20 某医院采购的流程

（2）职责

具体包括：①目标：确保所采购的药品均符合规定；②范围：适用本院所有西药、中成药、中草药、试剂的采购；③职责——主管院长：负责审核药品供方评价结论；批准采购申请计划；主持药品采购的招标投标；监督检查药品采购工作。

（3）信息

主要有《JHWY基本用药目录》、招标投标文件、会议记录、《药品采购计划》《药品入库检验记录》《药品入库单》《麻醉药品、一类精神药品申购单》《麻醉药品逐日登记表》《医疗用毒性药品出库登记表》《药品报损表》《温度湿度登记表》《进口药品检验报告》《供方评价表》《合格供方清单》等。

（4）各方

药品生产商、药品供应商、政府药监局、医院（及内部参与各方）。

（5）成果

及时、保证质量、数量地采购到成本控制范围内所需要的药品。

这是笼统地指出了一个"采购流程"的要素。按照任务的层级概念，在不同层级，有相同的要素目录，但是内容是不一样的。这里不作具体分解。

7.3.4　流程文件表达

流程从编制、优化、测试、修正、颁布、使用到再造或者废除，本身也是一个动态过程，因此其"升级"的过程需要进行记载和管理，以便能够追踪、回溯。版本统一，成为信息管理的紧要事项之一。

流程版本的规定，建议按照这样的规则进行：

$$V_i\text{-yyyymmdd}\quad 例如：V1.5\text{-}20200202$$

式中，i表示版本，可取整，也可取小数点后若干位；yyyymmdd表示版本时间2020年2月2日，例如20200202。

7.3.5　BLF 流程图表达

流程牵引理论中流程表达有战略流程（以逻辑为主）、职能流程（以权责为主）、工艺流程（以操作为主）三种，分别采用逻辑流程、泳道流程和BLF流程图表示，是流程牵引理论中特有的流程表达方式。BLF，为标准、流程、范表等三种文件名拼音首字母大写，也显示出BLF流程图是以上三者的集合表达。BLF流程图共分三列：左列为标准/依据，是每一步流程执行的标准和依据，对流程执行的指导和规范；中列为流程，是依据流程图的表达方式对"开始"—"结束"的全部流程进行表述；右列为范本/表单，是按照规定格式、方法和范本、表单对每一步流程产生的信息进行详细的参照或者记录，为流程管理提供标准化操作依据。BLF表达如图7-21所示。

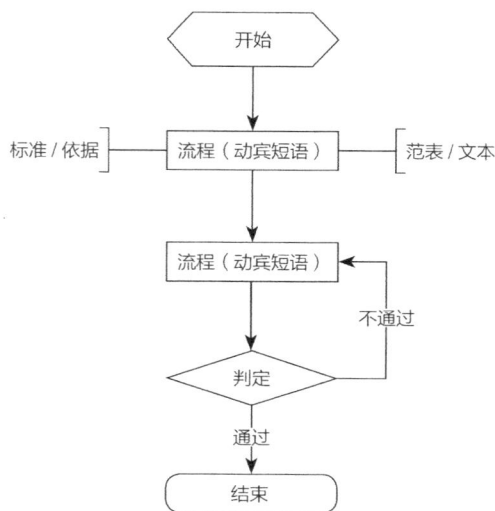

图 7-21　BLF 流程示意图

7.4　流程编制

流程编制是根据流程规划的成果，应用流程表达的方法对流程进行绘制、详细设计的过程。流程编制具体包含了确定内在线索、明确任务内容、分析逻辑关系、选用编制方式、绘制初步流程、验证流程流向、完善流程编制、标注流程要素等工作内容。

编制流程之前，需要先确认并分解目标、明确项目组织设置、确定流程总目录、确定任务清单及结构，接着开始绘制流程图、编写文字说明、整理表单，最后装订文件、发布实施，下面简要介绍编制流程的方法。

7.4.1　确定流程的内在线索

流程编制的"内在线索"是DNA的核心信息，既可以是时间，如医院护士值班内容流程：从早上6点开始检查体温、发放药品、8点医生查房、点滴输液、换药打针、就餐、心理安抚疏导，直到安排就寝，夜班每隔1小时查房，直到早上6点，24小时按照"时间流程线索"组织"工作任务"；也可以是温度，如冷链，海鲜的整个捕捞、运输、加工、冷藏、销售过程，以"－18℃为流程线索"组织"工作任务"；物流以物料为内在线索的物流流程，财务以资金为线索的资金流程，军事以武器装备为线索，以人为线索的救灾任务，以质量为线索的质量管理流程等。

正因为"内在线索"如此迥异，流程才如此丰富多彩、斑斓绚丽！也正因如此，流程具有普遍性和关联性，将其作为对象进行研究，便具有横断学科的特点和重要意义。核心信息是与组织的使命密切结合、密切关注的内在信息，各个组织有所不同。在图1-23中，归纳了4类战略导向的企业，最后都是落实在流程上才能达成目标的。

工程管理，是以实体的建造为外在线索、工艺逻辑为内在线索，建立任务内容，将任务有序组合成流程，以流程组织资源、达到实体建设的目标。

无论我们是以资金管理为内在线索，还是以物料、制度、人或者绩效为内在线索，不管内在线索是什么，其本质是：内在线索必须紧密地与目标相联系。

关于流程的"波粒二象性"也是一个非常有趣味性的观点。物理学上，粒子特性的研究，建立起了牛顿力学定律，其分散和运动的规律为特征，而波则具有连续和波动特性。后来出现了关于光的研究的结论，光具有波粒二象性，即既有粒子的独立运动的规律，又有波的连续运动的特点。以个体的独立，以整体（较长时段的观察）的连续，大大地突破了人们的思维，科学史上，最伟大的成就之一，是人们认识到了物质的"波粒二象性"。

流程作为企业管理的核心要素，是企业生存、发展、壮大的"内在线索"，是任务的有序组合，组合之前具有独立的特性、可分解的特性，组合起来就有秩序的特点、节奏的特性、连续波动的特性。管理理论与机械唯物的规律类比，不见得一定得到认同，但是这样的类似研究，至少是在方法上具有有益借鉴作用的，同时至少可以给"纯学术式"的枯燥研究增添些许遐想的趣味。

7.4.2　以工艺流程为基础

对于制造产品来说，其过程通常称为工艺流程。对于完成职能型的工作，用操作流程称呼则比较符合习惯。两者在我们的研究中，意义相同。

一条用于执行的流程图中，战略流程是以目标的方式表现出来的。体现战略的目标往往被分解为具体细节的各种"任务"。

部分职能流程可能单独绘制，将"职能"工作视为一种特殊的"任务"。自善流程则镶嵌在整个流程之中，专门指审核等"任务"。

表示流程类型的图案如下（当然也可以自己规定），我们在图7-10中已经应用过。

战略流程（目标流程）：　职能流程（管理流程）：

工艺流程（操作流程）：　自善流程（控制流程）：

一个完善的企业内部流程体系，应包含战略流程、职能流程、工艺流程、自善流程，四类流程必不可少，为有机的一体。

7.4.3　以网络计划技术为方法

网络技术是工程项目中常用的方法，其中采用网络图（PERT）法表达任务的逻辑关系和时间长度表示十分清晰明了。在该项软件平台的基础上结合任务管理思想，进行适当的改进，开发"流程大使"（笔者规划中）软件，将形成独具特色的流程管理平台，对应用起到IT支撑作用。

7.4.4　按照分级类型分配流程要素

流程图是分层级的，前文我们已经进行了讨论。企业级、项目级、班组级，这是按照组织结构的层次划分的；决策级、管理级、操作级是按照职能分的。需要强调的是，不管是什么级别的流程，流程都含有九大要素，即流程编码、名称、依据、资源、职责、组织、信息、各方、成果。

7.4.5　流程图的编制

"流程牵引"的流程图编制方法，如图7-22所示。

（1）编码

根据企业内部的编制原则确定流程编码，在使用软件管理时，可自动生成编码，便于识别、修改、统计。另外，编码具有唯一性，一个任务独有一个编码，不能重复。

（2）定义名称

定义流程中的各个任务的原则，前面已经讨论过。表达应用动宾结构的组词方法。动词是执行的动作，宾语是需要执行的内容。

（3）逻辑关系SSFF

任务之间的逻辑关系，按时间先后，有四种关系，前已有论述，这里重申，这个关系简称SSFF关系图。拿两个任务A、任务B来举例表示，如图7-23所示。

这是理想的逻辑搭接关系，实际上，常常会出现非整接的情况，即：可能是A开始几天后B开始，A结束前几天B开始，或者A结束几天以后B再开始。了解SSFF模式，可以帮助我们清楚地理清逻辑搭接关系。

（4）输入依据

将每个任务的依据要素输入要素表中，建立要素总数据库，按照具体任务，采用选择方式建立依据表，如图7-24所示。

（5）规划资源

这是个大题目，内容很多。但是作为一个具体的任务，主要对人、财、物资源进行明

任务结构分解（WBS）编码与任务名称		工作流（横道图）	组织结构（OS）	任 务 要 素
		时间标线	部门及岗位	
1	×××			
2	×××	横道图（SSFF逻辑关系）	跨部门功能图相关方（责任与配合部门、岗位）	
3	×××			
……	……			
……	……			

图7-22　流程的"牵引"表示法

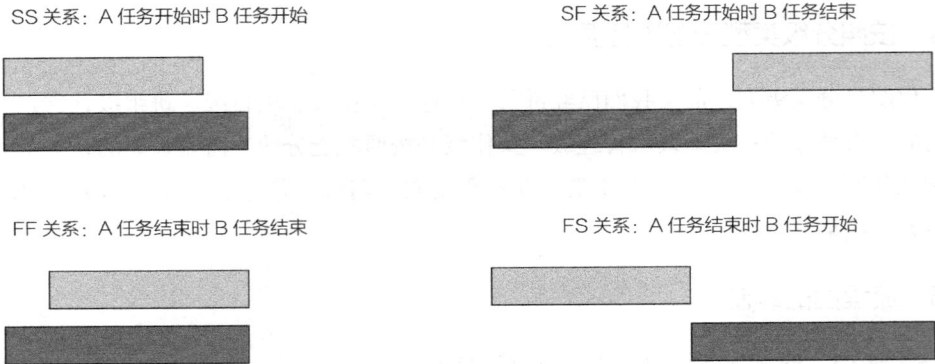

SS 关系：A 任务开始时 B 任务开始   SF 关系：A 任务开始时 B 任务结束

FF 关系：A 任务结束时 B 任务结束   FS 关系：A 任务结束时 B 任务开始

图 7-23　任务的四种基本逻辑关系

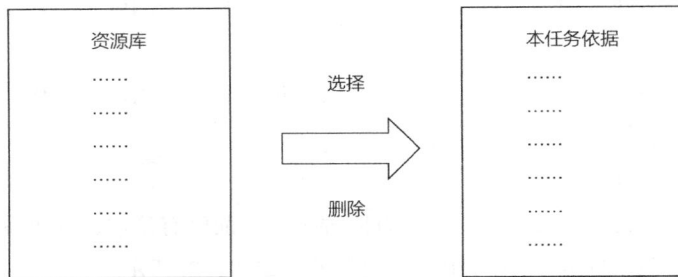

图 7-24　资源库与任务依据之间的关系

确，这样做，对加强资源"预算"很有好处。

（6）PDCA

PDCA是一个循环，起源于全面质量管理（TQM）的过程管理。其中，P：计划、筹划；D：执行、实施；C：检查；A：总结、改进，这是一个持续改进的过程，蕴含了持续进行、不断改进的思想，对于资源的使用、控制十分适用。

（7）确定组织

图7-5中设计了岗位图，对于流程中的每一个任务，需要分配给岗位图中的不同人员成为主要责任者和协助者，使责任明确、清晰，是任务完成的重要步骤。

（8）明确职责

提出具体的要求，尤其是完成任务的时间进程要求。

（9）列清信息

需要做的记录，表格（应当作为依据预先准备好）和过程信息，应当列明。

（10）分析相关方

相关方，要特别注意组织外的相关方。可以集成"客户管理软件"（CRM）到本软件中。这与单纯的CRM有大的区别，这是结合在每个任务中的外、内部客户。

（11）成果

每个流程的任务都是要得到一个或者几个结果，结果就是我们的想要的成果。

流程编制是一种综合技术方法，需要综合较多的知识内容，因此只有在接受专业的学习和培训后，才能制定出合乎要求的流程。

7.5　流程执行

经过系统的流程规划、流程表达、流程编制之后，企业就有了符合战略目标、各项任务环节明确且环环相扣、职责权力清晰的流程或流程体系。设计出来的流程本身也具有较强的竞争力，能够帮助企业提升管理、运营效率。但这还仅仅停留在理论层面，并不代表流程的实践能力，因为流程被企业成员有效的执行，才能将这种理论能力完全地转化为企业的运营管理能力。因此，流程执行是流程管理发挥作用的重要前提。

7.5.1　流程有效执行的重要性

流程能将执行的行为明确化、规范化，我们应当明确，作为一个以营利为目标的企业，决策者之所以愿意引入流程管理，不是因为这一概念受到追捧而去跟风，也不是为了将这一理念简单地嵌入企业内部管理系统之中，其真正的目的还是在于价值诉求，决策者希望运用流程管理提高企业管理效率、降低管理成本、提高企业赢利能力来满足公司目标和顾客需求，从而增强企业竞争力和持续发展能力。

而在企业运行过程中，如果员工工作时不执行流程或者不能有效执行流程，出现问题后去分析原因，提出对应措施进行改进，这种情况下仅仅是帮助员工提升自己，改进的是个人的能力。相反，如果能够让员工能按流程有效执行，工作中出现问题，则能判断是流程出了问题，再对有问题的节点进行分析、改进，改进的是组织的管理、执行水平。

因此，保证流程有效执行显得尤其关键，有效执行流程才能使企业的实际运行状况得到真正的改变，才能帮助企业持续改进、提高组织管理水平，流程管理的价值才能得到更好的显现。

此外需要强调的是，流程管理工作面向的是动态的环境，包含战略、工艺、管理和自善流程，关注点聚焦于流程价值的实现与提升上。所以，在流程规划、流程编制等前期阶段就应考虑到流程的可执行性，不仅仅需要设计出好的流程体系和流程，更需要考虑如何设计出与自身企业实际情况相符的流程、如何保证设计出来的流程体系和流程能有效地落地，实现流程的有效执行，从而真正地发挥出流程管理的价值。

7.5.2　流程执行不到位的原因分析

制度的本质是引导执行人的行为、也是一种执行标准，流程在这个角度也具有同样作用。但流程执行不到位直接影响流程管理在企业管理中的价值，我们以问题为导向，从影响流程执行的原因入手进行分析。

1. 流程设计不合理

我们强调保证流程"刚性"的重要前提是流程设计的合理性、符合实际性。然而在流程规划、流程编制等前期阶段中，流程设计者常常容易忽视对流程方案可行性的论证工作，也容易缺乏对制度与流程关系的研究，从而导致设计出来的流程具有不合理性，流程脱离企业实际情况、不符合企业运营需求，进而难以有效地执行。

2. 流程认识不充分

流程对于管理者而言并不陌生，特别是在企业管理领域。随着新管理理念、新技术、新工具的出现，越来越多的企业开始从"流程"这一视角来规范企业的运营及管理。然而流程推行过程中在管理理念方面，企业领导对流程的认识不够全面，员工对流程的认识不充分，他们缺乏对流程定义、作用等基本概念的了解，可能会忽视或搁置流程公告任务，是阻碍流程执行的重要原因。

3. 流程宣贯不到位

企业组织中会有部分人员不想受制于流程，从主观意愿上便不愿意按设计的流程开展工作，因为企业推行流程管理，改变的不仅仅是做事流程，更重要的是改变了员工长时间形成的工作习惯和思想观念。加之流程宣传、文化理念推动等工作不到位，使员工无法改变之前根深蒂固的思想，缺乏执行意愿，流程执行困难。

7.5.3 保障流程有效执行的措施

有人说世界上最遥远的距离不是生与死，而是知道与做到。的确，翻阅大量管理资料我们可以发现，在流程管理中，总是在强调执行力的关键作用，但却鲜有人提出"执行是什么"。我认为，能有效提高执行力，并不是简单地强调"关注细节"或"工作到位"就能实现的，因为我们无法准确掌控执行者的做事态度，无法判断我们应该对细节关注到什么程度，也无法界定工作做到位的界限在哪里。换句话说，用一些不够明确的概念来对执行加以解释是无法有效提升执行力的。因此，在进行流程管理时只有把执行的行为明确化、规范化，同时结合组织中各成员的执行现状，才能真正地解决好执行力低下的问题。

1. 加强流程设计科学性

科学的流程设计要与企业管理的实际情况相结合，分析企业特性、企业管理现状及员工素质等方面，充分考虑、协调企业制度与流程之间的关系，保证流程是可执行的，而不是凭空产生的。在进行流程规划、流程编制的同时，需要根据不同属性和类别附以表单、范本等文件帮助任务执行。

另外，我们强调流程管理的目的是实现跨部门、跨岗位的协作，帮助企业提升管理、运营效率，流程体系能衔接各部门、各岗位间的工作，避免工作衔接不畅、争执不断、影响正常工作的情况发生。因此，构建完善的流程体系是科学设计流程的重要要求。

2. 加强流程培训常规性

如果员工对流程缺乏认识，或对以往的流程有重大调整，则需要企业加强流程专业知识培训，这类培训建议是定时、经常举行的，培训以浅显易懂的方式将流程任务内容准确、直观地传达给执行者并帮助他们建立起对标准化执行程序的认识，提高员工对流程有关知识的认识，帮助他们有效执行流程。

3. 加强流程文化宣贯

流程文化宣贯是从理念和认知上入手，改变员工的工作态度、提高员工主观能动性，让员工从被动执行转变为主动执行。因此，企业应加强流程文化的宣贯工作，着力培养员工"以流程为执行标准""用流程思想工作"的习惯和态度，将流程思想内化在员工心中。

综上，我们强调流程执行中要"刚柔并济"，为了打造出符合企业实际情况的、有价值的流程和流程体系，一方面应该在理论上设计出好的流程，并辅以OA、ERP、BIM等信息技术手段保证流程执行的"刚性"，流程一旦制定，任何人不得随意破坏流程，即便是对设计的流程有异议试图想要修改、完善也必须按照有关规定进行操作。另一方面，好的流程体系并不是一蹴而就、一成不变的，流程需要持续不断地进行梳理、评价、优化，以便随时发现流程中存在的问题后加以改进，提升流程体系合理性，这是我们所说的流程"柔性"。

7.6 流程评价

毫无疑问，1990年哈默提出"流程再造"的潜台词是：流程是有优劣好坏的。那么流程就需要衡量标准来确定其优劣好坏的程度，事实上，流程确确实实存在优劣好坏，由于流程评价的研究一直处在定性的程度，量化方面尚无成熟经验可资借鉴。所以，探索量化或将定性定量结合来评价流程具有一定的意义。

7.6.1 流程绩效

流程执行后，需要构建面向流程的绩效考核制度来确保流程的顺利落地。进行流程绩效管理，首先在流程正式执行之前，企业应当在流程目标的基础之上制定符合企业实际情况的流程指标体系，这是后续考核流程执行情况的依据。然后，制订出合理的流程执行计划，这是一个循序渐进、由浅入深的过程。其次，在流程正式执行后，需要对流程实施情况进行监督、评估。最后，根据情况进行总结与完善。

1. 任务管理、考核

管理理论和思想用于实践，最大的特点应该就是"直接简单实用"。"任务的清单式管理"就是其中之一的管理工具。在多年的管理实践中，我们屡次采用任务清单表法指导多项目多任务的管理，证实是相当有效率的。经过完善，就成为流程牵引下的任务管理的主要方法。

（1）任务管理表

任务管理表的样式，见表7-2。这是突出以人为主要线索，以目标考核为基础的任务管理清单式方法，是流程牵引表达方式的简化方法。

编码	任务名称	任务要求	主责方	配合方	完成情况
×××	×××	1.…… 2.…… 3.……	决策责任 领导责任	协助责任	完成、取消

编制人：　　　　审核人：　　　　审批人：　　　　日期：

这实际上正如附录B中将讨论的，是完整"任务表达表"的一个部分，即任务的"编码+内容+职责+职能"＋"自善流程信息"。是为了使用便利而简化的结合日常工作的任务管理表。

（2）任务考核表

管理是组织寻找达到目标的路径并到达目标，核心手段是提高效率，为了验证管理成果，需要对管理绩效进行评价考核，以对管理思想、方法、技术、方案进行优化改进，以便更好地提高效率。简化的任务考核，见表7-3。

任务考核表　　　　　　表7-3

任务编码	任务名称	责任人		简要描述任务要求（例如：TQCSEH）	完成 √	延续 ≅	中止 ×
		主责人	相关人				
01							
02							
03							
04							
05							
06							
07							

（3）"派工"单

与日常工作结合的是："派工单"方式，也可以是"日程表"方式，都是任务分派的一种方式，将上述任务表，按照每个部门、每个岗位（由部门进行下派）进行表格制定，形成××岗位××时间段（如：工程管理部质量工程师2013年4月）的工作任务清单。一张一目了然的派工单，既是领导者胸有成竹的表现，也是执行者明确了然的工作依据，对于工作绩效的提高，是十分重要的。一些组织绩效不高，常常是因为执行者领受了"成果质量要求不明确、完成时间不明确、主要和辅助责任不明确"的任务。

如果与IT技术结合，将完整的任务要素通过计算机来管理，并在移动互联的基础上，手机端（最好是10寸左右的屏幕）应用本节讨论的任务管理的简化表，办公效率，一定会大大提升。

2. 绩效评价方法

管理的目的是追求效率，即追求成效、速率，所以可以从效度和信度两个方面对管理成果进行考核。方向正确、速度快捷，实质上是做正确的事，也即快速地行进在到达目的地的路上。

流程信度是指经过流程的执行靶向目标的程度。是流程与目标的相关程度高低的衡量指标，包含可行性、稳定性和标向性的内涵。主要与战略决策、流程体系设计、执行逻辑相关。

流程效度是指流程达到目标的快慢程度，包含速度、效率的内涵。定性和定量的测度方法，均为流程绩效测量和评价所采用。主要与组织配置、沟通效率、资源配备、意外处理能力、IT支持相关。

3. 自动化考核

现代企业管理中，花很多时间精力进行KPI分析、设计、统计和考核，采用平衡计分等方式进行绩效管理，精细有余，效率不足。"任务清单表"如果采用计算化管理，对任务的各项内容（特别是成果、责任人、完成时间）进行自动统计和分析，可以大大减少考核的工作，而得到相对快捷和客观的结论。与信息化的接口也相对顺畅。

7.6.2 流程评价方法

衡量流程的"优质"程度，可以用"流程信度"和"流程效度"两个指标来进行。下面先定义流程信度和效度，提出一般指标的量值范围，测量标准和测量方法，评价公式等，并讨论流程测量与决策类型等关系。

1. 流程的正确方向——流程信度（Process Reliability）

（1）流程信度的定义

流程信度是指经过流程的执行靶向目标的程度，是流程与目标的相关程度高低的衡量指标，包含可行性、稳定性和标向性的内涵。

流程信度有两层含义：①表示流程牵引，整合资源、达到目标的程度，这是评价流程优劣的主要内容。侧重于相对目标而言流程是可行的、靶向性好的。或者可以这样理解：流程信度是引领组织达成目标的方向性程度，甚至可以直接理解为"流程可信的程度"。②表示内部一致性，同一目标，同一团队在不同时间、不同团队在同一时间以及不同团队在不同时间去做的差异程度，侧重于流程的稳定性。流程可行性和流程稳定性，都是流程的可靠性。

一般管理实践，偏重于前一种含义，"同一件事进行不同人、不同时间"的平行检测性一般不会发生。除非出现了重大偏差，且并不准备进行流程的再思考、研究，才可能派不同人执行相同的任务。流程的方向性，如图7-25所示，这是笔者拍摄的上海地铁L10的标识图，非常形象地表达了流程信度的内在含义。图中表示了我们要去的地方（目的地，目标），一个个站节点，就是流程节点。

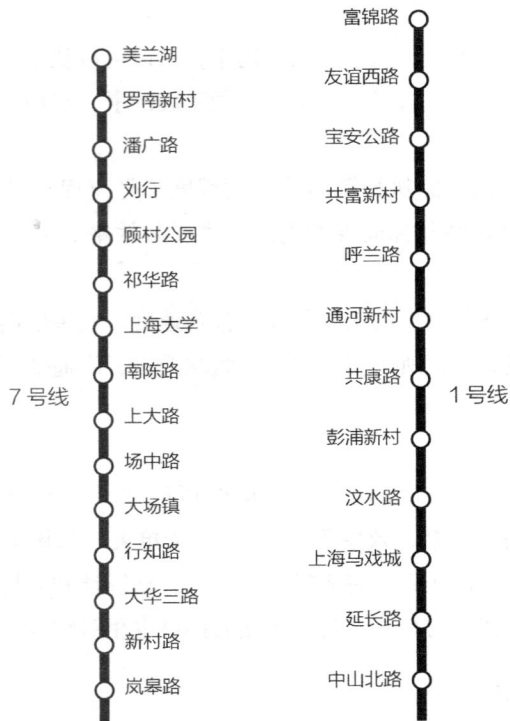

图 7-25 流程信度含义示意图

（2）流程信度的表示与评级

流程信度用符号：P.R表示，是Process Reliability的特殊简写，信度评级量化可以参考以下标准：

$$
P.R=
\begin{cases}
P.R \leq 0.3 & 不可信 \\
0.3 < P.R \leq 0.4 & 勉\ 强 \\
0.4 < P.R \leq 0.5 & 稍可信 \\
0.5 < P.R \leq 0.7 & 可\ 信 \\
0.7 < P.R \leq 0.9 & 很可信 \\
0.9 < P.R & 十分可信
\end{cases}
\qquad 式（7-1）
$$

简单来说，可以直接用可信、不可信和介于之间三个等级来评定，有待实践检验中继续探讨。

（3）流程信度的评估方法

可以采用专家评估法，用流程主要要素进行量化评估。

"L模型"四流程的一般P.R（流程信度值）估值范围如图7-26所示。

战略流程：0.3 ≤ P.R ≤ 0.8   小值，冒险决策型；大值，稳健决策型

职能流程：0.6 ≤ P.R ≤ 0.9   小值，执行力弱；大值，执行力强

工艺流程：0.95 ≤ P.R ≤ 1.0   保证率在95%与工艺流程完善之间

自善流程：P.R=0, 0 ~ 1, 1   0，偏差；1，无偏差；0 ~ 1偏差程度

图7-26   "L模式"四流程信度参考估值

对流程信度值进行估计具有参考价值：战略流程信度值低于0.3，说明风险太大，所作决策可能和目标相关度太低，甚至南辕北辙；大于0.8，则说明，已经处于明朗状态，可能是一个过度竞争的行业或产品；职能流程信度值低于0.6，执行力太弱，需要采取执行力提升的培训、人力资源的调整等措施，一般不可能有100%的执行，所以，当估值达到0.85以上时较为优异。追求工艺的完美，是追求卓越的目标。但绝对的完美，不会在管理实践中出现。自善流程是为了保证系统运营的偏差控制在一定的范围内而进行的工作。流程本身是否达到这个目的，有0~1的评估。而对于被评估对象来说，只有存在偏差和不存在偏差两种状态。我们对存在偏差的，应当进行反馈和调整。

流程信度在一定程度上，与风险和执行力有相关性。也为风险防范和执行力提升，提供了另外的途径。从流程角度，对风险程度可以作出一定的评估和预测，设计的流程信度偏低的，可靠性差，意味着风险大，或者甚至找不出合适的流程的，也就意味着理念转化为实际行动还没有到可执行程度，强行推动风险也大。流程信度为执行力的提升，提供了流程再造方面的需求。

（4）增大信度的方法

增大信度的方法主要有：①明确的目标和环境条件；②针对目标的流程设计；③进行流程的模拟测试；④明确的任务逻辑关系；⑤动态的流程调整技术。

（5）信度评价的对象

信度针对的，是一条完整的流程，目标是有层次的，流程相应也有层次，有可分解性。一条相应层次的完整的流程，是评估流程信度的基本单位。一般不对单个任务（不可再分解的）做评价。

2. 流程的高效执行——流程效度（Process Validity）

定义：流程效度是指流程达到目标的快慢程度，包含速度、效率的内涵。

$$P.V=Fk（T_n, t, Q, R_s, H_r）\qquad\qquad 式（7-2）$$

式中   P.V——流程效度；

    F——函数；

k——任务的难易程度系数、范围的明确程度等影响因素系数；

T_n——任务数量、流程长短；

t——完成流程消耗时间；

Q——任务质量要求；

R_s——资源匹配程度（组织的既有知识资产、资金等）；

H_r——人的综合因素。利益相关方数量、组织、任务承担者素质、沟通难易程度。

影响效度的因素很多，外部包括综合环境、客户需求，内部包括战略目标、组织程度、资源匹配、既有知识资产、相关人、信息技术等，此外还有任务本身的难易程度，都影响到流程达到目标的效率。

流程效度的评价，可以用绝对数值和相对数值来表示。相对数值是流程测度的一个相对标准，对于组织的绩效来说，管理综合评价需要通过获取非常精准的数据，也许是不经济的。

参数的取值，仍值得研究。

3. 流程优度测量与评价

流程优劣好坏的测量，具有必要性，也存在可能性。定义一个测量的指标，探索流程的影响因素，由此不断改进，使得客观指标来衡量，是流程学科发展的需要，也是管理学对组织绩效衡量的需要。

定义：流程优度是指流程的"优质"程度，是评价流程的综合指标。包括对流程的科学性、完整性、信度、效度的评定，用OL表示。

所谓科学性，主要是指其逻辑关系明确合理、要素分配合理。完整性则是指任务的起始完整、连贯一致，无冗余也不缺环。信度则是可行性和可靠性，效度则是效率性。

（1）流程测量

流程的测量内容，包括：①指向目标的程度，即流程可行性和可靠性；②流程的要素的选择和重要性排序；③流程任务的数量多少；④任务逻辑的复杂程度；⑤流程产生偏差的风险程度；⑥流程消耗资源的程度；⑦相关方协同的难易程度。

归纳起来，就是信度、效度和误差三个方面。当前，流程测量处于定性和半定量之间。也许，今后的发展，也难以实现完全定量的测量或评价。正如西蒙决策理论阐述的思想，流程的"满意"决策才是组织的最终选择，因为组织的行为实在是太复杂了。

（2）评价公式

$$OL = P.R \times P.V / R \qquad\qquad 式（7-3）$$

式中　OL——流程优度；

　　　P.R——流程信度；

　　　P.V——流程效度；

　　　R——随机误差。

流程优度和信度和效度的乘积成正比，信度高，优度则高；效度大，优度也大，其结果等于两者之积。优度跟随机误差成反比，误差大，优度小；误差小，优度大。

这里的误差是随机误差，或叫偶然误差，其取值方式为：

$$R=1+\sum_{\text{总}}\frac{|\text{实际值}-\text{目标值}|}{\text{目标值}}$$
式（7-4）

偶然误差导致的偏差，不论正负，均为偏差，因此"实际值减目标值"取绝对值，偏差值≥1，对流程优度OL产生的是折减的影响，当实际值=目标值，也即没有偶然误差导致偏差时，R=1，OL=P.R×P.V。

这里，被测量得到实际值的项目，包括容易量化和密切关注的成本和进程（进度）。当只有该两项被定量评价偶然误差时，该两项的权重和=1，比如着重成本关注的项目，定义其权重为0.7，而进程权重则为0.3，因此$\sum_{\text{总}}=\sum_{\text{成本}}$（成本偏差）×0.7+$\sum_{\text{进程}}$（进程偏差）×0.3，则$R$=1+［（成本偏差）×0.7+（进程偏差）×0.3］，系统误差包含在流程的信度和效度中。

（3）流程信度与流程效度的关系

流程信度与流程效度有如下关系：

1）流程信度是流程效度的必要条件，但不是充分条件。

2）信度高，效度可以高，也可能低；信度低，效度一定低。

3）效度高，信度不一定高，效度低，信度可以高，也可能低。

总之，流程优化可以从对流程的评估中得到的状态，有针对性地进行设计，以达到满意的"流程优度"为标准，优化以更好地实现管理目标。

从式（7-4）可以看出，对信度、效度的提高和对随机误差控制，将改变流程优度。如果流程信度较低，则可能采取较为彻底的思考，对流程进行全盘性地分析，甚至进行重新设计；如果流程效度较低，则应当采取提高流程效度的措施，比如对"流程的长短"进行裁截；"流程的逻辑"重新分析研判，调整任务的先后搭接关系，改"串联"为"并联"关系，实现并行工作；"流程的相关方"数量和素质的调整；"流程的资源"匹配程度进行评估，增加资源投入数量和质量。

流程优度，关于信度与效度，是既关注个人的效率，又关注组织的效能。个人效率和组织效能的问题，在业界、学界困扰了很多人很多年，直到关于组织与个人的关系得到理论上的适当解决。米卢说："小伙子们，球往球门里送！"企业组织的球门就是顾客的需求，往里送球的路径，则是流程。信度是做正确的事，效度是正确地做事。优度是二者和谐统一的程度。任何偏颇的突破，即单纯追求信度或者效度的做法，都是不会取得高绩效的，即企业运营也不会有高效能。

7.6.3 流程能力与柔性

1. 流程能力

流程有方向，是指向目标的程度，用流程信度表示；流程有效率，类似力的大小，是表征流程达到目标的快慢，用效度测量。从机械论的类比来看，类似物理学的力，有大小和方向，因此流程力或者说流程能力的内涵是一个重要的测度概念。所以，更确切地说，流程能力是组织的核心竞争力。流程能力包括了前文所述的流程规划、设计能力和流程执行能力，后者就是所谓的执行力。我们归纳为：流程能力=流程（设计力+执行力）。流程信度，主要标志流程设计力，流程效度主要标志流程执行力。

流程能力的评价，用综合的流程优度指标表示。

也许，迈克尔·哈默正是因为没有搞懂流程的信度和效度的区别，才号召大家发动了"对流程进行再造"的运动。运营中的组织，除非出现了巨大的机会或者风险，需要调整经营方向，才会出现巨大的流程方向与目标相左的危机，才需要进行彻底的反思和再造。而绝大部分的企业组织，可能是流程效度存在问题，需要提高。他们需要的是，是对可以改进和完善的流程，进行分析、判断、重新设计和测试投入运营。或者可以理解为，这也算是对全世界管理学界的一个信号，流程再造的研究还需要逐步加深。

述及流程能力，拿麦当劳举例，麦当劳作为快餐业成功的典型代表，研究和总结其成功的经验为：标准化、周到服务、清洁、快速。标准化又体现在几个统一：形象统一（门面设计、色彩配置、桌椅板凳风格）、产品统一、设备统一、原材料配送统一、价格统一、服务方式统一等。以一个流程研究者的角度，这些都是成功的因素，而就标准化的核心来说，麦当劳产品的制作工艺标准化，才是真正保证产品质量的前提，即其食品制作的"工艺流程"的标准化才是麦当劳的核心竞争力，其工艺标准化的流程能力可以上溯到公司的经营决策的战略流程。产品制作工艺流程的标准化使得"产品质量得到保证"、使得"服务标准化有所依托"、使得"快速、清洁能够增加客户体验"，如果麦当劳没有设定的规范化工艺流程，其流程中的诸如"油炸用油的温度、油炸食品的时间2分钟"等的流程技术要求，断其结果不能成功，无论多少统一，没有产品载体，是不可想象的。这应该就是流程能力的具体体现，也是流程能力的市场价值。

2. 流程柔性

柔性是应付变化的环境或环境带来的不稳定性的能力，即应付不确定性的能力。其概念源于柔性制造（Flexible Manufacture System，FMS）。流程具有核心地位，发挥核心作用，流程能力成为组织的核心竞争力，流程柔性从流程功能柔性、流程结构柔性、流程要素柔性等方面的研究及其成果的应用，必将使流程优度得到提高，有利于组织发挥流程作用。

本章的讨论为流程设计、优化、组织变革逐步走向定性、定量结合，开辟了一条思路，也创建了一种定量的方法，值得花大力气挖掘其理论和实践价值。

流程的研究，终究是思维方法的研究，"思维不仅是人类区别于动物最本质的属性与特性"，而且"决定命运，大到国家和民族，中到集体和单位，小到每个人，概莫能外"。怎么想，决定怎么做，什么流程决定什么效果。文化、体制、制度、客观条件，都是外因，须经过内因——思维的作用。期望通过对流程的深入研究，使得逻辑思维能力能够形成为组织竞争力的具体方法，为我国的各样组织锻造核心竞争力提供些思维方法和行动工具。

7.7 流程梳理

7.7.1 流程梳理概述

1. 定义

流程梳理是基于企业基本情况，通过流程调研、访谈等方式对企业内部的关键流程进行梳理，分析企业流程现状，对流程中存在的问题进行诊断、原因分析、流程管理整体评价，再提出建议方案帮助企业提升流程管理水平的流程管理方法。

2. 意义

从长远来看，进行流程梳理可以通过分析企业流程现状，找出不足之处，及时发现流程中存在的问题，分析问题原因，寻找解决措施，以提高管理者的流程管理能力，提升管理及运营效率，提高企业的核心竞争力。

3. 价值

从具体来看，流程梳理具有以下几点价值：

（1）改进岗位设置

通过流程梳理可以知晓流程中各个任务环节的岗位设定情况，也可以根据企业实施需求调整岗位设置。

（2）全面认识流程

流程梳理可以使企业更加系统、全面地认识其现有流程，从宏观、整体的角度，可以协调整个流程体系中各个环节之间的关系，调整资源配置。

（3）确认信息

流程梳理可以对企业所有流程中包含的各项信息进行再次确认，整理出流程开始、中间和结束的标志，帮助管理者明确各项流程的实施条件。

（4）改进流程

在对现有流程进行分析的基础之上，可以找出业务模式中存在的问题，清楚地把握当前企业在管理中的优缺点，进而提出解决方案加以改进。

7.7.2 流程梳理实施流程

基于流程牵引理论，我们将流程梳理主要分为了前期准备阶段、现状描述阶段、现状分析阶段、问题诊断阶段、总结与讨论阶段、后续阶段等六个部分，具体实施流程可参考图7-27。

流程（管理）现状分析与问题诊断流程图
V1.2-20180905

使用的技术工具：
1. L 模式进行总体规划；
2. 2W1H1R；
3. 实施流程；
4. 流程成熟度评价；
5. 流程运营仿真系统。

01 前期准备阶段

开始

初步了解企业概况
- 通过官网或微信公众号等了解：
  1. 企业发展历史；
  2. 企业管理水平；
  3. 产品和服务，理解其商业模式；
  4. 思考业务价值链及核心竞争要素；
  5. 理解企业文化、价值观；
  ……

进行标杆研究，做对比思考

开展接洽会

初步了解基础资料
- 1. 企业战略及经营策略相关资料；
  2. 业务模式；
  3. 企业组织构架、职能设计及分配；
  4. 企业流程管理职能设置情况；
  5. 前期流程工作成果报告；
  6. 后期流程工作策划；
  7. 企业目前的核心困惑及待处理问题清单。

02 现状描述阶段

收集流程的基础资料
- 1. 流程图；
  2. 流程要求（或说明）；
  3. 流程检查记录；
  4. 内外部投诉记录等。

判断流程（体系）建立情况
- 判断内容：
  1. 是否建立流程；
  2. 流程体系是否完整；
  3. 流程要素是否清晰；
  4. 职责分工是否明确；
  5. 流程是否分级；
  ……

判断 —— 不合格 → 描述流程（体系）不完善的原因

合格

进行流程调研（模块调研）或访谈
- 模块例如：
  1. 发展和战略模块（包含企业文化、核心竞争力）；
  2. 管理和组织模块；
  3. 企业制度及流程体系模块；
  4. 管理流程及工艺流程中任务要素、依据、资源模块；
  5. 自善体系模块；
  6. IT、基础数据管理模块；
  7. 成果管理（绩效）模块。

判断企业需求 —— 简单 → 进行短期调研与研讨 → 提出初步意见

深入

梳理关键业务流程
- 甄选原则：
  1. 企业跨职能部门的业务流程；
  2. 绩效低下的原则；
  3. 市场影响较大的重要流程；
  4. 具有可行性的流程。

绘制各项任务的流程图
- 包括：
  1. 实际操作流程与流程目标中存在的区别；
  2. 现有流程满足目标及需求的程度；
  3. 流程执行环境的变化情况；
  4. 不同部门及员工的操作方式；
  5. 参与者对现有流程的意见；
  6. 流程绩效考核标准；
  7. 流程优化过程中可能存在的问题；
  8. 企业应该提供的支持；
  9. 参与实施的部门及负责人；
  ……

统计流程绩效结果

整理、汇总信息

形成流程现状描述报告

03 现状分析阶段

明确实际流程绩效与流程目标形成差距的原因

判断流程活动的类型

判断 —— 非增值性 → 减少流程活动
—— 增值性 → 改善流程活动
—— 无效性 → 去除流程活动

确定流程的问题区域

归纳、整理具体流程问题

04 问题诊断阶段

进一步分析问题及差异情况

识别关键问题
- 依据：
  1. 问题对目标的影响程度；
  2. 问题对目标的严重程度。

形成流程关键问题清单

进行深层次原因分析
- 分析方法：
  1. 现场调查法；
  2. 资料研究法；
  3. 因果分析图法；
  4. 价值流分析。

05 总结与讨论阶段

进行流程管理整体评价

确定改进方向及目标

充分研讨，制定建议方案

制定初步解决方案

讨论方案
- 参与对象：
  1. 流程团队；
  2. 分管领导。

检查 —— 不合格 ↑
合格

形成修订版解决方案

汇报、讨论方案 —— 参与对象：公司高层

检查 —— 不合格 ↑
合格

结合方案，企业制定新的流程工作计划

06 后续阶段

监督、指导方案的实施

公司内部立项推进

资料归档
- 成果：
  1. 总体体系诊断报告；
  2. 流程体系诊断报告；
  3. 环境评价；
  4. 业务体系；
  5. 组织评价；
  6. 诊断项目管理相关文件；
  7. 其他。

后期持续关注

结束

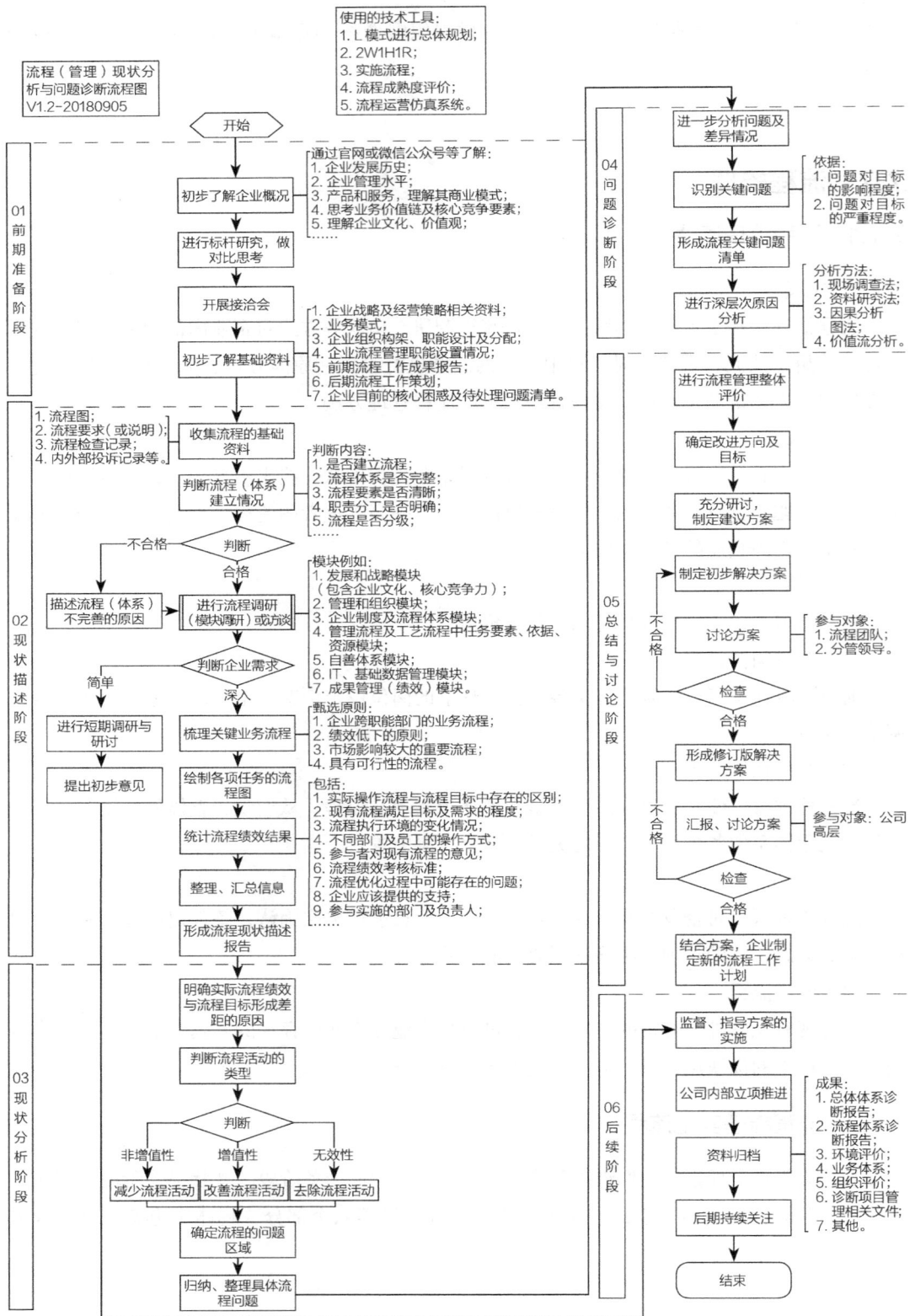

图 7-27　流程梳理实施流程图

7.8　流程优化

20世纪90年代，由麻省理工学院的哈默教授提出了业务流程再造（Business Process Reengineering，BPR）的概念。哈默教授认为，流程再造是从根本上对企业流程进行考虑，彻底颠覆原有的企业流程，对其进行重新设计，使企业的质量、成本、进度等指标能得到明显的改善。

流程再造概念的提出，吸引了美国各界的注意。但人们认为这种彻底颠覆企业原有流程的做法太过激进、突然，因为它改变的不仅仅是流程，还改变了人们日积月累形成的习惯和态度，出现了较多失败的案例。

在失败的案例之中，人们开始总结经验，并对BPR的思想进行重新思考，人们选择在企业变革业务流程的过程中，用一种较为缓和的、循序渐进的流程改进方法替代流程的彻底颠覆与全新设计，以达到流程变革的目的。为此，流程优化的概念应运而生。

7.8.1　流程优化的内涵

流程优化，即针对现有审批流程所存在的问题，对现行流程进行分析、梳理、完善和改进，在互联网及相关配套技术的支持下，以提高管理效率、降低管理成本为前提，构建一套简捷、直接的流程，提升项目审批速度、规范事项办理流程、精简办理事项，将建设工程办事过程中无效的活动、不增值的等待时间、重复工作以及协调工作量减到最少，从而实现多办事、快办理、好质量、省资源。

流程优化，或进一步的流程再造最重要的做法：对企业流程的整体系统进行全面的彻底思考与改造。优化针对的是流程设置是否合理及流程任务的组合方式是否最有效率。流程再造一经提出便引起巨大震动，产生深远影响，原因是它触及企业的方方面面，更是对企业执行效率有深刻影响。流程优化应当是持续进行的"工作"，在P、D、C、A中属C、A阶段，任何一个阶段的停顿或中断，将导致组织对环境适应能力的过大跳跃。企业流程管理应设立成为专门的管理内容，以发挥其核心作用，并使其自身管理达到要求。

7.8.2　流程优化判别

1. 判别方法

流程需要优化的判别方法是是否：①足以满足需求；②在价值链流程中贡献权重偏小；③流程要素不全面；④过于细致，影响效率；⑤"周期时间过长"；⑥过于笼统，不够明确。流程判别任务是在流程优化之前的诊断阶段进行。分析诊断的重点，应当放在"直接面对客户的，风险较大的，创造挣值的"流程上。

2. 判别基点

对于优化流程的任务，判别的基点有三个：①基于价值链；②基于产品；③基于业务的及时性、满足顾客的需求。

（1）基于价值链

基于价值链，判断流程中的任务是否能产生价值的挣值原则。对于价值链划分，主要工作和辅助工作的划分标准就在于，哪个工作对整体价值的增加做出的贡献最大。确保整体最优，大过局部最优。

（2）基于产品

基于产品，判断能否适时、按照质量和数量、在成本范围内，输出产品。一个产品的实现，从设计图纸，到物料集合，从过程的控制到最终的结果，整个过程中更多关注的是"有形形态和质量的合成、分解与转移"，关注的侧重点在于产品。

（3）基于业务

基于业务的及时性，业务为导向则与产品导向有较大区别，它更重视业务领域的拓展，业务质量的提高。流程的重点也更多地关注在业务方面。

（4）基于顾客导向

很显然，流程基于顾客导向正成为一种关注顾客、以顾客为中心的市场价值观念。图7-28的四个导向是用来判别流程是否合适各自的特点的简图。

7.8.3 优化原则

前人研究流程指出了许多原则，作者认为：优化流程最重要的四个原则是目标、组织、在控和简洁。

1. 适合目标

目标管理的基本方法是要将目标不断分解，层层细化。最后，也就是落实到任务中，反过来，流程是否适用，也看其是否与各阶段层级目标吻合，以至于最后的成果是否就是组织的目标。也就是说：流程是否以目标为导向。在评价中则以流程的"信度"为指标，也即流程指向目标的程度。

2. 符合组织

在我们设计的"流程牵引"项目实施的体系中，组织的形式同样是多种的。管理实践

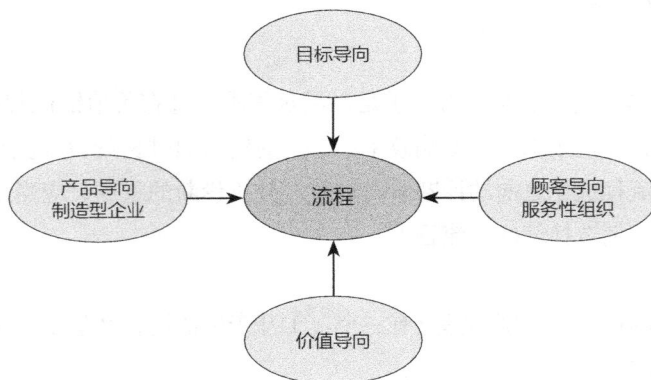

图 7-28 流程优化的导向图

上，矩阵直线型组织形态是最普遍和实用的。在对流程的优化中，符合组织结构的最大效率也是评价其优劣的原则。适合组织文化的流程是最好的。

3. 不忘自善（在控）

自善流程是为了突出其重要性，将其从管理流程中分解出来的。正确地授权和保证自善流程的认真执行，是系统自我"免疫"的重要因素。因此，优化原则包括对自善流程适用性的考虑。

4. 简洁实用

为了流程而流程是应该忌讳的。企业内部管理不需要任何装点门面的修饰。所有流程的设计以及流程任务的设计，以简洁实用为准则。

7.8.4 优化方法

流程优化的方法主要有以下几种。

1. **增设**

当原有流程不足以满足当前要求，或者有的任务没有人去做以及去做的环节不足以完成工作时，应当增设任务，甚至设计新的流程。

2. **补充**

流程要素不全面时，应当予以补充完整。

3. **精简**

"周期时间过长"，流程过长的应予以精简，剔除流程中没有存在价值的环节与步骤，也可以将其分成两个或多个。

4. **整合**

任务划分过于细致，以致影响整体流程实施效率时，需要对流程进行整合、简化。

5. **删除**

缺乏大的价值，对"挣值"贡献权重小的任务，应予以删除，如果多个任务组合的流程也"表现不佳"，整个流程也应当予以删除。

6. **调序**

调整流程任务的步骤、顺序，以达到流程次序最佳化。

7. **细化**

对于过于笼统，要素不够明确的任务，应当重新定义，将其外延缩小，继续划分层级，使之细化成为可执行性和可控性更强的任务。

8. **调整**

调整重点指"内在线索"的调整。研究发现，流程的第一大问题是贯穿端到端的内在线索，是否一致是影响流程质量的关键原因。

这里重申，层级划分上，流程任务应到达每个岗位，就是说，单个岗位可以完成的任务，就不再继续细分下去了。而单个岗位的任务，能否完成得好，实际上很大程度取决于个人的技能，该技能部分来自于"学历"（学习和实践的经历），部分来自于岗位培训。

7.8.5 流程优化步骤

1. 流程优化基本步骤

流程优化可以大致分为流程评估、流程分析、流程改进、流程实施四个阶段，流程评估是评估、分析、发现现有流程存在的问题和不足；流程分析是分析流程评估中发现的问题和改善机会；流程改进是对现有流程中发现的问题进行修改、补充、调整等改进工作；流程实施则是对改进后的流程付诸实际操作运行。前文阐述的流程评价与流程梳理阶段的工作是流程优化的基础。

如图7-29所示，流程优化是一个持续改进的过程，类似PDCA循环，每经过一次优化之后，流程都会相应地提高一个等级，企业或其他组织持续地进行优化，不断发现企业运营中的问题，可逐步提高企业运营和管理效率。可见流程是为了组织对环境适应而做的"适应"。

2. 流程再造基本步骤

王璞将流程再造归纳为7个步骤。分别是：①战略愿景与变革准备；②项目启动；③流程诊断；④设计新流程；⑤实施新流程；⑥流程评估；⑦持续改进。如图7-30所示。

流程优化是流程管理的主要内容，BPM本质是构建卓越的流程，关注流程的方向、效率和增值，以期形成一套"认识流程、建立流程、运作流程、优化流程、e化流程"的方法、技术与工具。

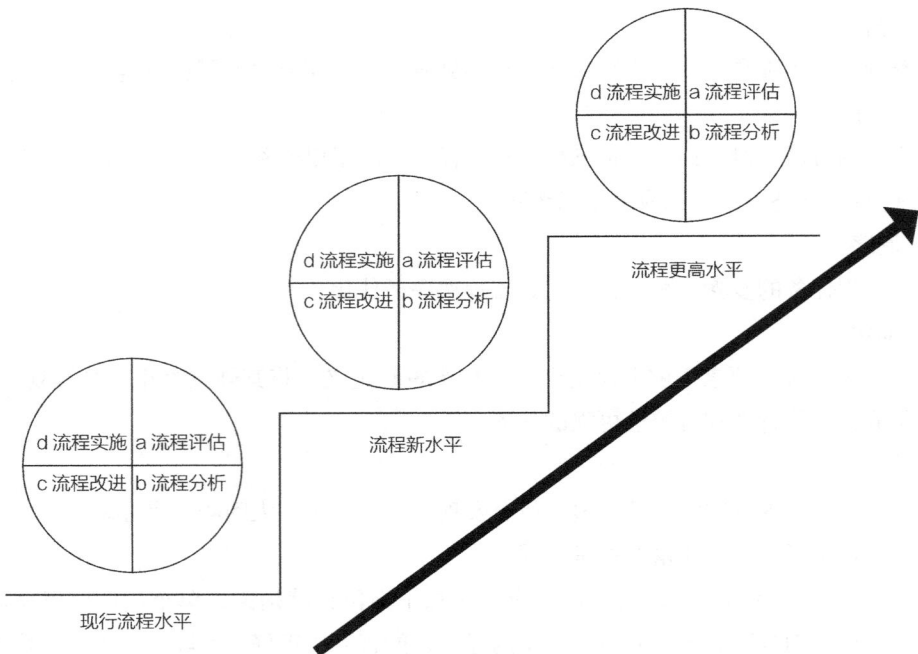

图 7-29　流程优化示意图

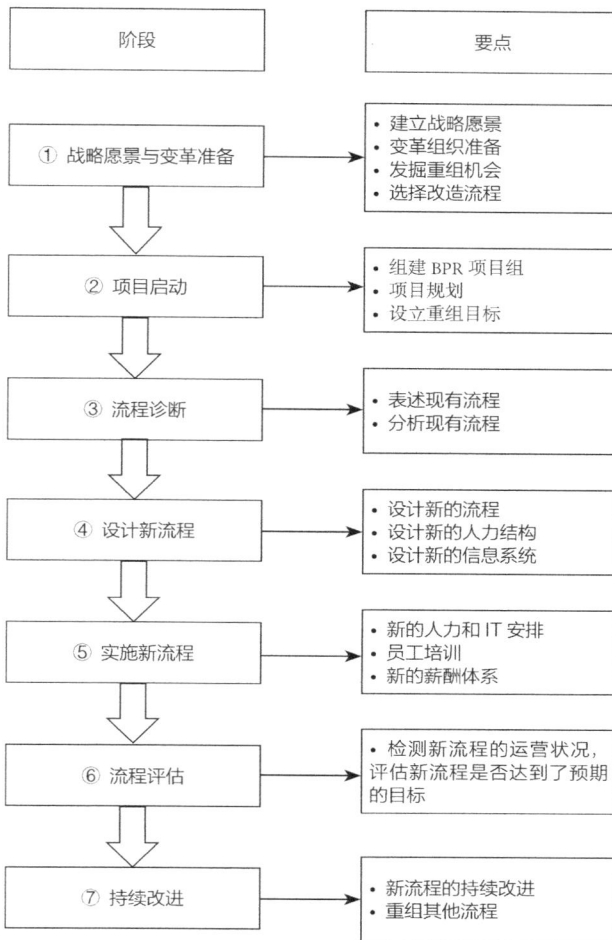

图 7-30　流程再造 7 步骤图

7.9　流程管理规范（设想的流程管理规范）

7.9.1　目录

　　总则/术语/流程/流程要素/流程分类/流程分级/流程责任/流程设计/流程图绘制/流程执行标准/流程范本表单/流程内在线索/流程管理/流程管理的内容/流程管理的流程/流程优化/流程再造/流程审计/流程绩效/流程文档管理/流程版本/规范条文说明。

7.9.2　术语

　　流程、流程管理、流程图、流程符号、流程要素、流程设计、流程执行、流程仿真、流程优化、工艺流程、战略流程、职能流程、自善流程、流程分类、流程分级、流程责任、流程优化、流程再造、流程仿真、流程智能化、流程所有者、流程责任人、流程审计、流程内在线索、流程逻辑、流程成熟度、流程客户、流程价值、流程绩效、任务并行、任务串行、流程版本、流程文档、流程启动（触发）。

7.9.× 正文

······

7.9.×× 参考

流程图规定；

符号一致性【符号、字体、字号底色、格式、框大小】；

内容完整性；

逻辑清晰性；

流程图绘制模板（方法）；

ANSI 关于流程图符号规定。

第8章
流程管理工具

本章逻辑图

本章逻辑图如图8-1所示。

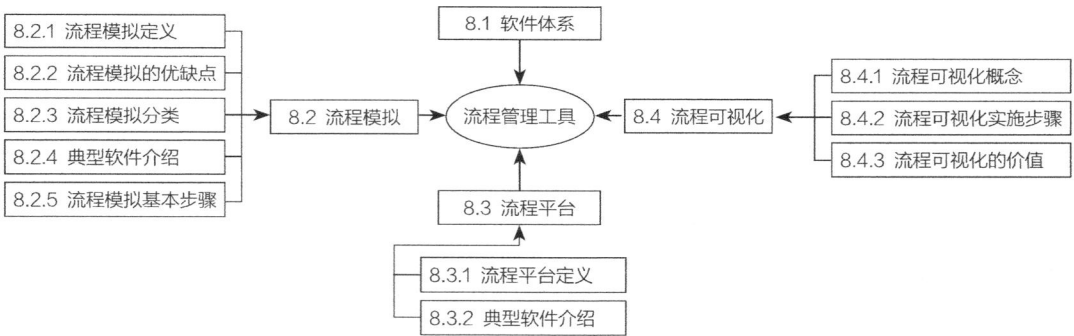

图 8-1　第 8 章逻辑流程示意图

　　理论、方法，配套工具，成为完整的知能体系。本章是在第6章、第7章介绍流程管理方法的基础上，介绍比较流行的几款软件，作为工具既可体现理论方法，又是实际应用的支撑。本章主要内容包括：软件体系、流程模拟、流程平台和流程可视化，并对典型软件进行了对比分析。

8.1　软件体系

我们定义的流程管理软件体系中包含了流程图绘制软件、流程模拟软件、流程管理平台和流程建模技术有关软件，如图8-2所示。

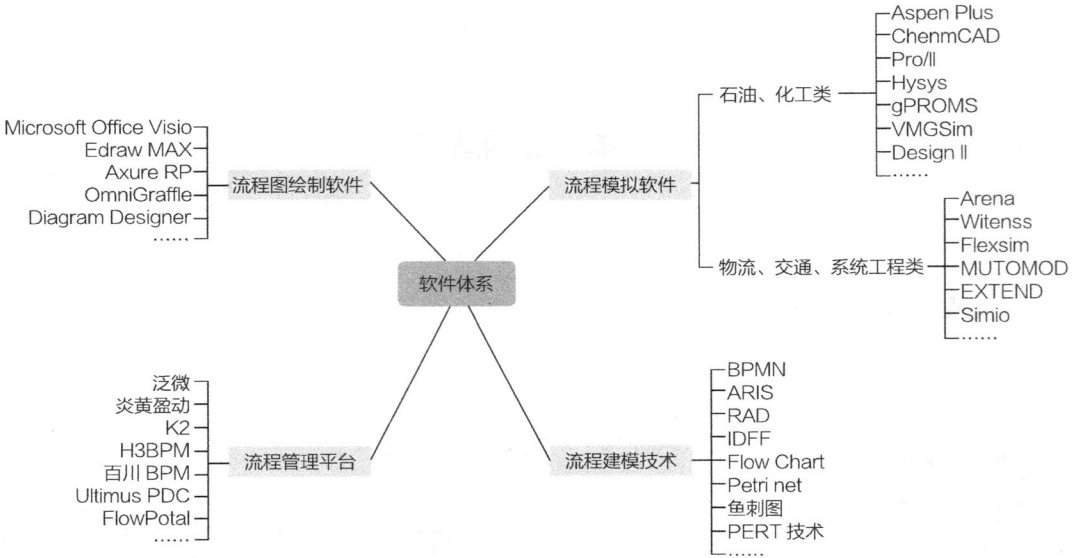

图 8-2　流程管理软件体系图

8.2　流程模拟

8.2.1　流程模拟定义

流程模拟也称流程仿真（Process Simulation），简单地说仿真就是利用相似性原理，建立现实系（Real-world System）的仿真模型，如计算机模型，并通过该模型来研究现实系统的过程。

美国著名仿真学者班克斯（Jerry Banks）对系统仿真的定义是："仿真就是实时地对现实世界的流程和系统的运作进行模拟，仿真包含人为地产生系统的'历史'，并通过观察这些'历史'数据来获得它所代表的现实系统的运作的推断"。

仿真是解决很多现实世界问题不可或缺的解决工具，仿真研究通过仿真模型来描述和分析现实系统的行为，即仿真研究可以回答我们这样的问题：如果我们采用方案1结果会怎样？而采用方案2结果又会怎样？通过比较方案1和方案2的结果，帮助我们对现实系统进行优化设计。仿真研究的对象可以是现实存在的系统，也可以是概念系统。对于现实存在的系统，通过仿真研究，可以改善现有系统的配置结构或业务流程。而对于概念中的系统，仿真研究可以帮助改进设计方案，减少方案设计中可能存在的失误。

仿真被认为是"认识世界的第三种方法"。其他两种方法分别是理论研究与试验研究，理论研究是通过抽象推理（Abstract Reasoning）、思辨（Speculation）而形成"可用于相对广泛的情况下的系统组织的知识，尤其指一系列假设，已被接受的定理以及用于分析、预测或解释自然或专门现象行为的程序规则"。实验研究是人们对认识的现实条件进行主动控制的认识活动，在实验内在性中找到了自身最适合的现象和联系，让人们一看到这一现象和联系便会发现这种内在性。三种认识方法的比较见表8-1。

三种认识方法比较

表8-1

内容分类	对象	中介（工具）	基础	结果形式
理论研究	现存的或理论的	人脑推理、抽象	以前的理论、知识、模型	假设、定理、程序、规则
实验研究	现存的	可控条件下实验实际对象	理论指导下对实际对象实验	演示、检验或确定、信息
仿真研究	现存的或假设的	计算机设备	基于模型（理论、实验、实物）	获取信息、模拟训练

8.2.2　流程模拟的优缺点

采用流程模拟的方法较传统方法的区别在于流程模拟属于预测性技术，其在不影响实际系统的情况下通过有目的地选取研究的对象，确定研究范围。流程模拟的本质就是，通过流程模型的动态运作，进行一系列策略和参数的模拟。

1. 流程模拟的主要优势

（1）试验成本低。流程模拟通过流程模型的建立，其所花费的成本远远低于建造现实系统本身的成本，因此即使模拟试验失败，也不会造成巨额的损失。流程模拟可以方便地比较在不同配置条件下的绩效，这通常可以通过改变流程模型中的相关参数、逻辑顺序就可以实现，而通过改变现实环境中的流程条件，则通常耗时、耗力，甚至在有些情况下是根本不可能进行的。

（2）符合人们思维习惯，有助于流程体系分析。流程模拟是一种非解析的方法，它是通过对企业运行实际观测所获得的数据技术上建立所对应的动态流程模型，通过在计算机上的反复运作，从而掌握实现目标最优的方法。这种方法所建立的流程模型既表达了企业运行的物理特征，又有系统的逻辑特征，更贴近实际，更真实，更便于对企业组织的运行进行分析。

（3）流程模拟可以捕捉实际组织系统中动态特征和不确定性。实际的组织系统，在运作过程中往往受很多因素的影响，如果忽略了随机因素影响，在分析组织运作过程中将会产生很大的差异，而利用流程模拟的方式，流程模型的参数受随机因素影响而发生变化在模型中将会得到充分体现。

2. 流程模拟的局限性

（1）建模技能需要进行专业培训：虽然目前流程模拟软件众多，但是无论采用何种方式进行流程模型建立，都需要建模者掌握一定的建模技能与知识，而这些知识和技能需要一定时间学习才能熟练掌握。

（2）仿真模型可能存在有效性问题：通过流程模型对实际问题进行分析，一个重要的前提是所建立的仿真模型必须是有效模型，即模型和现实系统在所研究的问题领域有相同或相似的行为模型，但在有些情况下，验证模型的有效性是非常困难的，有时甚至是不可能的。

（3）仿真试验结果有时无法被合理解释：因为仿真的输入数据有时候是在理想化状态下进行的创建，所得到的结果也是理想化的，但是现实中的随机性与不确定性普遍存在，这样在进行实际问题的解决过程中，很难分清楚是参数输入导致的分析偏差，还是所建模型导致的分析偏差。

8.2.3　流程模拟分类

1. 按仿真类型划分

（1）静态仿真与动态仿真

根据仿真中是否需要考虑时间因素来划分，将其分为静态仿真（Static Model）和动态仿真（Dynamic Model）。在现实中存在大量动态仿真，如果我们利用仿真来研究一条高速公路的车流和收费站等关键节点的拥堵情况，很显然，在不同的时间段，车流量不同，拥堵情况也不一样，仿真的时间段会影响仿真试验的结果，因而需要动态仿真。静态仿真比较经典的例子是D.布丰的抛针实验，在平面上画一个圈，统计100次，多少次将针抛入圈中，这种实验的开展不受时间限制，是一种静态仿真。

（2）离散仿真和连续仿真

根据仿真系统的变化过程，我们将仿真分为离散仿真（Discrete Model）和连续仿真（Continuous Model）。所谓离散仿真，是指仿真系统的状态变化是离散的，如高速公路系统仿真中，一定时间段车辆数的变化是不能够线性确定趋势的。连续变化的系统又如温度、水位的高度，对这些系统所进行的仿真是连续的。在有些系统中，可能存在离散变化和连续变化的状态，对这种系统的仿真被称为离散连续混合仿真（Mixed Continuous-discrete Model）。

（3）确定性仿真和随机仿真

根据仿真输入数据是否随机，仿真可以分为确定性仿真（Deterministic Model）和随机仿真（Stochastic Model）。所有输入都是确定的仿真为确定性仿真，如电子仿真，输入电压一般是稳定的，通过电子电路的转换，输出一般也是稳定的。输入中存在不确定性的仿真为不确定性仿真，这类仿真在现实中广泛存在，如高速公路系统仿真，每辆车到达高速入口的时间是不确定的，每辆汽车的平均速度受多种不确定条件的影响，也是不确定的。

2. 按应用领域划分

（1）物流系统模拟

1）生产物流系统模拟

生产物流是指从企业的原材料采购、车间生产、半成品与成品的周转直至成品发送的全过程的物流活动。生产物流系统是一个复杂的综合性系统，如何提高其效率是至关重要的，生产物流模拟是通过仿真研究方法对实际生产物流系统建立对应流程模型，在此模型上对不同的系统参数和策略进行仿真试验，得出最优物流生产方案，辅助实际生产的需要。

2）供应链模拟

供应链是一个核心企业连同它的供应商、分销商、零售商直到最终用户共同组成的功能网络结构模式，由于供应链这类复杂系统中存在着很多不确定性和随机性因素，因此目前对于供应链仿真技术还处于理论阶段，未能有效地应用于实际的供应链管理中，供应链仿真的未来主要是在分布式仿真的支持下，增强供应链全过程的协作能力，从而提高供应链的整体效能。

3）物流配送系统模拟

物流配送系统是一个复杂的离散时间系统，随着物流网络规模的扩大和物流量的剧增，要求服务的客户数量增多，覆盖面越来越广，对配送时间要求比较高；除了成本因素以外，还要考虑配送时间和环境等方面的因素，使其复杂性进一步增加。同时，道路交通状况、新的配送任务等随机因素对物流配送系统影响越来越大。传统的物流方法来组织配送，会带来诸如因反应速度慢而导致服务质量下降，难以有效地控制物流成本，增加城市交通负担，加重城市污染等问题。而物流配送系统模拟可以将现实配送系统各种随机因素和不确定性因素考虑进来，通过仿真运行，对运输、人员成本、系统资源利用率等系统状况进行分析，寻求系统改进途径和运行最佳参数，为实际物流配送系统决策提供参考。

（2）化工工艺流程模拟

化工过程流程模拟是以工艺过程的机理模型为基础，采用数学方法来描述化工过程，通过计算机辅助计算，进行过程物料衡算、热量衡算、设备尺寸估算和能量分析，作出环境和经济评价。化工流程模拟软件是实现化工过程流程模拟的重要工具。从20世纪50年代中期发展至今，化工流程模拟软件已经成为化工流程模拟技术的核心。现在化工流程模拟软件应用范围很广泛，可应用于化工过程的设计、测试、优化和过程的整合等。化工过程模拟与实验研究的结合是目前最有效和最廉价的化工过程研究方法，能够大大节约实验成本，加快新产品和新工艺的开发过程。

（3）企业业务流程模拟

按照流程牵引理论的思想，企业是流程的集合体，所有的企业目标都要通过一个个流程来实现，企业业务流程模拟在于利用图形化的语言或者动画来描述流程，通过建立相应的模型，使一个复杂的流程结构及功能得以抽象的表达，最终让组织相关人员达成一致理解。

8.2.4 典型软件介绍

根据前文图8-2可知流程模拟软件在不同领域有不同的软件应用，我们对目前各行业比较常用的几款软件（建模技术）进行介绍：

1. 物流系统流程模拟软件

（1）Arena

Arena是美国Rockwell Software公司开发的通用仿真软件，具有功能强大、使用方便、界面直观、动画显示等优点。其可以很容易地建立诸如生产系统、服务系统等仿真模型，并可以根据实际需要设定仿真参数进行动态模拟，内嵌的Microsoft VBA工具使Arena能够根据用户特定需要进行定制，还可以方便与其他软件集成，如Microsoft Office产品、SQL Server数据产品等。

相对于其他物流系统流程模拟软件，Arena的分层建模是其独特优势，它通过使用层次的建模体系，来保证灵活地进行各个水平上的仿真建模。图8-3为Arena的层次建模结构，第一层是各种过程语言（如VB、C/C++），常用于复杂建模过程，第二层是基础模块即SIMAN模板，包括Blocks模板和Elements模板，它们由SIMAN语言编写，继承了SIMAN语言灵活建模特点。第三层是最新开发的通用模板，包括Advanced Process模板、Advanced Transfer模板和Basic Process模板。第四层是应用方案模板（简称AST），应用这些模板可以使用户在特定领域进行更加合理的仿真建模。Arena的最高层是根据企业自身的需求进行用户自定义模板的开发。

（2）Witness

Witness流程模拟技术作为一门独立的学科已经有50多年的历史，不仅仅用于物流系统仿真，还广泛运用于航天航空、各种武器系统的研制、交通运输、通讯化工等领域。特别是近20年随着系统工程与科学的迅速发展，Witness已从传统的工程领域扩展到非工程领域，比如在社会经济系统、环境生态系统、能源系统、生物医药、教育训练系统等方面都得到了广泛运用。

Witness提供大量的描述工业系统的模型元素，如生产线上的加工中心、传送设备、缓存存储装置等，以及逻辑控制元素，如流程的倒班机制，事件发生的时间序列，用户可以轻松通过这些元素建立工业物流系统的逻辑描述。通过内置的仿真引擎，可快速地进行模型的运行Witness仿真，展示流程的运行规律，进一步在整个建模的过程中，用户可以根据不同的仿真结果进行相应系统参数的改变，动态地提高模型的精度。可以方便地设计与测试新设计的工程和流程方案，平衡服务与花费，简化换班模式，评测可选的设计方案。

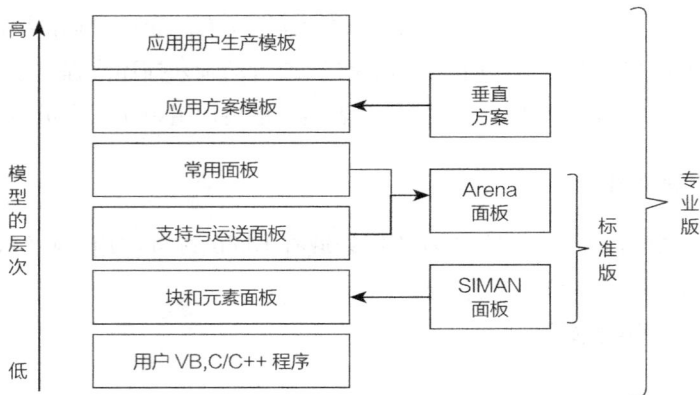

图 8-3　Arena 的层次建模结构

（3）Flexsim

Flexsim是迄今为止世界上唯一在图形建模环境中集成了C++集成开发环境（Integrated Development Environment，IDE）和编译器的仿真软件。在这个软件环境中，C++可以用来直接定义模型。这样，就不再需要传统的动态链接库和用户定义变量的复杂链接。

Flexsim中有一个效率非常高的仿真引擎，该引擎可同时运行仿真和模型视窗（可视化），但可以通过关闭模型视窗来加速仿真的运行速度。同时当仿真运行时，利用该引擎和flexscript语言可以改变模型的部分属性。运行结果很容易导入别的应用程序，例如Microsoft Word和Excel等，利用ODBC（开放式数据库连接）和DDEC（动态数据交换连接）可以直接输入仿真数据。Flexsimn内置了虚拟现实浏览窗口，可以让用户添加光源、雾以及虚拟现实立体技术。用户定义的Fly-Through可以被定义为艺术模型状态显示出来。AVI文件可以通过Flexsim的AVI录制器快速生成。任何模型都能被录制、拷贝到CD，以及发送到任何人的实时查看器中。

（4）Simio

Simio软件是美国SimioLLC公司于2004年研发的新一代基于"智能对象"技术的全3D系统仿真模拟软件。Simio的开发者佩格登（C·Dennis Pegden）博士是美国公认的系统仿真领域学术权威，曾经开发过仿真历史上标志性的系统仿真语言SLAM、SI-MAN、计划调度软件Tempo和迄今为止全球使用者最为众多的系统仿真软件Arena产品。Simio基于NET 4.0开发，其创建定制化对象而无需编程的独特技术框架，可实现离散系统，连续系统建模，智能Agent仿真建模，它具有对象库开发以及3D动画制作功能，是目前全球唯一无需编程、全3D的基于智能对象的通用仿真软件，学习成本更低。针对高级用户，软件提供了扩展的API接口，能支持.NET下的50多种语言进行深度开发。现已成功应用于大型交通枢纽（如国际机场、港口等）的仿真分析、供应链设计和优化、离散制造业、采矿业、医疗业以及军事资源配备等多个领域。

2. 化工工艺流程模拟软件

（1）Aspen Plus

Aspen Plus简称Aspen，是一个大型通用流程模拟系统。该模拟系统是美国麻省理工学院（MIT）于20世纪70年代后期研制开发的，由AspenTech公司在20世纪80年代初推向市场将其商品化。Aspen Plus凭借着其他软件所无法比拟的优势，迅速在全球推广，各大化工、石化、炼油等企业及著名的工程公司都是Aspen Plus的用户。经过30多年的发展和提高，该软件先后推出了多个版本，其中最经典的版本是Aspen Plus7.3，而最新的版本是2014 年2月发布的Aspen Plus 8.5。

Aspen Plus基于流程图的过程稳态模拟，包括56种单元操作模型，含5000种纯组分、5000对二元混合物、3314种固体化合物、40000个二元交互作用参数的数据库。在实际运用中可以建立流程、模拟模型、设计规定、灵敏度分析、物性分析、物性估计以及物性数据回归等。在Aspen Plus的运行环境中，只要具备合理的热力学数据、实际的操作条件和严格的平衡模型，就能够模拟实际装置，并帮助设计和优化现有的装置和流程。

（2）Hyses

Hysys原本是加拿大Hyprotech公司的产品，2002年Hyprotech公司被美国 Aspen Tech公司收购，于是Hysys成为AspenTech公司旗下产品。两年后 Aspen Tech公司推出了收购后的第一个版本Hysys 2004。Hysys 以油气加工模拟而著称，该软件分为稳态和动态两类，软件的智能化程度很高，易于掌握。Hysys可用于对工业装置进行安全分析和预测，进行操作规律和控制方案的研究及连锁控制调试，分析装置操作、生产过程中的瓶颈问题，确定安全的开工方案，计算间歇生产过程的安全问题，计算特殊的非稳态过程，安全生产指导和调优，在线优化及先进控制，生产培训等。

Hysys在国内应用非常广泛，国内用户总数已超过50家。Hysys可以进行油气水的分离计算，解决管道集输流程问题，也广泛用于模拟和优化天然气加工装置，如含水天然气加压后外输、天然气脱硫等。

（3）Pro/II

Pro/II是美国SimSci公司开发的化工流程模拟软件，最早起源于世界上的第一个蒸馏模拟器SP0。1973年SimSci公司在SP0的基础上推出了流程模拟器，1979 年这个流程模拟软件进一步地发展，即Pro/II的前身，很快Pro/II成为该领域的国际标准，得到了迅速的发展，客户遍布全球各地。目前Pro/II最新的版本是9.2。

Pro/II可用于设计新工艺，评估改变的装置配置，改进现有装置，依据环境规则进行评估和证明，消除装置工艺瓶颈，优化和改进装置产量和效益。在实用性上，Pro/Ⅱ软件广泛地应用于油/气加工、炼油、化工、化学工程、建筑、聚合物、精细化工/制药等行业，由于该软件针对炼油化工行业的开发思路进行了扩展，Pro/Ⅱ在炼油化工行业要比其他同类软件更具优势。

（4）ChemCAD

ChemCAD软件是由美国Chemstations公司推出的一款化工流程模拟软件。该软件内置的专家系统数据库集成了多个方面且非常详尽的数据，可以在计算机上建立与现场装置吻合的数据模型，并通过运算模拟装置的稳态或动态运行，应用于化工生产的诸多领域，为工艺开发、工程设计、优化操作和技术改造提供理论指导。

ChemCAD主要对化学和石油工业、炼油、油气加工等领域中的工艺过程进行计算机模拟。其功能强大的标准物性数据库，提供了大量的热平衡和相平衡计算方法，包含39种值计算方法和13种焓计算方法；提供了50多个操作单元供用户选择，可以满足不同设计方面的需要，是用于物料平衡和能量平衡核算的有力工具。ChemCAD将稳态模拟、动态模拟、间歇操作、安全设计、管网分析等计算功能，与换热器设计、塔器设计、容器设计等多项装置的设计功能，完全集成于单一的软件接口，相互支持、灵活运用，使工艺设计、计算分析更精确完善，完全不存在数据传递或软件接口出错的问题，极大地提高了工程仿真的计算效率，也使效益实现最大化。

（5）建模技术对比

Aspen是智能型的，用于化工领域流程模拟比较大或长的流程，而且数据库比较全，是开放式的而且Aspen适应范围最广，电解质、固体、燃烧等模块是其他软件难以比拟的；其计算最精确，数据库的建设也相对最完善。Hysys则在油气工程领域有着极高的精度和准确性。Pro/II在石化上应用较多，积累了丰富的经验，可以用于设备核算，流程短，或用于精馏核算。ChemCAD的界面操作让人感觉非常简单，使用起来比较顺手，但是物性数据较少，例如5.0版本只有2000种常用物质的物性数据。这就使得ChemCAD的使用不太方便，体验相对较差，网上容易下载，设计院较少使用，仅在高校中有一定的市场。

从易收敛性上看，ChemCAD＞Hysys＞Pro/II。从贴近工业实际看，Pro/II＞Hysys＞ChemCAD。这些工程模拟仿真软件中，Aspen、Pro/II、Hysys为国内绝大多数设计院所使用。

3. 业务流程模拟软件

（1）ARIS（Architecture of Integrated Information System）

集成信息系统结构（ARIS）是德国萨尔大学的A.W. Scheer于1992年提出来的一种结构化的可视化模型。ARIS模型由数据视图、组织视图、控制视图、功能视图和资源视图五部分组成，其中控制视图用来描述其他四个独立视图的关系。其模型结构如图8-4所示。

1）组织视图：对组织结构进行描述，包括人员组织结构、资源配置情况等信息；

2）资源视图：表示企业各项资源名称以及属性，例如设备、材料、厂房等相应的属性信息；

3）数据视图：表示业务信息，包括模型数据、专用术语、数据库等；

4）功能视图：表示流程任务以及各功能之间的关系，包括任务对象、相关应用软件、功能层次等；

5）控制视图：用来描述流程运行状态，属于一种动态视图，将流程模型与相关资源、数据以及功能联系起来。

（2）Petri net

Petri net概念于1962年第一次出现于德国科学家Carl Adam Petri的博士论文中。它是一种系统建模与分析的重要工具，目前广泛运用于计算机机械制造系统和智能制造系统的建模、

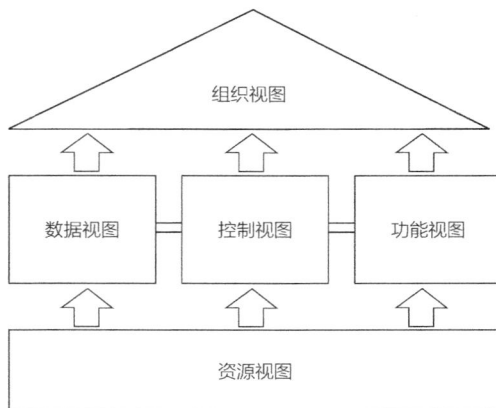

图8-4　ARIS模型结构

分析与优化设计，同样也是工作流建模和人工智能等计算机领域的重要研究课题。Petri net 模型主要分析的方法依赖于关联矩阵、状态方程、可达树、不变量和分析化简规则。

现在运用最广泛的Petri net经典过程模型，它由库所（Place）和变迁（Translation）两种节点以及有向弧（Arc）、令牌（Token）组成，通过库所、变迁和有向弧的连接构成了一个系统的结构与功能，而每个系统的动态行为又通过令牌来进行描述。通过输入—执行—输出这个过程，将一个任务进行可视化模拟。

Petri net经典过程模型具有严谨的数学理论基础，模型中的所有元素都有严格的定义，也具备很好的表达能力，能够表达所有流程任务的特征，但是它也具有一定的局限性，它对使用人员的数学分析能力要求非常高。

（3）IDEF（Integrated Definition Method）

IDEF最早是由美国海军发明的，主要用于改善制造作业流程，早期模型主要有三种办法，分别是：功能建模（IDEF0）、信息建模（IDEF1）和动态建模（IDEF2）。IDEF方法主要运用结构化分析与设计方法（Structured Analysis and Design Technique，SAD）对企业中的流程及操作活动进行详尽的描述，可以用来清晰严谨地描述庞大复杂的系统。

（4）建模技术对比

除了上述介绍的三种业务流程建模技术外，流程图法（Flow Chart）、角色扮演法（RAD）、工作流法等也是目前较为主流的业务流程建模方法，我们从模型的完备程度、技术支撑程度、模型的可视化程度、模型的表达能力以及模型的方法论程度等属性对以上几种建模技术进行对比，见表8-2。

可视化技术对比　　　　　　　　　　　表8-2

属性	特性	流程图法	Petri net	ARIS	IDEF	BPMN
模型表达能力	组织因素	无	有	无	有	无
	数据	一般	一般	好	一般	一般
	人员	有	无	有	有	无
	时间	无	无	无	无	无
模型拓展性	跨职能	支持	无	支持	支持	无
	动态仿真	不支持	支持	支持	不支持	不支持
	辅助工具	有	无	无	有	无
	软件接口	无	有	无	无	无
可视化程度	可理解性	较好	一般	一般	一般	一般
	图形化表达	较好	弱	好	好	弱
	计算机化	一般	一般	较好	一般	较好
发展完备程度	软件开发	一般	好	好	一般	一般
	规范	有	有	有	有	有
	制度	无	无	无	无	有
操作性程度	建模难度	简单	复杂	一般	复杂	一般

通过以上述对比可见，每套方法的背后都有强大理论与技术作为支撑，每个可视化技术所侧重的应用和领域也各有不同，实质上就是流程描述的出发点稍有不同而已，有的侧重于人的因素，有的侧重于事件的发生，有的侧重于行为的过程，BIM可视化技术相较于其他方法，不管是在行业应用的契合度还是模型表达能力以及软件开发程度上都优于其他方法，流程图法相较于其他方法对于操作人员的数学理论知识、计算机理论知识以及施工技术知识等要求较低，具有操作简单、理解性较好的特点。

8.2.5 流程模拟基本步骤

通用的流程模拟一般分为七个步骤（图8-5）：

（1）问题定义：对问题本身做出明确的定义是解决问题的先决条件，只有明确问题是什么，才有可能去解决它；

（2）确定目标：目标是仿真研究的导向，仿真研究的目的是确定如何达成某个目标，在确定目标的时候还要考虑目标测度的问题；

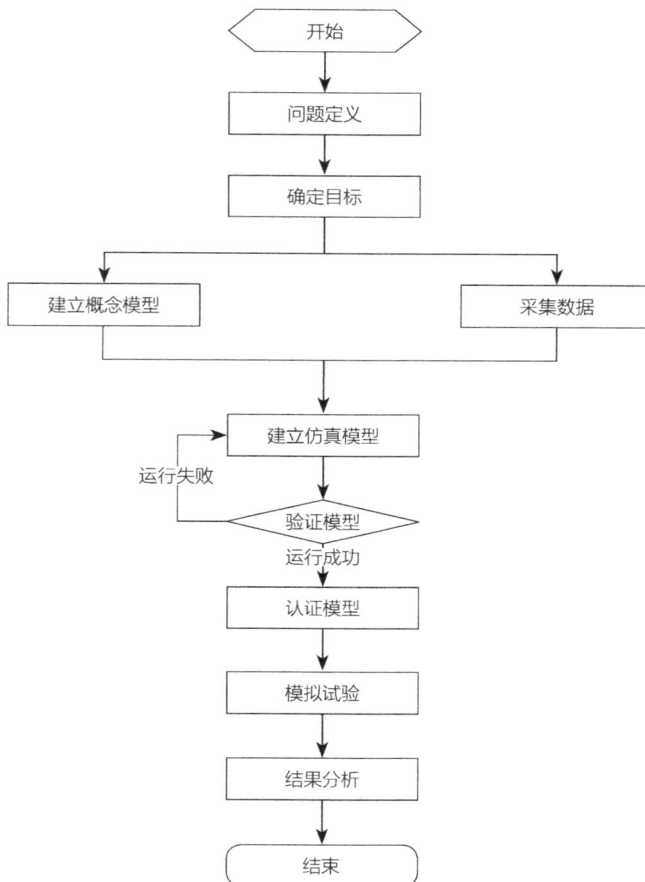

图 8-5 流程仿真模拟基本步骤

（3）建立概念模型：将问题处理简化为流程形式，列出每个任务相关因素；

（4）采集数据：仿真数据的采集量大小主要是使用仿真研究目标决定的。仿真数据可以源于现实系统调查，也可以是通过经验进行估计和计算得到；

（5）建立仿真模型：建立仿真模型是将之前建立的概念模型利用建模软件转变成计算机仿真模型的过程，概念模型只有建模者能理解，而计算机无法理解，要想让计算机来运行模型并得出仿真结果，则必须将概念转化为计算机能理解的语言；

（6）验证模型：验证是确定所建立的计算机模型是否在逻辑上准确地反映了概念模型以及该模型是否都是计算机可以正确运行并得到结果的过程；

（7）模拟试验与结果分析：基于被认证为有效的仿真模型，可将各种不同的替代方案输入模型来比较各种方案的优劣。如果方案中包含随机因素，往往需要对同一方案多次运行该模型，并基于多次运行的仿真结果做出不同的方案优劣评判。

8.3　流程平台

8.3.1　流程平台定义

流程平台，也称为全息流程管理软件，兼具绘图和流程协同管理的功能，能够在一个界面上呈现流程中的各种基本要素，也能够实现流程分层呈现及端到端流程的贯通。在信息化时代，越来越多的企业借用此类软件来帮助企业自身进行信息化建设。而企业在信息化建设的过程中，最大争议在于OA和BPM之间的抉择。从某种意义上来讲，OA和BPM并不具备可比性，但在信息化时代的背景下，两者在企业使用的价值所得方面来看却造成了一定的争议，两者的关系是什么、异同点是什么、分别适合怎样的企业、管理范畴分别是什么等，这些问题的不明确，以及随着OA和BPM软件的不断发展、完善和创新，界线变得更加模糊。

市面上的OA、BPM软件众多，但究其本质我们可以发现大多数OA产品的功能主要集中在信息共享、行政办公领域，一些主流的OA系统虽然引入了工作流，但相对来说较为封闭，开放性和扩展性均不足；而BPM则是一个开放性平台，不仅能实现OA的功能，还能满足企业内部系统之间集成的需求，在BPM的驱动下，企业的流程能够形成一个闭环。两者之间的区别对比见表8-3。

OA与BPM软件基本特性对比表 表8-3

	OA	BPM
软件架构	JAVA、.NET、PHP、Domino	JAVA、.NET、基于SOA架构
驱动模式	文档驱动	流程驱动
交互	人与人	人与人、人与系统、系统与系统

	OA	BPM
软件功能	对企业的组织和业务过程进行掌控，强调以个人为中心的信息传递，自主发散、行为无序地将信息通过协作工具进行传递和沟通	以端到端为中心的协作（人与人、人与系统、系统与系统），重视企业从战略到执行自上而下的流程化、规范化管理，重视全局的管控模式和不断优化，以流程为主线，提倡规范化、持续优化的绩效管理模式
集成整合	独立的产品包，缺少成熟的接口和集成实例，较难实现邮件系统、财务软件等的集成	能广泛整合不同业务系统，比如：ERP、CRM、MES、EHR、财务系统等
灵活性	固定的产品包，更改较为困难；而业务环境、行政规则的变化，人事的变动对流程带来的影响，要求流程平台具备快速搭建、灵活更改的特性	拥有强大的二次开发能力，丰富的向导，开发效率高，并且产品已有很多实用组件可直接使用，更改灵活
发展前景	云模式OA、移动OA、基于SaaS模式OA	动态BPM、实时BPM、云端BPM、社交BPM

8.3.2 典型软件介绍

1. OA 软件——泛微

对OA类软件的介绍选取泛微流程引擎（Weaver e-workflow）为对象，从以下四个方面展开：

（1）工作流引擎平台技术架构

该软件的工作流引擎平台技术可以高度协同的系统各应用模块，是整个协同办公平台的血脉，是连接并打通其他应用模块之间协同的关键所在。通过工作流引擎平台，既可以帮助用户基于企业业务模式和管理模式，自行定义所需要的各种流程应用，快速构建企业自身的流程管控体系，同时也为建设企业整体协同平台夯实基础。

其次，该技术是基于国际标准化的流程引擎架构，泛微工作流引擎平台参照工作流管理联盟（WfMC）所提出的工作流模型和五大接口标准，基于SOA架构，融合了近20000家客户的流程实践案例应用经验，自主研发而成。这种流程引擎架构可以让用户方便、快捷地构建符合自己企业规则的各类流程，以支撑企业的规范化、流程化管理。

此外，泛微工作流引擎平台具有灵活的表单自定义功能，可以快速自由配置各类工作流程，提高流程实施效率，降低开发成本。

（2）工作流引擎平台逻辑框架

泛微软件工作流引擎平台逻辑框架图如图8-6所示。

（3）工作流引擎平台技术特点

泛微工作流引擎平台技术具有如下特点：

1）采用JAVA技术：跨平台设计，安全性高，运行性能卓越；

2）基于B/S架构：纯浏览器应用，零客户端，维护成本低；

3）部署架构灵活：支持集中式或分布式部署，提升系统整体使用体验和性能；

4）支持关系型数据库：支持SQL或ORACLE主流数据库，加强了数据处理的规范度和再加工能力；

用户	• 决策层　• 管理层　• 执行层　• 客户　• 供应商　• 其他合作方
	移动设备　　　PC电脑　Windows 10　　浏览器

前台	信息发布 & 共享门户	统一工作 & 管理门户	协同商务 & 服务门户

中台

任务 / 操作			流程应用库	流程配置管理器	流程构件库		其他协同应用	外部应用融合
待办	已办	办结	在线营销	人力资源	流程分类	表单库	项目管理	ERP
督办	跟踪	超时	客户经理	运营管控	数据表单	字段库	任务管理	CRM
新建	提交	驳回	采购管理	数据报表	流程节点	报表库	知识管理	Finance
转办	抄送	干预	财务管理	流程分析	流程控制	布局样式库	绩效管理	HR

后台

流程引擎

界面生产引擎	数据报表引擎	外部集成引擎	流程交互引擎
配置管理引擎	核心调度引擎	任务执行引擎	
规则匹配引擎	权限收放引擎	组织适配引擎	表单建模引擎

其他协同引擎

门户引擎	认证引擎
内容引擎	分权引擎
搜索引擎	事件引擎
消息引擎	报表引擎

Web 服务	中间件	数据库	负载 / 集群管理	安全与存储

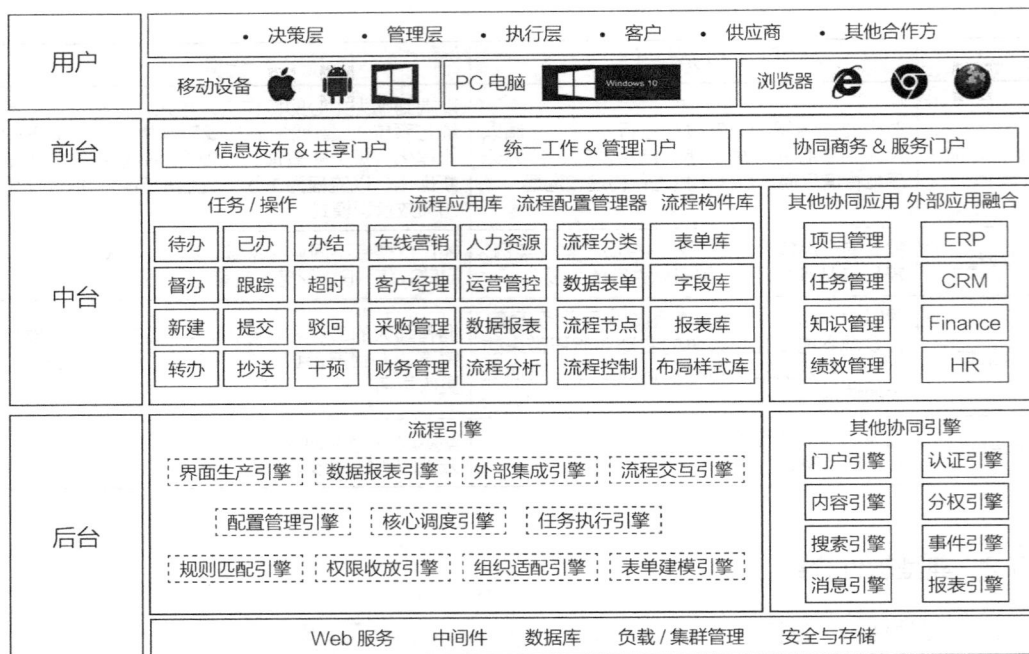

图 8-6　泛微工作流引擎平台逻辑框架图

5）可视化表单设计：类似EXCEL操作的表单构建模式，提升表单设计效率，降低项目实施成本；

6）多中间件支持：支持RESIN、WEBLOGIC、WEBSPHERE等WEB服务器，快速适应企业现有部署；

7）支持图形化流程建模：图形化、拖拉式、可视化的流程建模工具，快速模拟流程路径，提升流程实施效率；

8）拥有报表自定义工具：可定义基于流程和业务的各类数据报表，有效监控流程效率，辅助企业管理决策。

（4）工作流引擎平台应用领域

泛微工作流引擎平台广泛应用于企业内部员工（决策层/管理层/执行层）及外部用户（客户/供应商/经销商）的各类工作场景，如：人事管理、行政管理、财务管理、营销管理、信息管理、采购管理、质量管理、客户服务等。

2．BPM 软件——K2

对BPM类软件的介绍选取K2为对象，从以下四个方面展开：

（1）流程引擎

K2 blackpearl是基于微软.NET技术平台研发的BPM产品，是全球第一款基于微软WWF技术构建并遵循WfMC标准的.NET平台BPM产品。此外，K2 blackpearl也是一个强大的引擎，它贯穿业务流程管理生命周期中设计、建模、执行、监控和优化各个阶段，能提供丰富的流程接口，具备足够的稳定性、开放性和可扩展性，还尽可能依靠配置开发流程，具有良好的集成性和易于使用等特点。

（2）逻辑引擎

K2 blackpearl工作流引擎能够提供可复用的逻辑组件，灵活的逻辑组合和开放的逻辑架构，六种逻辑规则如下：

1）前置规则：当满足某些条件时，流程节点才可以被激活，如当金额大于500时才能启动该流程节点；

2）启动规则：代表一个流程节点什么时候可以开始，如特定的某个时间或每个节点激活后设定的某个时间，可以设置时间为今天12点，或者接到任务后的5小时后；

3）审批人规则：指定谁来执行任务，如某个流程任务是5个人同时处理，还是按照队列顺序依次处理；

4）超时处理规则：一个代办收到后，有一段时间没有处理，设定一种规则去催办，如某个流程任务2天没处理，可以发个邮件通知或者把任务转派给别人或者默认通过等，也可以设定工作时间，配合超时处理规则一起使用，主要用来计算超时；

5）成功规则：对应一个代办项同时可查看的人数规则，可以设置少数服从多数、一票否决或者按权重等，一旦规则成立，节点就结束。

6）一个代办项同时可查看的人数：跟成功规则相关联。

（3）Inline Function

K2在流程设计器内嵌入了Inline Function，以便流程设计人员在设计流程时在规则内嵌入运算式，而这并不需要编写代码，甚至它还可以整合操作Word、Excel、Sharepoint等其他元数据（图8-7）。

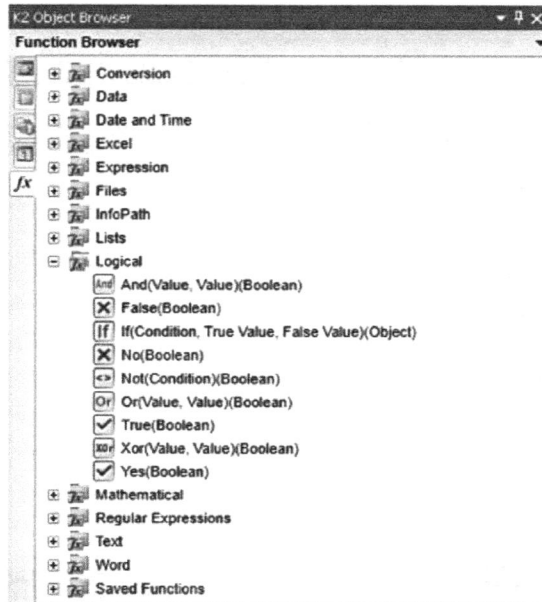

图8-7　Inline Function 界面预览图

（4）Event Bus

Event Bus是K2平台上一个重要的组件，它使得运行的流程对外开放了事件触发器，从而可以在流程运行中事件触发的时候发送邮件通知或者调用自定义的应用程序集内的方法去完成一些特定的事情（图8-8~图8-10）。

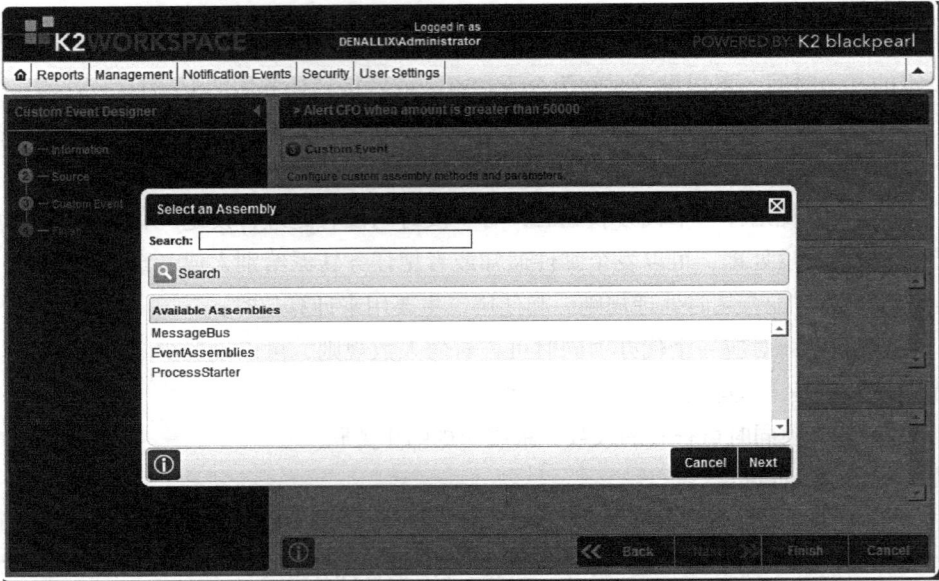

图 8-8　K2 平台组件界面预览图①

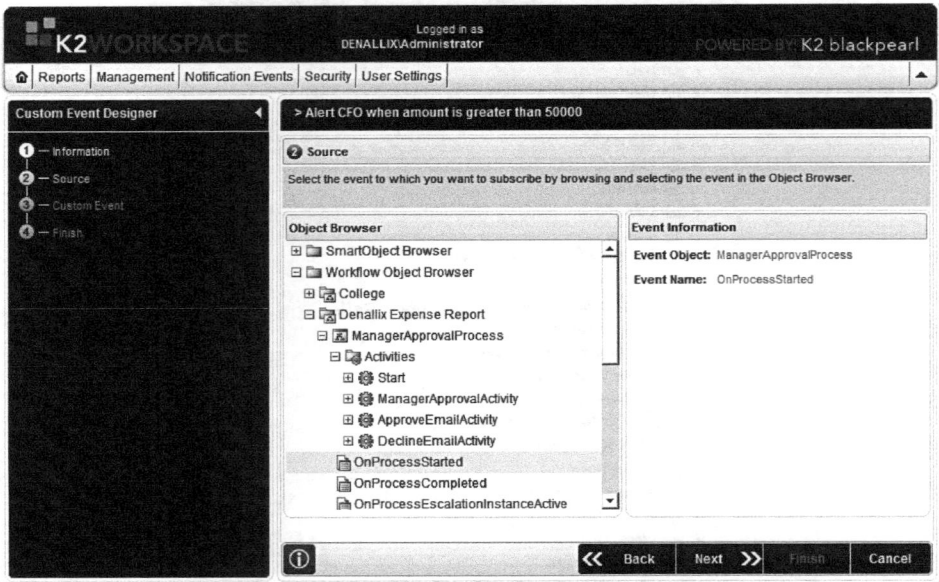

图 8-9　K2 平台组件界面预览图②

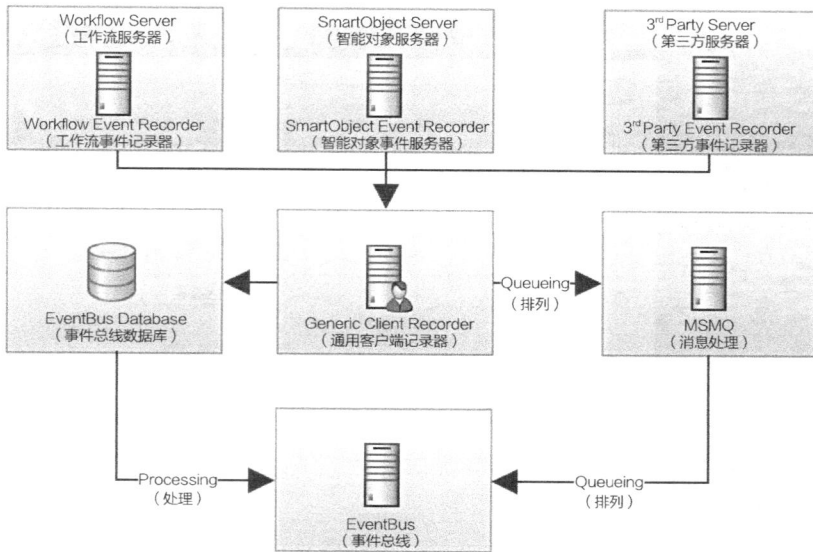

图 8-10　Event Bus（事件总线）运行机理图

（5）管理工具

K2提供的流程管理工具——K2 Workspace是流程系统管理员管理K2服务器环境、流程解决方案及流程的组件，它完全基于浏览器（图8-11）。主要能实现以下功能：

1）管理Worklist：能够通过流程实例，流程节点，流程事件查找、筛选所有的流程任务项，也可以将一个已分配的任务重定向给另一个用户；

2）管理流程错误记录：创建错误捕获规则，以确定哪些运行时错误会被捕获，还能查看并修复运行时的错误；

3）管理服务器环境安全及权限：可以设定服务器的管理人员和开发人员流程发布权限、流程运行时用户权限、SmartObject发布权限、K2 Workspace访问权限；

4）管理K2的流程：通过管理工具可以管理已发布流程的版本，还可以管理运行中流程的实例。

3. 其他软件

在全球各地区有据点的Ultimus，进入中国市场及产品本土化较早，投入了较多的技术力量参与本地实施，号称是业界最具弹性与应变能力的BPM软件，但缺点在于产品本身的架构过于复杂，订价政策也相对繁琐，后期的投入费用较难计算。

炎黄AWS的优势在于轻量级的一体化中间件平台，在技术层面能做到快速流程建模，但不足之处在于其参数配置，开发难度较高，在扩展性和灵活性方面稍有欠缺，集团化架构部署时显现大用户性能不够。

联科软件的linkey BPM，其技术架构完整，细节功能丰富，以规则引擎和流程引擎为基础，灵活扩展，轻松维护。但其市场品牌较弱，偏重技术研发，适合有开发团队的大型客户。

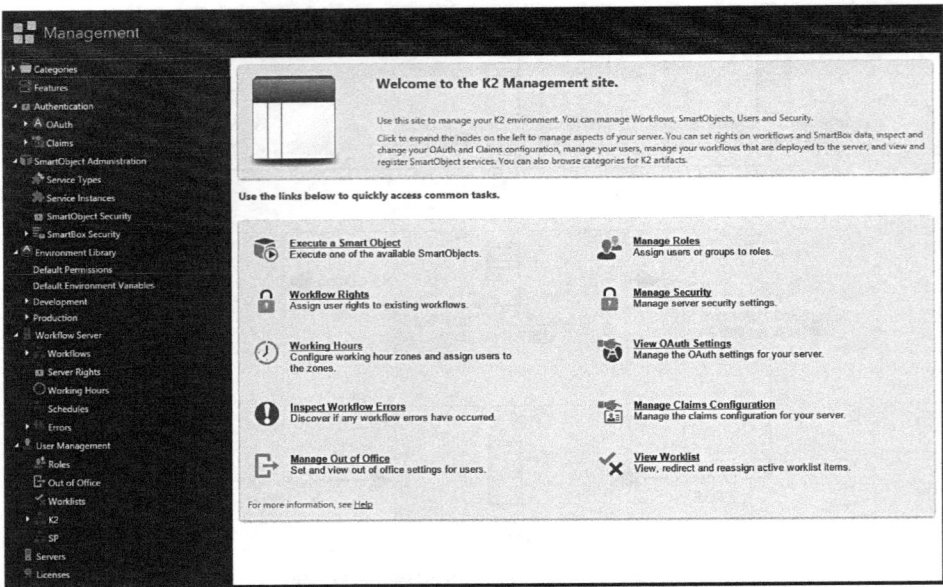

图 8-11　管理工具界面预览图

奥哲H3与国外厂家相比，更能适应本土需求，在.NET平台上专注细分，但平台限制同时也是其不足之处。产品的多层架构模式，相较复杂。面对大中型企业需求，实施难度大。

而天翎的OBPM，走开源软件的模式，有快速开发平台，系统模块可定制，适合小型用户的快速实施需求。缺点是，需要自我维护，扩展性差。

8.4　流程可视化

8.4.1　流程可视化概念

流程是由活动、输入、输出、角色、资源、参数、状态、任务和环境构成的一个完成一定功能的系统，而对于流程可视化目前还没有一个机构或学者对其进行权威的定义，本文将其定义为：利用图形化的语言或者动画来描述流程，通过建立相应的模型，使一个复杂的流程结构及功能得以抽象的表达，最终让组织相关人员达成一致理解，其实我们前面所阐述的各种流程模拟软件、流程平台软件都是为了实现流程可视化的功能，只是所处的领域不同罢了，其作用逻辑如图8-12所示。

8.4.2　流程可视化实施步骤

整个流程管理的过程都是动态的，我们根据每个项目的全生命周期的进行，将流程可视化技术的开展或者流程管理工具的使用分为五个阶段：流程建模、流程部署、流程执行、流程监控和流程数据分析，如图8-13所示。

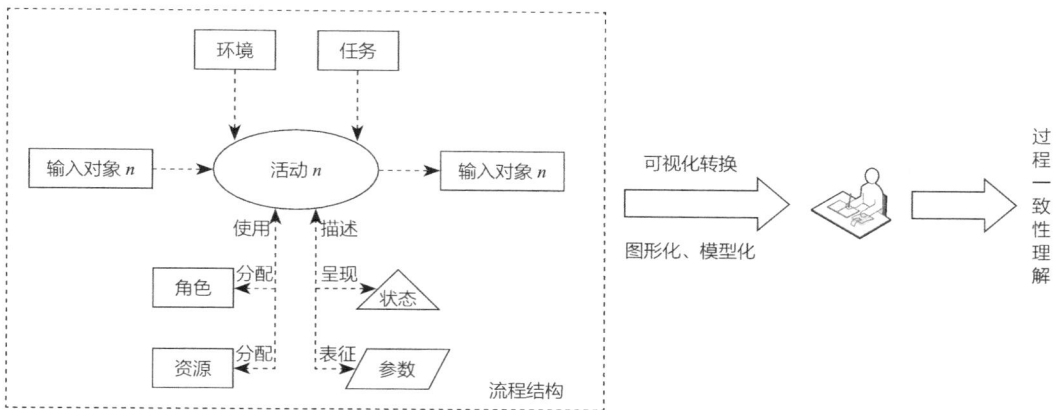

图 8-12　流程可视化作用逻辑图

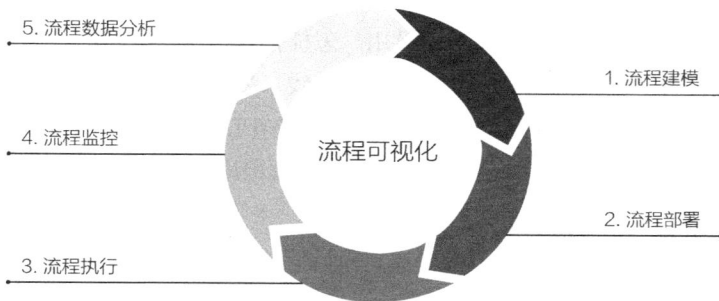

图 8-13　流程可视化实施步骤

1. 流程建模

"建模"这个词对于我们来说并不陌生，诸多领域都要建模，我们来看一个抽象的建模过程，如图8-14所示。这是一个通用的建模过程，首先人的大脑度量我们现在的世界，形成不可展示的大脑模型，然后大脑会将这个模型按照某种建模技术（例如BPMN）建立可以展示的抽象模型，通过可展示的抽象模型可以预言未来世界，未来世界会反过来确认可展示的抽象模型是否正确，然后修正该模型。

流程建模就是将设计好的流程进行模型化，注意这里强调的是"模型化"。企业中的核心业务流程有的是可以执行的，有的是不可以执行的。那么什么叫流程建模？我们可以回到流程可视化的定义，其实就是利用某种工具提供一些图形化符号（包括各种语义的节点、连接线等）、可视化的表达流程（例如利用visio提供的各种图形符号构建一个流程图），当然建模的过程不是随心所欲的，各种建模技术的使用必须遵循其建模规范、建模原则以及建模的对象。

2. 流程部署

流程部署就是将所建立的流程根据企业的实际管理环境进行部门设置、岗位的设置。流程部署的成功与否，是流程能否真正执行的关键前提。

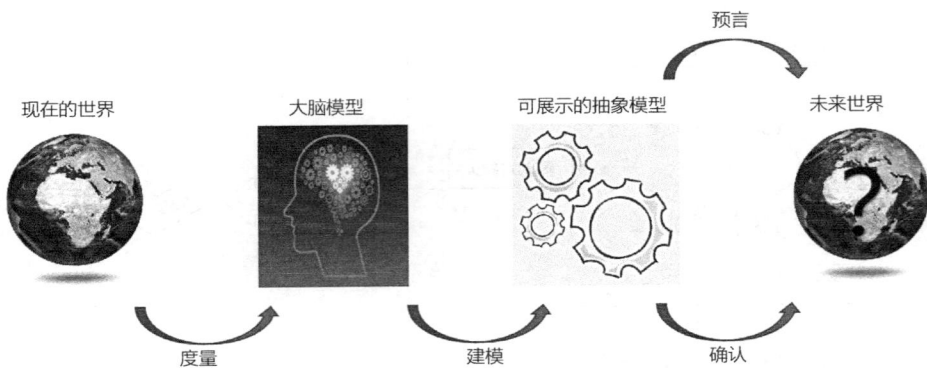

图8-14 建模过程

3. 流程执行

再好的战术如果不能有效地执行，也没用。怎样很好地执行战术呢？在作战前，由参谋长、作战参谋将符合一定规范的战术方案、战术路线、战斗任务等传达给作战分队（这些作战方案、战术路线、战斗任务都是符合规范的建模模型），由作战分队贯穿执行，其实流程的执行也是如此，我们将流程的执行分为六步，具体如图8-15所示。

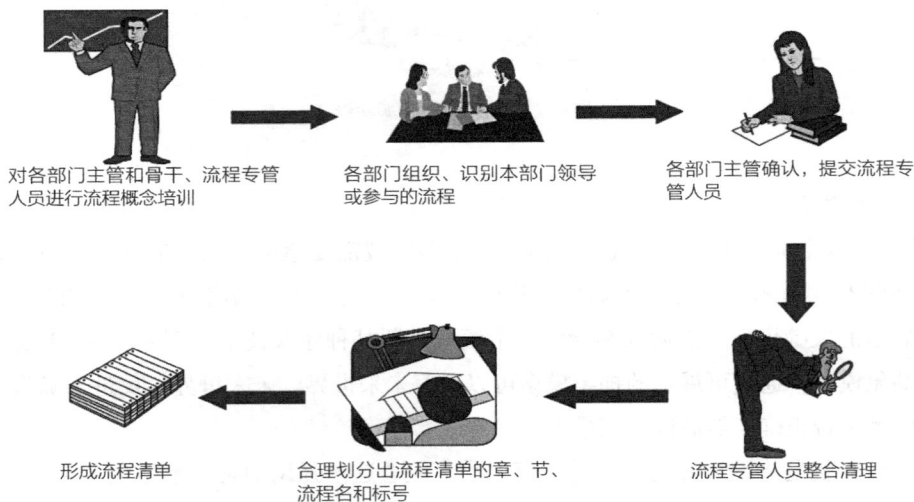

图8-15 流程执行步骤图

4. 流程监控

流程监控指的是对流型相关实例的执行过程进行监控，例如监控流程的目前状态，包括停留在什么环节、办理人是谁、处理意见是什么、业务的输入输出数据等。流程监控只对流程本身的相关实例数据进行监控，通过列表、报表、曲线图、饼图、柱状图等形式对流程实例数据进行分析。

除了流程监控以外，还有一个专门的技术，即业务活动监控（Business Activity Monitoring，

BAM）。BAM从业务活动的角度出发，对业务与流程全面监控，并且通过实时仪表盘进行展示。它可以定义各种事件，对监控的结果进行响应，以执行后续动作。BAM必须在EAI基础之上进行构架，因为BAM关注的是企业的全部业务应用。对于BPM生命周期的监控阶段，基于BAM的全面监控将是未来的重点发展方向。

5. 流程数据分析

流程的数据分析指的是通过对流程运行过程中时间、资源消耗量、成本等进行流程绩效评价，识别流程中需要改进的部分，持续不断地改善流程，提高客户服务质量。其中，在进行流程数据指标构建的过程中必须遵循以下几点：①评价指标是实现企业战略目标的量化依据，必须与企业的战略保持一致；②指标应该是对流程绩效有高影响力的关键指标，要尽量简单，突出重点，不应该过多，过于全面的指标体系操作起来比较困难；③要根据BPI不同时期的工作重点对绩效进行适当调整或者改变，指标要具有动态性；④在流程数据指标体系中，各指标的构成要具有合理性，使流程绩效评价指标相互之间能够保持相对的均衡，最终实现流程的最优化；⑤企业由于类型与战略目标不同，其评价指标应该略有差异，企业应当重点考虑企业通用的指标。

目前对于流程数据分析的方法主要分类三类：定性分析、定量分析、定性与定量相结合。有效的流程数据分析一般都是采用定性与定量向结合的系统方法。例如：层次分析法（AHP）、网络分析法（ANP）、模糊综合评价法（FCE）、模糊网络分析法（FANP）等。

8.4.3 流程可视化的价值

对于流程可视化的价值我们可以从"流程+可视化"双重作用出发，可视化是通过图形、图像、动画等直观的形式，将管理中的数据、程序、复杂的结构系统直观地展现出来，通过应用多向互动，数据多方共享，来帮助管理者透视管理信息中隐含的现象、过程和规律，进而实现流程的"预演→纠错→优化"。我们将流程可视化的价值归纳如图8-16所示。

对于组织管理来说标准化的前提是流程化，流程贯彻执行的重要手段是可视化，我们想想在新人入职的第一天，将本公司的制度以流程可视化的手段清晰表达，而不是那种纯文字版的《新员工手册》，不仅可以使新员工快速了解企业文化、规章制度，也一定程度上提高了组织管理效率，对于后期的员工绩效考核也提供了一种新方法。

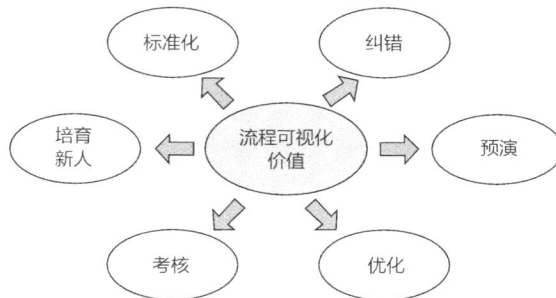

图8-16 流程可视化价值

3

实践篇

第 9 章
应用案例

本章逻辑图

本章逻辑图如图9–1所示。

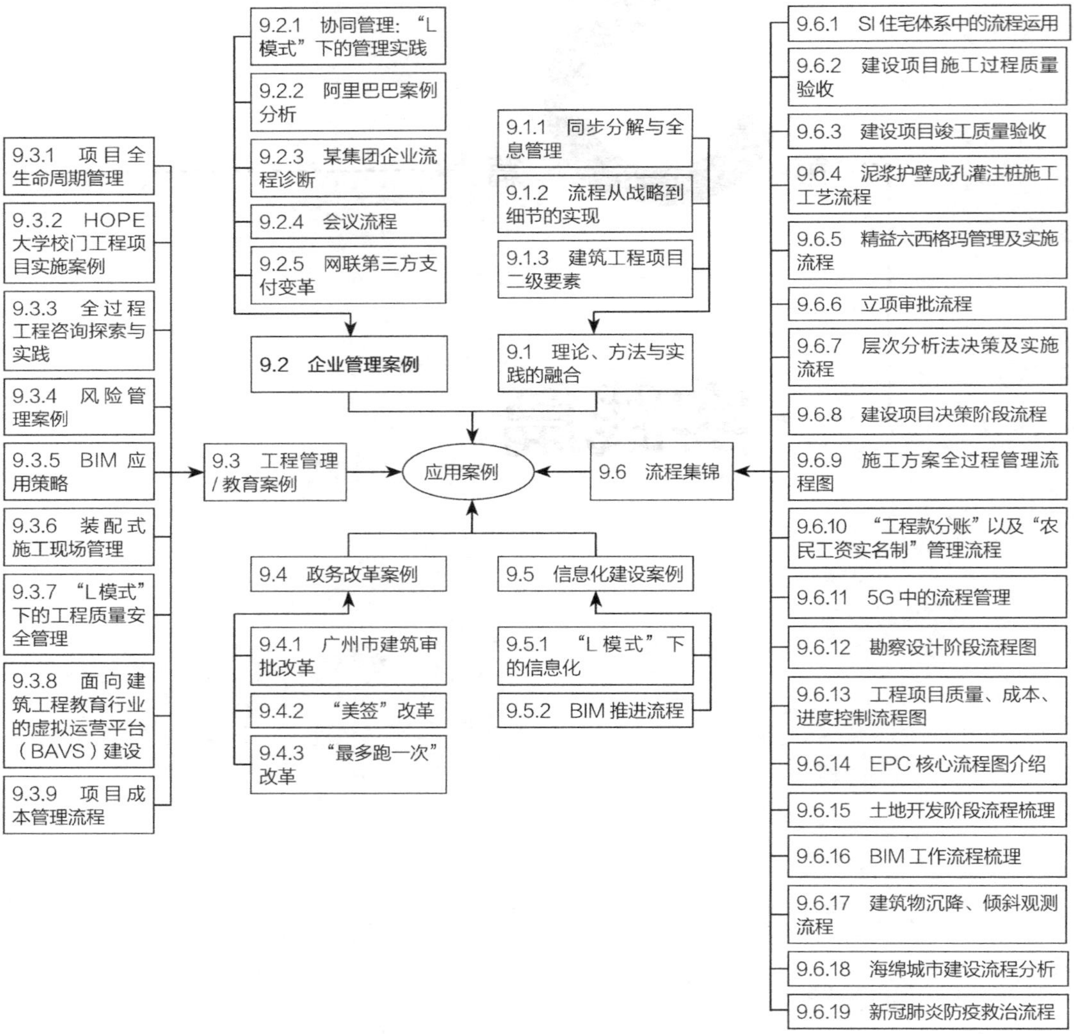

9.2.1 协同管理："L 模式"下的管理实践
9.2.2 阿里巴巴案例分析
9.2.3 某集团企业流程诊断
9.2.4 会议流程
9.2.5 网联第三方支付变革
9.2 企业管理案例
9.1.1 同步分解与全息管理
9.1.2 流程从战略到细节的实现
9.1.3 建筑工程项目二级要素
9.1 理论、方法与实践的融合
9.3.1 项目全生命周期管理
9.3.2 HOPE 大学校门工程项目实施案例
9.3.3 全过程工程咨询探索与实践
9.3.4 风险管理案例
9.3.5 BIM 应用策略
9.3.6 装配式施工现场管理
9.3.7 "L模式"下的工程质量安全管理
9.3.8 面向建筑工程教育行业的虚拟运营平台（BAVS）建设
9.3.9 项目成本管理流程
9.3 工程管理 / 教育案例
应用案例
9.6 流程集锦
9.4 政务改革案例
9.5 信息化建设案例
9.4.1 广州市建筑审批改革
9.4.2 "美签"改革
9.4.3 "最多跑一次"改革
9.5.1 "L 模式"下的信息化
9.5.2 BIM 推进流程
9.6.1 SI 住宅体系中的流程运用
9.6.2 建设项目施工过程质量验收
9.6.3 建设项目竣工质量验收
9.6.4 泥浆护壁成孔灌注桩施工工艺流程
9.6.5 精益六西格玛管理及实施流程
9.6.6 立项审批流程
9.6.7 层次分析法决策及实施流程
9.6.8 建设项目决策阶段流程
9.6.9 施工方案全过程管理流程图
9.6.10 "工程款分账"以及"农民工资实名制"管理流程
9.6.11 5G 中的流程管理
9.6.12 勘察设计阶段流程图
9.6.13 工程项目质量、成本、进度控制流程图
9.6.14 EPC 核心流程图介绍
9.6.15 土地开发阶段流程梳理
9.6.16 BIM 工作流程梳理
9.6.17 建筑物沉降、倾斜观测流程
9.6.18 海绵城市建设流程分析
9.6.19 新冠肺炎防疫救治流程

图 9–1 第 9 章逻辑流程示意图

实践是对理论方法工具的最好检验，管理科学本身就是一门实践学科。本章先对融合的重要方法进行分析、解释，着重列举二级要素，结合实际介绍了丰富的企业管理、工程管理与教育、政务改革、信息化建设等类型的案例，以便读者更好地理解、应用"流程牵引目标实现的理论与方法"。最后以流程集锦的方式给出了大量各领域案例。

9.1 理论、方法与实践的融合

9.1.1 同步分解与全息管理

项目管理的全部内容包含了"时间维度（进程维）、过程维度（逻辑、工艺、方法维）、空间维度（三维）、资源维度（如资金、知识、渠道、人资、物料和仪器设备）、信息维度"5D内容，是项目要素中物质、能量、信息、过程的集合，充分体现了项目管理的系统性本质。

PLM是（Product Lifecycle Management，PLM）产品生命周期管理，表明时间维度上的项目管理系统性。其思想方法理解为全生命周期管理，切合本书意思。空间维度的全部内容，有类似WBS（Work Breakdown Structure：工作分解结构）、PWBS（Project WBS：项目工作分解结构）、CWBS（Corporate WBS：企业工作分解结构）、IWBS（Industry WBS：行业工作分解结构）的一些技术，主要从空间维度出发，对实体建造过程的工艺内容和职能内容进行系统规划。

同时还有过程的全部任务。"流程牵引"方法和技术，则是过程的系统设计、执行、成果管理的一种方法。尤其是在流程任务中，也就是时间、空间和内容在过程中的要素集合点，或者说就是协同的契机。流程融合了所有要素，牵引着奔向目标，因为流程与时钟结合，时钟是不停向前的无限动力。

要满足项目管理的周期和内容全覆盖，也即时间和空间的同步性，不得不提到"同步分解技术"与"全息管理观点"。本书仅就同步分解技术和全息管理的核心观点进行说明，不进一步展开，以便理解。

行业要素、企业要素、项目要素、流程要素、任务要素具有相似的九大要素的结构形式，即相似性，如图9-2所示。因为行业、企业、项目、流程是包含内在逻辑的，也就是内

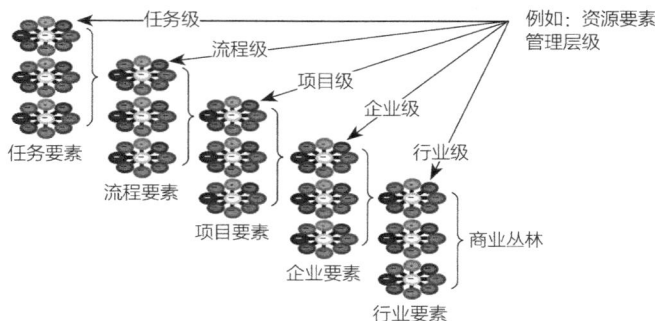

图 9-2 资源要素的自相似性

部自身要素的特点与关联关系，具有"自相似性"，要素自相似是"全息管理"的基点。要素是企业运营的基因，流程则是"螺旋结构的DNA"。成长就是本质上要素的扩充，而不是结构的变异，如何管理偏差和变异，正是风险管理的主要内容。

管理需要"同步分解"和"同步进展"，如果V4.0的硬件技术（如战斗机的"第四代"发展）与V2.0的软件技术及V3.0的飞行员培训不匹配，就不能很好地发挥战斗机的性能，道理很容易明白。所有要素需分解到"同一时间维度、空间维度和任务维度"，即同步分解。

国内企业管理总是将资金管到了"细致级"，而其他诸多要素则处在"粗放级"，这就是典型的不匹配，而风险常常出现在粗放级的要素上，过细也会导致管理问题。实际上，比如在任务级的工程量清单层级上，其他要素不匹配的话，要想资金管理细致，也是不可能的。建设行业内，同步分解的内涵如图9-3所示。

大家比较了解的是WBS，即工作分解结构。复杂系统之所以能够被认识、理解和应用，是由于系统由要素组成，可以分解。复杂的城市小区建设、新城建设、CBD建设、大型综合体建设、商业街建设是因为我们可以以将其层层分解为分项，直到工序，才使得执行有可行性。

越到低级别的小系统，越应该要了解自己所处的位置，因为在这个位置，就越看不到整体的性能。协同的必要性，也随之产生。道理虽然很简单，但是实践中协同的常见失败，往往是由此产生的。

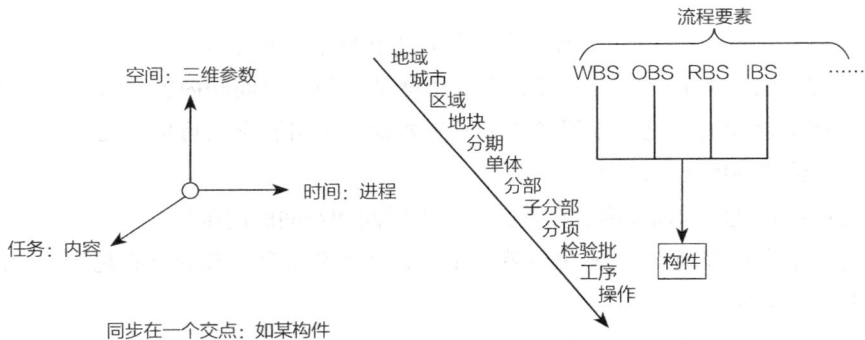

图 9-3　同步分解到例如构件级

9.1.2　流程从战略到细节的实现

前面我们研究过流程的要素包括流程的名称、编码、资源、依据、组织、职责、信息、各方以及我们都期待的成果。有必要弄清楚这些要素分布在任务、流程、项目和组织中的形式。图9-4展现了流程如何从战略到细节，其分别的表达方式见表9-1。

任务体现组织发展（战略）的表现形式，就在于每个任务中，包含着战略的分解要素，也就是在具体工作中应当完成的细小目标。实际上深刻地体现了目标需要分解到细致的行为，才能真正达成和真正实现目标的过程控制。否则，战略就是空中楼阁，就会落入空谈。在这个意义上，"细节"决定成败是十分有道理的。

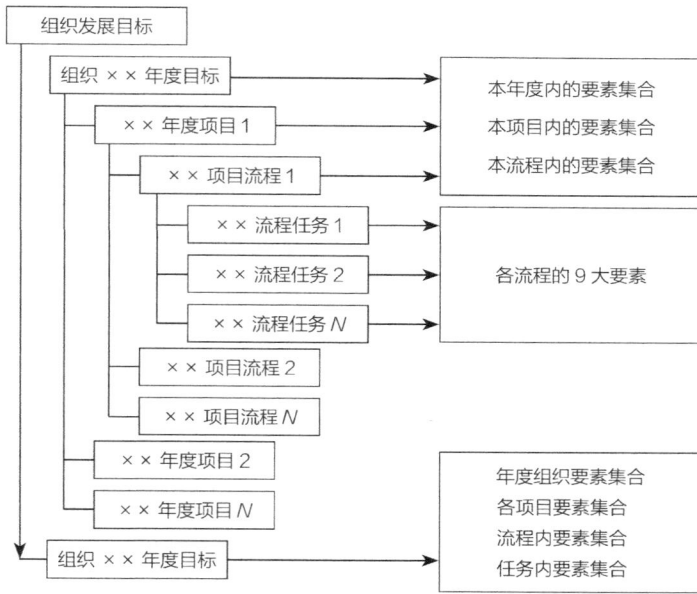

图 9-4　流程从战略到细节图

流程要素在组织层级中的表现方式表 　　　　　　　　表9-1

层级	表现方式	ID 编码	名称	组织	职责	依据	资源	信息	成果	各方
任务中	要素	单个ID	要素列表 任务名称	分岗	任务要求	作业指导书	工具	表单等	任务要求成果	岗位
流程中	工艺流程	ID列表	要素列表 任务列表	岗位部门	流程要求	流程操作书	工具设备	表单等	流程要求成果	多岗位
项目中	职能流程	流程列表	要素列表 任务列表 流程列表	岗位部门多部门	项目目标	各项依据	各种资源	各种信息	项目目标成果	岗位部门
组织中	目标流程	项目列表	要素列表 任务列表 项目列表 流程列表	岗位部门多部门外部门	组织目标	各项依据	各种资源	各种信息	组织目标成果	多岗位本部门外部门

　　组织管理，在以项目为单位的单元中[①]，所从事的几乎所有活动都包括一个（组）流程，都在遵循某一流程。流程是科学活动规律的体现，流程图是制度、活动规律、规范要求的可视化表现，也是开发和应用现代计算机技术和项目管理软件的重要内容。项目管理流程对项目管理具有重要意义。流程通过其要素，实现了从战略到具体的纽带作用，正因如此，才真正体现流程管理的特殊重要意义。项目的强烈目的是"聚焦"，将要素（目标、组织、责任、权限、资源）聚焦，成为项目管理者的重要方法和实现途径。

---

① 有阐述："在当今社会，一切都是项目，一切也都将成为项目"（美国项目管理专业资质认证委员会主席 Paul Grace）；"进入21世纪，基于项目的管理将会扫荡传统的职能管理"（前英国项目管理协会主席、国际项目管理协会执行主席Rodney Turner）。

9.1.3 建筑工程项目二级要素

在第2章中，我们描述了流程（任务）的一级要素，即编码、名称、依据、资源、组织、职责、信息、各方、成果九大要素（详见图2-5，任务的一级要素示意图）。

实际工作中，仅仅一级要素是不够的。需要用到二、三级要素，甚至四、五级要素，越是复杂的项目或企业运行，要素的分级就越多。有了同步分解技术，再复杂的系统状况，都可以保持同步协同。

下面对二、三级要素进行分析讨论。这里建筑工程表示建设行业的十大专业，不一定指房屋工程。

1. 任务依据的二级要素

做任何事情都得有依据，企业管理也是如此。每个企业组织，都会根据下述全部或部分依据才能完成任务、项目、年度目标，直至组织的使命。这些依据如图9-5所示。

当前的企业管理，普遍存在的现象是制度（或《管理手册》等）是存放在文件柜中的"宝贝"，是摆设在那里好看的，因为根本上不是被经常引用的。原因之一在于它们没有和任务联系在一起，没有分解到被作为每个任务的行为依据。而依据是流程的最重要的要素之一，当制度作为每个任务执行时的依据时，制度才变得"活跃"和有权威，才真正成为"制度化管理"的法典。在意识之外，还应该配以能够将制度成为依据的"技术手段"，否则奢谈规范化、制度化管理。

2. 任务资源的二级要素

组织行为是通过消耗资源来达到目标的，这里的资源包括"人力、物质、资金、知识、渠道"等，项目二级要素如图9-6所示。思想资源越来越重要，模糊地可以将其归为知识资源，只是为了简化和方便。有条件的应该将其独立。

国内自学习和采用西方管理思想体系及技术手段以来，着重完善的是财务管理（实质是会计管理、记账管理），尽管中国会计准则仍然在不断地完善过程中，这符合中国长期"重视对资金资源的掌控为主"的管理理念。因此，后来发展起来的国内ERP等管理集成软件的提供商基本都是由研发财务软件经验的企业转变而来的。不过，我们在流程（任务）的资源要素中，还强调人力资源、物料资源、知识资源和渠道资源，以满足现代企业全面管理的需要。

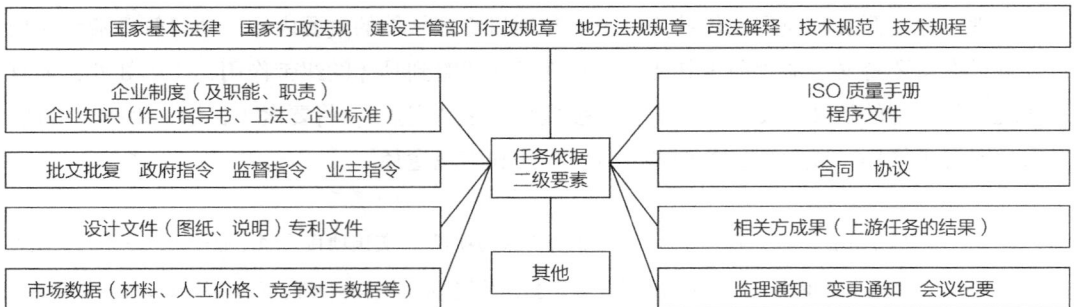

图9-5 建筑工程项目依据二级要素

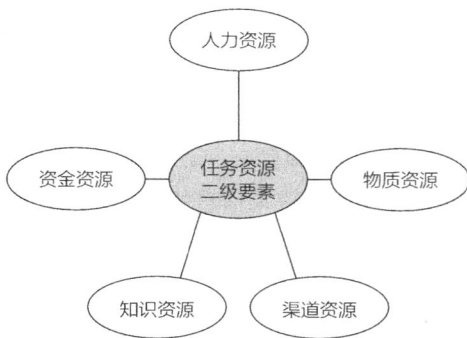

图9-6　建筑工程项目资源二级要素

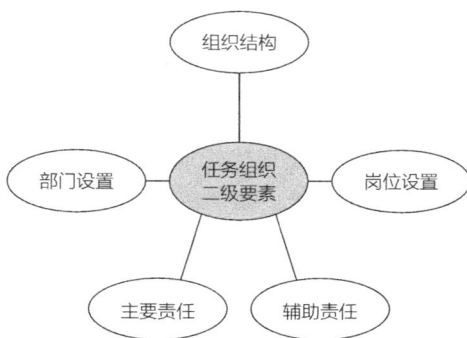

图9-7　建筑工程项目组织二级要素

3. 任务组织的二级要素

任务的组织，其前提是企业的组织结构、部门设置、岗位分配和职位（工作）分析，如图9-7所示。这里讨论的组织就是指流程由谁来完成，谁协助完成，任务的执行者就是任务的职能承担者。在组织扁平化的技术手段和管理知识都满足要求的基础上，能不能扁平化，主要看方法是否正确。流程牵引的方法，可以达到使组织扁平化的目的。管理实践中，组织内涵还包括沟通方式。

4. 任务职责的二级流程

对一个流程（任务）规定所要达到的要求，就是流程职责。流程职责不是岗位职责，而是任务职责，包括任务范围、任务要求（完成质量、时间、成本、技术、安全）等。比如本次考核员工的范围是全体总部员工，而且是只针对业绩的考核，比如产品的质量要求、办事要达到的效果等，还有就是任务应当在多少时间内、花多少钱来完成。流程职责是参照依据，将任务成果具体化，用指标的方式列明，它是量化考核的前提。

在流程要素描述中，没有特别指出"流程时间"或者没有把时间作为直接要素来描述，这不是忽视或者不重视。事实上，所有要素中，唯一最客观普适性的要素就是时间，而且，流程时间是评价最终完成目标效率的必需元素。时间融合在进程或进度管理中。

流程时间包含周期时间和保留时间。周期时间是完成任何项目的一个任务或者行为所需要的时间。而保留时间则是单个项目在文件夹里或办公桌上所停留的时间，是非生产性时间。在我们的研究中，流程时间是作为职责要素，即对流程（任务）的要求而被包括进来的。

研究发现，要提高一个组织的效率，应当不断对流程进行思考、评估、分析，并对流程进行合并、简化、删除、新增，这些都是"流程再造"的内容。提高流程效率的关键就是削减、压缩流程的"停留时间"，优化、缩短"周期时间"。这是提高流程效度的途径和方法。

如图9-8所示的内容范围、要求（完成质量、时间、成本、技术、安全）、形象、环保、健康，接近目标体系的内容。中国式项目管理，已经将内容扩展到25项内容，主要的7项为2TQ2CIS：即进程、技术、质量、合同、成本、信息、安全。当然中国特色，如劳务管理、审计管理等，也必不可少。

5. 任务信息的二级要素

流程的信息包括依据信息、资源信息、职责组织信息、各方信息、过程信息、成果信息等，如图9-9所示。

信息化也是现代管理大力提倡和追求的目标。信息化的最高目标之一是"即时掌控"，通过计算机技术、通信技术、网络技术，做到财务信息的日掌握、成果信息的点（节点）提醒、风险信息的随时警报、资源信息的即时盘点、职责的即时对比、远程无国界管理，这已经是不难实现的事情。

信息化的本质，则只有一个字："联"。人–事–物，互相关联，人–人、事–事、物–物，互相关联，联得顺畅、联得及时、联得全面。流程就是研究事–事关联逻辑的。而且以事为牵引，整合物和人，达成目标。事是开放的，人是封闭的，而物是寂静的。

建设工程的工程资料管理，是非常复杂和独立的，在交工（交通工程中有交工环节）、竣工验收过程中和档案备案中，需要有完整的资料，也有专门的软件针对资料管理，这是过程信息和成果信息的结合内容。这部分可以列入任务信息的工程技术资料和管控资料，也可以暂时不列入，有条件时，再一并管理。

6. 任务各方的二级要素

以沟通为中心的现代管理理念与IT技术结合，相得益彰。各方即任务的相关方，分内部相关方和外部相关方，如图9-10所示。

图9-8　建筑工程项目职责二级要素

图9-9　建筑工程项目信息二级要素

图9-10　建筑工程项目各方二级要素

相关方管理与组织职能互相关联。职能局限于企业内部，相关方则内部外部都可能涉及。做好相关方工作，包括组织以外的客户管理系统，可以避免人走客户也丢，组织内部要减少沟通阻力以防止信息孤岛。

对于复杂的任务来说，"利益相关方"数量是非常多且动态变化的。下面将各方的外部三级要素和外部三级中的政府要素作为四级要素进行剖析。

涉及工程的所有相关方包括：政府部门、购买者（客户、用户）、竞争对手、总承包、专业分包、供应商（大宗材料、大型设备）、租赁商、劳工、内部各方（投资人、建设人、项目管理人）、当地组织及人员、监理、咨询公司、金融服务、水电气暖服务、通信、IT服务等，如图9-11所示。

我们还可以将总承包单位和专业分包单位、劳务分包单位、勘察设计单位、咨询单位等进行分解并列出，这样就能够更深刻地了解行业生态、竞争态势。项目相关方的了解，对开展工作和提高工作效率具有非常重要的意义，如图9-12所示。

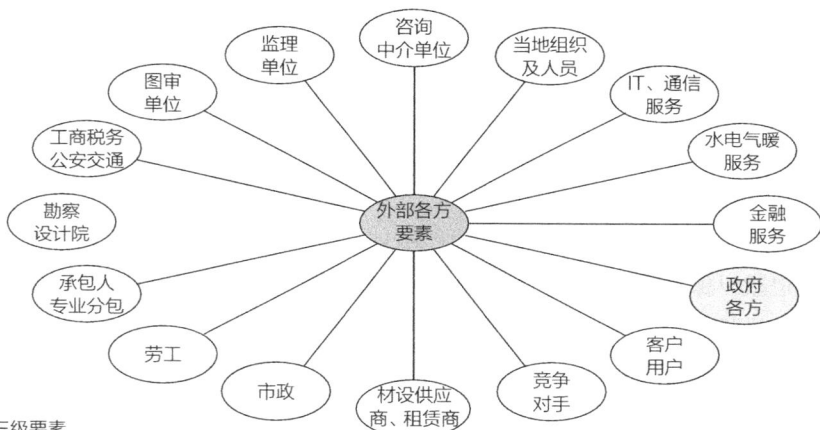

图9-11　建设工程外部各方三级要素

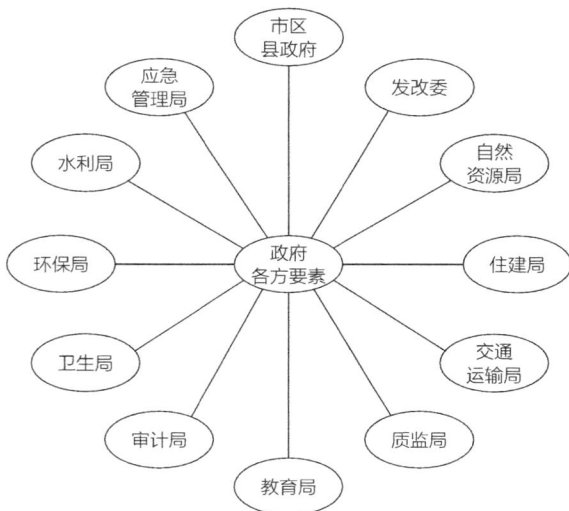

图9-12　涉及工程项目的政府相关方

9.2　企业管理案例

9.2.1　协同管理："L 模式"下的管理实践

本案例主要通过行业级、企业级（分公司级）、项目级的管理职能关系，管理实践，"L模式"应用再讨论，项目管理代表性流程图以及行业实用案例对"L模式"下的管理实践进行论证，阐述了协同管理理念。具体内容详见二维码9-1。

二维码 9-1

9.2.2　阿里巴巴案例分析

1. 大企业从痛点出发

世界级的商业痛点有两个：只说其中的一个，就是如何完成"交易"。交易是社会形态的重要表现形式与核心活动，社会越进步交易越充分。关于交易的现代话语系统阐述，可追至亚当·斯密的《国富论》。交易达成的最大难处是交易双方的互相"信任"，其成为商业社会最大的"痛点"，甚至可以说是现代文明的最大痛点。

那么重点就来了，设计一个"流程环节"，能够减少交易双方的成交疑虑，将可提高交易的成功率。买方：担心付了钱收到不如意的商品，卖方：担心交付了货物不能及时足额收到款项。交集在于：买方关注的是先收到货与卖方关注的是先收到款。

2. 僵持如何才能打开？阿里巴巴为此做了什么？

（1）支付宝

我们眼中的支付宝，最大的作用是起到了担保的作用。延迟支付直至确认满意收货或投诉退款以保障买家权益，付款发货和确认或到期即转款以保障卖方权益。拉紧了"双方"成功交易的双手，素未谋面的人，也能够做成生意，是个让人放心的担保者。

（2）淘宝平台

互联网平台：一个让世界扁平化的交易"舞台"。展货形象、搜货齐全、比货数家、了解全面、钱货安全、交易快速。谁会拒绝用这样的"高科技工具"呢？后起纷纷效仿，自然情理之中。

我们归纳了如图9-13所示的淘宝成交逻辑流程图，以供参考。

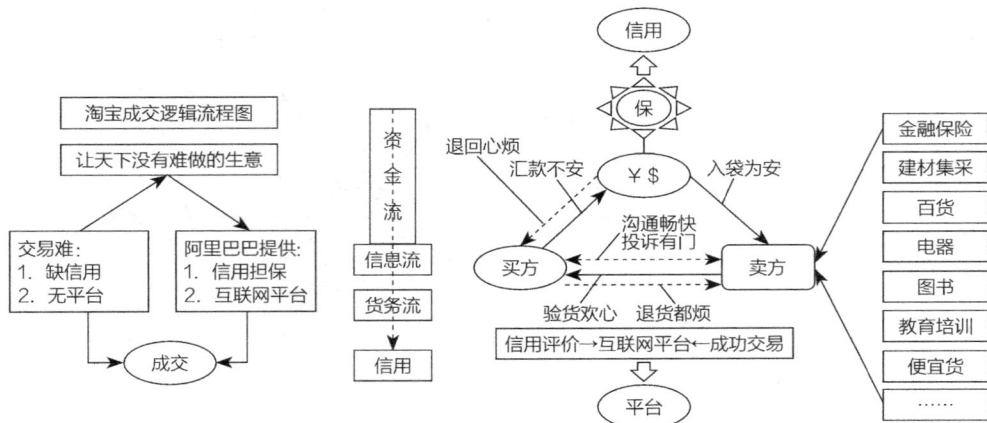

图 9-13　基于交易痛点的成交逻辑流程图

对于成功，仅仅有逻辑是不够的，要变成为可执行的操作流程，我们简化绘制了如图9-14所示的淘宝成交操作流程图，以供参考。

结论：

"让天下没有难做的生意"！谁解决了世界上最大的商业痛点之一——成功地交易，很自然，它不成为世界级的公司是不可能的（尽管，成功还有很多因素，比如：立志运营102年的雄心、要看30年运势的战略观、"看淡"钱财的财富观、能歌善舞者、正直而乐观的功夫人、生在杭州商业氛围中、客户员工股东的努力观等，但是，我们仍然认为，解决商业信用和以互联网为"舞台"，才是真正的成功的核心因素）。

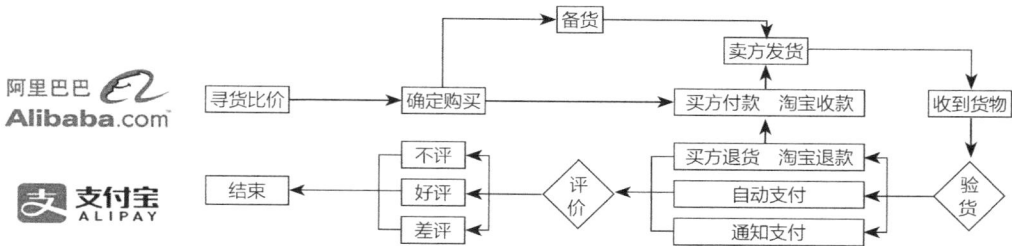

图9-14　基于阿里支付担保的采购操作流程图

3. 几点思考

（1）关于工程交易

工程交易流程中，增设了"交易中心"，通常为政府监管而用，但是给双方"交易信任"的增加，所起的作用不够大。如果增设"工程保险"和"工程支付"，以确保信任纽带的紧密，工程生态将大大改观。

（2）关于管理信息化

无论项目管理，尤其行业监管信息化（如四库一平台），不过是次一级的对信任纠偏的功用而已。关键要在公平、透明而值得"信任"的平台上进行工程交易，这才是根本。究其根本，在于建设值得信任的高效交易平台（如阿里巴巴：淘宝、天猫交易平台和支付宝担保支付）。

（3）关于流程之于风险管理的重要性

记得滴滴风波么？现在的滴滴，其品牌清晰度，受到了一些影响，主要是它在操作流程上，不够更好地关注客户的安全需求，并同时缺乏快速的应对机制，无疑在落地的流程上，是存在问题的。

9.2.3　某集团企业流程诊断

流程诊断是持续优化、不断进行的过程。本案例以企业内部流程执行情况作为切入点，对华汇集团的流程及流程体系进行调研、诊断，对流程中存在的问题进行诊断、原因分析、流程管理整体评价，再提出建议方案帮助企业提升流程管理水平。具体内容详见二维码9-2。

二维码9-2

9.2.4 会议流程

流程无处不在，无论是我们身处的学校，还是医院、企业等，都充斥着各种形式的流程，比如报账流程、就诊流程、活动组织策划流程、审批流程等。流程使得人们能更快地处理陌生的事务，也让工作任务井然有序，今天就以会议管理流程为例，探索流程的价值。

图9-15是基于笔者的生活经历构建的会议管理流程，构建的意义在于：

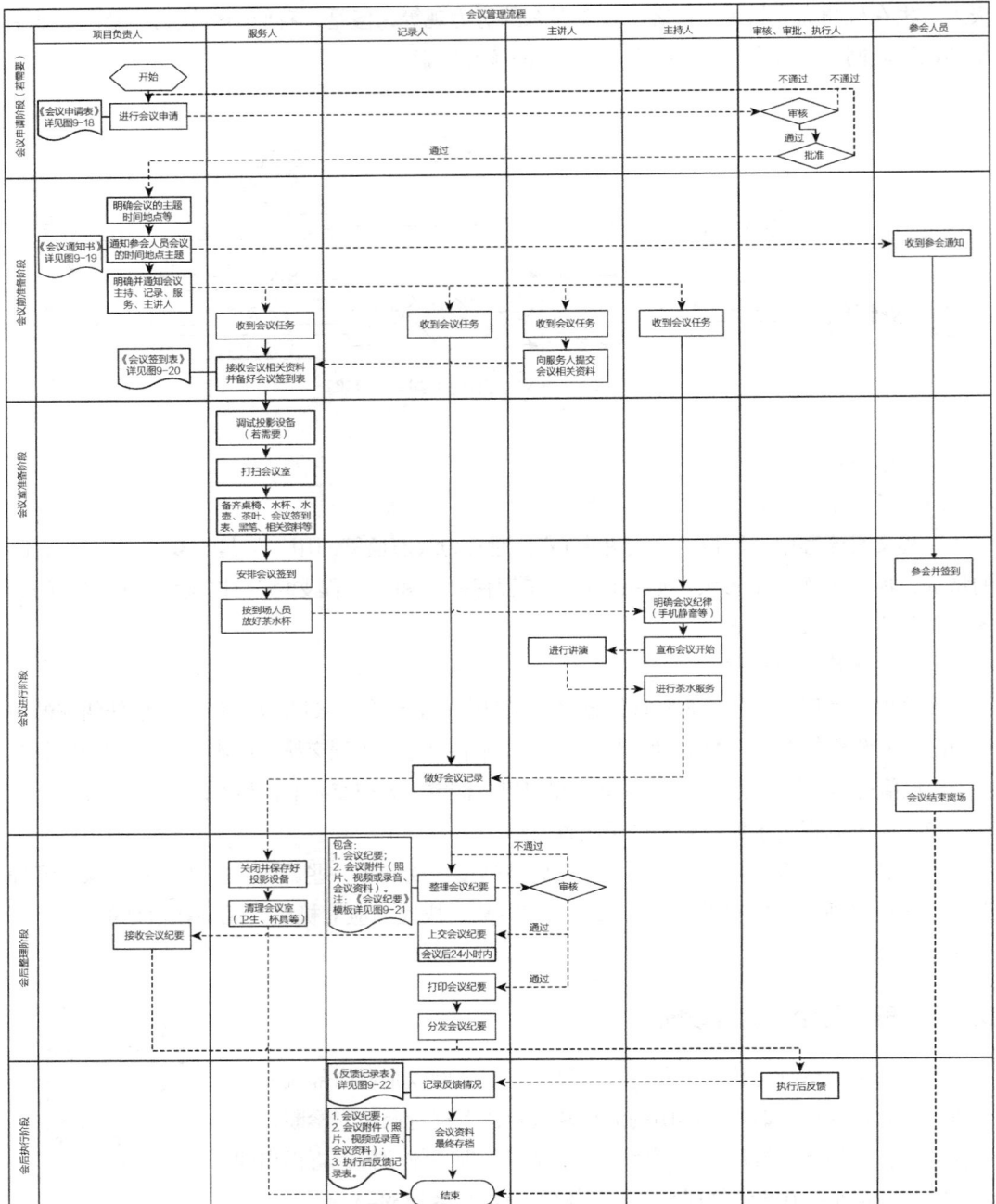

图 9-15　会议管理流程

（1）通过对该流程的梳理，会议管理形成可视化的流程；

（2）会议管理者可将会议进行过程中的各项任务分配给各自负责人（服务人、记录人、主讲人），通过流程中的各任务节点，明确落实各方的责任；

（3）在关键任务节点规定了任务的时限（如记录人应在会议结束后24h内提交会议纪要），如图9-16所示；

（4）在必要任务节点旁标注了任务所需的表单，例如图9-17；

（5）制定了表单模板，如图9-18～图9-22；

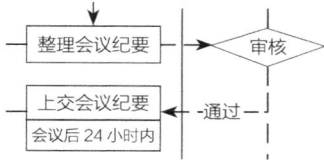

图9-16 关键任务节点规定任务时限

图9-17 标注任务所需的表单

会议申请表

申请时间：

申请部门			
申请人			
联系电话		电子邮件	
会议名称		主持人	
会议时间	自：××年上午××时××分 至：××年上午××时××分		
开会事由			
参加人员	××、××等，共×人		
准备事项			
申请人		签字：	日期：
审核人		签字：	日期：
审批人		签字：	日期：

图9-18 表单模板——《会议申请表》

关于召开××××会议的通知

××（例如：项目部全体管理人员）：

为××××××××××××××××××××××，兹定于××××××年×月×日（周×）在××召开××××××××××会议。现将有关事项通知如下：

一、会议时间

×年×月×日（周×）×时×分，会议时长约×小时。

二、会议地点

××。

三、参会人员

××、××、××、××。

四、会议主讲、主持、服务、记录人

会议主讲——××；

会议主持——××；

会议服务——××；

会议记录——××。

注：其中服务人不能兼任其他角色，其他都可兼任。

五、会议主题

会议主题为××××。

六、具体要求

1. 请×××（部）做好××××××××××资料准备；

2. 若特殊情况不能参加，按公司/项目部请假流程向通知人请假，经批准后准许；

3. 会议期间将电话关机或调至无声状态，保持室内安静。

特此通知。

图9-19 表单模板——《会议通知书》

会议签到表

会议名称			会议时间	年　月　日　时　分	
会议地点			会议服务人		
所在部门	姓名	职务	所在部门	姓名	职务
项目经理			项目经理		
××组			××组		
××组			××组		
××组			××组		
××组			其他		

统计：共　人　　　请假：　　　缺席：

图9-20 表单模板——《会议签到表》

会议主题					
					No: 01-20190308
	2019-03-08		18：30~21：30		地点：××
会议召集	××		会议类型	■学术　□策划　□评审	
主　持	××		记　录	××	
应参会人	××、××、×× 请假：××				
议程主题	一、××				报告：××
主要内容					
建议质询					
后续安排					
其他					
纪要送达 /电子稿	××、××、××				
资　料	附件1　文件名-20190308 附件2　文件名-20190308				
纪要责任	整理：××		审核：××		审定：××

图 9-21　表单模板——《会议纪要》

反馈记录表

反馈人：　　　　　　　反馈时间：　年　月　日　　　　记录人：（会议服务人）

序号	已完成整改的	未完成整改的
1		
2		
3		
4		
5		
6		

图 9-22　表单模板——《反馈记录表》

（6）最终可形成会议打包文件，整理归档。

9.2.5 网联第三方支付变革

网联第三方支付变革本质是通过流程再造，主要采取在流程中增设"网联"对第三方支付流程进行"再造"，以改变央行无法监管第三方支付业务的尴尬局面，从而掌握主动权。具体内容详见二维码9-3。

二维码 9-3

9.3 工程管理 / 教育案例

9.3.1 项目全生命周期管理

全生命周期的原意是从产品诞生到消失的整个过程。对于建筑产品，其起点与终点的划分，并没有固定的定义。"L模式"下的直线矩阵结构的流程管理及其在全生命周期下的流程管理是如何运行的，具体内容详见二维码9-4。

二维码 9-4

9.3.2 HOPE 大学校门工程项目实施案例

HOPE大学校门工程是一项迁、扩建工程，其具体的实施也需要经过一系列的工作流程分解，包括有工作结构的分解、工程目标和组织结构的确定、工序流程图的绘制、流程各要素的配置以及流程的细化与优化等一系列工作的研究与探讨，具体内容详见二维码9-5。

二维码 9-5

9.3.3 全过程工程咨询探索与实践

全过程工程咨询涉及阶段较多，如前期策划、勘察设计、工程招标投标、项目施工、竣工验收和运营管理等，各阶段还会进行细分，且前后阶段互相影响。因此，探索全过程工程咨询在流程管理中的实践也是非常有必要的，具体内容详见二维码9-6。

二维码 9-6

9.3.4 风险管理案例

风险管理是一个流程，全面风险管理的要求是贯穿项目全周期、覆盖项目全要素全方位全主体、系统全面又精准细节。而流程牵引理论"L模式"管理思想正是这样一个能做到风险管理行为得以落地的，具有专业性的科学管理方法与技术。具体内容详见二维码9-7。

二维码 9-7

9.3.5 BIM 应用策略

本章应用流程牵引理论，分析阻碍BIM应用的企业内部环境，组织、管理模式以及业务流程，介绍如何通过任务要素分析的方法打通BIM流程，使BIM运行顺畅无阻，并以此向流程型企业转型。具体内容详见二维码9-8。

二维码 9-8

9.3.6 装配式施工现场管理

1.装配式的概念

由预制部品部件在工地装配而成的建筑，称为装配式建筑。按预制构件的形式和施工方法分为砌块建筑、板材建筑、盒式建筑、骨架板材建筑及升板升层建筑等五种类型。

装配式建筑的特点有：

（1）大量的建筑部品由车间生产加工完成，构件种类主要有：外墙板、内墙板、叠合板、阳台、空调板、楼梯、预制梁、预制柱等；

（2）现场大量的装配作业，比原始现浇作业大大减少；

（3）采用建筑、装修一体化设计、施工，理想状态是装修可随主体施工同步进行；

（4）设计的标准化和管理的信息化，构件越标准，生产效率越高，相应的构件成本就会下降，配合工厂的数字化管理，整个装配式建筑的性价比会越来越高；

（5）符合绿色建筑的要求；

（6）节能环保。

我国装配式发展历程见表9-2。

我国装配式发展历程

表9-2

时间	发展历程
1956年	国务院出台《关于加强和发展建筑工业的决定》
1978年	国家有关部门专门召开建筑工业化规划会议，要求到2000年全面实现建筑工业现代化，但由于计划经济体制的束缚，特别相应的经济补偿政策迟迟不能到位，建筑工业化推广受到极大影响，1995年，建设部发布《建筑工业化纲要》
1996年	建设部发布《住宅产业现代化试点工作大纲》，我国建筑产业化发展才开始真正起步
1998年	建设部住宅产业化促进中心成立，自此，中心陆续批准建立了10个国家级住宅产业化示范基地，天津二建、青岛海尔、北新建材等
1999年	建设部等八部委发布《关于推进住宅产业现代提高住宅质量的若干提议》
2005年	建设部批准建立"国家住宅产业化基地"。2005年批准建立的合肥经济开发区，也是一个住宅部品和设备生产的工业园
2006年	建设部下发《国家住宅产业化基地试行办法》，住宅产业化促进中心还颁布了修改后的国家住宅产业化基地，推进住宅产业现代化的重要措施
2011年	沈阳市被批准为全国第一个国家现代建筑产业化试点城市
2013年	国务院办公厅发布《关于转发发展改革委住房城乡建设部绿色建筑行动方案的通知（国办发〔2013〕1号）》
2014年	沈阳市被评为全国第一个建筑产业现代化示范城市，同时，上海、合肥、济南等七个城市也成为全国建筑产业现代化试点城市
2016年	《中共中央国务院关于进一步加强城市规划建设管理工作的若干意见》提出：力争用10年左右时间，使装配式建筑占新建建筑的比例达到30%，这是时隔37年重启的中央城市工作会议的配套文件
2017年	《"十三五"装配式建筑行动方案》《装配式建筑示范城市管理办法》《装配式建筑产业基地管理办法》的通知，提出到2020年，全国装配式建筑占新建建筑的比例达到15%以上，其中重点推进地区达到20%以上，积极推进地区达到15%以上，鼓励推进地区达到10%以上。形成装配式建筑专业化队伍，全面提升装配式建筑质量、效益和品质，实现装配式建筑全面发展
	国务院办公厅《关于促进建筑业持续健康发展的意见》，提出坚持标准化设计、工厂化生产、装配化施工、一体化装修、信息化管理、智能化应用，推动建造方式创新，提高装配式建筑在新建建筑中的比例，实现建筑舒适安全、节能高效
2018年	住房城乡建设部建筑节能与科技司印发《2018年工作要点的通知》，要求稳步推进装配式建筑发展，研究编制装配式建筑领域技术体系框架，推动编制装配式建筑团体标准，提升装配式建筑技术及部品部件标准化水平，培育专业化企业，提高全产业链、建筑工程各环节装配化能力，整体提升装配式建筑产业发展水平

2. 装配式施工流程

装配式施工可分为前期策划阶段、生产阶段、存放/堆放阶段、运输阶段、吊装/安装阶段，如图9-23所示。

（1）前期策划阶段（图9-24）

（2）生产阶段（图9-25）

（3）存放/堆放阶段（图9-26）

（4）运输阶段（图9-27）

（5）吊装/安装阶段（以预制框架结构为例）（图9-28）

发展装配式建筑已成为建筑业转型的必然要求，装配式的出现使得其管理模式与传统生产、管理流程之间产生了矛盾，而建筑工程施工管理直接决定着工程施工能否顺利进行。因此，本小节聚焦于装配式建筑的施工阶段，梳理装配式建筑的施工流程，通过构建装配式建筑施工全过程实施流程，为装配式建筑的施工管理提供新思路。

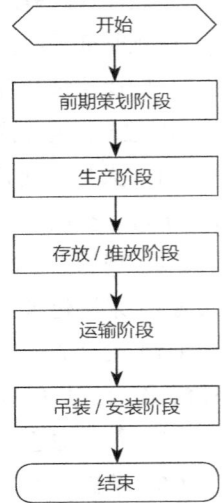

图 9-23　装配式施工流程图

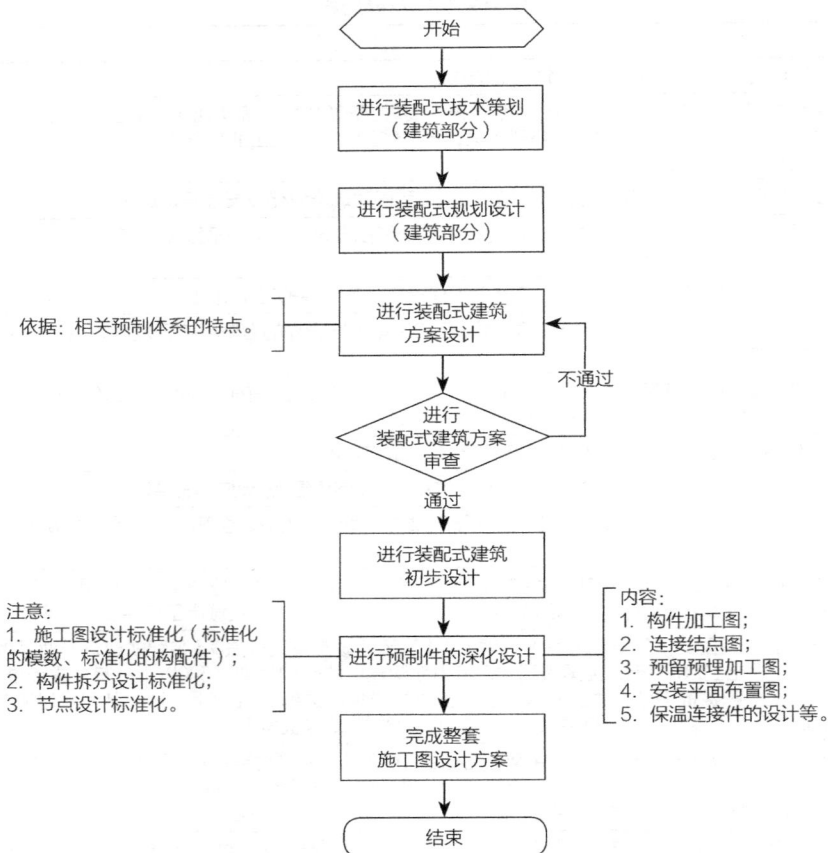

图 9-24　前期策划阶段流程图

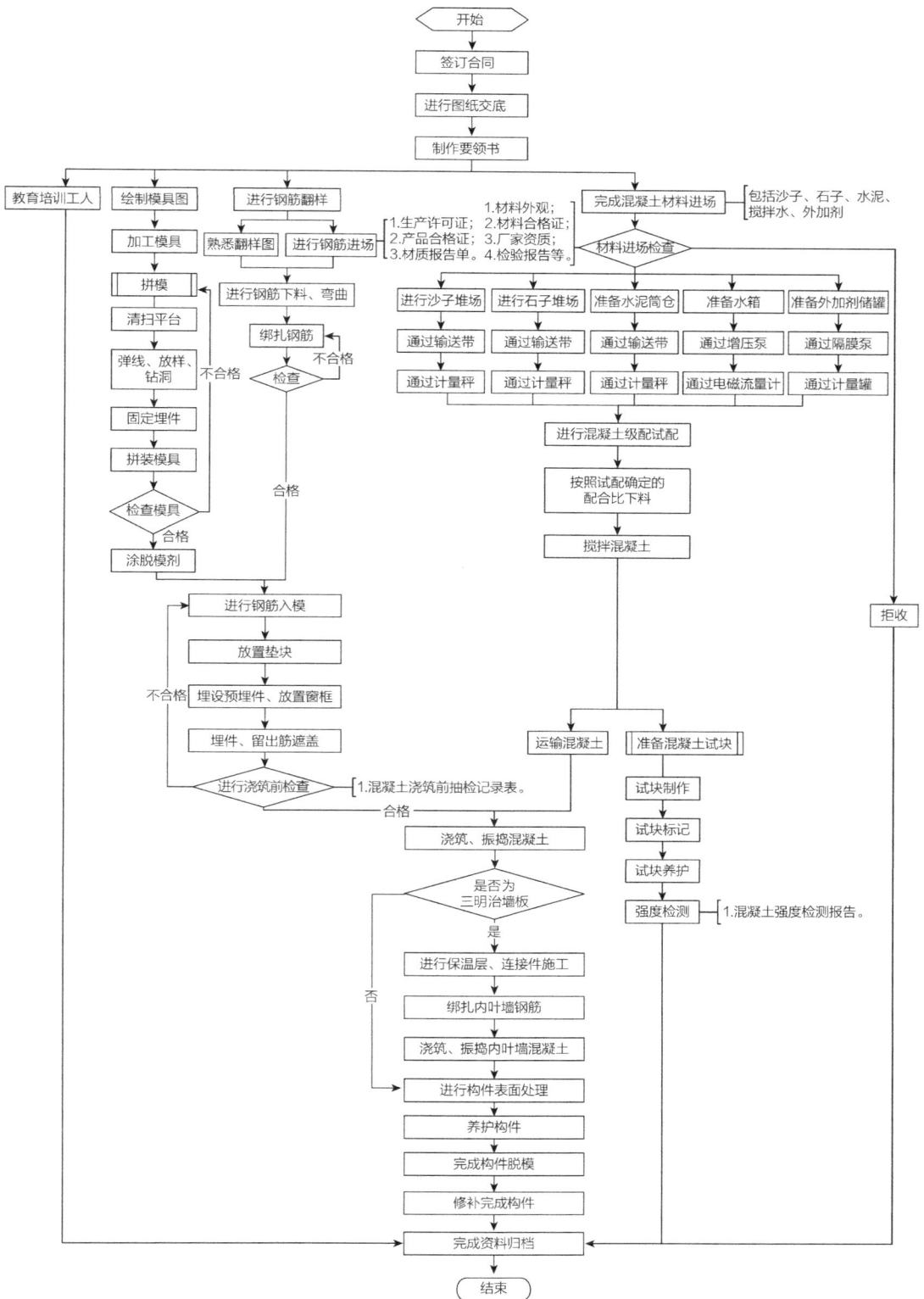

图 9-25　生产阶段流程图

内容：
1. 确定预制构件的堆放方式；
2. 制定构件堆放区域规划；
3. 设定制作存放货架；
4. 计算构件的堆放场地；
5. 计算相应辅助物料需求。

出车间实测抽检记录表。

注意：
构件堆放应放在指定的存放区域，存放区域地面应保证水平，需分型号码放、水平放置。主要构件有：
1. 叠合楼板；
2. 墙板采用立方专用存放架；
3. 楼梯；
4. 梁；
5. 柱；
6. 飘窗；
7. 异型构件等。

预制构件成品质量检测表。

```
                    开始
                      │
              制定构建存放方案
                      │
              验收构件成品 ────不合格──────┐
                      │合格                │
                     入库          处理不合格预制件
                      │                     │
                     存储                    │
                      │                     │
              进行出厂检查 ──不合格──┐        │
                      │合格          │        │
              录入信息，归档    查明原因，提出    │
                      │          改进措施      │
              准备装车出运         │           │
                      │           │           │
                     结束 ◄────────┴───────────┘
```

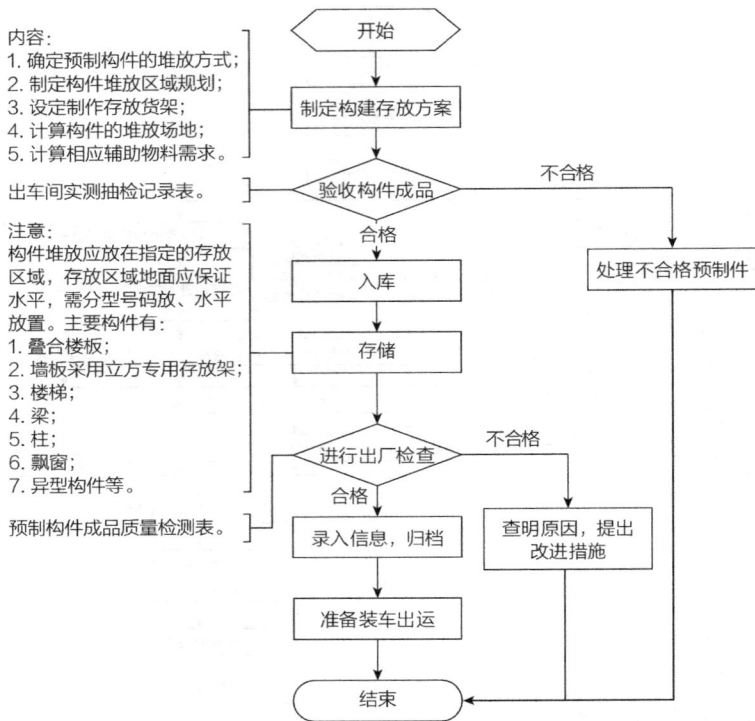

图 9-26　存放 / 堆放阶段流程图

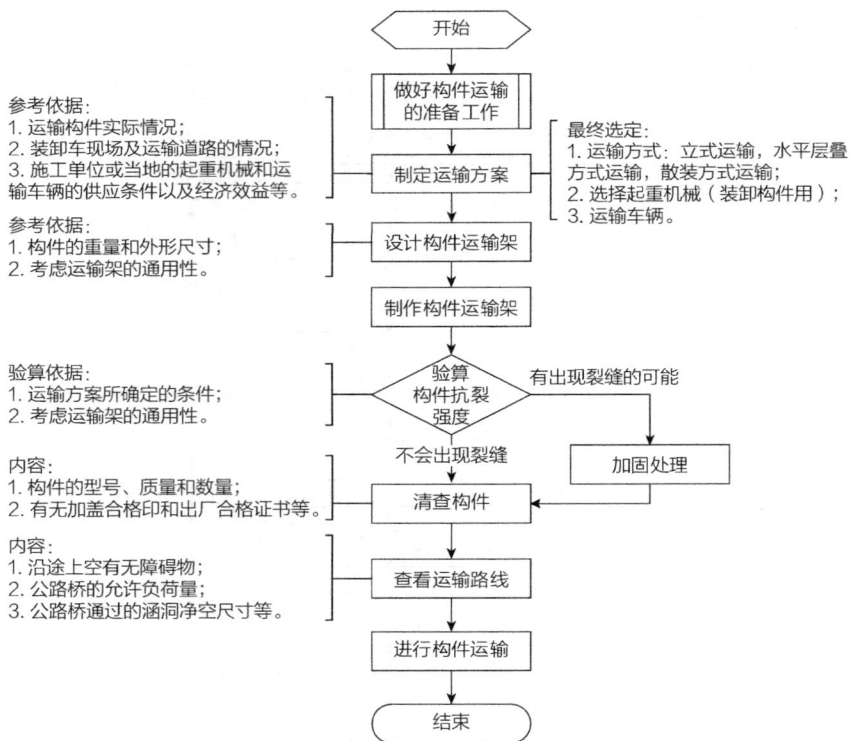

参考依据：
1. 运输构件实际情况；
2. 装卸车现场及运输道路的情况；
3. 施工单位或当地的起重机械和运输车辆的供应条件以及经济效益等。

参考依据：
1. 构件的重量和外形尺寸；
2. 考虑运输架的通用性。

验算依据：
1. 运输方案所确定的条件；
2. 考虑运输架的通用性。

内容：
1. 构件的型号、质量和数量；
2. 有无加盖合格印和出厂合格证书等。

内容：
1. 沿途上空有无障碍物；
2. 公路桥的允许负荷量；
3. 公路桥通过的涵洞净空尺寸等。

```
                    开始
                      │
              做好构件运输
              的准备工作
                      │
              制定运输方案
                      │
              设计构件运输架
                      │
              制作构件运输架
                      │
              验算           有出现裂缝的可能
              构件抗裂 ────────────────┐
              强度                      │
                │不会出现裂缝           加固处理
              清查构件 ◄────────────────┘
                │
              查看运输路线
                │
              进行构件运输
                │
               结束
```

最终选定：
1. 运输方式：立式运输，水平层叠方式运输，散装方式运输；
2. 选择起重机械（装卸构件用）；
3. 运输车辆。

图 9-27　运输阶段流程图

内容:
1. 技术准备;
2. 物资、工具准备;
3. 现场道路准备等。

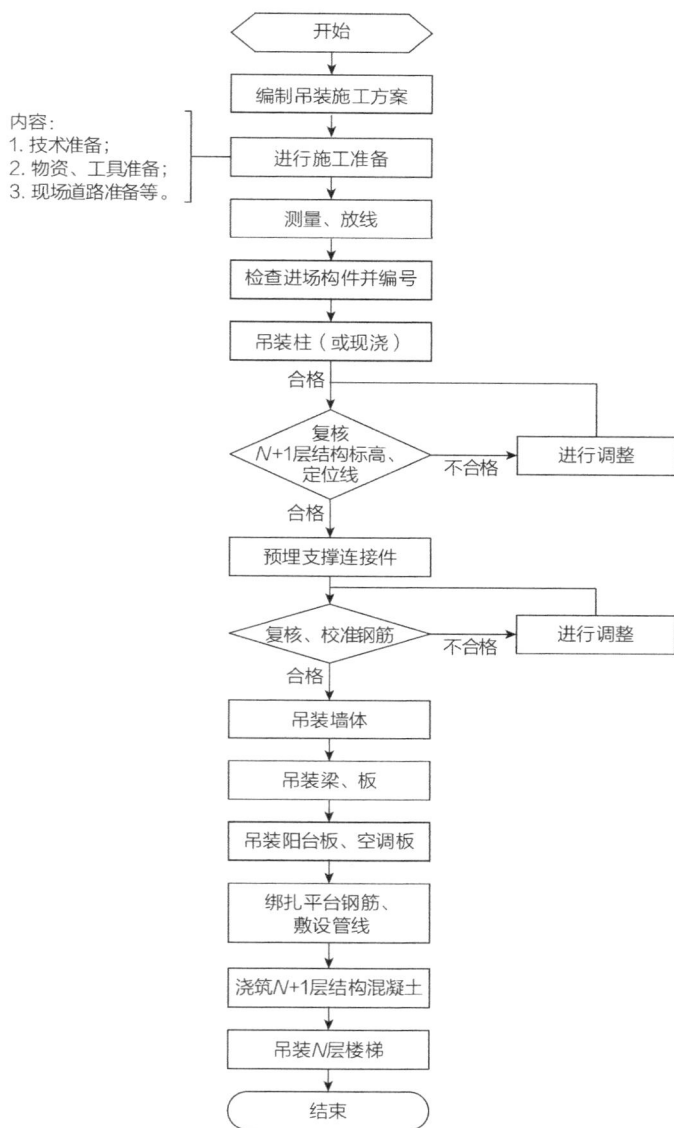

图9-28　吊装阶段流程图

9.3.7 "L模式"下的工程质量安全管理

　　工程的质量安全管理一直是工程人关注的重点之一，本节介绍了如何使用"L模式"构建一个工程质量安全管理体系，更好地实现工程质量安全的科学高效管理。具体内容详见二维码9-9。

9.3.8　面向建筑工程教育行业的虚拟运营平台（BAVS）建设

　　面向建筑工程教育行业的虚拟运营平台（BAVS）是第一款面向建

二维码9-9

筑工程教育行业、区别于传统单专业实训、融合多专业课程、让学生体验建设项目全主体各岗位工作流程及工作内容的虚拟运营平台，平台开发以对招标投标管理、施工准备、施工、竣工验收等阶段的流程梳理为基础内容，通过系统开发实现平台功能。

1. 项目背景及目的

目前大部分院校培养出来的建筑人才与企业人才需求不匹配，学生虽然掌握了一定的理论知识，也具备了一定的专业技能，但缺乏职业素养，每个课程知识点相对独立，学生很难将知识点进行贯穿、融合，并且知识点与实际工程现状的差异导致学生工作后无法根据实际情况结合使用，因此较难适应实际工程项目。

本项目研发的第一款面向建筑工程教育行业的、区别于传统单专业实训的做法，融合了多专业多课程，使学生在学校就能体验到建筑各业务方实际岗位工作内容和工作流程；培养专业课程以外沟通和协同等职业素养和社会技能；实现各专业及课程互通，了解课程之间及专业之间的联系。让学生体验建筑全主体各岗位工作流程及工作内容，使之成为企业真正需求人才的岗前实景体验平台。

2. 系统功能（应用）及模块

根据项目策划，本系统主要分为学生端和教师端，老师通过教室权限账号登录系统，首先导入上课班级同学的姓名学号作为学生登录的默认账号和密码，然后为学生设置任务，将任务下发学生端。在教师端可以实时地查看每项任务的进度情况，学生端登录系统后可在任务接收栏目中查看任务，并可根据要求在线上和线下同时完成任务。

系统具有辅助教学老师进行任务的评分、保存学生成绩、存储相关材料等功能，可根据学生完成任务过程中的情况以及最终的任务完成程度进行一个评分，用于衡量任务完成的完整性。学生在执行任务或任务完成过程中，系统也具有提供视频录像、存档和下载任务完成情况、记录任务内容等功能，方便后续进行相关查询。

教师端和学生端统一为网页端，所有数据交互存储都在服务器进行，教师和学生通过个人账号登录系统并进行实训内容的操作和管理。

根据实践教学管理平台的应用需求，我们将系统分为：教学管理系统，机构管理系统，人员管理系统，课程参数管理系统，角色管理系统，多班级授课管理系统，企业创建自主上岗系统，成绩分析系统，案例本地化系统，自动甄别系统，教学引导系统，授课任务中心，教学过程管理系统，用户管理模块，用户登录系统，信息公告系统，16个主模块进行开发建设，其中每个主模块又包括若干个子模块，每个子模块之间相互关联，实现复杂的系统功能，如图9-29所示。

（1）教学管理系统

1）课程参数设置：课程开始前设置开课组数及课程所使用的案例，允许教师根据选修课程的学生数进行弹性分组，从而满足不同规模教学班级的教学需要。

2）学生管理：管理学生，对学生的班级、上岗情况进行管理。

3）教学管理：管理教学进度，包括任务下达、进度查询、维护企业账户信息、考核方案设置、查询成绩、实训总结设置、实习报告等。

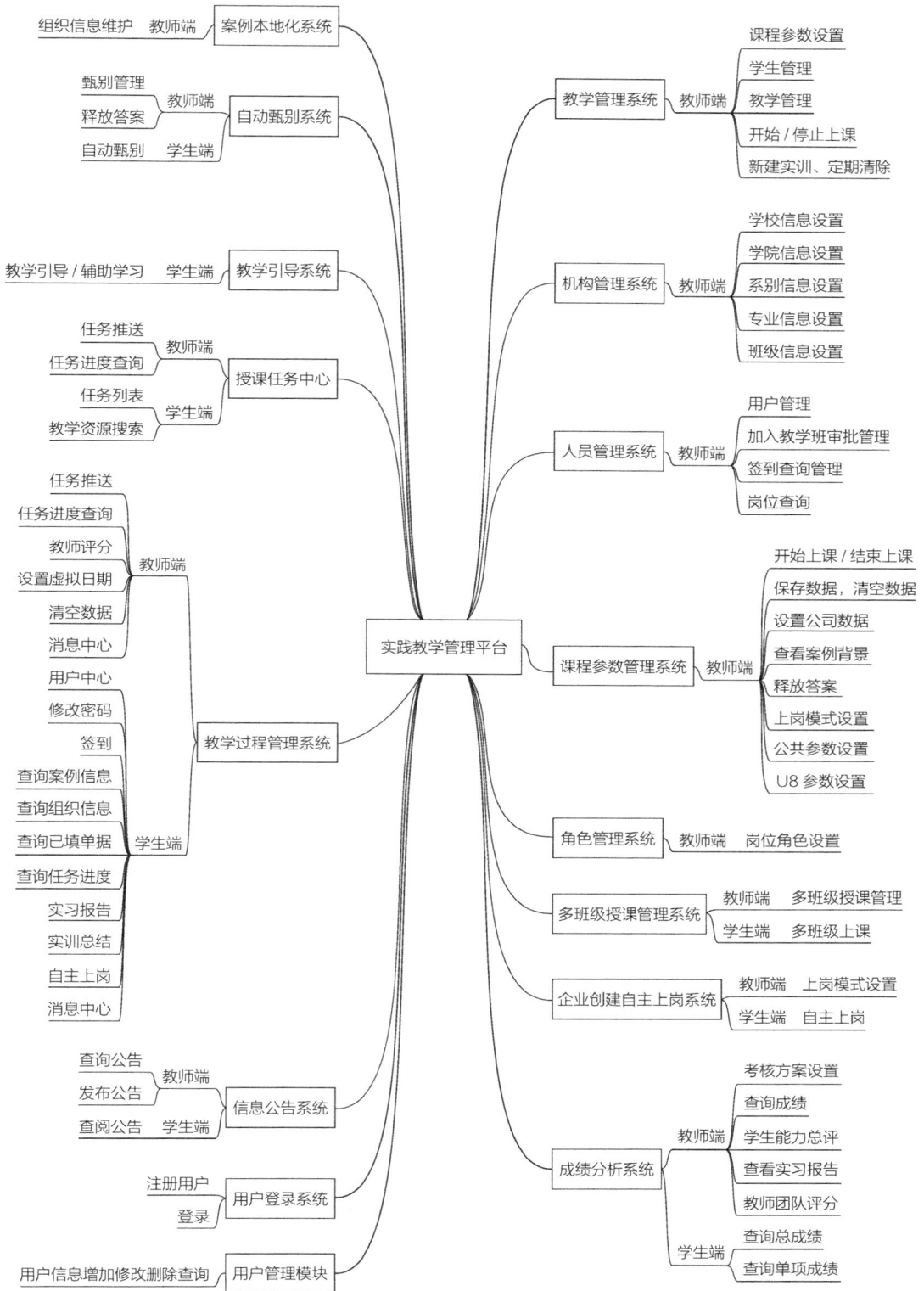

图 9-29　系统功能模块图

4）开始/停止上课：教师控制各班级开始/停止上课，可以统计课时和企业运营失败结束。

5）新建实训、定期清除：新建新班级实训、定期清除原有班级数据，能够保留实训成果，同时保留实训成果不影响新实训的开始。

（2）机构管理系统

1）学校信息设置：管理学校信息，能够维护学校信息，设置学校logo。

2）学院信息设置：管理学院信息，能够维护学校的所有一级学院及其基本信息，为教学管理信息的互通互联打下基础。

3）系别信息管理：管理系别信息，能够维护学校的所有二级学院或系别的基本信息，为教学管理信息的互通互联打下基础。

4）专业信息管理：维护专业信息，能够维护学校的所有专业信息，为教学管理信息的互通互联打下基础。

5）班级信息管理：维护班级信息，能够维护行政班（学籍班）的信息，实现灵活的教学班级管理。行政班与教学班不一定一致，如多个行政班的部分学生可以组成一个教学班。

（3）人员管理系统

1）用户管理：审批成为老师，能够审批某个账号能否成为老师账号。

2）加入教学班审批管理：审批学生提出加入班级申请，能够对学生申请加入班级进行审批，实现多班级独立授课。

3）签到查询管理：可查询学生到课情况，通过签到查询实时了解到学生的到课信息。

4）岗位查询：查询各个岗位并使其与学生进行对应，能够实现自主上岗与自动上岗相结合，灵活安排实训岗位。

（4）课程参数管理系统

1）开始上课/结束上课：教师控制各班级开始/停止上课，教师可根据实际情况控制实训课程的开始及结束。

2）保存数据、清空数据：清除仿真界面数据，实现一键清空仿真界面的数据，实训。

3）设置公司数量：设置实训班级的公司数量，能够实现根据实训人数进行设置组织数量，从而满足不同规模的教学班级的需要。

4）查看案例背景：查询案例的基本信息：企业介绍，建筑工程流程规则及企业基本信息。

5）释放答案：可以选择性地释放答案，也可以全部释放答案。

6）上岗模式设置：可以自主选择上岗模式，能够根据实际情况选择是自动上岗还是自主上岗，同时实时查询上岗情况。

7）公共参数设置：选择实训模式，能够对实训模式进行自主设置，选择固定数据或动态数据、线上或线下、U8门户或U8页面。

8）U8参数设置：设置U8的服务器，对系统进行U8的服务器相关信息配置。

（5）角色管理系统

岗位角色设置：对实训的岗位、角色进行设置，能够实现根据不同的实训目的设置实训岗位、实训角色，从而进行针对性的实训。

（6）多班级授课系统

1）多班级授课管理：对各个班级进行单独管理，通过多班级管理系统，能够实现多班级独立授课。

2）多班级上课：可以选择不同的班级上课，通过多班级管理系统，学生可以参与到不同的班级中进行学习。

（7）企业创建自主上岗系统

1）上岗模式设置：企业创建自主选择上岗模式，能够根据实际情况进行企业创建、自主选择上岗模式，同时查询上岗情况。对各个班级进行单独管理，通过多班级管理系统，能够实现多班级独立授课。

2）自主上岗：学生自主上岗，能够实现学生通过企业创建，竞聘上岗，从而强化实训效果。

（8）成绩分析系统

1）考核方案设置：按照案例设置考核方案，能够实现不同岗位不同的考核方案。

2）查询成绩：对成绩进行分析，对不同组织、不同岗位、不同任务的成绩查询、成绩分析，从而具体化实训效果。

3）学生能力总评：实时分项目查看实训成绩及相应评价，学生可实时查询实训中各项成绩，并获得会计实训技能评价。

4）查看实习报告：教师查询实训结束后的教师版实训报告，根据实训报告方案，自动汇总班级学生各项实训成绩，并生成教师版实训报告，满足教师全面掌握班级学生实训成绩的需求。

5）教师团队评分：教师根据学生上课情况，给团队评分，根据实训过程中的每组的表现，教师在系统中给每组进行打分。

6）查询总成绩：学生查询实训结束后最终总成绩，可以按照考核方案，系统自动计算课程最终成绩，满足教学管理部门对于课程成绩的需求。

7）查询单项成绩：可查询每次考核的单项成绩，也可查询每次测试的成绩。

（9）案例本地化系统

组织信息维护：本地化实训环境，能够对实训组织信息进行修改，从而实现本地化实训环境。

（10）自动甄别系统

1）甄别管理：对实训任务进行自动甄别，能够对实训任务进行自动甄别，降低授课难度，量化实训效果。

2）释放答案：通过释放答案，辅助教学，降低教学难度。

3）自动甄别：任务自动甄别，查看答案，通过自动甄别系统，可以针对性地进行实训，从而提高岗位技能。

（11）教学引导系统

教学引导：通过微课、PPT、Word、视频等资源文件教学引导，辅助学习。

（12）授课任务中心

1）任务推送：查看教师任务列表，让教师直观了解目前所教授课程情况。

2）任务进度查询：查看任务进度，让教师直观了解目前所推送任务的执行情况。

3）任务列表：查看学习课程任务列表，让学生直观了解目前所学习课程情况。

4）教学资源搜索：可查询课程中所有的教学资源（PPT、电子教材等），让学生和教师能够随时定位并打开产品中的所有教学资源，帮助学生更好地自学、教师更容易地备课。

（13）教学过程管理系统

1）任务推送：根据开课要求大纲执行推送学习任务，让主讲教师能够根据控堂表就能很容易地完成课程的讲授任务，让学生的学习过程可控、学习效果可预期。

2）任务进度查询：按照组织，查询该组的实训进度，让主讲教师能够多维度监督各组教学进度，更好地因材施教。

3）教师评分：教师给学生评分，让教师能够根据学生综合表现进行打分，避免一切由计算机评判的情况，从而能够让教师更加全方位地对学生学习结果进行评价。

4）设置虚拟日期：教师设置实训的虚拟日期，教师根据实训的要求，设置系统的虚拟日期，保证系统日期与实训内容时间一致。

5）清空数据：实训清除数据，教师可以根据实际情况，重推任务，一键清除仿真界面数据。

6）消息中心：实现学生教师实时互动交流。

7）用户中心：修改个人相关信息和头像，让教师和学生教学过程更加安全，以免教学过程中出现舞弊（如替学、替考）或破坏（如恶意仿冒他人）等不良后果。

8）修改密码：可修改个人登录密码。

9）签到：学生签到之后，教师可以在教师界面直观看到学生的考勤情况，便于老师进行学生考勤管理工作。

10）查询案例信息：可查询企业介绍、生产规则、财务规则等其他企业基本信息。

11）查询组织信息：可查询银行账户、各种资质证书等基本信息。

12）查询已填单据：可查询已经填写的单据、本次实训中已经填写的单据，从而实现流程化的线上实训。

13）查询任务进度：学生查询任务进度，让学生能够知悉本组织、本团队的学习进度，以及和教师、控堂表之间的差距，从而调整学习速度，与课程总体计划保持一致。

14）实习报告：实现学生上传自己的实习报告。

15）实训总结：实现学生上传自己的实训总结。

16）自主上岗：能够实现学生通过企业创建，竞聘上岗，从而强化实训效果。

17）消息中心：能够实现学生之间、学生与老师之间的实时互动交流，提问问题，记录问题。

（14）信息公告系统

1）教师查询公告：实现查看公告功能。

2）发布公告：教师给学生发布消息。

3）学生查询该公告：实现系统内公共信息共享。

（15）用户登录系统

为教室和学生等用户提供账号注册和登录界面，该模块为系统入口。

（16）用户管理系统

该模块可以分不同权限查询用户的信息、修改用户信息、增加用户信息以及删除用户信息。

3. 流程梳理

根据项目前期策划，我们应用流程牵引理论的思想，对招标投标管理、施工准备、施工、竣工验收等阶段的流程进行梳理，我们将建设项目全过程（即"九阶十二段"）视为一级流程，此次梳理的招标投标管理、施工准备、施工、竣工均属于一级流程，具体流程清单见表9-3。

BAVS项目流程清单表

表9-3

阶段（一级流程）	二级流程	三级流程	备注
招标投标管理阶段	招标人准备流程		
	办理招标资格流程		
	确定招标方式流程		
	编制资格预审文件流程		
	资格预审流程		
	发售标书流程		
	踏勘答疑流程		
	提交投标文件流程		
	开标流程		
	评标流程		
	定标流程		
	签署合同流程		
施工准备阶段	合同交底流程		
	设计交底与图纸会审流程		
	三通一平流程		
	测量放线流程		
	配备施工操作人员流程		
	搭设临时设备流程		
	配备设备、机械流程		
	准备物资、材料流程		

阶段（一级流程）	二级流程	三级流程	备注
施工准备阶段	编制项目质量计划流程		
	编制施工组织设计流程		
	编制施工预算流程		
	编制物资需求计划流程		
	编制施工方案流程		
	收集相关规范流程		
	建设用地规划许可证办理流程		
	建设工程规划许可证办理流程		
	施工图审查流程		
	建设工程施工许可证办理流程		
施工阶段	地基工程施工流程		
	桩基础工程施工流程		
	主体结构施工流程	钢筋工程施工流程	
		模板工程施工流程	
		混凝土工程施工流程	
	节能工程施工流程		
	装饰装修工程施工流程		
	屋面工程施工流程		
	电梯安装施工流程		
	给水排水及采暖工程施工流程	给水排水施工流程	
		采暖工程施工流程	
	电气工程施工流程		
	通风工程施工流程		
	施工电梯拆除流程		
	室外工程施工流程		
竣工验收阶段	整理工程资料流程		
	编制《工程验收报告》流程		
	工程质量评估流程		
	竣工预验收流程		
	竣工验收流程		
	竣工结算流程		
	竣工决算流程		
	竣工验收备案流程		
职能管理流程	进度管理流程		
	技术管理流程		

阶段（一级流程）	二级流程	三级流程	备注
职能管理流程	质量管理流程		
	成本管理流程		
	合同管理流程		
	信息管理流程		
	安全管理流程		

4. 实训任务模块

该模块是系统的重点内容，主要分为招标准备、资格预审、招标投标、开标、评标、定标等六个阶段。在教师端、学生端分别根据各个阶段的流程设计相应的实训任务，同时系统在各个环节严格按照每个阶段的流程进行研发，从而实现实训任务的科学合理性。

（1）招标准备阶段

招标准备阶段实施流程如图9-30所示，具体步骤如下：

1）成立项目专项小组：线上和线下结合选出项目负责人。当学生端接收到教师发布的招标准备阶段任务后，学生端收到任务并显示一段话，在当前显示界面点击下一步，弹出《项目专项小组成立会议纪要》内容，该会议纪要可提供在线填写功能。线下开会选出项目负责人后，在线填写该会议纪要并点击上传（保存）。上传后的文件可被工程部经理接收，工程部经理看了以后，点击确认。

2）确定招标范围：上一步结束后，在招标经理的界面上显示招标法规中具体条理，默认浏览10s或者20s等，时间到了以后，弹出《招标范围》，并点击提交。

3）判定招标条件：招标经理带领项目组成员，审查自行招标的条件是否满足，如不满足，则要进行委托招标，在该步骤系统跳出自行招标和委托招标需满足的条件，项目负责人最终勾选确定，并提交（备注：强制所有人阅读，自行招标确定按钮选项，招标经理勾选委托招标进入下一步）。

4）委托招标（自行招标）：项目负责人选择委托招标方式，进行后续工作安排。

5）签署招标代理合同：选定招标代理公司，交代项目概况和代理工作任务洽谈代理费用，签署《招标代理委托

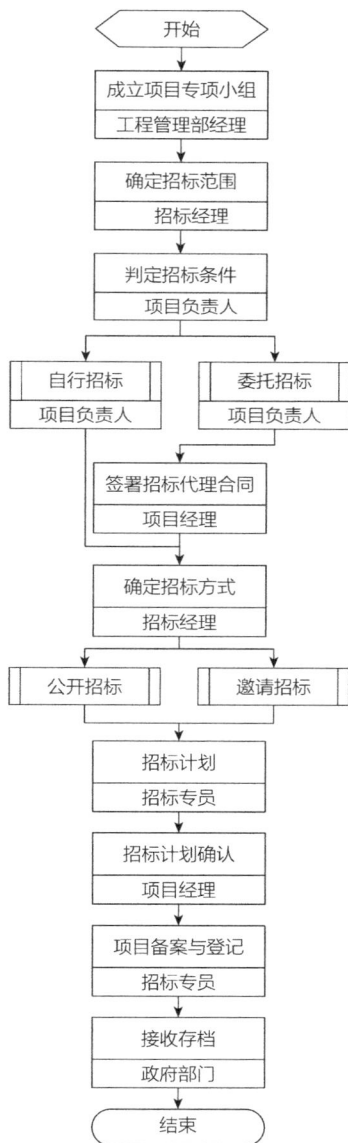

图9-30 招标准备阶段流程图

书》和《招标代理协议书》（备注：线上弹出招标代理委托书模板，填写公司名称等内容，下一步弹出招标代理协议书模板，填空；打印盖章线下双方约谈，并签署纸质文件）。

6）确定招标方式：根据以下招标方式的优劣点，项目组商讨确定招标方式（备注：线上收到任务后，界面显示两种招标方式的优劣点，项目组线下商讨决定后，项目负责人回到线上勾选，最终确定的招标方式）。

7）公开招标（邀请招标）：以公开招标为例，显示公开招标的相关内容（备注：强制所有人阅读，邀请招标确定按钮呈现灰色，招标经理勾选公开招标后进入下一步）。

8）招标计划：招标代理机构编制《招标计划》（备注：线上弹出招标计划范本，填空，下一步提交给建设方（甲方）项目经理）。

9）招标计划确认：甲方线上收到招标计划，有意见驳回，线下沟通，之后招标专员再提交一次，无异议点确认。

10）项目备案与登记：招标代理机构招标专员到当地建设行政主管部门办理项目备案与登记手续（备注：线上填写《工程项目招标备案登记表》后，点击提交自动发送给政府部门，线下盖章打印将纸质登记表交到主管部门窗口，进行备案登记）。

11）接收存档：线上接收，在接到项目备案登记表纸质文件后盖章拍照上传。

（2）资格预审阶段

资格预审准备阶段实施流程如图9-31所示，具体步骤如下：

1）编制资格预审文件：招标代理招标专员编制《资格预审文件》（备注：线上打开任务，显示资格预审文件范本，填空，编制完成提交）。

2）资格预审文件审核：内部审查，填写《资格预审文件编制审查表》（备注：线上项目经理收到资格预审文件，下载审查表，线下组织小组成员开会，对照审查表一一审查，并签字拍照上传，点

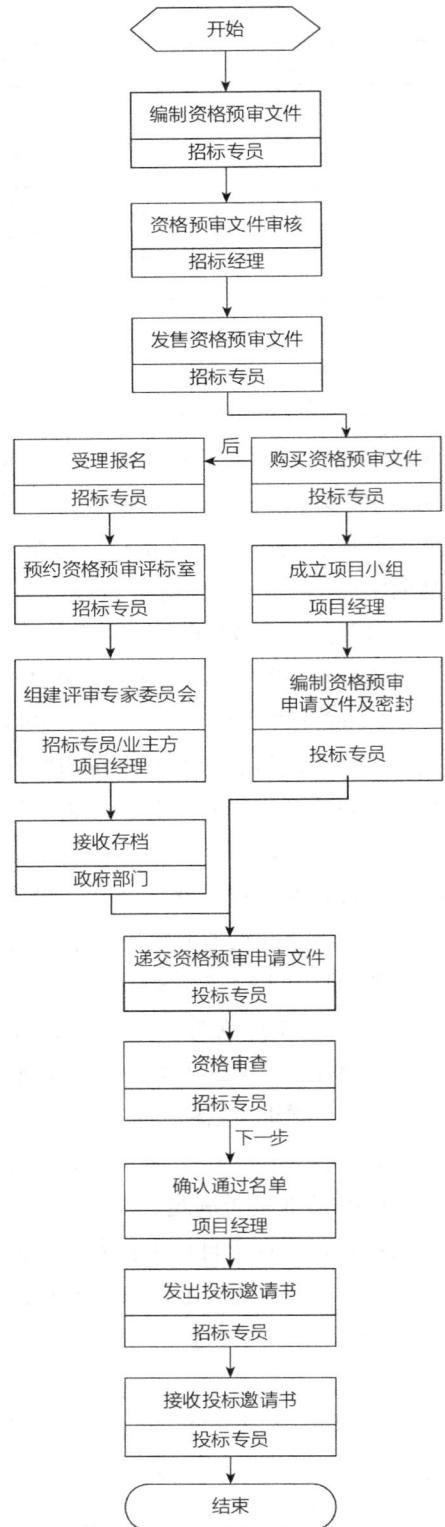

图9-31　资格预审阶段流程图

击审查完毕）。

3）发售资格预审文件：资格预审文件须发布到当地政府采购网、中国政府采购网等交易平台上（备注：线上勾选网站，点击发布。所有人界面收到××项目挂网消息，点击可以进入媒体网站界面）。

4）购买资格预审文件：投标方投标专员携带《所需资料清单》营业执照复印件、法定代表人授权委托书、拟派项目经理的任命书、身份证、建造师注册证书、安全生产考核B证、投标报名表并加盖公章，去招标投标代理机构现场报名购买，缴纳标书费，并开具标书费发票或收据。线上收到任务后，点击报名。线下人员去现场购买。

5）受理报名：收取投标单位的报名资料，统计投标单位基本信息和家数（备注：报名设有截止时间，时间到，再报名时弹出提醒。报名截止后线上自动获取投标人的报名信息，生成一张已报名的投标单位的表格，线下下载打印名单，用于后面的审查）。

6）成立项目小组：点击报名后，弹出消息，该公司所有人收到消息：我方已成功报名，线下开会选举；主页面显示等待小组成立，点击确认，进入下一步。

7）预约资格预审评标室：招标专员在规定时间内向招标投标管理办公室申请预约资格预审评审标室（备注：上一步生成表格，点击下一步按钮，弹出《标室预约表单》填写提交，系统自动弹出：您已预约成功××年××月××日×××开标室，点击确定，线下沟通协调地方）。

8）编制资格预审申请文件及密封：编制资格预审文件主要包括资格预审申请函、法定代表人身份证明、联合体协议书、申请人基本情况表、近年财务状况表、近年完成的类似项目情况表、正在施工和新承接的项目情况表、近年发生的诉讼和仲裁情况等，完成后进行密封（备注：打开任务，显示资格预审申请文件范本，填空，编制完成。线下打印，并密封，密封要求见附件）。

9）组建评审专家委员会：在评审前1日，带上《资格预审评审专家抽取申请表》、招标人拟派的资格预审评审代表资格条件登记表加盖公章、拟派评审代表的劳动合同、社保证明、建筑业相关专业高级职称证书、身份证到招标投标管理办公室抽取评审专家（备注：线上招标专员填写《资格预审评审专家抽取申请表》，提交给政府部门，点击下一步，界面显示一些专家姓名，点击抽取专家，页面显示抽取成功×××，生成《专家名单表》；同时业主方项目组项目经理线上填写《拟派资格预审评审代表资格条件登记表》提交给政府部门，线下招标专员将纸质盖章文件提交给招标投标管理办公室，抽取）。

10）接收存档：线上接收，在接到纸质文件后盖章拍照上传。

11）递交资格预审申请文件：投标专员必须在预审文件规定的递交截止时间前将申请文件送达规定地点，并在《申请文件递交时间和密封及标识检查记录表》上签字确认。逾期送达或未送达指定地点的资格预审申请文件，招标人不予受理（备注：线上接上一步，编制完成后点击提交，弹出记录表，填空。线下，带着密封的资格预审申请文件到现场递交）。

12）资格审查：资格审查应当按照资格预审文件载明的标准和方法进行，其评审一般分为四个阶段，一是符合性检查；二是强制性资格条件评审；三是澄清与核实；四是资格评分；一般情况下通过资格预审的单位不宜超过7家，也不能少于3家（备注：线上显示这段文字，下一步，点击开始评审同时下载附件，跳转到递交资格预审申请文件的名单列表；看过线下审查报告后勾选通过审查的投标公司，确定发送给建设单位项目经理，线下组织专家会议进行评审，填写《审查报告》，审查报告书面形式递交给招标专员）。

13）确认通过名单：招标代理机构招标专员收到审查报告后跟建设单位确认符合公司名单（备注：线上建设方项目经理页面显示通过审查后的几家投标单位，无异议点击确认，给招标专员页面发送消息：显示建设单位已确认，可以发布投标邀请书）。

14）发出投标邀请书：招标专员页面收到消息点开，显示前面通过审查公司名单，点击发送投标邀请按钮。发送给通过审查的投标方投标专员。

15）接收投标邀请书：投标专员页面收到消息，点开显示贵公司已经通过资格预审，请留意招标公告，点击确认收到按钮。

（3）招标投标阶段

招标投标阶段实施流程如图9-32所示，具体步骤如下：

1）编制招标文件：招标文件的主要内容包括招标公告（投标邀请书）、投标人须知、评标办法（最低投标价法）、合同条款及格式、工程量清单、图纸技术标准和要求、投标文件格式（备注：线上打开任务，显示招标文件范本，填空，点编制完成提交给项目组所有人）。

2）招标文件审核：内部审查，填写《招标文件审查表》（备注：线上接上一步，项目组成员收到消息，点击打开，下载招标文件，下载审查表，线下成员开会，对照审查表一一审查，并签字；招标专员再回到线上拍照上传）。

3）招标文件备案：招标文件编制完成后，封面加盖招标代理公司项目负责人职业资格印章，并到当地建设工程招标投标管理办公室进行招标文件

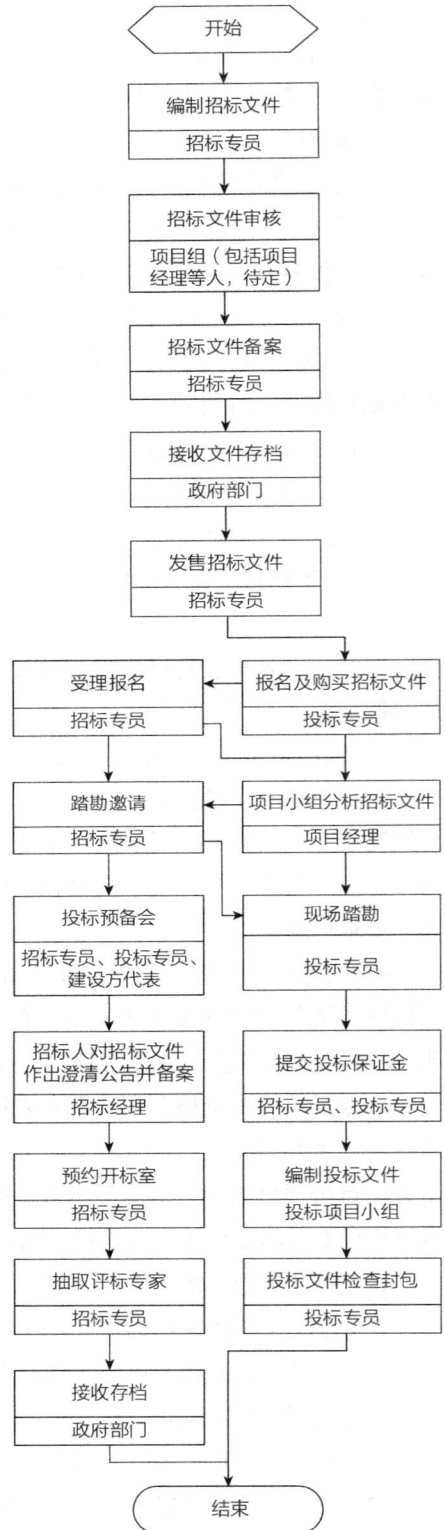

图9-32 招标投标阶段流程图

备案（备注：线上：招标专员页面显示招标文件封面，点击签章，点击提交发送给政府部门，线下：招标专员带着纸质招标文件备案）。

4）接收文件存档：政府部门收到消息，点开收到盖章招标文件，盖章拍照上传。

5）发售招标文件：招标专员通过信息网络发布招标公告及招标文件，例如当地政府采购网、中国政府采购网等（备注：线上勾选网站，点击发布。所有人界面收到××项目挂网消息，点击可以进入媒体网站界面）。

6）报名及购买招标文件：投标专员在当地政府采购网站看到招标公告后，根据招标公告报名要求带好相关资料到招标代理单位购买标书（备注：线上页面显示报名《所需资料清单》，学生勾选点击下一步，然后页面填写《法定代表人授权书》《招标代理机构的项目报名表》《营业执照副本复印件（盖章）》《安全生产许可证（盖章）》《资质证明（盖章）》，点击提交后显示：请携带资料到现场购买招标文件；线下：投标专员携带相关资料到招标代理机构现场购买。购买完再点击报名完成）。

7）受理报名：收取投标单位的报名资料，统计投标单位基本信息和家数（备注：报名设有截止时间，时间到，再报名时弹出提醒。报名截止后线上自动获取投标人的报名信息，生成一张已报名的投标单位的表格线下下载打印名单，线下招标专员准备报名表单，让投标专员填写，收取标书费）。

8）项目小组分析招标文件：招标文件分析重点放在：投标须知、合同条件、设计图纸、工程范围及工程量表上。并且决定是否参与投标（备注：线上投标方项目经理界面勾选招标文件分析的重点内容，下面在文本框中填写问题，保存。线下：投标方项目小组组织会议，分析招标文件，记录问题写表）。

9）踏勘邀请：招标代理公司根据项目的具体的情况组织现场探勘，向其介绍工程场地和相关环境的情况（备注：线上：招标专员界面显示已报名公司基本信息表单，向报名成功公司对应的投标专员发出《现场踏勘邀请函》。招标专员收集踏勘承诺书）。

10）投标预备会：投标预备会投标人在招标文件规定的时间和地点参加会议，将研究招标文件后存在的问题以及现场踏勘结束后的疑问以书面形式送达招标代理机构，招标人在会议中澄清，并形成书面意见。投标人发现招标文件和现场踏勘问题以书面形式提出，招标人接受后可以以书面答疑或投标预备会答疑两种形式答疑（备注：线上：招标专员界面显示《投标预备会通知函》，点击发送，发送给投标报名成功名单表里的投标公司以及甲方项目经理。投标专员页面收到投标预备会邀请函，设置两个按钮，确认参加+拒绝参加，点击确认参加后，页面显示word文档，大家经常提的几类问题文档中记录，也可自己将其他问题记录在上，签章，提交。拒绝参加则跳转到下一步页面。甲方项目经理页面显示投标预备会邀请函，点击确认参加。线下：投标专员将纸质需澄清函在招标文件规定的时间提交给招标人，并在要求时间参加投标预备会。线下招标专员需提前预约预备会会议室，打印好签到表。建设方代表准时参加投标预备会）。

11）现场踏勘：投标方页面收到消息，打开勾选踏勘的《主要内容》，点击踏勘，线下投标专员参与现场踏勘，再回到页面显示《现场踏勘承诺书》，将前面保存的招标文件分析记录和现场踏勘问题汇总填写《需澄清函》，提交给招标专员。

12）招标人对招标文件作出澄清公告及备案：招标人可以对已发出的招标文件进行必要的澄清或者修改。澄清或者修改的内容可能影响投标文件编制的，招标人应当在投标截止时间至少15日前，以书面形式通知所有获取招标文件的潜在投标人；不足15日的，招标人应当顺延提交投标文件的截止时间（备注：线上招标专员显示答疑纪要范本，对招标专员进行的澄清进行记录，发布公告，所有人可以点击查看。同时，招标专员将答疑纪要发送给政府部门，点击备案完成。线下带着澄清公告和答疑纪要到当地主管部门备案）。

13）提交投标保证金：投标保证金是指投标人按照招标文件的要求向招标人出具的，以一定金额表示的投标责任担保。其实质是为了避免因投标人在投标有效期内随意撤回、撤销投标或中标后不能提交履约保证金和签署合同等行为而给招标人造成损失。投标保证金除现金外，可以是银行出具的银行保函、保兑支票、银行汇票或者现金支票，投标人需在招标方要求时间内提交投标保证金并开取相应凭证，投标保证金打入时需注明投标项目编号和名称以及所投标段方便系统确认到账。投标人未提交投标保证金的，投标无效（备注：线上投标专员页面显示《投标保证金申请借款》范本，投标专员填写后点击发送至项目经理审批，项目经理同意之后直接到财务经理页面显示申请借款文档，显示虚拟银行界面，输入账号和信息，点击打款，保存打款信息，发送给招标代理公司的招标专员，同时投标专员页面也显示打款信息，点击确认）。

14）预约开标室：招标专员在规定时间内向招标投标管理办公室申请评标室、开标室（备注：线上填写《标室预约表单》，提交，系统自动弹出：您已预约成功××年××月××日×××开标室和×××评标室，点击确定）。

15）编制投标文件：分配任务，根据招标项目的不同、地域的不同，投标文件的组成上也会存在一定的区别，但重要的一点是投标文件的组成一定要符合招标文件的要求。一般来说投标文件由投标函、商务标、技术标组成（备注：线上显示《投标文件》范本（包括学生上传的和资源库的文档）编制完成下载打印；线下：导出并打印形成投标文件，并标明正副本，并签字盖章）。

16）抽取评标专家：在评审前1日，带上《评标专家抽取申请表》、招标人拟派的评标代表资格条件登记表加盖公章、拟派评审代表的劳动合同、社保证明、建筑业相关专业高级职称证书、身份证到招标投标管理办公室抽取评标专家，评标专家人数应在系统中进行规范（评标委员会由招标人或其委托的招标代理机构熟悉相关业务的代表，以及有关技术、经济等方面的专家组成，成员人数为五人以上单数，其中技术、经济等方面的专家不得少于成员总数的三分之二）（备注：线上招标专员填写《专家抽取申请表》，提交给政府部门，点击下一步，界面显示一些专家名称，点击抽取专家，页面显示抽取成功×××，生成《专家名单表》；同时业主方项目组项目经理线上填写《拟派资格预审评审代表资格条件登记表》提交给政府部门，线下招标专员将纸质盖章文件提交给招标投标管理办公室，抽取）。

17）投标文件检查封包：线上，页面显示投标文件密封要求，下载封皮和密封条；线下，投标专员将投标文件装入包装盒或者档案袋，学生线下打印导出密封条以及封皮等进行填写，完成密封工作。

18）接收存档：线上接收，在接到纸质文件后盖章拍照上传。

（4）开标阶段

开标阶段实施流程如图9-33所示，具体步骤如下：

1）开标前准备：招标代理机构招标专员作为本场开标会主持人，在会前准备好资料，包括：在开标前要尽量把开标的准备工作做充分，资料包括《招标公告》《资格审查文件》《招标文件以及答疑和补遗》《现场投标人签到表》《工作人员签到表》《监督人员》《评标委员会人员签到表》《原件登记表》《开标程序（开标纪律以及开标各项工作安排》《随机提取系数的记录表》《报价确认表》《评标资料（内容根据评标办法做好）》《评委的评标报告》《评标结果公示（格式）》开启开标室，检查好设备（备注：线上勾选开标会前准备工作内容，点击提交，批量下载，线下准备好以上资料。线上：投标专员页面显示勾选开标会前准备的工作内容《投标文件、授权代表身份证原件、授权委托书、提交保证金收据、资质证明原件、类似项目合同原件、证书原件》等，提交。线下准备好以上资料）。

2）签到并递交投标文件：各投标单位代表在招标公告通知的开标时间前到达开标现场，递交投标文件，填写《投标人签到表》（备注：线上进入开标室，显示开标室环境，点击提交投标文件按钮，下一步填写《投标人签到表》，同时招标专员界面设有倒计时按钮，时间一到，签到关闭，并且会生成投标人签到表名单。线下投标人携带投标文件和相关资料现场签到，填写招标人员给的供应商承诺函，递交）。

3）宣布开始：招标专员作为开标主持人宣布根据招标文件要求的投标文件递交截止时间为×××，现在时间已到正式开标（备注：线上系统中显示这段话）。

4）介绍招标项目情况：例如：××公

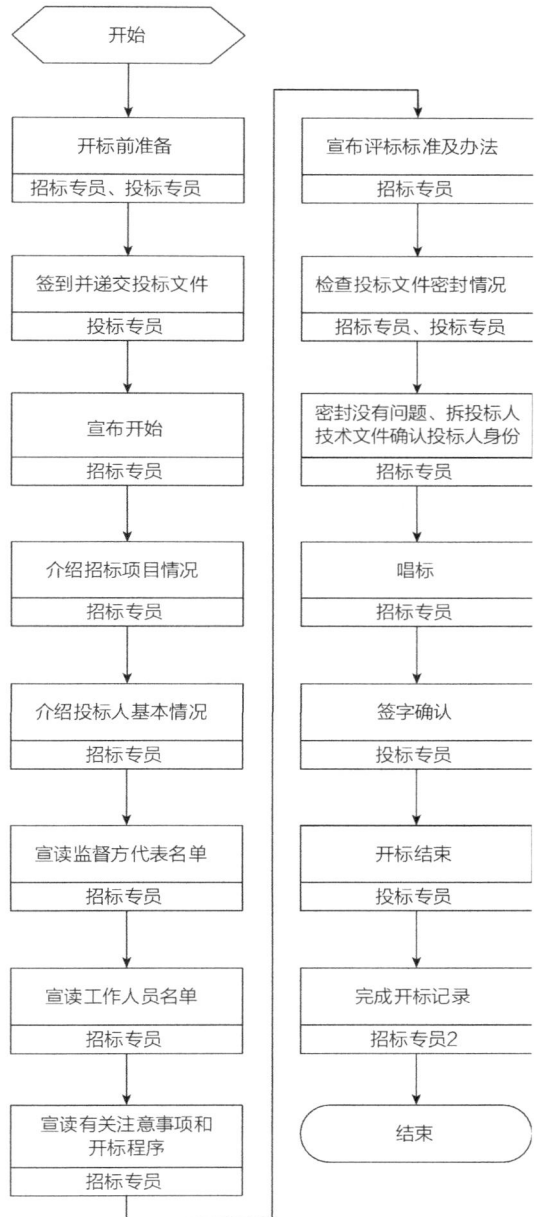

图9-33　开标阶段流程图

司受××公司的委托，对××项目进行公开招标，本项目自报名截止时共有×家企业报名，自投标文件递交截止时共有×家投标企业签到并递交了投标文件（备注：线上系统中显示这段话）。

5）介绍投标人基本情况：根据投标签到表介绍企业基本信息（备注：线上系统中显示单位签到表）。

6）宣读监督方代表名单：线上显示监督方代表名单，线下根据监督方代表签到表宣读名单。

7）宣读工作人员名单：线上显示工作人员名单，线下宣读工作人员名单。

8）宣读有关注意事项和开标程序：线上显示《开标程序》《开标纪律》，线下宣读开标程序、开标纪律。

9）宣读评标标准及办法：线上显示评标标准及办法，线下宣读评标标准及办法。

10）检查投标文件密封情况：招标方专员邀请投标方代表上台检查投标文件是否密封完好，有无破损，封口处是否贴了封条，是否盖章，监标人在旁监督（备注：线下在签到表上签字良好）。

11）密封没有问题、诉投标人技术文件确认投标人身份：收取各投标人的身份证，核查与标书内授权委托书身份证是否一致，不一致的单位直接宣布该单位废标。所有确认完毕。

12）唱标：招标专员依次宣布××公司投标报价，投标工期××日历天，质量目标×××，项目经理×××等情况。

13）签字确认：投标专员对唱标人宣读的招标文件情况无疑义，填写《递交投标文件确认表》。

14）开标结束：招标专员宣读"对以上内容无异议"，开标结束、开始进入评标流程，请各家单位在开标时等候询标；线上点击开标结束。

15）完成开标记录：线上招标专员2页面显示开标现场监督表模板，点击确认；线下过程中，招标专员2全程记录，填写《开标现场监督记录表》。

（5）评标阶段

评标实施流程如图9-34所示，具体步骤如下：

1）评标准备：评标委员会成员在评标专家签到表签到，并在评标室召开评标会议，评标委员会应研究招标文件，了解和熟悉招标目的、范围、主要合同条件、技术标准、质量标准和工期要求，掌握评标标准和方法，同时对投标文件进行基础数据分析和整理工作。

2）初步评审：初步评审进行投标书有效性、投标书的完整性、投标书与招标文件的一致性检查。

3）详细评审：经过资格预审后对技术部分、管理和技术能力的评价、商务法律部分进行评审，核对投标报价，进行价格分析，招标人员应安排专业技术人员携带专业软件协助评标专家进行工程量的核对。

4）询标：评标时专家发现投标文件中存在不明确的内容与招标文件的细微偏差需进行澄清和确认的，招标专员应去通知该投标人前往评标室澄清文件内容。

5）计算综合得分并提交评标报告：线下评标专家需要对投标人的技术文件、商务文件按照评分标准细则进行评分，然后汇总。评标委员会完成评标后，应向招标人提出书面《评标报告》，评标报告由评标委员会全体成员签字，评标委员会成员拒绝签字且不陈述不同意见和理由的，视为同意评标解困，同时评标委员会推荐的中标候选人应当限定在1~3人，并标明排列顺序。线上招标专员将评标报告拍照上传。

（6）定标阶段

定标实施流程如图9-35所示，具体步骤如下：

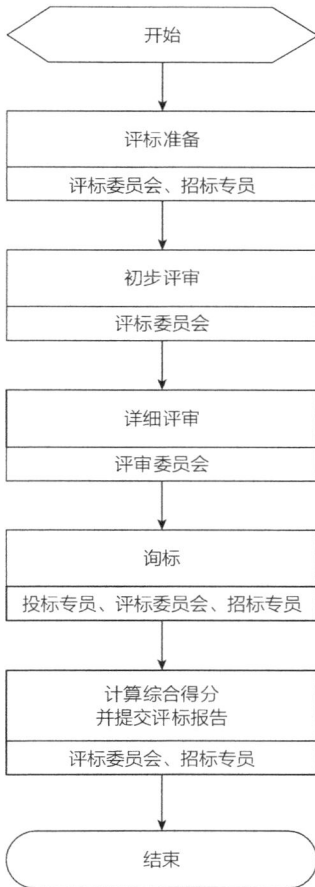

图 9-34　评标阶段流程图

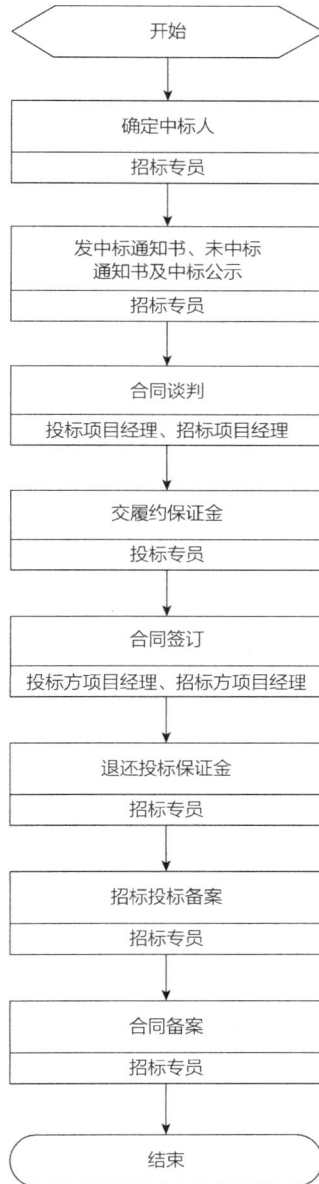

图 9-35　定标阶段流程图

1）确定中标人：招标方依据评标委员会提供的书面评标报告，确定中标人（备注：线上招标专员界面显示上一个流程中的评标报告中的投标人得分情况表，下一步显示投标人签到名单表，勾选中标单位，点击"确定为中标人"，同时中标人界面收到消息，打开显示恭喜您已成为××公司××项目的中标人）。

2）发中标通知书、未中标通知书及中标公示：线上招标专员界面确定中标人后，跳转到中标通知书范本和未中标通知书范本，填空签章，完成后点击发送给中标人和未中标人；下一步跳出中标公示模板，勾选发送到虚拟媒体网站，同时中标人界面收到中标通知书，点下一步，未中标人收到未中标通知书，点击确认。

3）合同谈判：线上投标方项目经理界面填写谈判时间、地点等，发送给招标方项目经理，同时附件中下载打印合同范本。线下双方按照约定见面谈判，并确定合同条款内容。

4）交履约保证金：在投标人中标后，需要在正式签订合同前按照合同草案递交合同约定的履约保证金，履约保证金一般不超过合同价格的10%（备注：线上投标人页面显示《履约保证金申请表》，填写后点击提交给项目经理，项目经理审批后直接到财务经理页面显示申请借款文档，显示虚拟银行界面，输入账号和信息，点击打款保存打款信息，发送给甲方的项目经理，同时投标专员页面也显示打款信息，点击确认）。

5）合同签订：经过合同谈判，双方对新形成的合同条款一致同意，并形成合同草案，即进入合同签订阶段，双方应在中标通知书发出的30日内签订书面合同（备注：线上投标方项目经理界面填写签署合同时间、地点等，发送给招标方项目经理，同时附件中下载打印正式合同范本。线下双方按照约定见面签署合同）。

6）退还投标保证金：招标代理公司最迟应在招标人和投标人签订合同后5日内向中标人和未中标人退还投标保证金及银行同期存款利息（备注：线上未中标人和中标人收到任务打开，填写《投标保证金退还申请表》，发送给招标专员，同时招标专员界面显示收到的表，点击转发，发送给公司财务，财务按照账户信息退还，界面显示虚拟银行界面，输入账号和信息，点击打款保存打款信息。如果招标代理公司要求现场退还，则填好表单直接现场去退还）。

7）招标投标备案：招标代理公司应当在发出中标通知书之日起15日内，向有关行政监督部门提交《招标投标情况书面报告》（备注：线上招标专员页面勾选招标投标《备案的主要内容》，下一步填写《招标投标情况书面报告》，提交给政府部门，线下带着纸质的书面报告递交有关部门）。

8）合同备案：合同签订后7个工作日，由招标人、投标人双方的合同备案人员（招标专员）完成合同备案手续（备注：线上招标专员界面显示勾选合同备案应《携带的资料》，提交给政府部门，线下带着纸质版资料交至政府部门）。

建筑专业院校可采用该系统对学生进行实际工程项目经验培训，能够让学生融合多课程知识，更早地接触到建筑工程环节，从而将理论知识与实际操作相结合，提高学生入企后的适应能力。拉近了学生掌握的理论知识和实际工程之间的距离。

9.3.9 项目成本管理流程

建设行业的成本管理具有复杂性，如何进行成本管理也是项目管理的一大难点。项目的成本通过成本组成树形图、成本策略方圆图予以表达，但从成本组成WBS图（图9-36）、工程项目成本策略方圆改进图（图9-37）、成本过程管控流程图（图9-38）与工程项目成本管理总流程图（图9-39）对比，我们会发现，只有流程图可供执行（实施）。

同时，通过成本管理流程图进行系统规划，标识出其中的重点环节，厘清部岗责任，对成本管理的内在逻辑进行梳理，优化绩效途径，从而体现管理的价值。

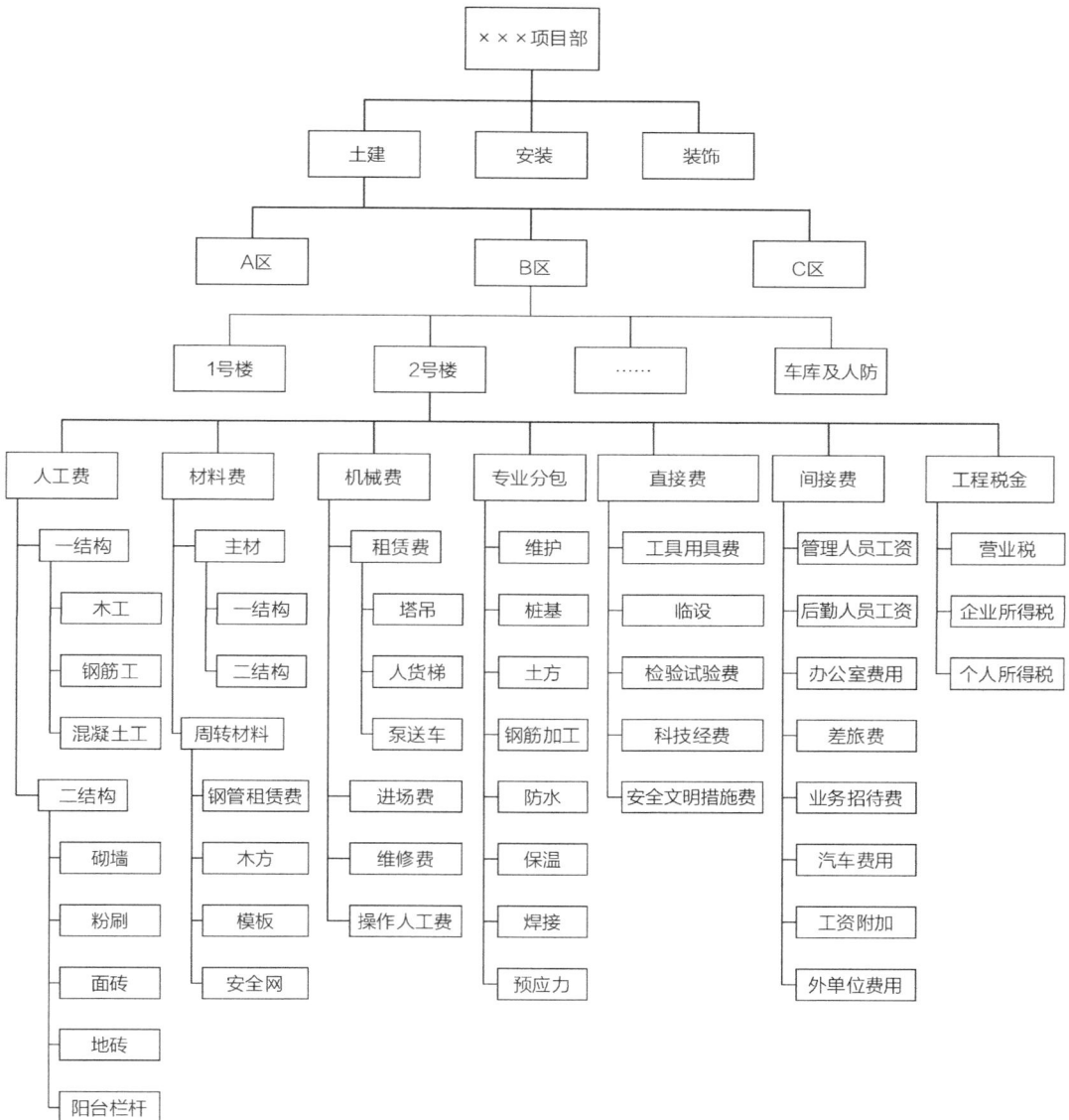

图 9-36　工程项目成本组成 WBS 图

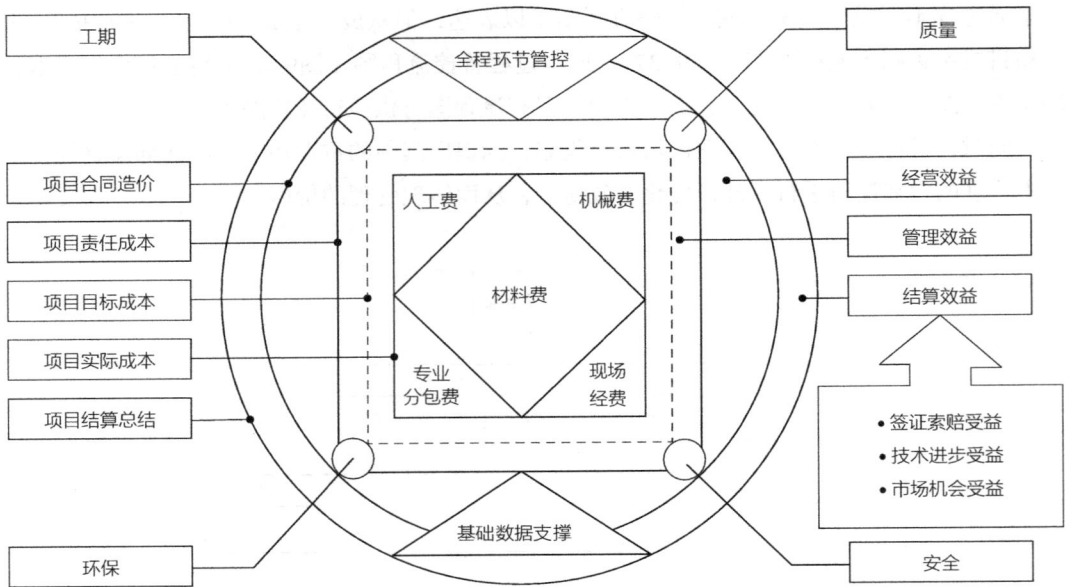

图 9-37　工程项目成本策略方圆改进图
（图片来源：鲁贵卿）

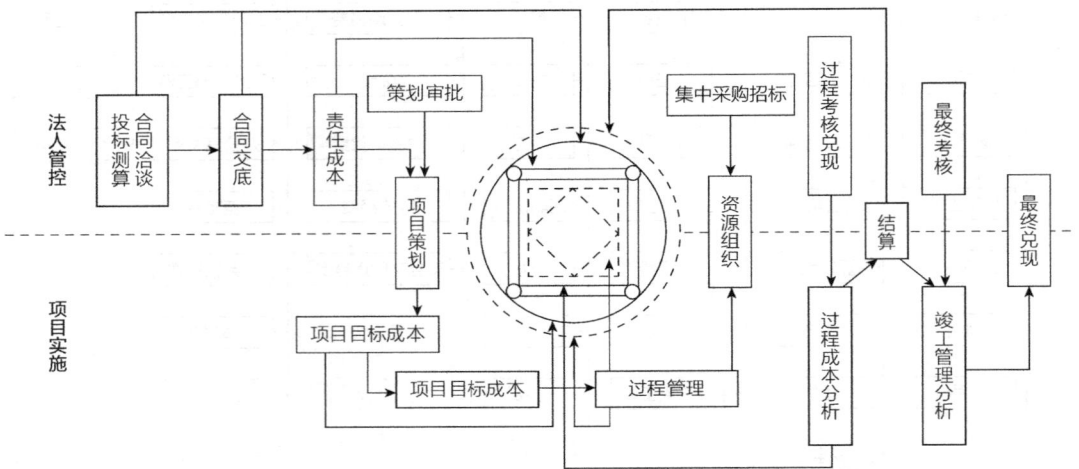

图 9-38　成本过程管控流程图
（图片来源：毛晨阳）

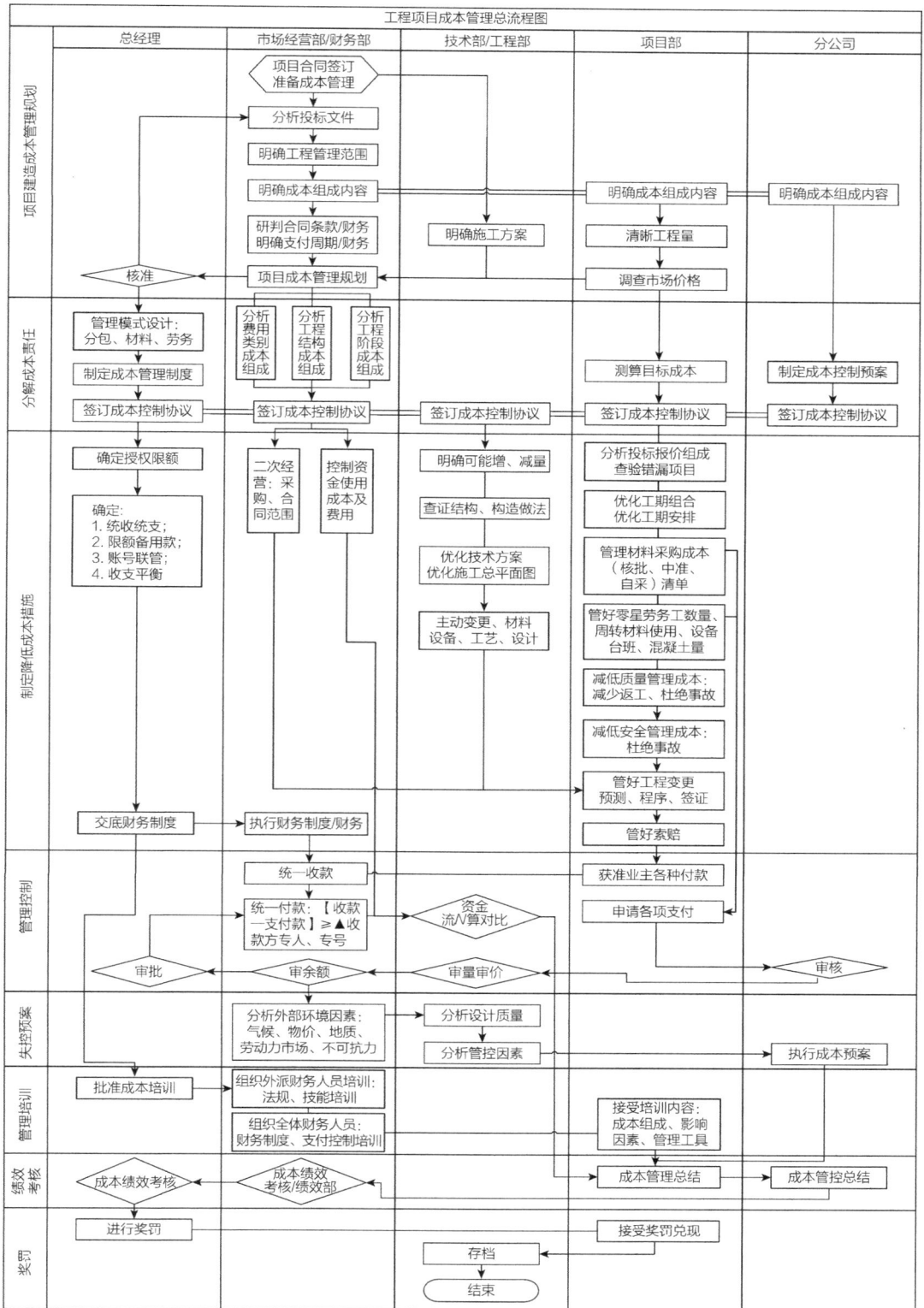

图 9-39 工程项目成本管理总流程图

9.4 政务改革案例

9.4.1 广州市建筑审批改革

广州市从2013年5月1日起开始实施的《广州市建设工程项目优化审批流程试行方案》。根据方案，广州市辖的建设工程项目审批，采取"整合流程、一门受理、并联审批、信息共享、限时办结"，从立项到施工许可的审批时限可压缩为30个工作日，加上审批前期工作等时间，总共不超过145个工作日，较以前缩短60%以上。

审批环节多，时间长，拉低了经济发展效率，拖住了经济发展的脚步。加快行政审批制度改革，成为今年我国经济体制改革的重要突破口。今年以来，国务院已经取消和下放了165项行政审批事项。眼下，广州正在针对如何加快行政审批，进行着一场改革，而触发这场改革的是一张名为"万里长征"的审批流程图。

广州市政协常委曹志伟在今年年初的广州市"两会"上，向人们展示了一幅长达9m的审批"万里长征图"。他说，企业的一个项目从立项到审批完成要跑20个委、办、局，53个处、室，盖108个公章，需耗时799天。根据曹志伟的建议，广州市按照"三个大幅度减少"（大幅度减少审批事项、大幅度减少审批时间、大幅度减少审批费用）的原则要求，对审批制度进行了改革。如今，完成那张"万里长征图"，只需37天，如图9-40所示。

此次广州项目审批流程优化，主要的变化就是整合流程，改变审批方式。以往发改、国

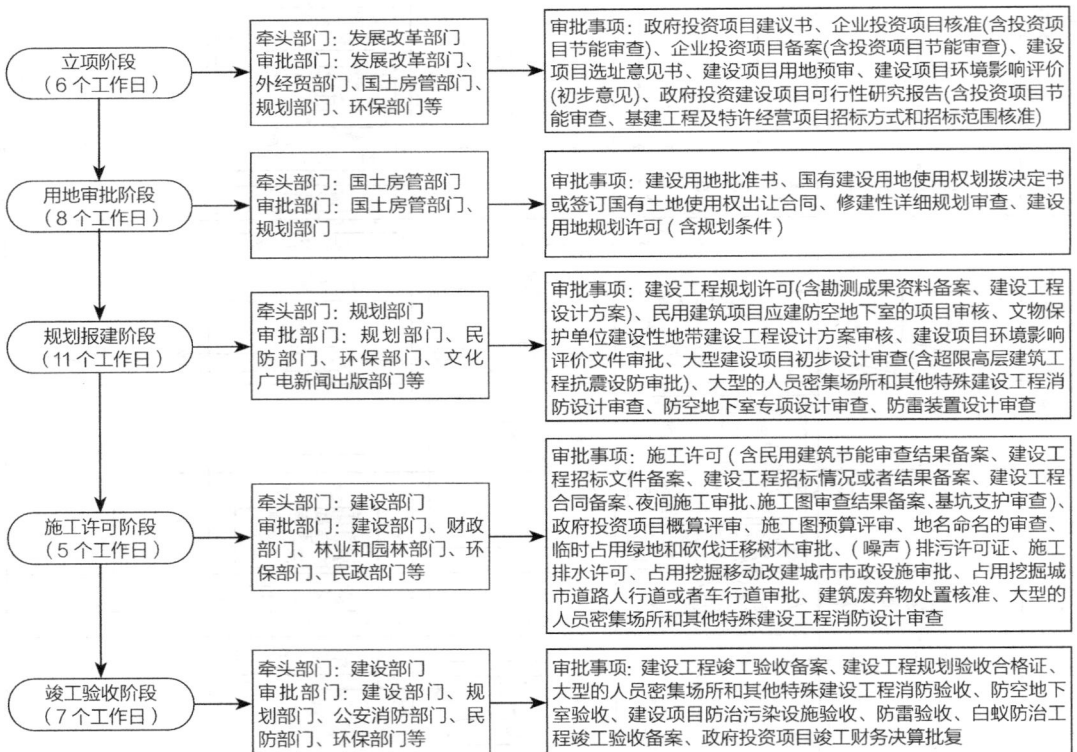

图 9-40 改革后的广州市建筑审批流程图

土、规划、建设四个部门是依次审批、互为前置，即串联审批，而《试行方案》整合了22个审批部门、50项审批事项、5个审批环节，变串联审批为并联审批。从时间上看，该方案将建设工程项目审批流程整合为立项、用地、规划、施工、验收5个阶段，从递交项目申请受理开始，政府部门单纯的审批时限为37个工作日。其中，从立项到施工许可4个阶段的审批时限压缩为30个工作日。如果加上审批前期工作以及专家咨询、技术评审、公示、公告等时间，总共不超过145个工作日。与现在进行的时间和法律规定的时间相比，大概缩短了60%～70%。（资料来源：知网"从799天到37天，广州'万里长征图'引发的改革"）

【点评】

这是典型的以流程为牵引，职能协同（一门受理、其他并联审批）、职责明确（要求：限时办结）、信息共享的案例。实现了耗时大大缩短，开发效率大大提高的目标。这部分工作是房地产开发最搞不清楚流程、最耗费时间、最多重复往返的头疼工作。其实施的效率，具有巨大的示范意义。也再次证明，流程方式的变化和流程本身的优化，对于管理效率的提升，有巨大的优越性。

9.4.2　"美签"改革

2011年，上海美签需等待70天，北京则是100天以上。通过对原有流程进行变革，在不增加人员、资金、设施投入的情况下，签证等待时间在流程变革半个月后缩短到5天，到2013年赴美签证只用等待2~4天即可面签，并可网上在线预约和在线缴费。这一案例强有力地证明了流程变革的巨大社会和经济价值。具体内容详见二维码9-10。

二维码9-10

9.4.3　"最多跑一次"改革

浙江省"最多跑一次"改革始于2016年12月，"最多跑一次"是"放管服"的重要实现途径，其本质是通过流程再造，实现提高办事效率、更好服务"客户"、管住风险卡口的目标。因此，对于研究、推广及应用流程的团队来说，"最多跑一次"改革是最好的研究对象。下面介绍两个建设相关的流程再造案例。

1. 案例（一）：浙江省核准建设方案阶段施工图联审改革

核准建设方案阶段是相关部门依据建设标准和建设条件核准施工图设计方案，改革以"环节整合+互联网"为路径推动建设项目多审合一，重点是通过一个综合图审机构的服务来改变现有的服务模式，尽可能在一个行政许可关口上发挥多个部门、多个方面审查的目的，从而减少办事流程、提高办事效率。

（1）原办理流程

由于各地建设方案审批流程存在不同程度的差异，现列举如下施工图申报审批流程，如图9-41所示。

（2）现行办理存在的问题

一方面，从现行的办理运营机制的角度来看，单个法律制度设置、图审许可流程的设置

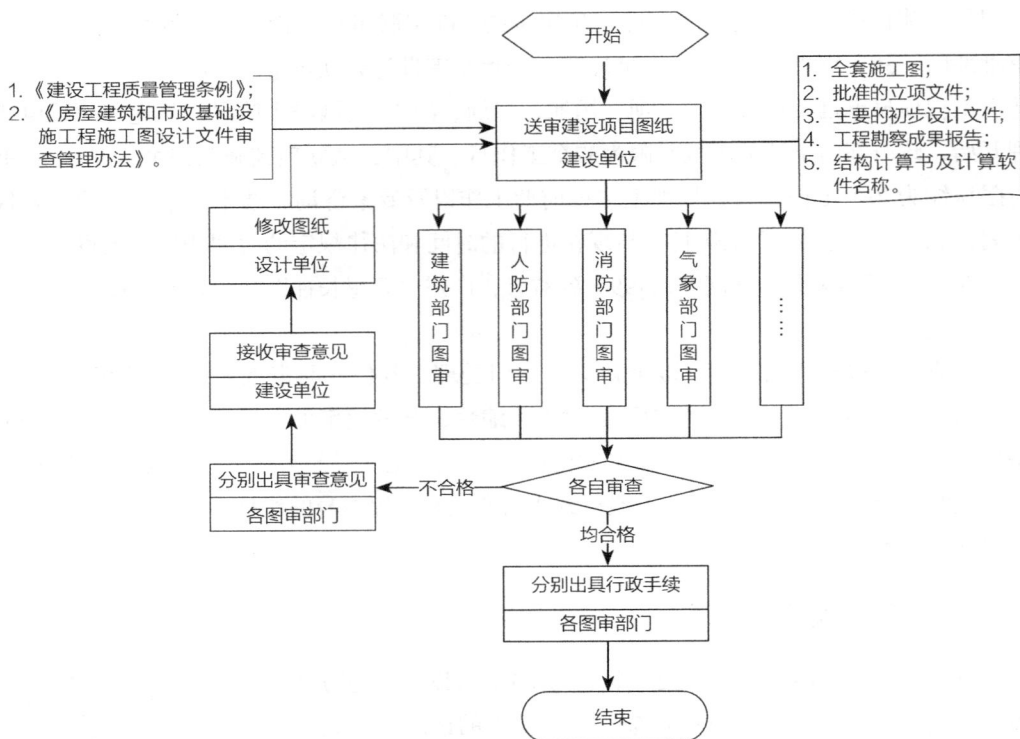

图 9-41 原施工图设计方案申报审批流程图

是顺畅的，但具体到某一个管理阶段，涉及多方面的法律制度，许可环节就纠结在一起。某个部门提出了异议，都将导致其他部门重新审查、重新办理相关手续，使得办理程序循环往复、十分繁杂，大大降低了图审办理的效率。

另一方面，从流程的角度来看，首先各部门审查意见出具的时间点不同，容易产生空隙时间，降低办事效率；其次由于各部门审查和管理的角度不同，出具的审查意见容易出现矛盾，导致有时建设单位拿到各部门审查意见后，设计单位修改图纸很困难，整套图纸反复修改，办过的手续反复进行，流程十分烦琐；最后某些建设单位往往采取"各个击破"的方式取得批文，针对各审查部门的意见分别修改图纸，形成了同一个项目由不同部门批准的多套施工图。

（3）"联审"改革的主要途径

联审改革的重点是围绕一个阶段，做好四个"整合"，如图9-42所示。

（4）"联审"改革思路及核心

改革从思路、依托、整合、体制四个方面内容出发，具体内容如图9-43所示。

改革思路的核心主要是从以下三个方面出发：

1）政府购买服务：将各部门行政管理中的技术审查与行政管理相分离。

2）综合性图审机构：集中到一个由四个部门联合认定的综合性图审机构，统一审查后分别出具各专业审查报告。

3）出具许可手续：相关部门原则上不再直接进行技术审查，而是依据专业审查合格报告出具行政许可手续。

（5）施工图"联审"改革后的流程

施工图"联审"改革，通过一个机构的服务改变服务模式，以互联网为重要平台，将原来复杂烦琐的办事流程整合为科学有序简捷的流程，极大程度上提高了建设单位办事效率的同时，降低了办事成本。施工图"联审"改革后的申报审批流程可参考图9-44。

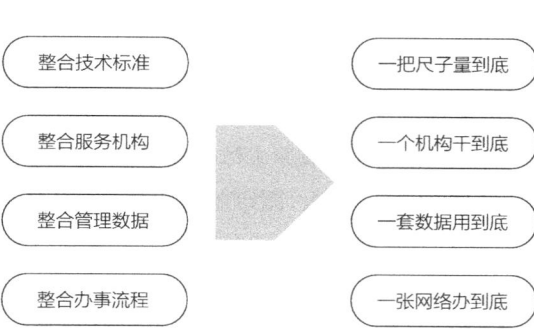

图 9-42 "联审"改革主要路径内容图

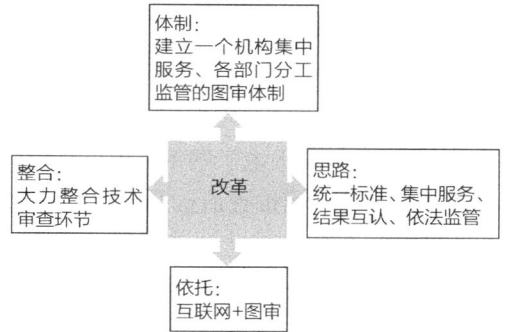

图 9-43 "联审"改革思路内容图

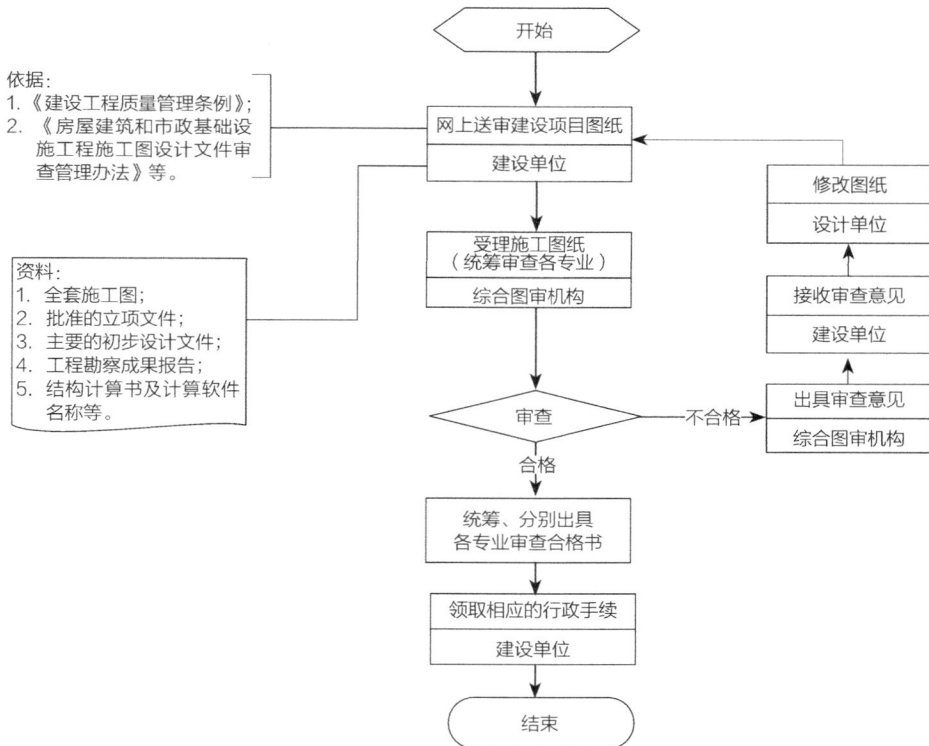

图 9-44 "联审"改革后的施工图设计方案申报审批流程图

（6）改革的主要工作任务

"联审"改革后的主要工作任务分为以下四个方面：

1）整合施工图审查机构：通过整合、培训，目前省建设、人防、消防和气象4部门已联合公布了50家综合性图审机构名录。同时，将图审机构改为非营利性机构，破除其利润追求与工程质量追求之间的矛盾。在这方面，各市的任务就是从50家机构中以公开公正的方式确定若干图审服务定点供应商。

2）实行政府购买服务：对2017年5月1日后出让的国有建设用地上的项目和其他新批准立项的房建市政项目，实行政府购买服务。原则上公共财政承担首轮施工图设计文件审查费用，建设单位自行承担因自身原因导致重新审查的费用。

3）推行网上电子图审：省里统一信息系统开发思路，以各市为主体研发基于全省政务云平台的施工图审查信息系统，实现了建设单位、勘察设计单位、图审单位和建设、人防、消防、气象等相关管理部门的互联互通。截至2017年10月24日共受理电子图审项目556项，其中出具审查合格书347项。

4）健全图审质量监管制度：改革后综合图审机构将承担技术审查责任，各主管部门依法履行专业监管职责，开展"双随机、一公开"抽查监管，形成"部门联合、随机抽查、按标监管"的"一次到位"机制，并将"双随机、一公开"抽查监管结果与智慧信用评价体系相挂钩，落实奖优惩劣机制。

（7）改革的成效

施工图联审实现了办事流程从"反复跑多次"到"最多跑一次"的改革，极大程度上减少了办事环节，提高了办事效率。改革前后效果如图9-45所示。

2. 案例（二）：浙江省工程竣工验收阶段"竣工测验合一"改革

竣工阶段的验收有建设单位自行组织的竣工质量验收和有关部门的竣工核实验收两种，后者属于行政审批制度改革的范畴。工程竣工验收阶段"竣工测验合一"改革就是将"环节整合+互联网"的改革路径推广应用到竣工阶段，以切实提升建筑工程竣工核实验收监管效率，保证工程质量安全。

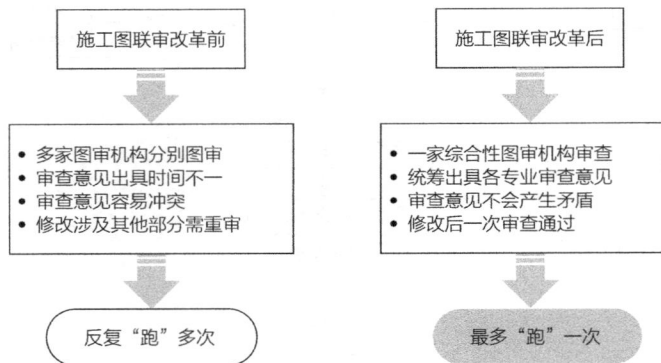

图9-45 "联审"改革前后成效对比图

（1）原竣工核实验收流程

同样由于各地竣工核实验收流程中存在的差异，现列举如下竣工核实验收流程，如图9-46所示。

（2）现行流程存在的问题

从现行的流程来看，竣工核实验收是分别进行规划核实验收、用地复核验收、消防验收、人防验收备案和防雷装置验收等。现行做法是针对验收的不同方面，分别委托不同的测绘机构进行测量，再由相关部门进行核实。这使办理流程相当繁琐，不同事件之间还存在相互制约，办理十分不便，存在的主要问题有：①涉及部门多；②程序复杂；③重复测量；④验收意见易产生矛盾。

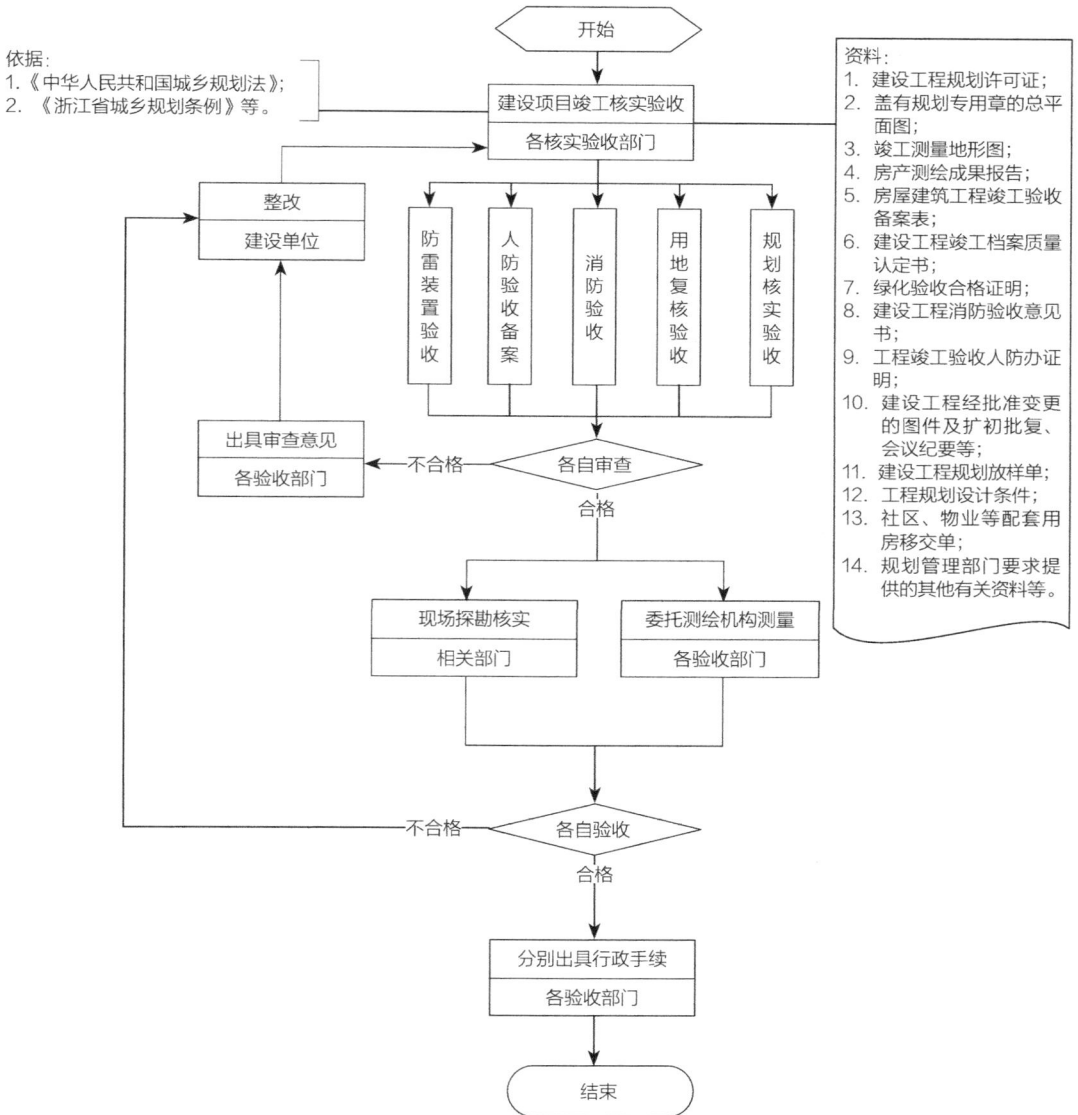

图9-46　原竣工核实验收流程图

（3）竣工验收"联核"改革思路

改革从思路、联办、闭合、联测四个方面内容出发，具体内容如图9-47所示。

（4）竣工"联核"改革后的流程

推进建筑工程"竣工测验合一"改革，是在竣工阶段建设单位委托一家综合测量单位，一次性测量到位，将测出来工程实体的情况与原来的批准方案进行比对，找出误差。改革核心是对有关流程进行整合，使建设单位更简捷、高效地办理竣工验收阶段相关手续。竣工核实验收改革后的办理流程如图9-48所示。

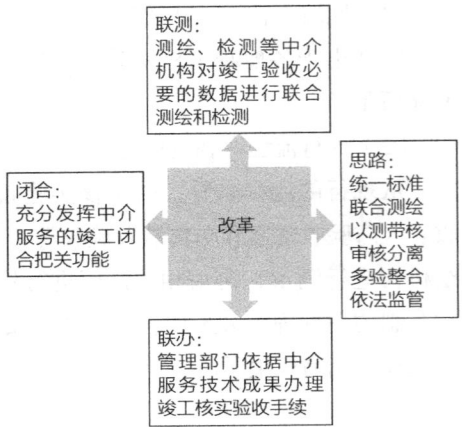

图 9-47 "联核"改革思路内容图

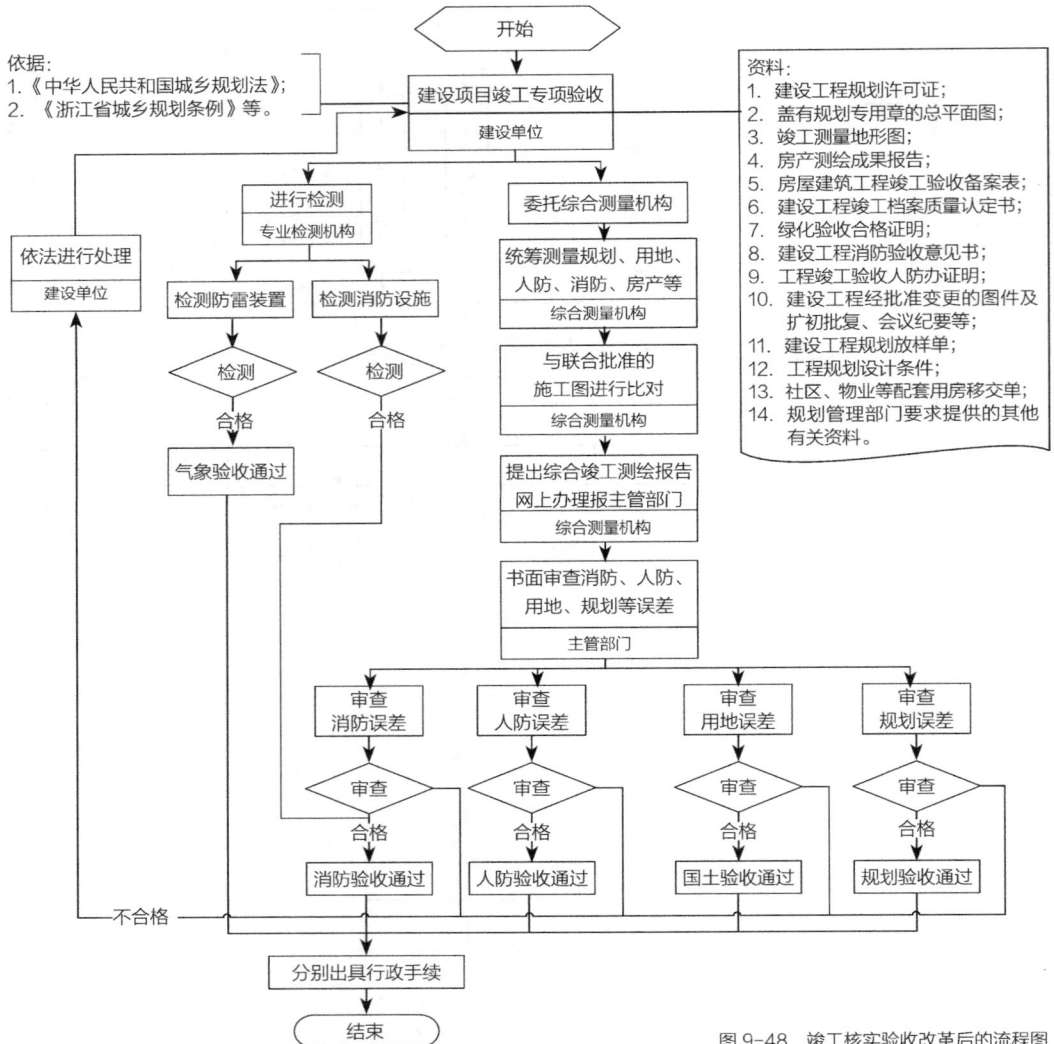

图 9-48 竣工核实验收改革后的流程图

（5）改革的主要工作任务

"联核"改革后的主要工作任务分为以下四个方面：

1）统一竣工测量标准

由省有关部门组织制定浙江省建筑工程竣工综合测量技术标准，目前已初步形成了征求意见稿。

2）培育竣工"联测联核"综合机构

竣工综合联测联合机构应具备规划测量、地下管线测量、地基测量和房产测量专业资质。要加强对竣工综合"联测联核"和性能检测技术的培训，各市相关部门要联合优选公布一批"联测联核"综合机构，供建设单位选用。

3）改革竣工核实验收监管方式

规划、国土、消防和气象等部门要由现行的进行现场核实验收，转为依据竣工测绘报告、专业检测评估报告等技术资料，核发规划核实确认书、用地复核意见书、消防验收意见书、防雷装置验收意见书等竣工核实认可文件。部门一般不再进行现场验收。

4）研发电子图档管理系统

依托全省政务云平台，进一步拓展全省施工图电子联审系统功能，加快建立投资项目建设全过程的电子图档管理信息系统，实现施工图电子图和竣工测绘电子图一网归集、传输和存储，统一纳入浙江省投资项目在线审批监管平台。

3. 案例总结与启示

（1）改革中需要把握的重点问题

1）注重统一标准，让管理规则、管理流程规范化、透明化。特别要统一管理标准，要文明化、公开化，尽可能减少主观因素。这样才能让建设单位遵守规则，让社会监督管理部门按规则办事。

2）注重发挥中介机构作用，把专业的事交给专业队伍去做。一方面要充分发挥专业机构、专业人员、专业设备的作用，提升监管实效；另一方面，要强化中介机构监管，健全守信激励与失信惩戒机制。同时，要加强对设计、图审、测绘等服务机构的培训，让他们尽快适应网上办理。

3）注重利用互联网强大功能，让部门办事遵循着路线走。通过优化再造科学合理的管理流程，让企业办理便捷化，让部门管理不走样。特别要做好与投资项目在线审批平台统一赋码的对接工作，并加强图审结果与有关部门出具行政许可程序上的有机衔接问题。

4）注重发挥部门职能作用，让部门各司其职、各尽其能、各得其所。要推动行政管理方式的转变，让有关部门从原来的直接负责技术审查转向制定规则和监管中介机构，在尽可能减少门槛式管理环节的同时，更好地发挥部门职能作用，努力让无干扰（或低干扰）式监管成为新常态。

（2）"联审""联核"改革的内涵

核准建设方案阶段的施工图"联审"改革和工程竣工验收阶段"竣工测验合一"改革是以互联网为重点平台，按照统一的工程建设标准进行管理，将原本分散的管理过程整合化，减少办理流程，解决信息孤岛的问题，实现各部门数据共享；充分发挥中介机构的作用，通过一个机构的服务改变现有的多部门多重服务、交叉服务的模式，将各环节整合为科学有序的流程。

"最多跑一次"就是要通过一网受理、整合服务、数据共享、部门联办的机制，要实现多部门施工图申报审批、竣工核实验收的联测、联核、联办，不断提升建筑工程竣工核实验收监管工作效率。

"最多跑一次"推进了政府职能转变，推动了建设项目审批服务提速增效，切实贴合了社会的需要，这不仅是施工图联审改革，更是竣工测验核验的改革。更多的是利用互联网平台来整合流程，所追求的目标是在改革过程中，不仅要实现便捷化，还要实现有效的结果。

"最多跑一次"的理念和目标提升了办理速度，规范了事项办理流程，精简了事项办理环节，使办理过程中的质量、安全等重大问题得到有效监管，进一步提升了施工图申报审批、建筑工程竣工核实验收的监管效率和质量，极大程度地提高了建设单位办事的便捷度、管理效率，减少了办事的时间成本、经济成本，也就是减少了管理成本。

（3）"最多跑一次"实现途径——流程优化

实现"最多跑一次"的最佳途径是对办事流程进行再造和优化。流程优化的价值是：针对现有审批流程所存在的问题，对现行办事流程进行分析、梳理、完善和改进，在互联网及相关配套技术的支持下，以提高管理效率、降低管理成本为前提，构建一套简捷、直接的办事流程，提升项目审批速度、规范事项办理流程、精简办理事项，将建设工程办事过程中无效的活动、不增值的等待时间、重复工作以及协调工作量减到最少，从而实现多办事、快办理、好质量、省资源。

（4）流程牵引理论在流程优化中的核心作用

流程牵引理论在流程优化中的核心作用主要体现在以下几个方面：

1）通过"流程牵引"，使制度成为行为的依据，而不是"放在柜子里的宝贝"；使"最多跑一次"建设项目审批改革在优化流程、削减证明材料、推进数据共享等方面争取了更大突破，切实减少办理流程、提高管理效率，做到少跑腿、好办事。

2）流程牵引理论可以清晰地明确流程再造的重点，提高流程优化成功率，更有助于抓住建设项目办事审批流程中需要解决的主要矛盾，着手于流程环节，减少审批时间及审批层级，以减少审批工作，提升审批工作的开展效率。

3）流程牵引理论中，流程要素的分析和同步分解技术是管理协同的落脚点和节点。流程优化工作的开展需要对流程各环节及交接口进行梳理，保证各部门、各业务间接口的责权利清晰，提升办事效率。

综上所述，流程的作用是巨大的，在流程优化工作中，流程牵引理论能规范流程、提升办理速度、精简办理环节，能帮助我们降低管理成本的同时提高管理效率。

4. 全流程《关于全面开展工程建设项目审批制度改革的实施意见》

推行"最多跑一次"改革以来，各部门、各地方出台了多项政策。2019年3月13日，国务院办公厅印发《关于全面开展工程建设项目审批制度改革的实施意见》（国办发［2019］11号）（后文简称《意见》），主要内容汇总如下。

（1）主要目标

1）2019年上半年

全国工程建设项目审批时间压缩至120个工作日以内，省（自治区）和地级及以上城市初步建成工程建设项目审批制度框架和信息数据平台。

2）到2019年底

工程建设项目审批管理系统与相关系统平台互联互通；试点地区继续深化改革，加大改革创新力度，进一步精简审批环节和事项，减少审批阶段，压减审批时间，加强辅导服务，提高审批效能。

3）到2020年底

基本建成全国统一的工程建设项目审批和管理体系。

（2）主要内容

1）全流程

覆盖行政许可等审批事项和技术审查、中介服务、市政公用服务以及备案等其他类型事项，推动流程优化和标准化。

2）全覆盖

改革覆盖工程建设项目审批全过程（包括从立项到竣工验收和公共设施接入服务）。

（3）"四个统一"具体内容

《意见》在指导思想中强调，全面开展工程建设项目审批制度改革，统一审批流程，统一信息数据平台，统一审批管理体系，统一监管方式，实现工程建设项目审批"四统一"，具体内容见表9-4。

项目审批"四统一"内容表　　　　　　　　　　　　　表9-4

四个统一		具体内容
统一审批流程	精简审批环节	精简审批事项和条件、下放审批权限、合并审批事项、调整审批时序
	规范审批事项	统一审批事项和法律依据，逐步形成全国统一的审批事项名称、申请材料和审批时限、制定国家、省（自治区）和地级及以上城市工程建设项目审批事项清单
	合理划分审批阶段	将工程建设项目审批流程主要划分为： ①立项用地规划许可（项目审批核准、选址意见书核发、用地预审、用地规划许可证核发等）； ②工程建设许可（设计方案审查、建设工程规划许可证核发等）；施工许可（设计审核确认、施工许可证核发等）； ③竣工验收（规划、土地、消防、人防、档案等验收及竣工验收备案等）
	分类制定审批流程	制定全国统一的工程建设项目审批流程图示范文本
	实行联合审图和联合验收	消防、人防、技防等技术审查并入施工图设计文件审查，相关部门不再进行技术审查。 实行规划、土地、消防、人防、档案等事项限时联合验收，统一竣工验收图纸和验收标准，统一出具验收意见。对于验收涉及的测绘工作，实行"一次委托、联合测绘、成果共享"
	推行区域评估	在各类开发区、工业园区、新区和其他有条件的区域，推行由政府统一组织对压覆重要矿产资源、环境影响评价、节能评价、地质灾害危险性评估、地震安全性评价、水资源论证等评估评价事项实行区域评估
	推行告知承诺制	对通过事中事后监管能够纠正不符合审批条件的行为且不会产生严重后果的审批事项，实行告知承诺制

四个统一		具体内容
统一信息数据平台	建立完善工程建设项目审批管理系统	按照"横向到边、纵向到底"的原则,整合建设覆盖地方各有关部门和区、县的工程建设项目审批管理系统,并与国家工程建设项目审批管理系统对接,实现审批数据实时共享。 2019年底前实现工程建设项目审批管理系统与全国一体化在线政务服务平台的对接,推进工程建设项目审批管理系统与投资项目在线审批监管平台等相关部门审批信息系统的互联互通
统一审批管理体系	"一张蓝图"统筹项目实施	统筹整合各类规划,划定各类控制线,构建"多规合一"的"一张蓝图"
	"一个窗口"提供综合服务	整合各部门和各市政公用单位分散设立的服务窗口,设立工程建设项目审批综合服务窗口。
	"一张表单"整合申报材料	各审批阶段均实行"一份办事指南,一张申请表单,一套申报材料,完成多项审批"的运作模式。 不同审批阶段的审批部门应当共享申报材料
	"一套机制"规范审批运行	建立健全工程建设项目审批配套制度,明确部门职责,明晰工作规程,规范审批行为,确保审批各阶段、各环节无缝衔接。 加快法律法规、规范性文件和标准规范的立改废释工作,修改或废止与工程建设项目审批制度改革要求不相符的相关制度,建立依法推进改革的长效机制
统一监管方式	加强事中事后监管	建立以"双随机、一公开"监管为基本手段,以重点监管为补充,以信用监管为基础的新型监管机制,严肃查处违法违规行为
	加强信用体系建设	建立工程建设项目审批信用信息平台,完善申请人信用记录,建立红黑名单制度,实行信用分级分类管理,出台工程建设项目审批守信联合激励和失信联合惩戒合作备忘录,对失信企业和从业人员进行严格监管
	规范中介和市政公用服务	建立健全中介服务和市政公用服务管理制度,实行服务承诺制,明确服务标准和办事流程,规范服务收费。 供水、供电、燃气、热力、排水、通信等市政公用服务要全部入驻政务服务大厅,实施统一规范管理,为建设单位提供"一站式"服务

《意见》在最后指出住房和城乡建设部要强化组织领导,加强沟通反馈和培训,严格督促落实和做好宣传引导。

浙江省"最多跑一次"改革旨在以"最多跑一次"的理念和目标深化政府自身改革,由此撬动经济体制改革、公共服务体制改革和权利运行体制改革等,其最具有代表性的是浙江省率先提出的"四张清单一张网",即权力清单、责任清单、企业投资负面清单、财政专项资金管理清单和政务服务网。

不管是"最多跑一次"改革还是以上总结的《意见》都是以"环节整合+互联网"为路径,通过流程梳理与整合,实现提高办事效率、更好服务"客户"、管住风险卡口的目标。

9.5 信息化建设案例

9.5.1 "L模式"下的信息化

关于"L模式"下的信息化案例主要介绍了"L模式"下的信息分类与传递;建造自动化:工艺自动化;信息化帮助:管理在控化;支撑与管控的关系以及"流程大使"—构想图,本案例内容是对信息分类与传递等方面的详细解读,具体内容详见二维码9-11。

二维码9-11

9.5.2 BIM 推进流程

下文将介绍施工企业的BIM推进流程，如图9-49所示。

目前，BIM在实施过程中遇到一系列问题，如业务流程、组织方式落后；BIM投入产出不高；缺少BIM实施的专家、BIM人才；没有合适的BIM方案；软件种类繁多，数据兼容性问题等一系列问题。这些问题施工企业自身在短时间内是不能解决的，因此施工企业有必要采取应对策略避免投资浪费。

一般施工企业在推进BIM过程中会经历以上几个步骤，如果在推进过程中，由于跳过几个任务进行、其中几个任务进行的不顺利或者是几个任务先后顺序相反，可能会导致BIM在实施难以继续或造成重大资源浪费。

1. BIM 应用策划

在一个项目中引入BIM技术，需要在应用前根据项目的特点和情况，进行详细周密的策划，开展准备工作。BIM应用策划包括

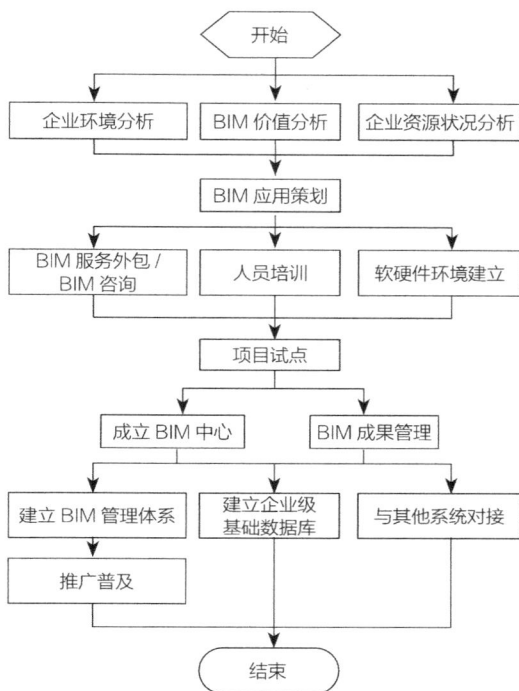

图 9-49   施工企业 BIM 推进流程图

确定BIM应用目标、约定BIM模型标准、确定BIM应用范围、构建BIM组织架构、确定信息交互方式等内容。

2. 人员培训

（1）组建合理人才结构

建模人员培养，建议由1~2个经验丰富的建模人员带3~5个建模经验较浅的人员，形成传帮带的学习结构。业务人员应主要由有项目经验的人员组成。

（2）制定有效的激励政策

公司提供免费的BIM技术培训，培训后通过考核办法相应证书和奖金激励，将培训考核作为后续工资待遇提升考虑因素。

（3）建立可行人才培养方案

人才培养方式应为公司–项目–公司的培养方式，由公司来主导培养方案和培养节奏。理论技术由公司通过内部、外部培训的方式来传递，实践经验应将中心部分业务人员下放至项目，做BIM实施落地。项目结束后，中心实施人员返回BIM中心做总结及方法传递。避免BIM中心成为企业形象部门。

3. 软硬件环境建立

软件是项目BIM实施应用的基础前提，是项目BIM实施成功与否的关键。软件选型主要

从项目自身需求、产品功能、供应商服务这三个方面来考虑，选择合适项目的建模软件和BIM应用软件，是项目BIM实施成功的有力前提保障。

4. 项目试点

试点项目选型原则如下：

（1）试点项目选型应考虑项目实际工期，项目施工准备阶段为BIM实施最佳阶段，并且项目工期较为可控为宜；

（2）试点项目体量直接关系到后续BIM实施难度，建议首个项目选择结构形式较为规整，体量为中小型的项目，并且项目专业较全为宜。

5. 成立 BIM 中心

在试点项目的过程中就可以根据企业情况建立BIM项目组，由项目部和总部管理人员组成，通过项目试点过程中对人员进行培训，实际参与到应用过程中。并且以这部分人员为班底成立企业BIM中心。BIM中心组织架构如图9-50所示。

6. 建立 BIM 管理体系

BIM技术只有跟企业管理相结合起来才能真正应用，发挥巨大价值。BIM的应用不是简单工具软件的操作，它涉及企业各部门、各岗位，涉及公司管理的流程，涉及人才梯队的培养和考核，需要配套制度的保障，需要软硬件环境的支持。因此企业引入BIM，不是采购几套软件就完事了，需要通过聘请专业BIM团队，开展BIM项目试点，以企业BIM中心为基础，结合企业自身情况，建立适合企业的BIM管理体系。

7. 建立企业级基础数据库

建立企业的BIM数据库平台，大量项目数据在企业数据中心被集中管理。全企业内相关管理部门、参建方可一起协同，施工行业进入"营改增"时代，这一点十分重要。企业级的BIM数据库可以为所有业务和管理部门提供强大的数据支撑、技术支撑和协同管理支撑。在建造过程、运维过程到全生命周期的客户服务阶段提供工程基础数据库，即提供管理支持。

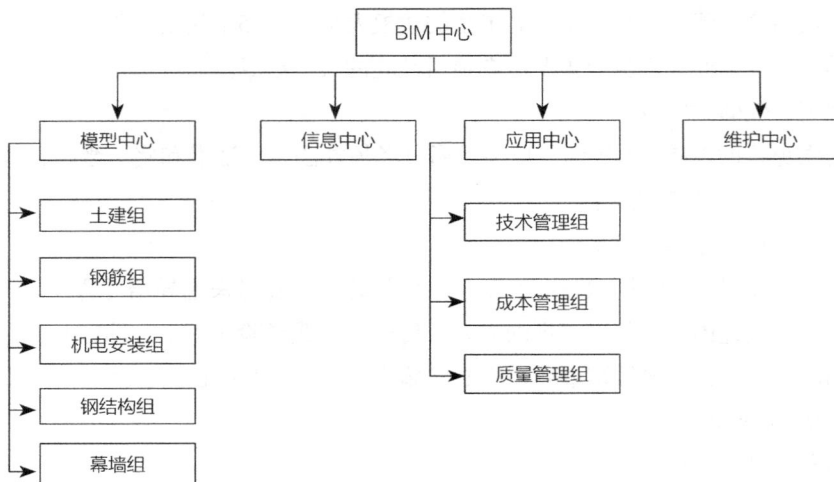

图 9-50　BIM 中心组织架构图

此时，施工企业在施工的所有项目，包括一个小小的门房在全过程、全专业、全范围的管理应用中都在用BIM做精细化管理，突破了项目、级企业级信息化管理瓶颈。BIM成为ERP项目基础数据的重要来源，让ERP的价值进一步提升，同时也将提升BIM系统自身的价值。

企业集团实现了集约化运营。在BIM技术的支撑下，企业集团可以实现集约化采购、资金、周材和人员的调配计划，精准控制企业运营，大幅提升企业利润和运营规模，实现施工企业的规模经济效应。以BIM技术应用为核心的技术团队成为企业整体运营管理关键支撑，为企业各条线管控、为各项目精细化管理提供数据支撑、技术支撑和协同管理支撑，是企业集团核心大数据来源。这在建筑业下行和营改增时代已非常必要和可行。

9.6 流程集锦

9.6.1 SI住宅体系中的流程运用

本节关于SI住宅的相关内容，将为读者介绍SI住宅的起源、定义、体系构成、SI住宅体系建设流程，使读者能够更清晰地认识到流程在日常生活中的重要性。具体内容详见二维码9-12。

二维码 9-12

9.6.2 建设项目施工过程质量验收

建设项目施工过程质量验收部分为读者呈现的是关于建设工程项目质量验收的简介以及施工过程质量不合格时的处理流程。对其流程的梳理帮助建筑企业高效完成处理事项，避免造成资源浪费。具体内容详见二维码9-13。

二维码 9-13

9.6.3 建设项目竣工质量验收

建设项目质量竣工验收作为工程项目整体质量控制的关键环节，其执行的科学性与合理性对于工程建设而言是重中之重的。在质量竣工验收活动中，施工单位需要组织协调项目各方、准备相关资料文件等，过程是十分繁杂的，因此对建设项目竣工质量验收流程的梳理具有现实意义，具体流程见二维码9-14。

二维码 9-14

9.6.4 泥浆护壁成孔灌注桩施工工艺流程

1. 简介

泥浆护壁就是在充满水和膨润土以及CMC等其他外加剂的混合液的情况下，对于地下连续墙成槽、钻孔灌注桩钻孔等工程，泥浆对槽壁的静压力和泥浆在槽壁上形成的泥皮，可以有效地防止槽、孔壁坍塌。

2. 泥浆护壁成孔灌注桩施工工艺流程（图9-51）

泥浆护壁成孔灌注桩

	操作工	施工员	监理	注意点及检查内容
施工准备		开始		
	施工准备			1. 探明预埋管线； 2. 平整场地并夯实。
	铺设路基板			平整。
		钻孔场地布置		泥浆池；钢筋笼；料斗；施工机械摆放位置。
		桩位放样		
	埋设十字护桩 ← 不合格			用砂浆或混凝土进行加固。
		随时检查		护桩是否位移。
钢护筒埋设	合格			
	旋挖钻头挖孔			
	压入护筒 ← 不合格			护筒外侧填满黏土并夯实。
		检查		1. 顶部高出施工地面50cm； 2. 顶面平面偏差≤5cm； 3. 倾斜度偏差≤1cm。
钻机就位	合格			
		复测桩位		
	调整 ← 不合格		检查	
		合格		
		检查机具设备		1. 钻头直径、钻杆倾斜度、底座和顶端是否平稳； 2. 钻头中心与钻孔中心偏差≤2cm。
钻孔		测定护筒标高		计算实际孔深。
	钻孔 ← 不合格			1. 开孔施工轻压慢进，钻头速度≤10钻/分钟； 2. 其他要求。
		保存样渣，核对地质情况		1. 2m一次，地质变化时，加取一次； 2. 当地质与设计不符时，0.3~0.5m取一次。
		填写钻孔施工日志		
成孔检查		检查		孔位、孔径、倾斜度等检查。
清孔	孔内注入泥浆 ← 不合格			1. 孔内排出泥浆无2~3mm颗粒； 2. 泥浆比重1.1g/cm³，含砂率≤2%，黏度17~20s。
		测试各项指标		
		检查		1. 沉渣厚度检查； 2. 泥浆指标。
钢筋笼制作安装	合格			
	起吊钢筋笼			
	孔口定位固定			
		注水检查声测管		
	绑扎声测管			
导管安装		试拼试压试验		轴线偏差不超过钻孔深度5%且≤10cm。
	吊装导管			
	安放橡胶圈或胶皮垫			周正、严密。
二次清孔		检查		沉渣厚度检查； 1. 孔内排出泥浆无2~3mm颗粒； 2. 泥浆比重1.1g/cm，含砂率≤2%，黏度17~20s。
	测试各项指标			
	二次清孔 ← 不合格 合格			
灌注水下混凝土		检查		混凝土坍落度、扩展度、含气量。
		制作标养试件		每根桩不得少于2组试件。
	灌注混凝土			每根桩不得少于2组试件。
拔出导管及钢护筒	拔出导管及钢护筒			每根桩不得少于2组试件。
	结束			

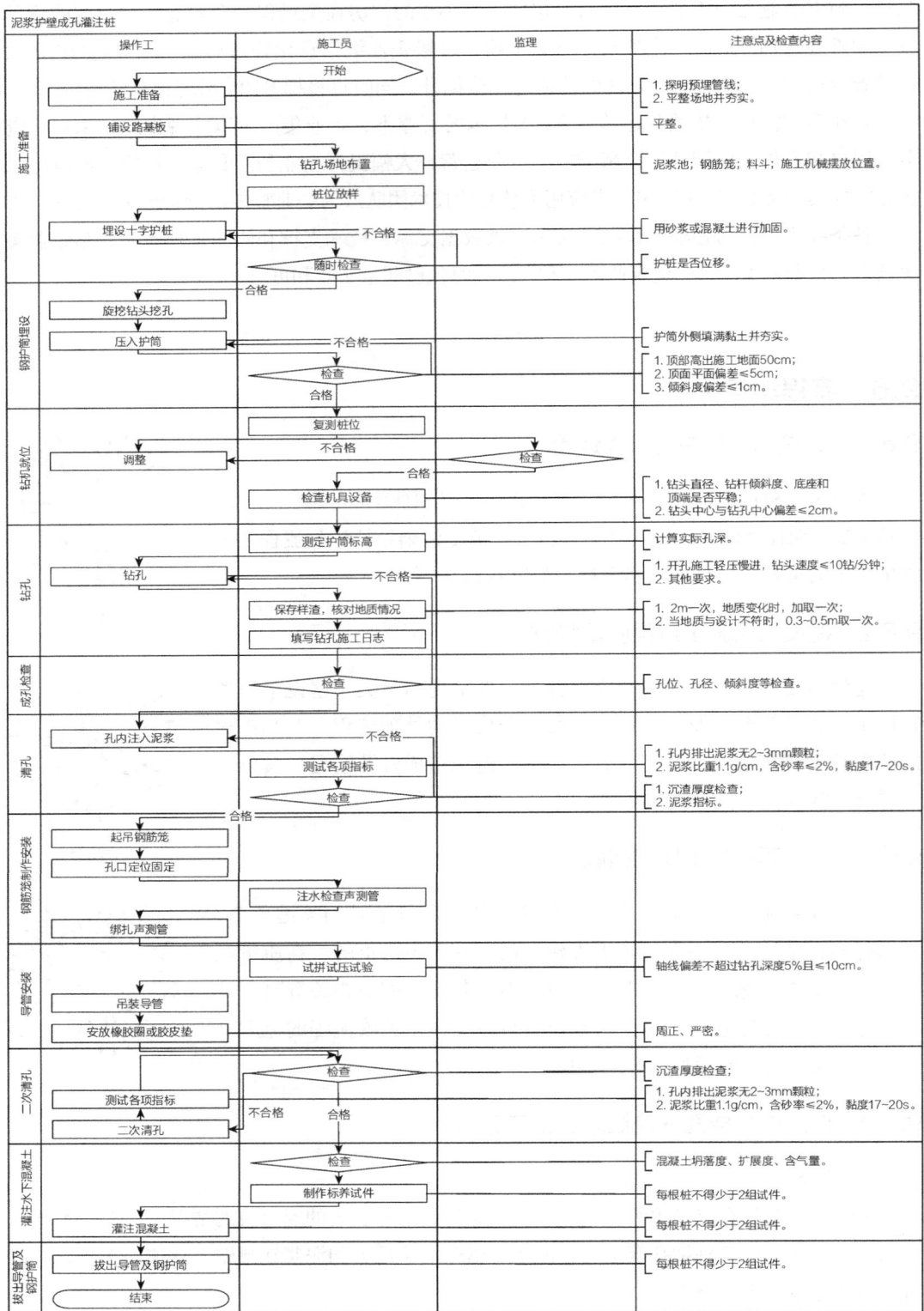

图 9-51　泥浆护壁成孔灌注桩施工工艺流程图

9.6.5　精益六西格玛管理及实施流程

精益六西格玛管理是精益生产与六西格玛管理的结合，二者均与全面质量管理密切相关，这为两者的结合提供了基础。同时，两者均强调对流程的持续改进，并追求完美。因此，对二者结合的探索是很有价值的，具体流程见二维码9–15。

二维码 9-15

9.6.6　立项审批流程

立项审批是项目前期工作的一部分，项目立项审批长期存在的环节多、事项繁、耗时长等特点，对其进行流程梳理，能够更好更快掌握这一工作全貌，提高效率，具体流程见二维码9–16。

二维码 9-16

9.6.7　层次分析法决策及实施流程

层次分析法，简称AHP，是一种定性与定量相结合的数学方法。将数学方法与管理思想相结合，能使得管理决策更加合理化、科学化，具体流程见二维码9–17。

二维码 9-17

9.6.8　建设项目决策阶段流程

建设项目在决策阶段的主要工作包括项目建议书、可行性研究报告、运营策划、评估报告等相关文件的编制以及报送审批工作。从项目建议书到可行性研究报告，是一个由粗到细、由浅入深，逐步明确建设项目目标的过程。具体内容详见二维码9–18。

二维码 9-18

9.6.9　施工方案全过程管理流程图

1. 简介

施工方案以分部（分项）工程或专项工程为主要对象编制的施工技术与组织方案，用以具体指导其施工过程（《建筑施工组织设计规范》GB/T 50502—2009）。

2. 流程图（图9-52）

9.6.10　"工程款分账"以及"农民工资实名制"管理流程

从国务院到省人民政府再到各市政府都相继发布了一系列关于保障农民工工资发放的文件，其重要性不言而喻。因此，迫切需要相关单位解读好相关的政策文件，而本案例将从"流程梳理"的角度对其中工程款分账管理以及农民工工资实名制管理的内容进行梳理。具体内容详见二维码9–19。

二维码 9-19

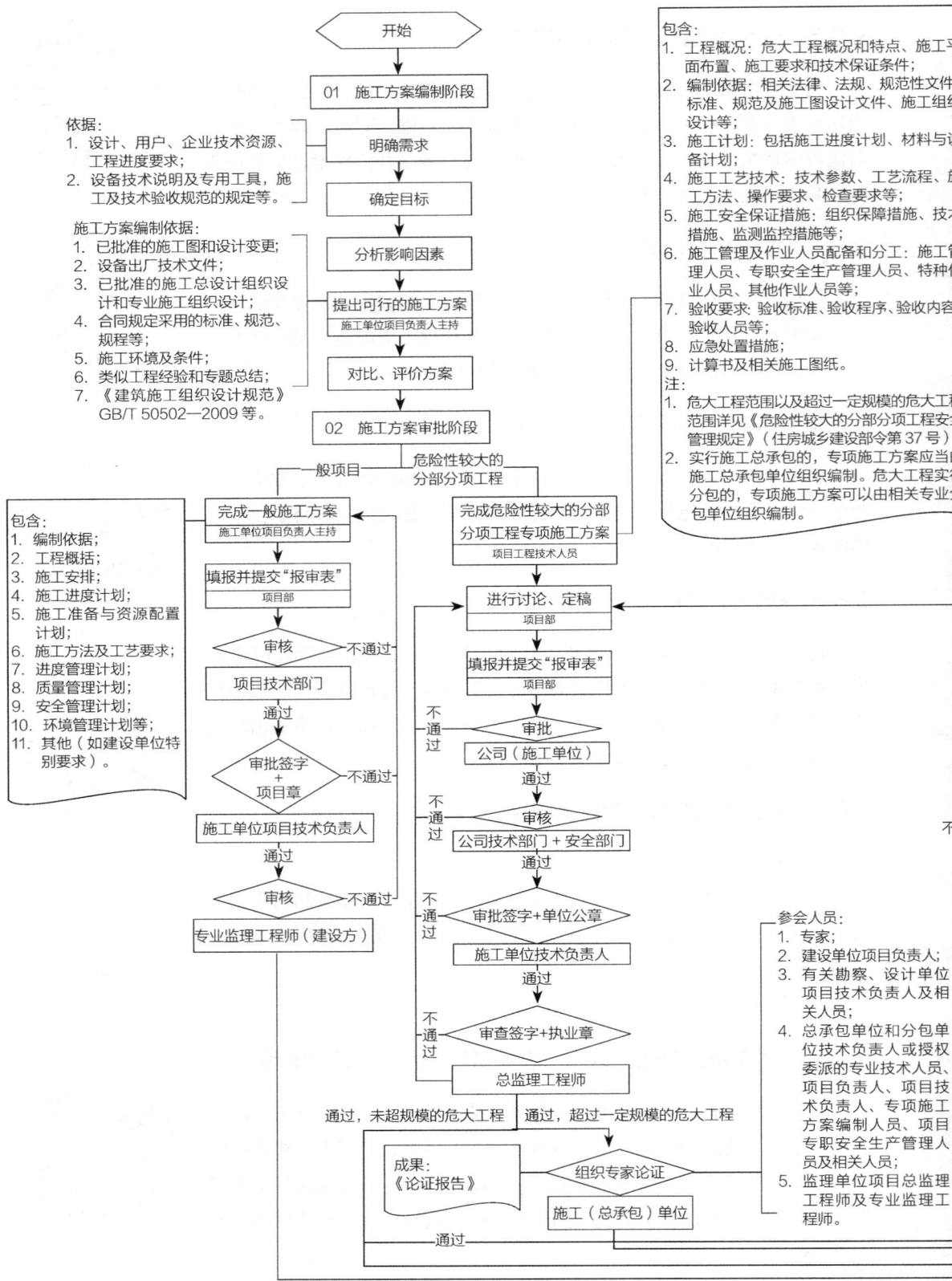

依据：
1. 设计、用户、企业技术资源、工程进度要求；
2. 设备技术说明及专用工具，施工及技术验收规范的规定等。

施工方案编制依据：
1. 已批准的施工图和设计变更；
2. 设备出厂技术文件；
3. 已批准的施工总设计组织设计和专业施工组织设计；
4. 合同规定采用的标准、规范、规程等；
5. 施工环境及条件；
6. 类似工程经验和专题总结；
7. 《建筑施工组织设计规范》GB/T 50502—2009 等。

包含：
1. 编制依据；
2. 工程概括；
3. 施工安排；
4. 施工进度计划；
5. 施工准备与资源配置计划；
6. 施工方法及工艺要求；
7. 进度管理计划；
8. 质量管理计划；
9. 安全管理计划；
10. 环境管理计划等；
11. 其他（如建设单位特别要求）。

包含：
1. 工程概况：危大工程概况和特点、施工平面布置、施工要求和技术保证条件；
2. 编制依据：相关法律、法规、规范性文件、标准、规范及施工图设计文件、施工组织设计等；
3. 施工计划：包括施工进度计划、材料与设备计划；
4. 施工工艺技术：技术参数、工艺流程、施工方法、操作要求、检查要求等；
5. 施工安全保证措施：组织保障措施、技术措施、监测监控措施等；
6. 施工管理及作业人员配备和分工：施工管理人员、专职安全生产管理人员、特种作业人员、其他作业人员等；
7. 验收要求：验收标准、验收程序、验收内容、验收人员等；
8. 应急处置措施；
9. 计算书及相关施工图纸。

注：
1. 危大工程范围以及超过一定规模的危大工程范围详见《危险性较大的分部分项工程安全管理规定》（住房城乡建设部令第37号）；
2. 实行施工总承包的，专项施工方案应当由施工总承包单位组织编制。危大工程实行分包的，专项施工方案可以由相关专业分包单位组织编制。

参会人员：
1. 专家；
2. 建设单位项目负责人；
3. 有关勘察、设计单位项目技术负责人及相关人员；
4. 总承包单位和分包单位技术负责人或授权委派的专业技术人员、项目负责人、项目技术负责人、专项施工方案编制人员、项目专职安全生产管理人员及相关人员；
5. 监理单位项目总监理工程师及专业监理工程师。

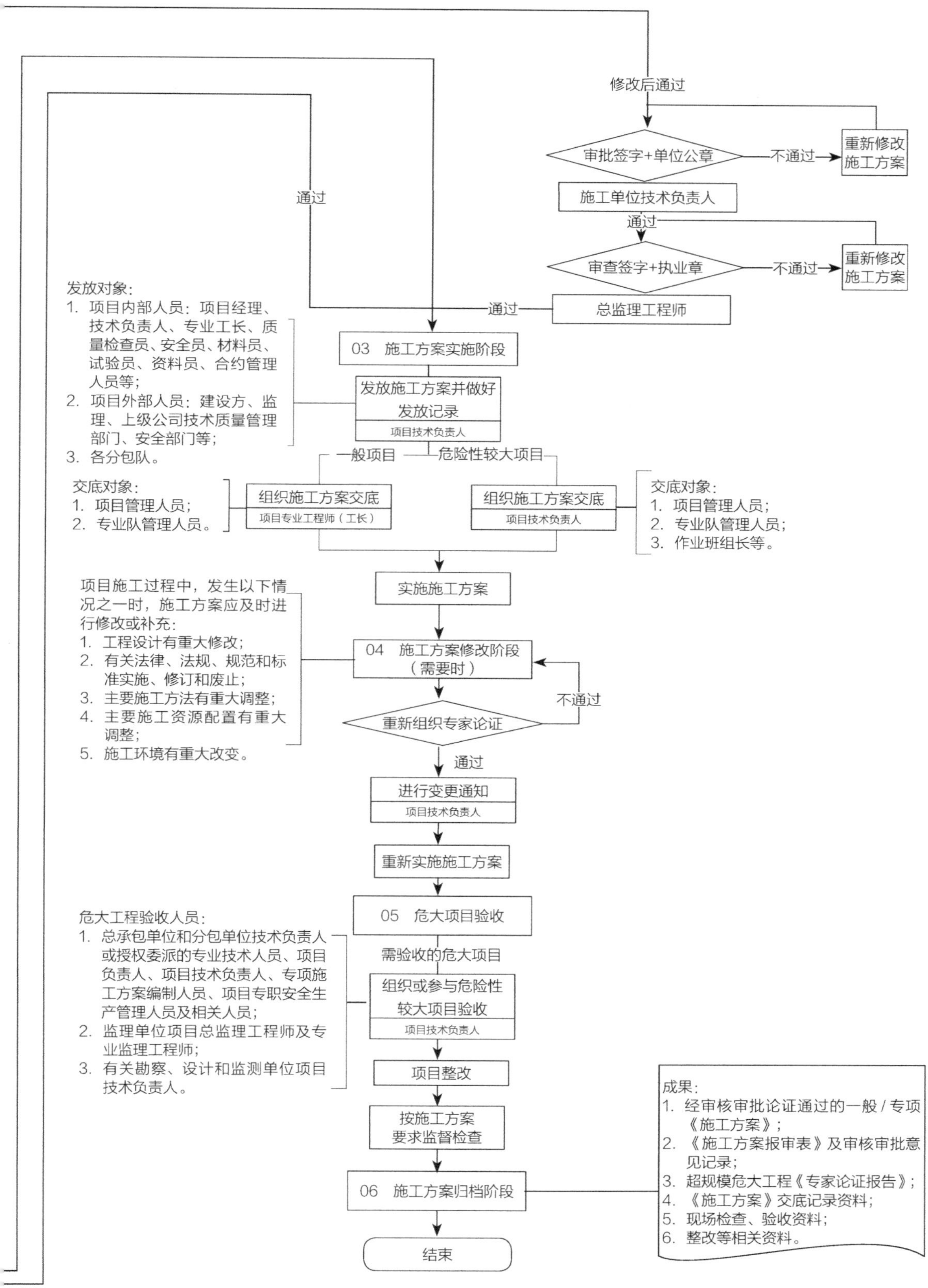

图 9-52 施工方案全过程管理流程

9.6.11 5G中的流程管理

5G的建设周期主要包含了规划期、建设期及应用期，我们从流程的角度对5G建设周期的节点、内容进行的梳理，可以更为直观地展现5G建设周期中流程管理的重点阶段。具体内容详见二维码9-20。

二维码 9-20

9.6.12 勘察设计阶段流程图

勘察设计是工程建设的重要环节，作为提高工程项目投资效益、社会效益、环境效益的最重要因素，勘察设计的好坏不仅影响建设工程的投资效益和质量安全。建设项目勘察设计阶段主要包括工程勘察和工程设计两个主要环节，具体流程见二维码9-21。

二维码 9-21

9.6.13 工程项目质量、成本、进度控制流程图

在工程项目管理中，质量、成本和进度是项目管理的三大目标，它们是对立和统一关系，这三大目标既相互促进，又相互影响。为了对质量、成本和进度管理三要素更好的管控，对其三个要素进行单独的梳理，具体流程见二维码9-22。

二维码 9-22

9.6.14 EPC核心流程图介绍

1. 设计实施流程图（图9-53）

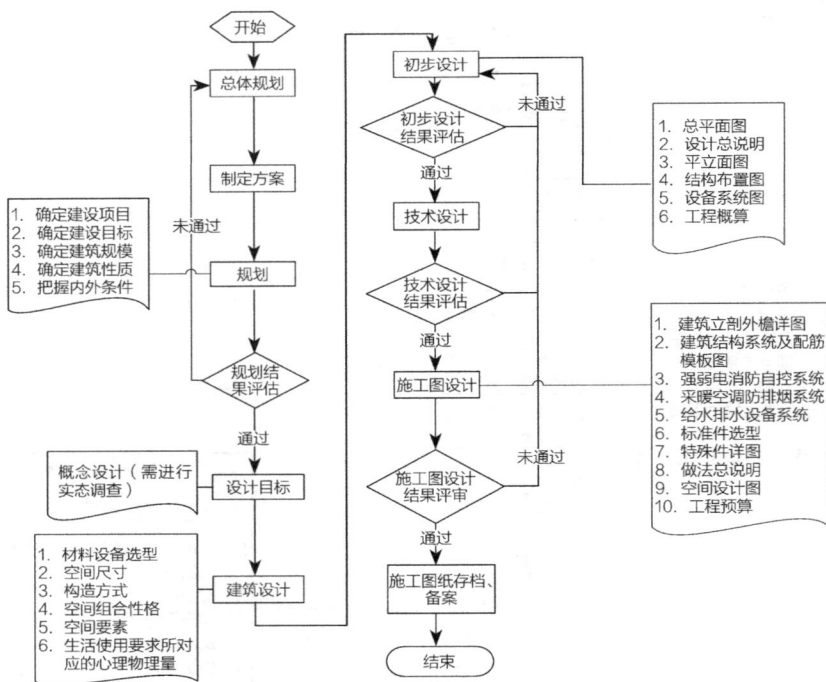

图 9-53 EPC 设计流程图

2. EPC 采购管理流程图（图 9-54）

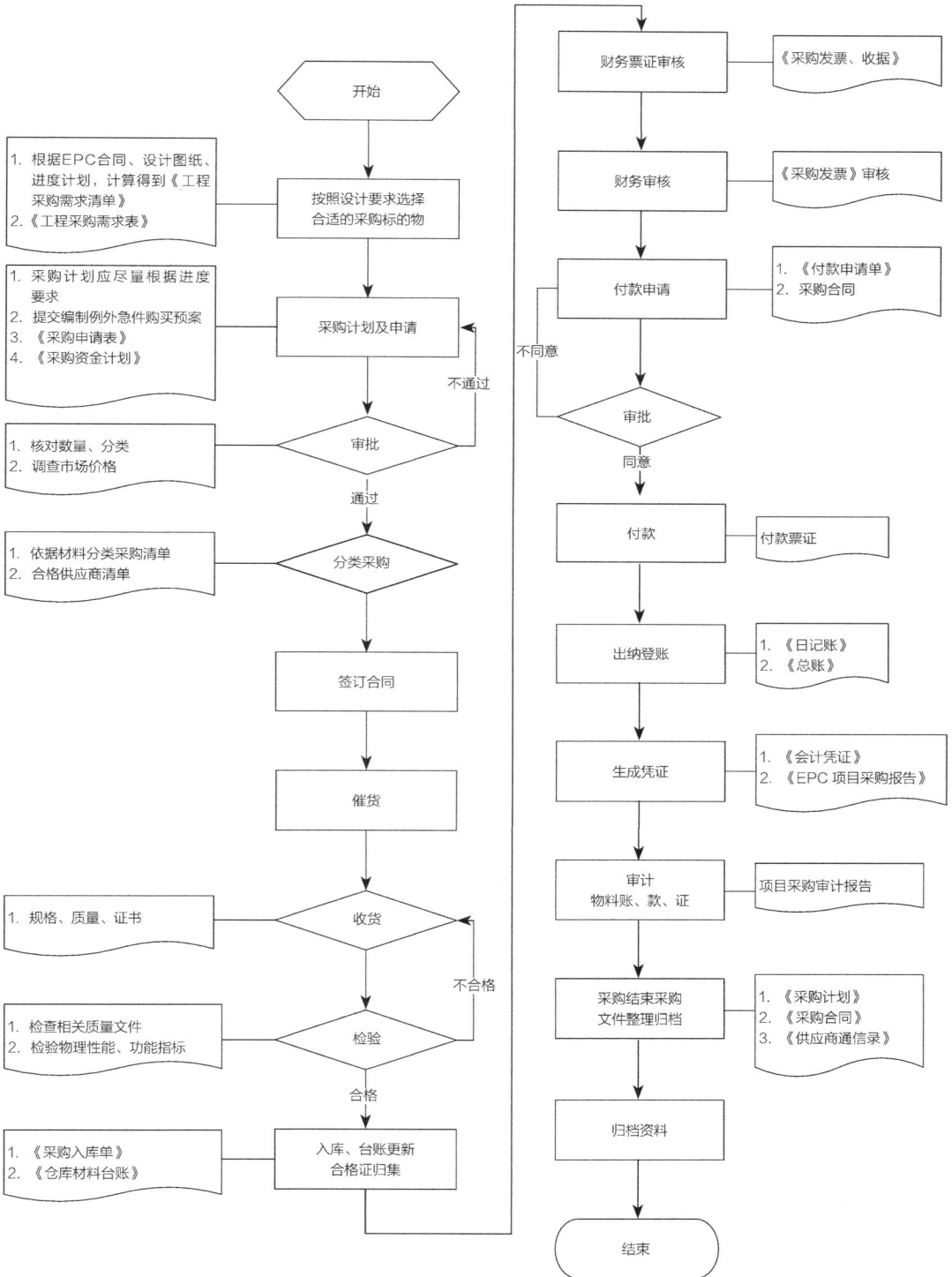

图 9-54　EPC 采购管理流程图

流程节点与说明：

- 开始
- 按照设计要求选择合适的采购标的物
  - 1. 根据EPC合同、设计图纸、进度计划，计算得到《工程采购需求清单》
  - 2. 《工程采购需求表》
- 采购计划及申请
  - 1. 采购计划应尽量根据进度要求
  - 2. 提交编制例外急件购买预案
  - 3. 《采购申请表》
  - 4. 《采购资金计划》
- 审批（不通过 → 采购计划及申请）
  - 1. 核对数量、分类
  - 2. 调查市场价格
- 分类采购（通过）
  - 1. 依据材料分类采购清单
  - 2. 合格供应商清单
- 签订合同
- 催货
- 收货
  - 1. 规格、质量、证书
- 检验（不合格 → 收货）
  - 1. 检查相关质量文件
  - 2. 检验物理性能、功能指标
- 入库、台账更新合格证归集（合格）
  - 1. 《采购入库单》
  - 2. 《仓库材料台账》
- 财务票证审核 ——《采购发票、收据》
- 财务审核 ——《采购发票》审核
- 付款申请
  - 1. 《付款申请单》
  - 2. 采购合同
- 审批（不同意 → 付款申请；同意 ↓）
- 付款 —— 付款票证
- 出纳登账
  - 1. 《日记账》
  - 2. 《总账》
- 生成凭证
  - 1. 《会计凭证》
  - 2. 《EPC 项目采购报告》
- 审计 物料账、款、证 —— 项目采购审计报告
- 采购结束采购文件整理归档
  - 1. 《采购计划》
  - 2. 《采购合同》
  - 3. 《供应商通信录》
- 归档资料
- 结束

3. EPC 施工管理流程图（图 9-55）

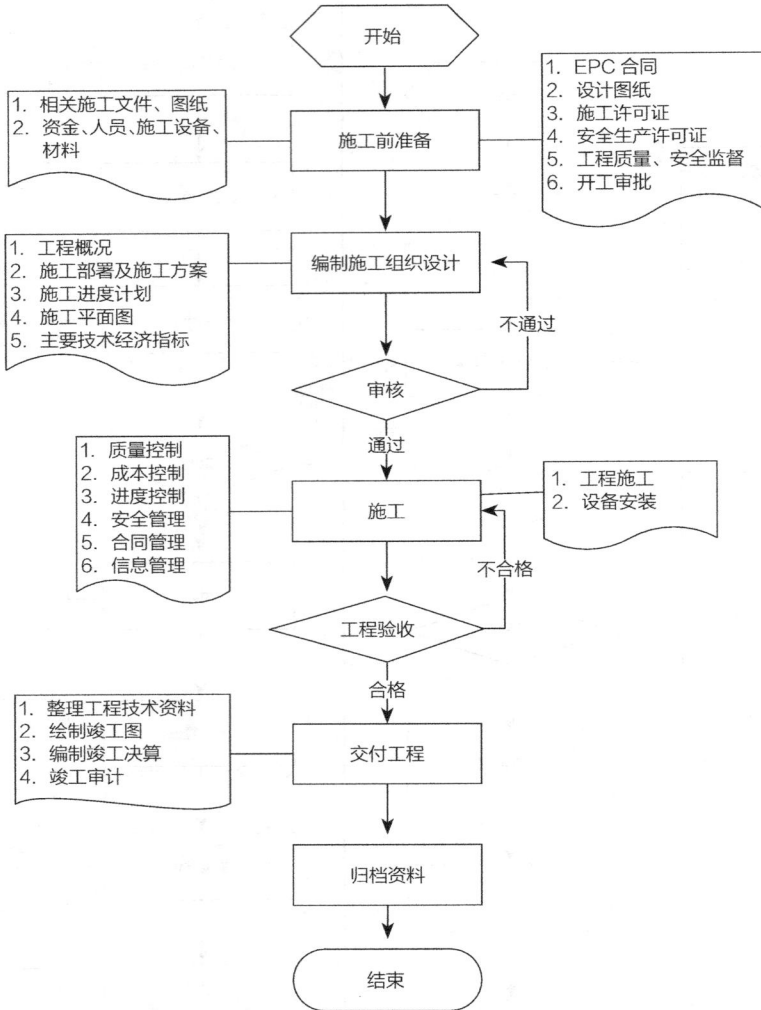

图 9-55　EPC 施工管理流程图

9.6.15　土地开发阶段流程梳理

土地开发是指开发主体通过采取工程、生物或其他综合措施，使土地达到可利用状态的活动。从广义角度来看，包括对尚未利用的土地进行开垦、利用，也包括对已利用的土地进行整治。从狭义角度来看，土地开发主要是针对未利用土地进行的，以扩大土地利用范围、补充耕地。土地开发是房地产开发市场的基础，分为一级开发和二级开发两类，详见二维码9-23。

二维码 9-23

9.6.16 BIM 工作流程梳理

本小节以《上海市建筑信息模型技术应用指南》为基础，从流程的角度分析BIM工作，梳理了BIM工作流程，具体流程详见二维码9-24。

二维码 9-24

9.6.17 建筑物沉降、倾斜观测流程

建筑物和构筑物在其施工和运营期间，由于各种因素的综合影响，会产生变形，变形的表现方式包括沉降、倾斜、位移和裂缝。本案例介绍了建筑物的沉降观测、倾斜观测流程，具体流程详见二维码9-25。

二维码 9-25

9.6.18 海绵城市建设流程分析

海绵城市是新一代城市雨洪管理概念，是指城市像海绵一样，在适应环境变化和应对自然灾害等方面具有良好的"弹性"，下雨时吸水、蓄水、渗水、净水，需要时将蓄存的水"释放"并加以利用。本案例介绍了海绵城市的基本建设流程，具体流程详见二维码9-26。

二维码 9-26

9.6.19 新冠肺炎防疫救治流程

1. 新冠肺炎概况

2019年12月，在湖北省武汉市发现了一例不明原因的肺炎患者，后被诊断为"新型冠状病毒感染的肺炎"，简称"新冠肺炎"。该病毒是人类发现的引起肺炎的六种病毒之一，通过尚未明确的渠道传染到人体，目前明确可通过飞沫、接触、粪口等渠道人际传染，具有很大的危险性，可导致人员死亡，目前疫情仍在扩散。截至2020.02.05 11：40全球确诊24538病例，中国确诊24363病例、重症3219人、疑似23260人、死亡492人、治愈897人（数据来源：丁香医生），情况非常危急，在党中央强力领导下，我国采取了强硬的高强度封城、严格隔离、集中收治、加速研发新药、实施心理干预等措施，以控防疫情和救治患者，降低得病率、死亡率，提高治愈率，最大程度减轻给社会和国民经济造成损失。

2. 武汉市新冠肺炎疫情防控流程

（1）了然所处环境，认知复杂性逻辑

不了解所处的困境，对于疫情，许多优越的条件却成了困境（图9-56）。归纳为：高铁时代（交通（迁移速度快、范围分布广大）、春运时段人流量超大、环境密闭、接触紧密）、低温天气（适合新型冠状病毒生存、传播，不利于防控）、春节时节（接触多、距离近、频度高）、信息传播（广泛、快速、多样），命运共同体以关联紧密、因果相应、速度快捷、时空不限的方式，正在体现。

环境决定了事情了复杂性。本次疫情具有：紧迫性、破坏性、损害性、复杂性。

（2）救人于水火，认知"事态"逻辑

1）任务逻辑

首先搞清楚的就是：事情=任务，防控疫情就是本次的任务。防控必须首先要弄清楚疫情的全过程、全主体、全要素的"事情，即任务"。图9-57为任务基本逻辑图。疫情就是命令，疫区就是战场。刻不容缓。

由于缺乏直接指挥防疫的研究成果，发现、诊断、收治和处后各个环节，均有一定的摸索和实践总结的可能存在。即便如此，随着疫情战的进行，可借鉴的经验还是不少的。

2）责权逻辑

复杂的组织体系中，已经熟悉的相关方有：世界卫生组织（WHO）、中华人民共和国国家卫生健康委员会、中国/省/市疾病预防控制中心（CDC）、国家卫健委高级别专家组、省/市/区政府、省/市红十字会、医院（及分院）、街道/社区卫生服务中心、新闻媒体、其他局委办、志愿者、国际国内的慈善组织、个人捐助者。

简单地说，责权体系应当是：专家是参谋体系；政府是决策管理体系；医院是执行救治体系。其他都是辅助体系，参与协助组织和实施。

参谋体系：负责将既有研究成果转移（如SARS的技术成果和SARS防控的方法）；新冠肺炎防疫知识。

具体为：溯源、典型症状、诊治方法、感染方式、建立知识库、科普辟谣等。

管理体系：依照法规，进行决策、发布信息、组织、惩戒等。

救治体系：救治体系要结合任务逻辑，有序组织。本次疫情的救治（防控）困难首先在于：疾病（新冠肺炎）的相关知识储备不足、初发症状不够典型、诊断方法时间较长、治疗方案需要探索和完善，预后不够明确有待观察。而所有资源中，最为缺乏的就是医疗知识资源，其次是测试盒和药品，再次是防护用品。

管理理论上讲，应急救援的防疫组织设计，应当采用"直线制"，充分授权疫区地方组织，在总体部署和原则下，进行有效地领导、组织、指挥、协调、控制。防疫组织结构设计和权责分配，是值得认真研究和不断检验完善的。

3）防控逻辑

疫情防控与救治有所不同，其侧重在于疫源控制、疫体防护（易感人群）、疫径阻绝，如图9-58所示。从疫情防控中我们不难看出，应该做的重点工作。作为疫源，不管是宿主

图9-56 新冠肺炎疫情防控环境构成图

图9-57 疫情防控任务基本逻辑图

还是寄主，都应该得到清晰的研究，找到"债主"。增强免疫力、戴口罩、少接触病例等都是对易受到感染群体的保护。"源、体、径"的关系当然是互相影响和关联的。

4）统计数字逻辑

基本的逻辑是这样的，如图9-59所示，圆大的表示人数多。必须指出，随着疫情的开始、发展、结束，数据是动态变化的，因而中间几个圆圈的大小也是变化的，因而其大小不一定如图9-59所示。

疑似病例数量不一定＞确诊（轻症+重症）病例数量；

轻症病例数量不一定＞重症病例数量；

重症病例数量不一定＞死亡病例数量。

隐藏风险最大的就是"未检未知的潜伏期内的人数"。而且这部分人数量庞大，是此役关键。

数据逻辑可以显示确定性与不确定性的风险地带。

5）救治逻辑

根据武汉市的诊治示意，我们研制了下面的流程图（武汉市新型冠状病毒感染的肺炎应急之诊治流程图），如图9-60所示。分级分层防控，目前在解决逐步梳堵（各环节流程不畅）中是有效果的。三级为：报告/筛选；留观/诊断；收治/预后。

做法验证后的效果，值得商榷的有这样几个地方：

①社区压力大。社区本身人手不够、专业性不强，面对众多，压力是非常大的。

②受理和办理时限不够，形成积压和不能及时处理的现象。

③对公众的专业宣贯、心理引导、情况公告和科学普及不足。

④资源整合能力不够。硬软件和知识库均存在不足，医护人员压力大、责任重，药品、试剂供应等紧张。

⑤社会公益辅助力量不够强劲。出现一些负面新闻，不利于工作开展。

⑥利用新技术帮助缩短流程不足。

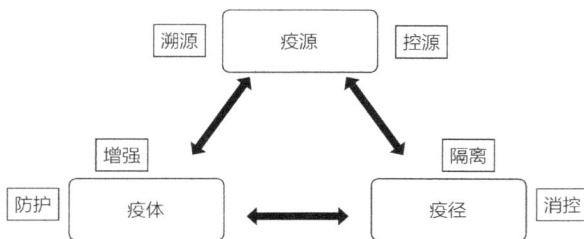

图 9-58 新冠肺炎防疫逻辑

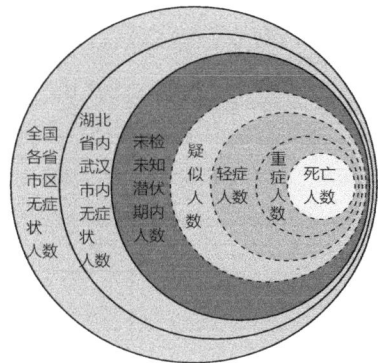

图 9-59 统计数字基本逻辑关系图

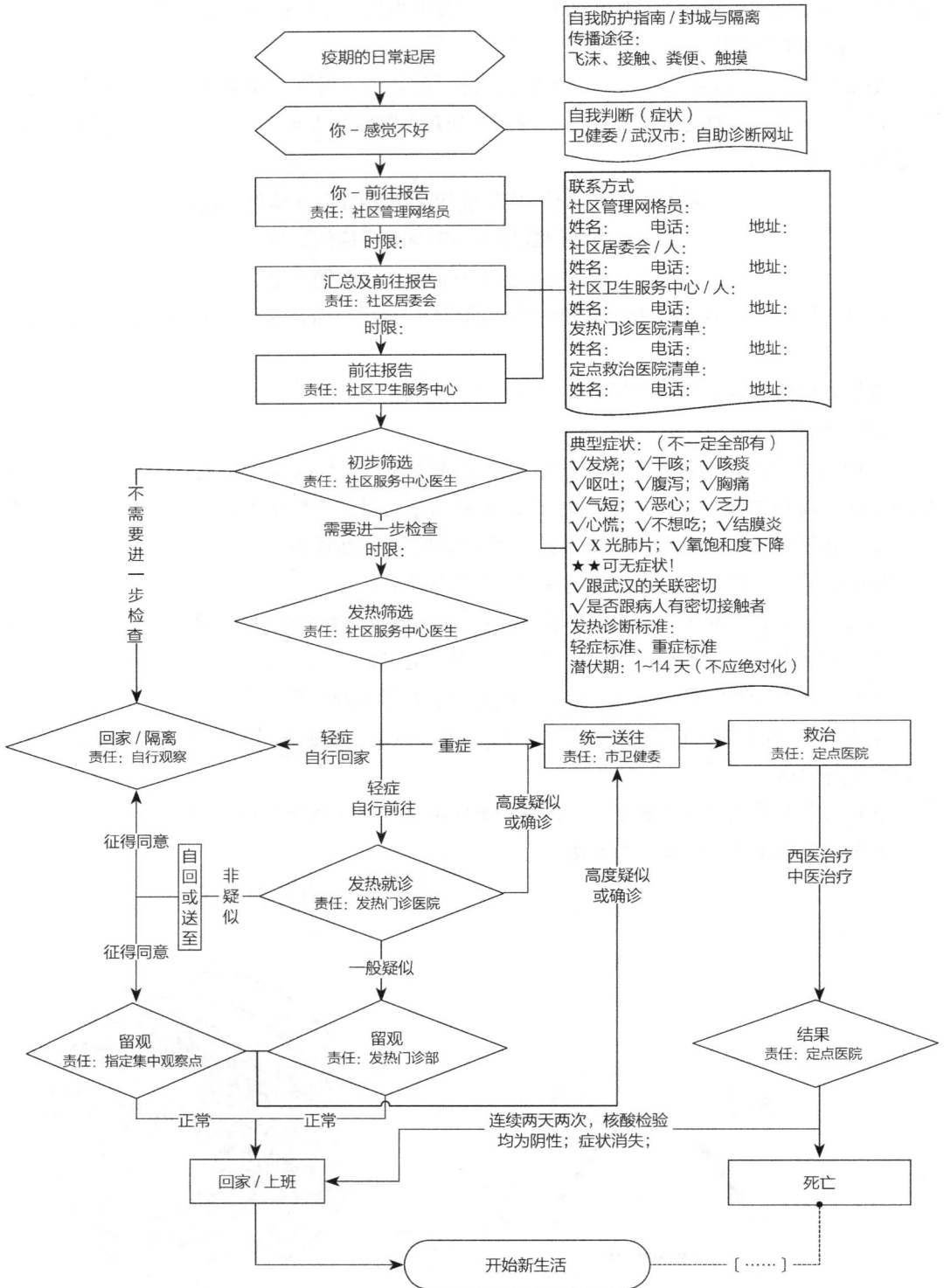

疫期的日常起居

自我防护指南 / 封城与隔离
传播途径：
飞沫、接触、粪便、触摸

你 - 感觉不好

自我判断（症状）
卫健委 / 武汉市：自助诊断网址

你 - 前往报告
责任：社区管理网络员
时限：

汇总及前往报告
责任：社区居委会
时限：

前往报告
责任：社区卫生服务中心

联系方式
社区管理网格员：
姓名：　　　　电话：　　　　地址：
社区居委会 / 人：
姓名：　　　　电话：　　　　地址：
社区卫生服务中心 / 人：
姓名：　　　　电话：　　　　地址：
发热门诊医院清单：
姓名：　　　　电话：　　　　地址：
定点救治医院清单：
姓名：　　　　电话：　　　　地址：

初步筛选
责任：社区服务中心医生

需要进一步检查
时限：

典型症状：（不一定全部有）
√发烧；√干咳；√咳痰
√呕吐；√腹泻；√胸痛
√气短；√恶心；√乏力
√心慌；√不想吃；√结膜炎
√ X 光肺片；√氧饱和度下降
★★可无症状！
√跟武汉的关联密切
√是否跟病人有密切接触者
发热诊断标准：
轻症标准、重症标准
潜伏期：1~14 天（不应绝对化）

发热筛选
责任：社区服务中心医生

不需要进一步检查

回家 / 隔离
责任：自行观察

轻症
自行回家　　重症

统一送往
责任：市卫健委

救治
责任：定点医院

西医治疗
中医治疗

征得同意

自回或送至

非疑似

轻症
自行前往

高度疑似
或确诊

高度疑似
或确诊

发热就诊
责任：发热门诊医院

征得同意

一般疑似

留观
责任：指定集中观察点

留观
责任：发热门诊部

结果
责任：定点医院

正常　　　正常

连续两天两次，核酸检验
均为阴性；症状消失；

回家 / 上班

死亡

开始新生活　　　　　　　　　[……]

图 9-60　武汉市新型冠状病毒感染的肺炎应急之诊治流程图

（3）要素组织，疫情防控的关键

1）要素逻辑

任务要得到良好的执行效果，必须有输入要素的保证。概括起来，可以简要地表示，如图9-61所示。

防疫任务：存在最大不确定性的是感染规模和范围的预计。这就需要建模进行预测，即使预测不准确也要在学术范围内多方论证。作为决策，应当采用多方案，乐观、悲观和中性进行，才更接近科学决策，防控实践时才不至于不断被动。

防疫依据：如《中华人民共和国传染病防治法》《突发公共卫生事件应急条例》《新型冠状病毒感染的肺炎诊疗方案（试行第四版）》《中华人民共和国突发事件应对法》《突发事件应急预案管理办法》《中华人民共和国突发事件应对法》、《中华人民共和国卫生防疫管理条例》《动物防疫法》《畜牧法》《畜禽标识和养殖档案管理办法》《武汉市新型冠状病毒感染的肺炎疫情防控暂行办法》等。

防疫资源：主要指医院、床位、医疗器械设备、医疗药用品、车辆等硬件设施，医生、护理、服务配套人员、志愿者等。值得强调的是：医护知识和疫情防控以及病人救治的流程，应当作为重点，列入防疫资源中。

救治渠道畅通，是获得心理安定的重要途径。

防疫组织：相信党、相信政府，这在重大灾难前面，没有人会动摇。强有力的组织，需要按照科学管理的基本规律来规划设计，绝非轻而易举。包括应急决策、指挥、协调、执行。要依托网络化的已有组织，他们熟悉各种情况，有利于开展工作。

防疫目标：切合实际的乐观、中性、悲观的目标，才能更好地落实。

防疫信息：疫情信息、病状信息、物资信息、防控信息、政策信息等依法合规透明公开，尤其是易懂易明，无须解读直接明了。

防疫各方：密切的关联方包括专家、政府、医院和病人。应当以病人病情为线索来组织知识、医护、装备和药品用品。

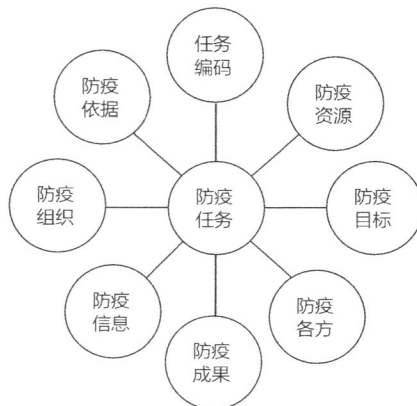

图9-61　新冠肺炎防疫要素图

2）要素整合：战时就有战时的做法。生产许可、采购、检验、储备、运输、分配、统计，流程简化，授权执行，信息借助信息化平台管理，"粮草先行"，防疫战中，没有充足的"粮草"，是取得抗疫性胜利的巨大障碍。

（4）新技术应用，支持快反

战场上就是快反。快反来自于技术上的快速判断、管理上的快速决策、执行上的快速落实。

新技术的应用，包括大数据分析、研判，通知、科普、定位，病情申报、沟通、心理干预等，均未体现高技术手段的关键作用。

防疫就是个高度复杂的系统工程，体现的是科学性、敏感性、紧迫性，面对的是破坏性、损害性、复杂性，没有科学管理的精神，是不能取得完满结果。

（5）防疫知识库建设的必要和可能

应当从应急响应和防控管理角度，建设一个完备的、共享的、免费的新冠肺炎知识库，尽管仍然存在科学探索的更多领域，但是以上所阐述的，已经足够罗列一张比较详尽的知识清单，可供人们再次面临相同，特别是类似，甚至完全不同疾病时候，能够应急学习，常备培训之用。既作为科普教材，又作为战时指导。凭借诸多科研人员、教学人员和政府资源，可以不断完善。及时辟谣，杜绝盲目，降低管理成本，何乐不为？我们的文件体系，其表达看似规范，总则术语附则日期，有时不易理解不容易执行，这是值得深度研究的，表达方式应该向易看易懂易用方向靠拢。

第10章
流程展望

本章逻辑图

本章逻辑图如图10-1所示。

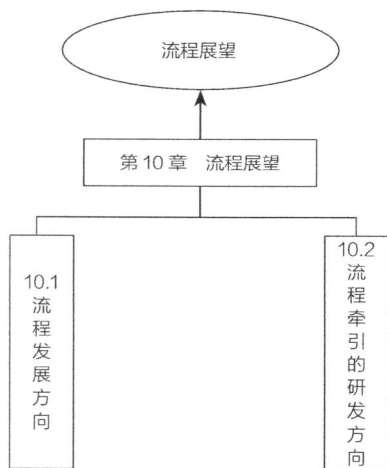

图 10-1　第 10 章逻辑流程示意图

四十余年改革开放，建设行业成就巨大，"基建狂魔""高大尖深长快"工程在中国屡屡展现，举世瞩目。但也是积弊难治，需要切入骨髓，需要流程大再造，才能简政提效。顶层管理机制设计的核心在于克服两个严重弊端。一个是分得太细，一个是管得太多。分得太细，是指建设行业，专业很细，专业割裂，垄断低效；管得太多，是指对企业行为的外包管理模式等，管得过多。走向管理的大统一，不仅仅是公平平台的创建问题，这也是一个渗透到方方面面的大趋势。

利用流程牵引理论，对建设行业健康发展的大战略进行分析优化，当然借助"流程工具"，向理想状态进步，也只当是梦想的起点。

以系统工程的思想方法，进行工程系统的行业、企业、岗位管理的思考、剖析，尤其从行业宏观到岗位微观，大处着眼小处着手，是有益于建设行业健康发展的。凡事总要开头，行业融合，在建设这条线上，是可以开始进行尝试了。

10.1 流程发展方向

从整个流程的演化历程来看，流程的发展演变呈现出信息化、网络化、综合化、智能化、虚拟化的趋势。从不同视角对其发展方向做出以下分析。

10.1.1 成为一门横断学科

现代科学发展具有既高度分化又高度综合的特点，因此新兴学科大量出现，也形成了学科体系结构的整体化趋势。对20世纪下半叶出现的众多新学科进行分类，大体上可分为边缘科学、综合科学和横断科学。新型的横断学科主要有信息论、控制论、系统论、耗散结构理论、突变理论、协同学理论等。横断学科的研究对象不只是某一领域或某种物质，而是横向贯穿于众多领域甚至一切领域之中。

"流程是组织的行为方式"，因此流程是组织的一种客观存在，是组织从无序到有序的转变，是组织从无序到有序的转变，是从环境到目标的进程，是从资源到价值的实现的过程。流程横跨自然科学、社会科学、技术人工系统，具有基础要素的特征，也是物质、信息、能量传递与转换的渠道。流程管理是企业站在流程的角度，通过梳理流程逻辑进行合理安排、优化企业结构和企业各项任务的运作流程，进而提升企业竞争力、扩大企业利润空间的方法。流程同样具有高度分化又高度综合的特点，随着现代管理科学的发展，流程管理也逐步发展成为一门横断学科。流程知识体系、边界已然越来越清晰、完整，内涵、目的、价值和实现手段明确，理论、方法、工具层次分明，建立学科万事俱备只欠东风。

10.1.2 进行模拟仿真

进行模拟仿真是流程发展的重要方向，即流程模拟、流程仿真。

1. 流程模拟

流程模拟技术是电子信息技术和化工工艺技术相结合的产物，该技术基于热力学方法、化工单元操作原理、化学反应工程等基础学科，采用数学方法来严格描述炼油和化工的工艺过程（即建立过程的数学模型），并通过计算机技术求解数学模型，从而体现工艺过程的特征和行为，为工艺设计和过程分析提供指导。

流程模拟技术按模拟对象时态分为稳态模拟与动态模拟。稳态模拟是对稳态生产过程的模拟，不反映各工艺参数随时间的动态变化，是流程模拟技术中最成熟、应用最广泛的部分。动态模拟是预测当某个干扰出现时，各工艺参数如何随时间变化的模拟，应用于各种过程动态特性的研究，能够更好地反映装置在实际操作过程中的变化规律。

我们大胆猜想，该技术也可运用于工程项目，通过对实际工程项目工艺过程的模拟，辅以相应的IT工具，实现流程模拟，从而达到节约项目资源、提高项目效益的目的。

2. 流程仿真

美国著名仿真学者班克斯对系统仿真的定义："仿真就是实时地对现实世界的流程和系统的运作进行模拟，仿真包含人为地产生系统的'历史'，并通过观察这些'历史'数据来获得它所代表的现实系统的运作和推断。"

流程仿真就是用IT工具实现的流程模拟运行的过程，通过在呈现的流程图中赋予流程要素各种数据，让流程数据按照流程图的方式和逻辑进行模拟现实的运行，然后得出相应的图表报告，可以根据这些报告分析流程的各种指标的优劣。通过流程仿真让流程运行更加直观，对于流程运行中的问题节点能够轻松找到，并对流程优化提供方案。

因此，基于"流程牵引理论"，运用流程仿真软件，针对流程的九大要素（任务名称、编码、资源、职责、各方、成果、信息、组织、依据），通过对每个流程节点的属性进行设置，然后将任务进行模拟，从而可以直观地对各个方案进行结果的对比分析，同时能帮助我们对系统及流程进行优化。

此外，我们还提出了"流程大使"的构想，该构想是全面体现流程牵引理论的软件平台架构。展望流程牵引理论方法工具应用的全面发展，前景宽阔，自信满满。

10.1.3 系统案例验证

随着项目中技术含量的增加、复杂程度的提高以及不确定性的增加，项目范围会变得更加模糊，不稳定的项目会越来越多，那么在不断变化之中我们应该站在哪一个视角来更好地应对这种变化呢？我们认为运用流程可以解决项目复杂性高、不确定性强等问题，可以对系统案例进行验证，流程揭示的是管理背后的逻辑，是实质性规律，是帮助企业进行管控的关键视角。

10.1.4 互联网＋

随着当今科学技术的不断发展，信息化技术已经渗透到社会的方方面面，流程的发展也应融入互联网时代，形成"互联网+流程"的模式。在现代信息社会，互联网具有高效、快捷、便于传播的特点，"互联网+流程"是指互联网科技与流程相关领域相结合的一种新的流程管理形式，互联网技术对辅以流程进行更高效的管理发挥着不可替代的作用。

10.2 流程牵引的研发方向

作为完整系统的组织管理，什么是组织的管理水平呢？作者认为三点很重要：决策的适应性（柔性）、实施效率、综合成本。不管什么组织，不管团队建设，还是培养学习型组织，也不管用什么标准判断，都不可或缺地围绕这三个方面运行。本研究的重点是如何提高实施的效率，在方法上，我们已经进行了较为详尽的论述，作为本节的结束，对流程牵引思想的未来方向，做简要说明。

10.2.1 即时管理

即时管理是动态管理的一个要求。作为实用的"流程牵引目标实现"方法，解决方案是在第1章图1–14基础上，加上"即时管理"的功能模块，使之成为"与时同步"的互动管理。要素输入、任务要素周知、成果记录、查询管理、通信管理、延迟处理等集合在即时管理功能中。目前，"TM"技术已经比较成熟，选择一定的成熟平台，进行进一步的开发，已经能够满足"流程牵引"管理的所设想达到的水平。

10.2.2　综合查询

1．相关方查询

流程的任务，需要落实到每个相关方：责任人、协助人、审核人、资源提供人、成果接收人等，各个方面的人员，都能够进行授权范围内的任务列表查询和单个任务的具体职责查询。让每个人清楚地了解自己要做什么，需要什么结果，实际上是作者在从事管理工作中体会到的最为重要的事情。至于怎么做，一方面是任务承担者的基本技能（甚至是该员工的成熟度），另一方面是任务下达者对任务的解释使之"正确地"理解任务的结合，需要通过培训、沟通、学习来实现。

2．任务查询

任务查询应该达到能够让授权范围内的人员，了解到本人、本人所在部门和项目总体及相关层级的关于任务的详细情况。同时，给自己合理安排完成各个任务的自由。这样可以更好地帮助任务执行者了解到"自己所担负任务"的重要性，获得横向"公平性"激励，同时对任务完成情况的"公开性"考核，起到一种没有惩罚的"负强化"激励。

3．资源查询

资源是完成任务的保证，是达成目标的约束条件，每个企业的资源都需要发挥其最大效益，资源的合理配置是企业管理的重要内容。时时处处了解到资源的消耗情况，可以及时补充、替换，以使任务目标的实现得到保证。我们所说的资源包括人力、物料、资金、知识、渠道等。

10.2.3　集成管理

集成管理是现代"新管理理论丛林"中十分显眼的一枝。这是随着计算机软、硬件水平的不断提升，和对组织"有机性"和"体系性"的认识加深，必然要达到的一个阶段。"流程牵引"的思想，是试图通过流程管理来集成企业要素，达到这个目的。有别于既往的以"财务管理"来集成企业要素。流程的核心作用能够"不辱使命"。

集成管理的一个重要方面是"协同办公"。这是资源整合全球化和组织体系扁平化的重要体现，也是消除由于空间分布导致的"流程传递时间消耗"的关键途径和手段。

10.2.4　专业软件

在"流程牵引"基础上，开发"流程大使"的管理软件，满足以上论述所需要的功能要求，将帮助我们很好地达到我们的目标。

流程可视化是流程管理软件期望达到的一个重要功能，有赖于合理的软件架构设计和程序表达。这也是未来一切媒体（广义）的方向，集合声音、光亮、形象等元素，动态、影像成为管理的重要传递和表达信息的技术手段。

总之，流程可视化、高度集成化、即时动态化、协同和综合查询是今后流程研究和管理的重要方向。其目标的实现是在流程管理思想的导引下，充分依赖IT等高技术才能达到的。

流程是序律，是管控点，是引领者，是资源归集点，是通向成果的道路。世界上，有一个元素，是被大家共同认识，在我们的工作中最客观和必不可少的，就是时间。战略要看多长时间，成本相关时间长短，完成任务的进度实质上都是时间问题。

时间的不可扭转性和均匀客观性，正是成为牵引动力的客观标准。结合逻辑性的流程，正是我们能找到的最为理想的实施目标的"牵引动力"。

流程无形，力量却无限！流程是企业发展的核动力。

附录篇

A 流程的定义及讨论

A.1 流程的定义

流程（业务流程）的概念，公认是由原麻省理工学院（MIT）计算机教授迈克尔·哈默提出来的。但是，关于流程的定义，并不只有一种。

A.1.1 流程的各种定义

定义1（迈克尔·哈默）：业务流程是把一个或多个输入转化为对顾客有价值的输出的活动。

定义2（T·H·达文波特）：业务流程是一系列结构化的可测量的活动集合，并为特定的市场或特定的顾客产生特定的输出。

定义3（A·L·斯切尔）：业务流程是在特定时间产生特定输出的一系列客户、供应商关系。

定义4（H·J约翰逊）：业务流程是把输入转化为输出的一系列相关活动的结合，它增加输入的价值并创造出对接受者更为有效的输出。

定义5（ISO 9000）：业务流程是一组将输入转化为输出的相互关联或相互作用的活动。

定义6（The Oxford English Dictionary Ⅷ, 1408, Oxford：The Clarendon Press, 1978）：Process as a continuous and regular action or succession of actions , taking place or carried on in a definite manner, and leading to the accomplishment of some result; a continuous operation or series of operations（流程是连续的，有规律的或一系列的动作，以确定的方式发生或进行，并导致某些结果的实现；指连续或一系列的操作）。

定义7（《现代汉语词典》，1996年版）流程：①水流的路程；②工业生产中，从原料到制成品各项工序安排的程序，也叫工艺流程。

定义8（郭忠金，李菲）：流程就是以订单到交货或提供服务的一连串作业活动为着眼点，跨越不同职能与部门的分界线，以整体流程、整体优化的角度来考虑与分析问题，识别流程中的增值和非增值业务活动，剔除非增值活动，重新组合增值活动，优化作业过程，缩短交货周期。

定义9（王璞，曹叠峰）：流程是工作之间的传递和转移关系，分为业务流程和管理流程。业务流程就是"工作的流动"（Work Flow），是业务与业务之间的传递或转移的动态过程。管理流程就是"管理工作的流"，管理流程是管理工作之间的传递或转移的动态过程。

定义10（卢锡雷，2007）：流程是组织为了实现预定的生产产品、提供服务、增加价值等目标而投入人、财、物、知识、公共关系等资源，通过一系列任务的有序组合来达到和完成目标的整个过程。

定义11（卢锡雷，本书）：流程是任务的有序组合。流程是有序组合任务的进程。流程是组织的行为方式。流程是结构与功能的耦合机制。

定义12（达文波特，肖特，1990）：流程是一系列的特定工作，有一个起点，一个终点，有明确的输入资源和输出成果。

定义13（卢锡雷，2013）：流程是构建一定的结构，以满足某些功能的过程，或为了达到一定的功能而构建某些结构的过程。

定义14（王成，刘志广，2004）：流程是产生某一个结果的一系列作业或操作，特别是指连续的操作或处理。它指的是事件的始末，事件发展变化的经过。

定义15（某知名汽车集团高管）：流程就是业务的接力跑。

A.1.2 流程定义中的相关概念

上面列举了流程的代表性定义，说明到目前为止，关于"流程"还没有一个统一的定义，对此我们有"认真"研究的必要；另外，作为一个严肃的探究者，找到了继续深入研究的突破口。研究甚至可以从流程的定义开始，逐步建立一个更加完整的流程体系，相信这是有很大意义的，因为，一个内涵和外延十分清晰明了的概念是建立和完善知识体系的必要基础。

1. "流程"不等同于"业务流程"

我们从广义的角度研究各种组织存在的流程。从这个角度，流程不等同于业务流程。在本研究的分类中，将其划分成为四类，即战略流程（目标流程）、管理流程（职能流程）、操作流程（工艺流程）和自善流程（管控流程）。这种划分包括了组织的所有行为，具有很好的概括意义和适用性。无论基于业务、基于顾客、基于挣值、基于产品实现的组织行为，都不外乎这四类。并且我们看到，所谓流程再造，并不是能够针对所有类别的流程进行的，而是局部的某些种类的，推倒再造是很难成功的（事实已经证明，BPR成功率并不高）。这从相当程度上给企业流程再造（Business Process Reengineering，BPR）指出了重点应考虑的内容。

2. "任务"比"活动"贴切

各种定义中反复提到的"活动"实践上不如"任务"更贴切。因为各种组织为了实现不同的目标而进行的行为，更大程度上是作为任务去完成的，而不是作为一个或一系列活动来开展的，"活动"在理解上和行动上，易造成不同效果的偏向，与组织的目标性不相一致。我们将流程的最基本单元确定为"任务"，具有与现有管理技术和工具融合的前景。比如与主流的项目管理软件MS Project、P3（Primavera Project Planner）、Sure Trak等中的工作结构分解（Work Breakdown System，WBS）"任务"的内涵一致，有助于在此基础上为流程管理开发更为通用的软件。

3. "实物"和"非实物"

多个定义中提到"输入和实物"，随着资源外延的拓展和资源媒介的多样化，作为流程本身也不一定有实物和原材料的输入，比如：信息资源也可以为客户创造价值。我们甚至可以依托网络在虚拟世界完成几乎所有的流程，如实现产品、完成业务等，从而实现价值的增加（VE）。

4. 逻辑关系

流程是必须有逻辑关系的。许多不具备逻辑关系的任务或者具有不正确逻辑关系的任务，正是我们需要讨论和进行改进的工作，尤其是流程再造（BPR）（现在更多使用：流程改进BPD）的根本点。这些逻辑关系形成了步骤和顺序。

5. 程序与流程的特点

一些研究者讨论了程序和流程的区别，认为流程不仅具有程序的先后关系，而且还有执行人，实际上这还远远不够。流程是一个投入资源、执行进而达到目标的系列任务的组合，其特点远非只有任务的先后顺序和执行者这么简单。在前面关于"流程要素"的讨论中已经十分清楚。

6. 本研究的流程定义

"流程是组织为了实现预定的生产产品、提供服务、增加价值等目标而投入人、财、物、知识、公共关系等资源，通过一系列任务的有序组合来达到和完成目标的整个过程"（卢锡雷，2007）。简化为："流程是任务的有序组合"（卢锡雷，2013）。其中，任务是有目的的工作。

定义包括以下要点。

（1）强调目标导向。流程是为了实现目标服务的，每个流程都需要成果。无论这个目标的内容是成本控制、改进质量、安全实施，或者从战略角度是完成使命，以生产产品、提供服务从而增加客户价值都不必要对任务进行认真组合。没有目标，也就不需要实质意义上的流程。

（2）强调完成。流程是用来执行并达到目的的，一个组织的流程，如果不执行，在经营上也就没有意义。规定的路径，如果不去行走，是永远不会到达目的地的。任务是必须去完成的工作。

（3）强调系列任务。一个流程应该包括2个或2个以上任务，单一的一个低层级的任务不能成为流程。复杂项目、复杂企业管理，包括数量庞大的流程，因此流程管理本身也需要科学地进行。

（4）有序组合。任务之间存在着相对稳定的逻辑关系，通过并联（并行）、串联（串行）等关系组合成为一个完整的流程。工艺任务逻辑中刚性多，柔性少，管理任务逻辑中柔性多，刚性少。也许，在科学与艺术之间的管理舞动，正是由于刚柔相济的流程在踩着优美的步伐。

由此看出：流程是由输入、转化、输出三个基本单元组成的。站在不同的角度，重点关注输入（如资金资源的需求）或者输出（为客户价值的创造），而从企业内部管理的角度则更多地关注输入与输出间的"转化的机制"，这些都有合理的理由。值得指出的是，作为完整的流程基本单元，是缺一不可的。

流程基本单元如图A-1所示。

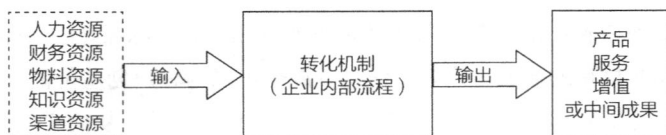

图A-1　流程基本单元

A.1.3 流程的共同内涵

分析流程的上述"经典"定义，其强调每个流程的重要共同内涵有以下几点：

（1）流程都有输入输出。输入物质和信息。输出满足需求的服务、产品、中间件。

（2）流程都有客户。客户的概念这里是比较模糊的，也许可以理解为流程提交成果的对象。

（3）核心处理对象。这接近于流程所面对的职能，所要求解决的问题的对象。

（4）包括业务流程和管理流程。在研究建筑企业的营运中，笔者将较少使用业务流程，而是用工艺流程（或操作流程）来描述。并且将四类流程（战略、管理、工艺、自善）构建为流程型企业的全部经营活动的模型。

A.2 流程的属性

流程的特殊性在于它不是一个实物，而是连接着资源与目标或成果的一个完整过程，可以说是知识资产的重要部分。流程属性在第2章详细讨论过，这里对流程所具有的六个方面特殊性，略加强调。

（1）承载者。流程是企业的行为方式，是实现价值的套路。它承载着目标和成果的过程环节而不单独存在，因此这种"组织行为"方式，具体体现了组织的管理文化、管理智慧。同一个目标、同一样的事情，在不同的组织管理下有不同的流程方式，一定会有不同的效率和结果。

（2）操作性。流程是企业理念的具体实施步骤，必须具有付诸实施的可操作性。

（3）层级性。流程具有可划分性，以单个岗位为基层级，部门内、跨部门、跨组织的流程都有不同的执行方式和沟通方法。表现为可分解性。

（4）可测量性。流程的长度、效率、成本具有可以量测的特性，成为评价的依据，否则流程也就不存在好坏优劣。

（5）可调整性。流程过程是可以调整的，组织可以根据自身的实际情况对流程进行增、减、删、并、拆、移，这个属性为流程再造提供了依据。

（6）普遍性。结构满足功能，或者功能要求结构，都需要跨过中间过程，人们设计过程路径，就是为了达到设定的目标。流程就无处不在。普遍存在性决定了流程研究的重大意义和核心地位，普遍性也决定了其跨学科的特点，是属于横断学科的范畴。无论是正向工程或是逆向工程，设想功能容易，设计结构不难，执行流程则困难。

属性是流程的内在本质，特性则是流程的外在表现，互为表里。

B　流程的表达方法

　　流程表达是一种有力的工具，包括流程图绘制、说明性文字及表格的编制。第7章我们对流程表达进行了介绍，这里介绍流程的多种表达方法。流程表达并不是目的，而是工具和手段。美国国家标准学会（ANSI）对管理流程设计已经有了关于符号等的规定，而由于国内对流程本身的研究不够深入，流程表达也同样相当混乱，更没有上升到成为标准的阶段，这和当前流程被广泛应用和发生深刻影响的现实状况是非常不相匹配的。

B.1　流程的多种表达方法

　　流程的存在由来已久，流程的研究勉强从1911年泰勒的工艺流程算起，也只有100年历史。至于流程演化的历史，尚待做更深入的研究，但是用文字来描述流程，已经走过了很长的过程。研究中发现，流程使用"绘画+技术要点文字描述+诗歌解释"这样的方法，在中国的历史上，是早在1765年的事情（之前的版本还要早若干年）。《御题棉花图》反映中国北方棉花从播种到纺织成布的整个过程，细致、详尽、图文并茂。我们将在附录C中研究讨论。

　　流程的表示方法有文字、图、表，以及文图表的结合使用，经过参考大量资料，收集到目前使用广泛的表达流程的方法有以下几种。

B.1.1　流程的文字描述法

　　该方法有纯文字的方式、有文字加箭头的方式两种。下面列举实际的流程文字描述法的例子。

　　1. 实例1　政府采购办事程序（流程）

　　（1）公布采购信息。政府采购机关按照确定的采购项目、方法编制采购资料，通过报纸、电视等一定的形式向社会公布采购信息。采购信息主要包括：需采购项目的性能、规格和数量，供货数量，供货时间，对供应商的一般要求，投标截止时间等。

　　（2）供应商提出申请。供应商根据政府采购机关公布的采购信息，在规定时间内向采购机关提出申请。

　　（3）政府采购机关对提出申请的供应商进行资格审查。供应商必须具有合法的经营资格，有固定的办公场所，具备完全履行合同的能力，有相应的技术力量和管理经验，有一定的履约业绩，无违法违纪行为。

　　（4）确定中标供应商。政府采购机关按照确定的原则和评标方法，对具备资格的供应商进行全面综合考评，择优确定中标供应商。

　　（5）签订采购合同。供应商确定后，政府采购机关、项目使用方和供应商签订采购合同。合同明确采购项目的名称、数量、规格和型号、供货地点、时间，采购价格、付款方式和违约责任等内容。

（6）合同执行。采购合同按《中华人民共和国合同法》有关规定执行。

（7）项目验收。采购项目完成后，政府采购机关要按合同组织项目验收，如发现问题，按合同有关条款办理。

2. 实例2　浙江金华某医院就诊流程

（1）门诊病人就诊流程：导医处填写病人基本信息并进行分诊 → 挂号 → 各科就诊 → 医生开出检查、治疗单 → 收费处收费盖章 → 各检查科室检查 → 等候检查结果 → 回医生处看报告 → 医生开出治疗方案 → 到挂号收费处收费 → 到药房取药 → 诊疗过程结束。

（2）住院病人就诊流程：导医处填写病人基本信息并进行分诊 → 挂号 → 各科就诊 → 医生开出检查、治疗单 → 收费处收费盖章 → 各检查科室检查 → 等候检查结果 → 回医生处看报告 → 医生开出入院单 → 到挂号收费处办理住院登记 → 到病区护士站安排床位 → 通知病房医生查房 → 医生开出出院医嘱 → 护士整理好病历资料通知收费处 → 病人到住院处办理出院手续 → 护士检查各项手续齐全后病人出院 → 治疗过程结束。

这是应用了箭头加文字描述流程。

以上两种以文字方式描述流程的例子，是我们随手摘录的，其他来自社会实际的例子还很多，说明了这种方式具有应用的广泛基础。研究如何更清晰、明了地表达，从而对所办之事起到切实指导作用，是提高办事效率甚至提升部门形象的有效途径。

B.1.2　工作内容流程图法

将描述工作内容的文字进行精练，并且用图框和箭头连接起来，就构成了工作内容流程图。以下是两个常见的例子。

1. 实例3　申领换领补领居民身份证办理快证流程图

图B-1是一个办理工作内容流程图，不过它是以职能部门为中心的，主框中只标明了工作内容的相关方。

2. 实例4　医院就诊流程

在工作内容流程图中，最起码的五个要素是工作内容、相关方、时间限制和办理依据、顺序关系。

我们平时看到的各种流程，很少完整地表达了流程的所有要素，在流程表达方面存在很大问题。某医院出院流程如图B-2所示。

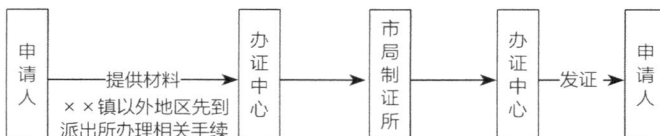

图 B-1　某地居民身份证办理快证流程

图 B-2　某医院出院流程

B.1.3　工作地点（部门）流程图法

随着经济的快速发展，物流技术水平迅速的提高，硬软件全面系统地创新，而且迅速得到应用。就物质流态而言，该领域的（物质）流程多采用地点（或部门）的方式来表达。应该说，这是重点表达地点的流程图，物、单、人、钱合一是现代物流追求的目标，仅仅在流程图中表示物质的流转地点当然是不够的。

1.　实例 5　某军事供应链示意流程图

从军事物资供应商到军事物资供应部门、军事物流基地、军事物流中心、部队最终用户，都是以地点或部门表示的，如图B-3所示。

2.　实例 6　某冷链流程图

鱼产品从捕捞、加工、流通到销售，环节链条很长，保持一致的低温（$-18°C$）是必要的措施。冷流程表明了保鲜要求的整个过程，如图B-4所示。

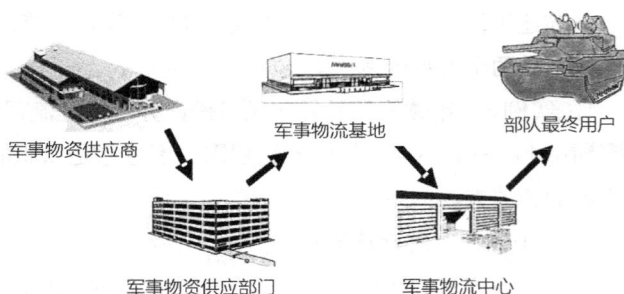

图 B-3　某军事供应链示意流程

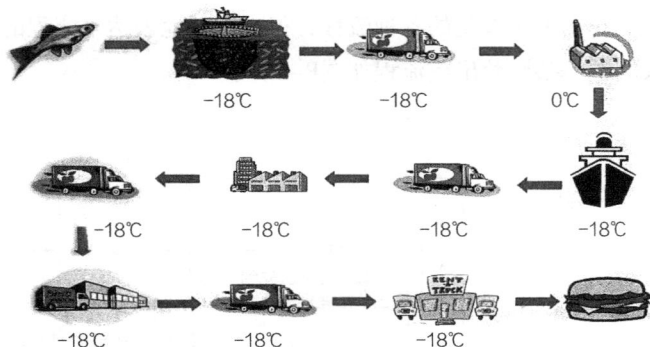

图 B-4　某冷链流程图

B.1.4 工作流图加说明法

1. 实例7 某公司招聘流程

如图B-5所示，加黑字体为工作内容流程，由于需要进行选择，对选择内容进行了说明。这样构成了工作流+说明法表示的流程图。而说明也分为不同层级：第一层，采用什么方法补缺（新招还是内部挖潜）；第二层，对于新招方式，识别新招员工类型（作为核心员工还是临时应急）；第三层，核心员工来源方式（内部还是外部）。工作流+说明法表示流程较好地表达了工作内容的顺序和出现选择情况下的解决方法。

2. 实例8 某公司年终检查流程

图B-6是某公司年终检查流程，采用流程图加说明的方法描述。

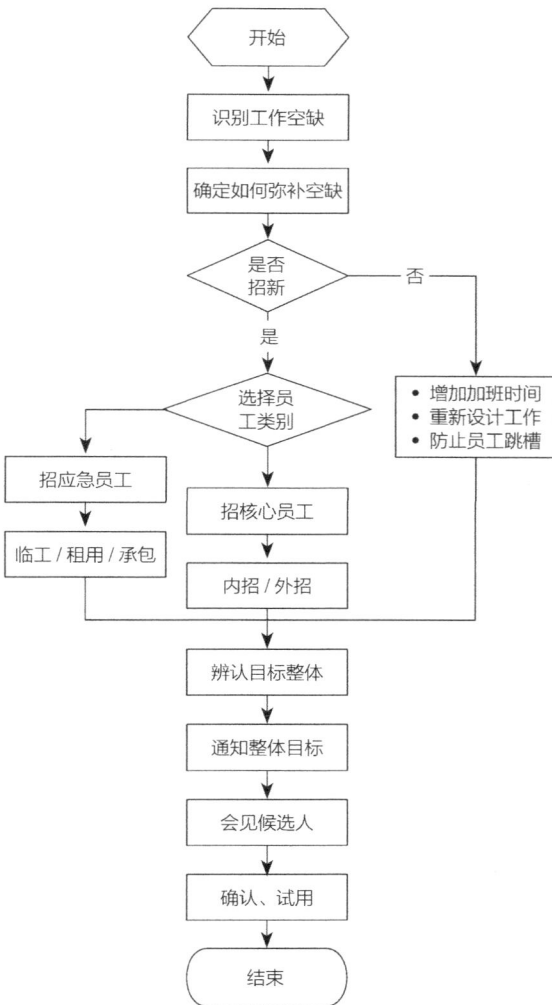

图B-5 某公司招聘流程

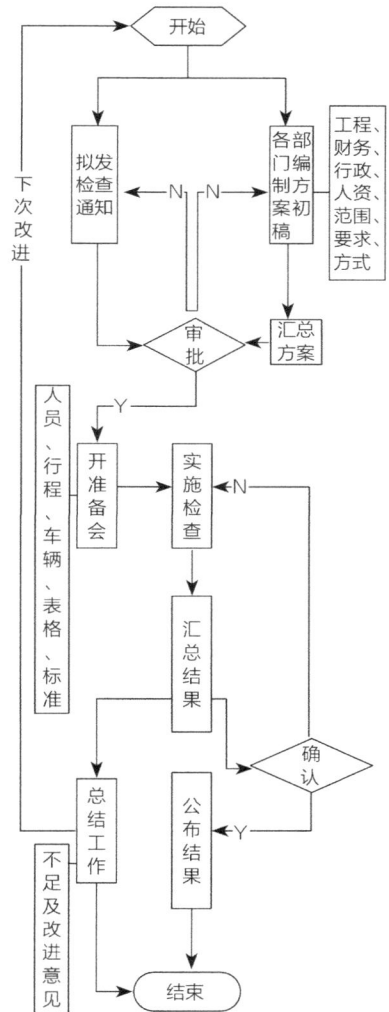

图B-6 某公司年终检查工作流程

B.1.5　泳道式流程图法

该方法通常有两部分构成，一张描述性的表格和一张泳道式流程图，其样式见表B-1、图B-7。前面也已多次描述。

泳道式流程　　　　　　　　　　　　　　　　　　表B-1

（　流　程　名　称　）					
流程输入					
流程输出					
流程负责人					
流程设计出发点					

流程名称： 流程拥有者：					
	职能部门1	职能部门2	职能部门3	……	……	职能部门n
	本栏中图示内容包括： 工作内容流程图（开始结束 工作内容—逻辑关系：箭线）				

图 B-7　泳道式流程图

泳道式流程图也叫跨功能流程图法，是在工作内容流程图及地点流程图的基础上，为了满足企业中跨部门职能描述的需要而扩展出来的。主要是明确了企业管理流程与执行流程的功能单元或组织单元之间的关系，由于不同职能部门的工作绘制在不同的泳道内，对划分职能之间的权限非常有好处，也是常用的表达流程方法。

B.1.6 泳道式流程图加说明法

这是在泳道式流程图的基础上，加上一张或者数张说明表。其说明表的格式见表B-2。

泳道式流程图的名称由来，是流程图中对职能部门的划分与游泳池泳道相类似得来的。

该方法兼有工作流程图表方式和描述法方式的优点，能够直观、清晰地展现流程相关之间的各项作业关系，并能对作业的各项决策点以及作业工作的内容进行具体的说明，虽然这种说明的篇幅不及描述法那么具体，但适用于较复杂的流程作业任务及执行者素质较高的情况。

泳道式流程图说明				表B-2
流程名称: **流程拥有者:**				
流程步骤	工作内容的简要描述	重要输入	重要输出	相关表单
1				
2				
3				
4				
5				
6				
7				
8				
9				
10				

B.1.7　矩阵式流程图法

实例9　人力资源规划工作流程

如图B-8所示,这种表示方法就是矩阵式流程图。纵向表示先后顺序,表明解决问题的先后;横向表示承担该工作的部门及职位,表明谁对该项任务负责。其实,矩阵法与泳道图法区别并不大。

较之前面的几种方法,矩阵式流程图具有较清晰的表达。但是,仍然存在许多不足,在下节进一步讨论。

需要指出的是,图中审核项工作内容,是不完善的,即其不合格时应该返回的路径没有明确。这不是方法本身的问题,而是绘制时的疏忽。

B.1.8　价值链流程图法

实例10　通用价值链流程图

如图B-9所示,看到的实际上就是哈佛大学商学院教授迈克尔·波特于1985年提出的企业价值链模型。从另一个角度解读,这实际上也是一个流程图,我们不妨叫作价值链流程图。它是一个基于产生利润为目标的工作行为(职能)流程图。尽管没有明确说明工作内容逻辑,也没有使用箭线,但是不难理解,这显然也是一个流程图。

B.1.9　ISO 流程图法

还有一种重要的流程图的表示方法,是ISO 9000系列的表示方法。该方法因为ISO体系的推广而影响巨大。

实例11　ISO:一个管理评审流程图

图B-10是某管理评审流程图。

单位名称			流程名称		人力资源规划工作流程	
层　　次			任务概要		公司人力资源规划管理	

节点	总裁	行政总监	人力资源部	各职能部门	相关外部单位
			开始		
			人力资源资讯调查		提供资料
		不合格	分析研究		
		审核			
		合格	存档		
			人力资源预测分析	配合	配合
		不合格	编制人力资源预测报告		
	审核	审核			
		合格	讨论	讨论	
			编制人力资源规划	配合	
	审核	审核	不合格		
		合格	组织执行	执行	
			汇总	反馈	
			结束		

公司名称		密　级		共　页	第　页
编制单位		签发人		签发日期	

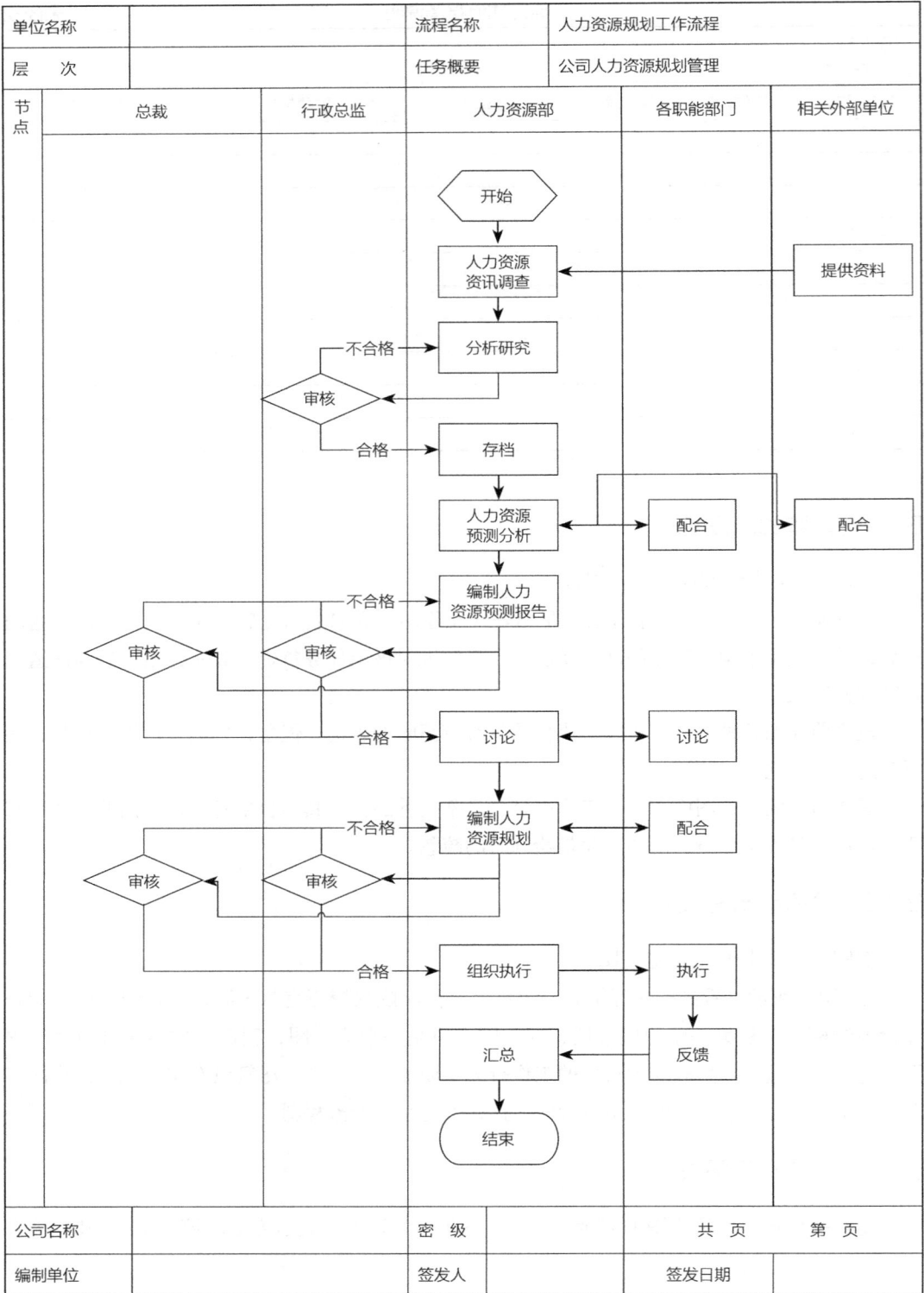

图 B-8　矩阵式流程

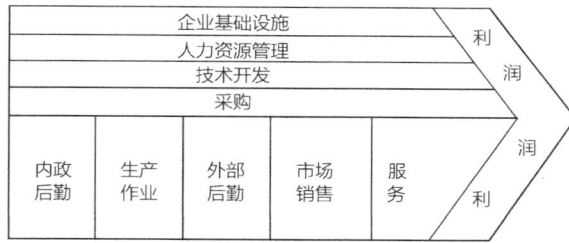
图 B-9 价值链流程

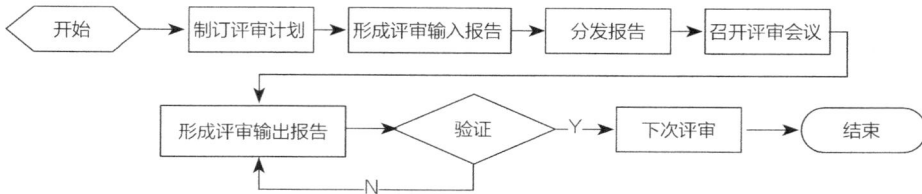
图 B-10 ISO：某管理评审流程

B.1.10 其他描述方法

其他非常有用的表达、描述流程的方法包括：角色行为图（Role Activity Diagram，RAD）、IDEF系列法、事件过程链（Event-Process Chains, EPC）、Petri网法等。

这些方式的应用各有侧重，领域也有所不同。实质上，无非就是流程描述的出发点稍有不同而已。有的侧重在人的角色，有的侧重在行为过程、有的侧重在事件，见表B-3。

几种方法的比较   表B-3

项目	流程图	角色行为图 RAD	IDEF 系列法	事件过程链 EPC 法	Petri 网法
流程特点	职能型，可以拓展，支持跨职能	职能型	职能型	跨职能	跨职能
可理解性	较好	在严密支持下尚可	一般	一般	一般
对流程改造的支持能力	弱	弱	弱	有，仍需进一步开发	有，仍需进一步开发
是否引入组织因素	一般情况下无，但可以拓展	是	否	是	否
是否动态	是	否	否	是	是

总之，流程表达或者说流程描述在目前在各个领域应用的，仍有许多方法，这些方法从宏观、中观到微观不同层次各自发挥着重要的作用。比如宏观的价值链法流程图、中观的SIPOC法流程图和微观的操作工艺流程图，都发挥着不同的作用。追求千篇一律地采用某种流程模式是不现实和不必要的。这里SIPOC是指供应商（Supplier）、输入物（Input）、过程（Process）、输出物（Output），顾客（Customer），如图B-11所示。

供应商	输入物	过程	输出物	顾客
行业环境	市场信息	销售预测和计划 → 售前管理 → 谈判和合同签订 → 销售合同执行 → 销售统计分析	销售预测报告	最终客户
市场与客户	行业趋势		投标书	公司高层
公司高层	销售策略		签订的合同	运作管理部
方案策划部	投标书制作信息		合同变更信息	项目执行部
财务部	项目成本信息		销售统计分析报告	市场部
			销售计划报告	财务部

图 B-11　SIPOC 法

B.2　对流程表达方法的评价

由于流程表达方式没有比较统一一致的规定，使得应用十分不便，同时，也影响了流程作为一个重要的现代管理工具的推广以及降低了作为管理工具对组织管理效果提升的作用，这与保持各种表达方式没有关系。

B.2.1　各种表达方法的特点比较

将上述各种流程表达方法的特点归纳起来进行比较，有利于理解这些方法的优点缺点，为更好地理解和应用创造条件。表B-4是各种表达方式的特点和适用条件。

各种流程表示方法的特点和适用条件比较　　　　　　　　　　　　　表B-4

序号	表达方式	特点	适用条件
1	流程的文字描述法	详细、具体；篇幅较大	服务性昭示；理解较费劲
2	工作内容流程图法	直观、简单	执行者素质不高；各项作业为大家熟悉，不必说明；流程作业任务简单
3	工作地点（部门）流程图法		
4	工作流图加说明法	具体、实用	流程作业任务比较复杂；部分重点需要说明
5	泳道式流程图法	直观、清晰地展现流程相关之间的各项作业关系	较复杂的流程作业任务；要求执行者素质较高
6	泳道式流程图加说明法	兼有具体说明	
7	矩阵式流程图法	相关方明确、逻辑清晰	各种职能型流程分析
8	价值链流程图法	战略级、概要性	作为以增值为目的的工作分析；粗略
9	ISO流程图法	工作内容、强调记录	粗略，适应广
10	其他方法	职能、跨职能	适用计算机管理、体系严谨

B.2.2 各种表达方法表达要素比较

见表B-5，流程牵引表示方法是本书推荐的方法。这是我们试图要克服其他方法存在的缺点而设计的比较完整的表达方式。

十种流程表示方法所表达要素与流程牵引表示方法对比　　表B-5

序号	对比内容	流程表示方法										
		1	2	3	4	5	6	7	8	9	10	11
		文字	内容	内容+说明	工作地点	泳道	泳道+说明	矩阵	价值链	ISO	其他	流程牵引
1	任务内容（名称）	●	●	●	○	●	●	●	●	●	●	●
2	完成任务顺序	●	●	●	●	●	●	●	◎	●	●	●
3	任务的承担者	○	○	○	○	●	●	●	○	○	◎	●
4	任务持续时间	○	○	○	○	○	○	○	○	○	◎	●
5	任务基本要求	●	○	○	●	○	○	○	○	◎	○	●
6	任务的执行依据	○	○	○	○	○	○	○	○	○	○	●
7	任务产生的信息	○	○	○	○	○	○	○	○	●	◎	●
8	任务相关方	◎	○	◎	◎	●	●	●	○	○	◎	●
9	任务成果	○	○	○	○	○	○	○	○	◎	○	●
10	任务节点	○	○	○	○	○	○	●	○	○	◎	●
11	任务层级	◎	○	○	○	○	○	○	○	○	◎	●
12	是否动态	○	○	○	○	○	○	○	○	○	◎	●

注：●——有表达；○——未表达；◎——部分表达。

B.2.3 存在的缺陷与反思

（1）通过研究上述十种流程表示方法，可以发现它们的不足之处是均割裂了一个组织的整体性，一个组织应该具有的战略（目标）、组织结构（职能分配）、管理制度（执行依据）、信息集散、需要协调的各个相关方（尤其外部的客户和供应商和竞争对手）等的整体配合不足。流程是组合各种资源，依照一定法则，得到一定结果的行为方式，它应该包括更多的主要内容，或者说，包括主要的要素。借助于现代计算机技术，已经能够实现这个目标了。因此，组织行为被表达的"割裂时代"，应该结束了。

（2）缺乏时标。没有时间标注，就不能体现职能管理的时效性。而无时效的工作，无时间限制的工作，则不可以被评价，是不规范的，因此流程表达中应该包含流程的执行，所需要持续的时间长度。

（3）流程归属的错误。流程被划归部门，部门成为拥有者，但是这些拥有者其实并不具备设计修改完善的权利，不是实际的拥有者，最多不过是流程行为的职能归属部门，以及流程任务的发起者。归属导致团队的割裂，需增加协调环节。我们用责任者、协作者来表明相关方更为妥当。所有的流程应该都是组织的一部分，不属于某个部门。

（4）箭线表达了逻辑关系，但未明确时序关系，实际上时序也是逻辑的一部分。

（5）决策点等任务，应该有其依据，来源应当为制度、合同等，没有被各种表达法表示出来。

总之，我们指出，所有上述描述流程的方法，均缺乏表达全部必要流程要素的能力。

B.2.4 给提供公共服务流程的表达建议

一些部门提供公共服务，由于流程表达方式的不科学，使得办事的效率低下，其实，选择合适的流程表达方法，解决看不懂、找不到、不明确的问题，是完全可以迎刃而解的。当下开展的"最多跑一次"的行政效率提升活动，是最好的流程优化的方式，如图B-12所示。

建议这一类的流程表达，至少要包含的要素有：任务名称（必需项）、所带资料（信息项）、办理部门岗位和地点（职能项）、办理时间和费用要求（职责项、资源项）、办理结果（成果项）。实际上就是办什么事？找谁办？哪里办？多久可以办？费用是多少？这一些，是提供公共服务所必须表达清楚的。

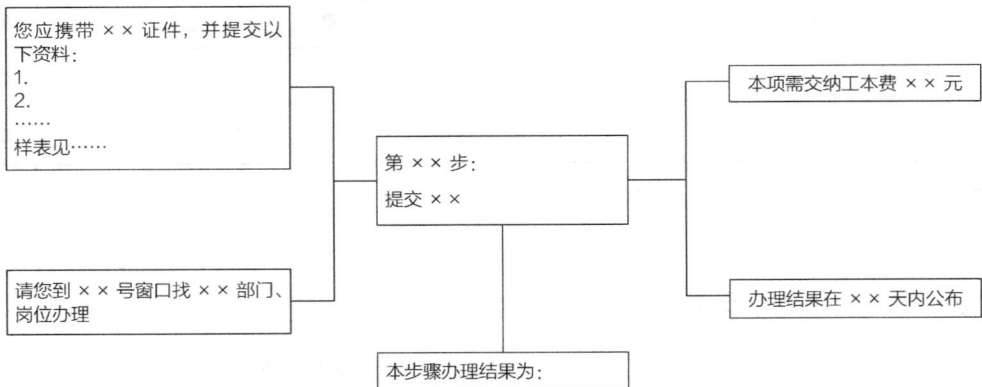

图 B-12 办理 XX 审批流程表达

B.3　流程牵引表达法的实际应用

目前，像visio 201x等绘图软件，是静态的，手动的，也只能做一些工作内容+说明式的流程描述。要做"牵引"式的表达，期望能够借助于非凡的计算机软件，结合到"WBS技术""OS组织技术""网络编制技术（甘特图技术）""要素数据库技术"。而要成为管理快捷实效的好工具，还应该结合"TM技术"。总之，流程牵引方法是一项管理的综合工具。

目前，这个表达流程的思想，初步独立使用在改变某公路工程有限的管理瓶颈和试图用来编制"某职业技术学院施工技术的课程教材"时，均已有了良好的反响。

B.4　流程牵引下的流程表达法与现有实际工具的对接

尽管流程牵引理论与方法，对于各种项目具有相当的适应性，但是流程要素的表述和流程的系统表达，并不是任何项目、任何时候都是必要的。在实际管理中，应用较好的诸多工具，实际上都可以从流程牵引下的表达中，得到简化而来。对照流程（任务）要素图，下面举几个例子说明。

1. ISO 职能矩阵（表 B-6）

编码+任务+职能　　　　　　　　　　　　　　　　表B-6

任务编码	任务名称	职能部门
		★主责部门岗位 ☆辅助部门岗位 ▲决策 △协助共享

2. 建设工程报建表（表 B-7）

码+任务+依据+职能+职责+成果　　　　　　　　　表B-7

任务编码	任务名称	提交资料	审批方	时间	审批结果

3. 责任管理（表 B-8）

编码+任务+职责　　　　　　　　　　　　　　　　表B-8

任务编码	任务名称	职责
		任务要求，责任管理

4. 资金计划表（表B-9）

		编码+任务+资源 表B-9
任务编码	任务名称	资源
		资金量和使用时间要求

5. 绩效管理（表 B-10）

		编码+任务+成果 表B-10
任务编码	任务名称	成果
		绩效管理（MBO）

正因为符合各个职能部门有各自的工作内容，所以其应用也局限在各个职能部门内部。而对于协同的困难也由"分工"开始，分开结束。对未来的管理变革无疑是个重大挑战。流程牵引下的流程要素表达，是个打破分工而致割裂的工具探索。

B.5　流程表达中的常见问题

流程表达，作为一个强有力的工具，对管理思想、思路的引领，起到独特的牵引的作用。正因为当前仍然不够规范，所以使用中仍存在着很多毛病。常见的有：①命名不清；②无始无终；③任务悬挂；④逻辑混乱；⑤任务循环；⑥细度不够；⑦要素不全；⑧多种方法混用；⑨内容过载；⑩流程内在线索多变。

流程内在线索可以是职能、技术、责任、温度、时间、物料、人、预算、利益干系人、风险等。说到底，内在线索，就是站在什么角度、站在什么立场来编制流程。对于一些服务型的、民本、民生的流程，应该毫无疑问地选择以人为内在线索，比如医院：应当选择病人作为从就诊、入院、划价、缴费到出院这些流程的主体，图B-13是流程的内在线索。

可以理解，如果在流程中，内在线索如人、物、责任、事件等是多变的，要指导流程的

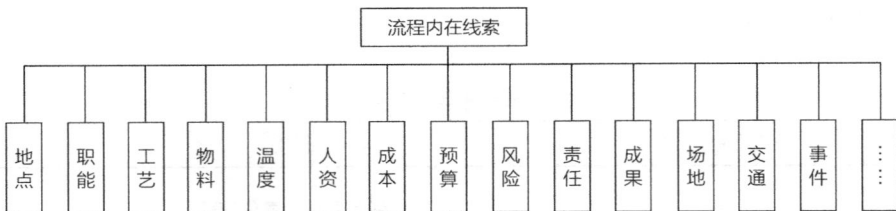

图 B-13　流程内在线索举例

实际执行，是很困难的。

待有机会对流程表达中存在的问题，随机选取实例，进行分解、剖析，以此为鉴，提高流程绘制、表达的能力。这里可以补充的是，流程表达存在问题的原因分析，可以用鱼骨图（即因果图，5MEC）法和6W3H2R法。6W3H2R法中的6W、3H、2R分别是：Why——为何做；What——做什么；Where——哪里做；When——什么时候做；Who——谁做；Which——在什么位置做。How——怎么做；How much——消耗多少资源；How long——做好的时限。Result——成果，结果；Responsibility——责任人，职责。

分析具体原因，才能真正解决问题。总之，"界定、聚焦、分解、解决"是基本的解决问题"流程"，如图B-14所示。

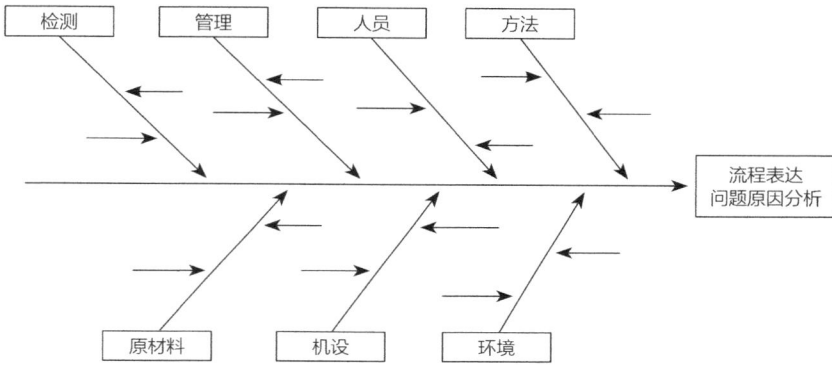

图 B-14　流程表达问题的原因分析图

C 《御题棉花图》的流程研究意义

流程知识的研究，以及管理和应用，也许有朝一日可以单独成为学科，列于管理科学名目之下。因为流程的独特性质、特殊地位均具有客观性，而其核心作用则确定了实用主义价值，其知识的体系也随着研究和实践不断丰满起来，传承也许就更希望在系统性的学科平台下进行来得更有实效。

除前述研究外，还值得深入研究的一个方面是：关于对流程的认识或研究的发展史实。流程的存在，自古至今，已经久远，具有客观的一面，而流程的研究，在西方主流管理理论体系中，勉强可以算早的，比如费雷德里克·泰勒的《科学管理原理》，其研究方法是对"工艺流程"的研究，当然这只是其中的一部分，但却是"泰勒制"的核心起始。自1883年开始，到总结出版时，已经是1911年了。流程知识体系如图1–22所示。

20世纪80年代，中国国门打开，管理学理论与思潮随着商业氛围，风起云涌，热闹过后却渐渐进入了一个新的沉寂阶段。经过无数次的试错，计算机、网络、通信等IT技术广泛使用，而TQM、LP、JIT、BPR、CRM、HR、OA、SaaS、BIG Data、VE、6σ等技术的、理论的、思想的新概念新理念新理论，却在试错之后，发现其存在种种问题，中国的管理学界和管理实践界，开始了从中国特殊的管理环境、管理文化和人文特质（文化）中寻找适合国情的"中国式管理"范式。"洋为中用""特色道路"，也就是说，结合实际的管理环境，理论才会是有生命力的。中国人终究具备走向适合自身规律探究的聪明才智。

"中国式管理"的寻找中，在科技与艺术的结合方面，《御题棉花图》便是一部可赞叹的作品。其科学性与艺术性（管理学的艺术性是指其过程中的柔性）的结合正是管理科学的特点。

"棉事流程总图"的发布值得我们深度研究。这是由当时一个地方的省长（河北直隶总督方观承，时辖北京、天津、河北）提交给前来视察皇帝（清代清高宗乾隆）的，在1765年4月11日—1765年7月16日，乾隆皇帝还亲赋七言诗16首，与棉花图组成完整的流程工艺说明、技术要求，而这些绝不是应景的附雅，世界历史上也是绝无仅有的。

由此笔者感慨，我国纺织业发展到今天，在国际贸易中，独树一帜，甚至人们玩笑地说"世界上几乎没有人不穿着中国制造的衣服和袜子的"这样举世无双的辉煌成就，不会是偶然的。

而这与"棉事流程"的标准化是不无关系的。可以断言，"棉事流程"的编制、优化和标准化，可能是世界上第一次。何况，1765年版本是在之前不断完善、修正的基础上正式对外发布的，"流程"的研究、编制一定要比该版本早了很多。与此同时，西方世界正经历由亚当·斯密1776年开始的"分工理论"的工业文明的历程。

这是世界上迄今为止，最早的、最完整和精美的工艺流程，具有非凡的研究价值。那么"棉花图"到底是怎样的"一个流程"呢？

C.1 棉事流程的表达结构

"御题棉花图"所表达的是棉花从种子到布匹染制的全过程，是棉花种植项目，简称之为"棉事"。整个流程由十六个步骤，也可以说是十六项任务组成。依次为"01布种、02灌溉、03耘畦、04摘尖、05采棉、06拣晒、07收贩、08轧核、09弹花、10拘节、11纺线、12挽经、13布浆、14上机、15织布、16练染"。任务的命名非常简练，且符合动宾结构，逻辑关系清晰，环环相扣。

图C-1是"任务02灌溉"的扫描件。

从流程表达的方式看，每个任务由四部分组成：

第一部分，图画，"描绘出棉花种植和纺织的各种示意图"。是结合"工序操作"的形象表达。这也是现代管理追求的方向之一。图面均采用阴文线刻，运用我国传统绘画中的白描和界画手法，线条工细谨密，布置严整精到；陂塘畦畛，错落有致；屋室器械，合乎规矩；人物动作，各具形象。既突出了画目主题，又具有浓厚的生活气息。

第二部分，文字说明，详尽地描述了技术要求。

第三部分，诗作，均为七言诗。以诗抒志、以诗记事，在诗词的大国里，不以为怪，而用诗歌的严整描述技术要求、栽培工艺，实在是叹为观止。每个流程任务中，均有直隶总督（当时管辖北京、天津及河北省）和皇上作的两首诗。

第四部分，印签。16个任务，29枚印签。

全书正文十六则有关棉花的内容，包括16幅画，32首诗，16个说明。既恰到好处，又趣味盎然，比起现代的技术规范，流程图和说明表，更生动易懂。

图C-2为"任务15织布"的扫描件。

图中皇帝乾隆的原诗为"横纬纵经织帛同，夜深轧轧哪停工，一般机杼无花样，大辂椎轮自古风"，李秋占译成白话为：上机时刻何止千丝和万丝，女郎舒缓自在地牵拉使它直。可知凡事在于抓关键，棉线再多也可以随心所欲。

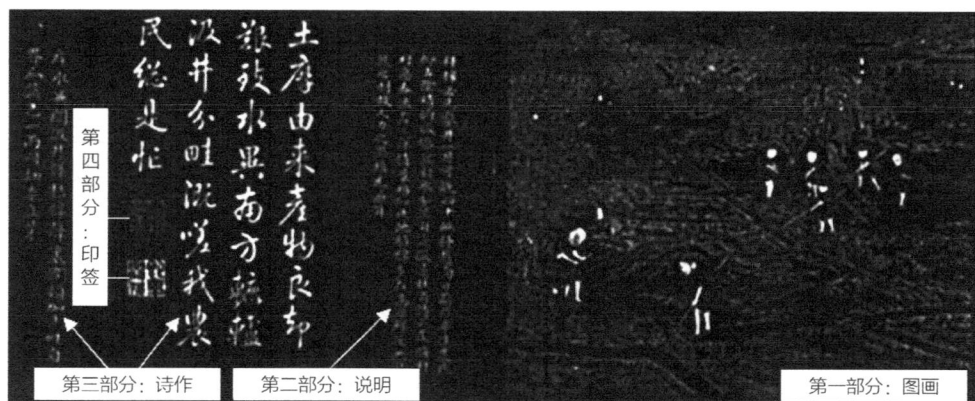

图 C-1　棉花图内容组成

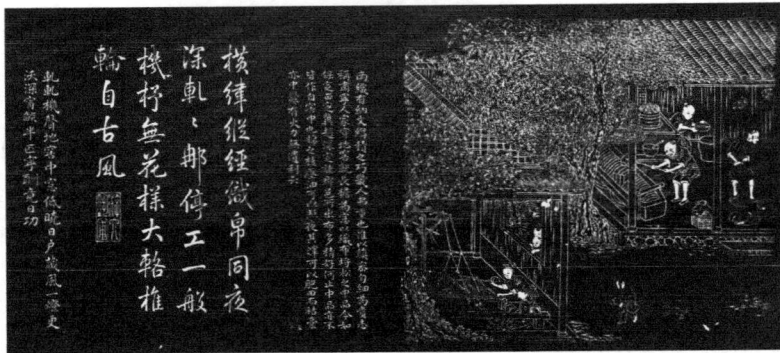

图 C-2　任务 15 织布

C.2　"棉事总流程"

C.2.1　总流程

棉事总流程如图C-3所示。

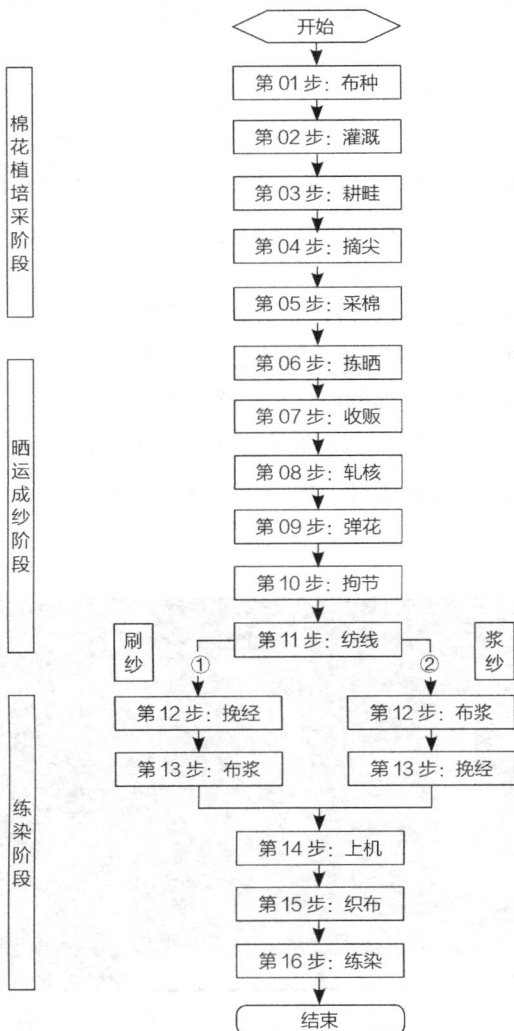

图 C-3　棉事总流程

C.2.2　流程特点

该流程具有以下特点：

（1）系统、完整地体现了棉事全过程。该流程体现了完整的过程。可以说是一个完整的全生命周期管理的"棉事流程"。不仅如此，任务可以分解为可执行的工序，使得流程真正能够被操作。

（2）技术要点明确，具有"作业指导书"的特征。每个任务均有详细的技术细节和要求的描述和说明，可以指导生产。

（3）对于一些补充的知识，进行了说明。这属于知识资源管理的范畴。

C.2.3　十六个任务的工序详解

下面详细说明本流程的二级流程（工序级）：

（1）01布种的工序，如图C-4、表C-1所示。

图 C-4　布种的工序

布种的工序技术要求　　　　　　　　　　　　　　　　　　　　　表C-1

选种	颜色黑核、青核的坚硬种子	壤土	对土质的要求：壤土
晒种	收获后，即晒干	细犁	对土颗粒要求为：细颗粒。挖出浅沟和土埂
水选	选择沉入水下的重	深种	深度要求，深。浅容易枯萎
烫种	热水浸泡	覆实	盖土要求厚实
肥种	凉后拌草木灰	播期	谷雨（4月20日左右）前为早棉，后为晚棉

（2）02灌溉的工序，如图C-5、表C-2所示。

图 C-5　灌溉的工序

灌溉的工序技术要求　　　　　　　　　　　　　　　　　　　　　表C-2

挖井	种棉之前需要凿井	灌溉	从近到远分沟灌溉
汲水	看土壤干湿汲水		

（3）03耘畦的工序，如图C-6、表C-3所示。

图 C-6　耘畦的工序

耘畦的工序技术要求 表C-3

间苗	去除太密的苗，一步约2株	留株	保留一定的棉花雄株
除草	夏初开始除草，一个月3次，总约7次		

（4）04摘尖的工序，如图C-7、表C-4所示。

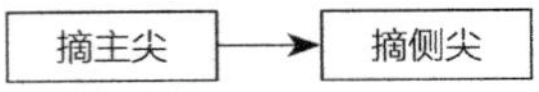

图C-7　摘尖的工序

摘尖的工序技术要求 表C-4

摘主尖	三伏晴天，摘除主茎上的尖尖	摘侧尖	摘除侧枝上的尖尖

（5）05采棉的工序，见表C-5。

采棉的工序技术要求 表C-5

采棉	棉桃裂开后，随时采摘棉花

（6）06拣晒的工序，如图C-8、表C-6所示。

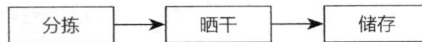

图C-8　拣晒的工序

拣晒的工序技术要求 表C-6

分拣	按质量分拣	储存	储存
晒干	晾晒		

（7）07收贩的工序，如表C-7、图C-9所示。

收贩的工序技术要求 表C-7

收购	零收整卖	贩卖	定价格，不定斤两

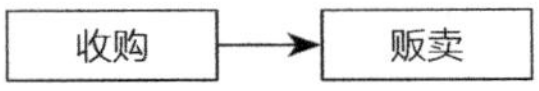

图C-9　收贩的工序

（8）08轧核的工序，如表C-8、图C-10所示。

| 去籽 | 用轧车去掉棉花籽 | 精加工 | 由棉花，到子花、瓤花、净花 |

图 C-10 轧核的工序

（9）09弹花的工序。

弹花的工序技术要求：将暴晒后的净花，用弹花弓弹，使棉絮繁密、细软、旋曲、暖和，折卷待用。

（10）10拘节的工序。

拘节的工序技术要求：把棉絮加工成长条，用筵将其卷起成筒状，拔出筵，成筒状的棉絮扎成捆，用于下一步纺线。

（11）11纺线的工序。

纺线的工序技术要求：将棉线抽引成缧丝状。成单线，或者2~3根捻合成股线。

（12）12挽经的工序。

挽经的工序技术要求：整理棉线，缠绕成经线，4股挨着旋转。

（13）13布浆的工序，如图C-11所示。

布浆的工序技术要求：刷浆、束捆、缠绕成经线，梳理均匀。

图 C-11 布浆的工序

（14）14上机的工序，如图C-12所示。

上机的工序技术要求：棉织机，筘固定经线，梭子穿好纬线，经线需要布过浆，纬线则不用。

图 C-12 上机的工序

（15）15织布的工序，如图C-13所示。

织布的工序技术要求：穿梭来往，织成布匹。

本节还特别强调，资源的综合利用，棉籽可以用来照明，它的渣滓可以用来肥田，而秸秆也可以烧火做饭。

图 C-13 织布的工序

（16）16练染的工序，如图C-14所示。

练染的工序技术要求：合格检验后，经浸染、漂洗、晒干，可用作衣服制作原料。如将以上每道工序的技术要求集合、汇总，简练编撰，岂不就是一本《棉花种植技术规程》。

图 C-14 练染的工序

C.3 流程（任务）要素描述汇总

棉事流程要素描述汇总表见表C-9。

棉事流程要素描述汇总表　　　　　　表C-9

任务编码	任务名称	技术要求（任务职责）	资源库（知识资源）
01	布种	10个工序；选种、处理、土质、深度、气候要求	棉花的来源和传播路径
02	灌溉	挖井、汲水、灌溉	单井可灌溉40亩，种子10天发芽
03	耘畦	间苗、除草、留株	识别雄株法、套种芝麻
04	摘尖	摘主尖、摘侧尖	摘尖时机与天气
05	采棉	采棉（以妇女和孩子为主）	质量识别、采棉时机
06	拣晒	分拣、晒干、储存	棉价预测
07	收贩	收购、运输	棉花商家赢利法
08	轧核	去籽、精加工	轧车制造和操作、亩产、等级
09	弹花	棉絮繁密、细软、旋曲、暖和	弹弓的形制、弹花标准
10	拘节	擦条、抽引、连接	本工序的南北方不同称呼
11	纺线	纺线	（手摇和脚踏式）纺车形制
12	挽经	挽经	南方用经床，北方用线拐子
13	布浆	绑束、水煮、浸浆、张拉、梳理	先挽经后布浆，或反之
14	上机	安装好棉织机，用筘和梭固定经线和纬线	工作效率
15	织布	织布	布匹质量标准
16	练染	练煮、染色、漂洗、晒干、制衣	棉麻功用的区别

　　归纳以上，在棉事流程中，不仅工序完整，技术要求明确，还较为详细地描述了机械设备及其使用方法等，参与的各方如妇女儿童、商人、织布工、洗染工等也有所介绍，且对南方北方的技术术语差异、质量标准对比等也作了很多对比，信息量十分丰富。

　　此外，特别值得一提的是：《御题棉花图》不仅在创新方面做了很多介绍，其对棉花副产品的加工利用方面提到"棉之核压油可以照夜，其滓可以肥田，而秸稿亦中爨，有火力，无遗利云"（棉籽榨油照明、渣滓肥料肥田、棉秆作柴烧火），反映了对棉籽油、棉籽饼和棉秆都已充分利用，并出现榨油作坊。综合利用，值得当今资源消耗巨大的建筑业、利润低下的制造业的深思和效仿。

　　仅仅从这一个例子，就能够挖掘出流程思想的巨大价值，更加感慨中国文化之源远流长。身为管理工作者更觉得有责任挖掘古人的管理思想，使之成为今人的管理知识，锻造今人成就商贸、拓展技术、创造价值的方法和工具，甚至成为丰富的智慧和财富，流传后人。

结束语

流程要发挥作用，其最重要的内容是什么？作者认为，最重要的是"流程的内在线索""流程的逻辑关系""流程的信度与效度"和"流程要素的完整性"。

下面对研究中的一些问题作出补充。

1. 国内外研究现状

（1）国际上对流程研究的现状

基于Reengineering（再造）为出发点的对流程的研究得到不断加深，所以研究的重点是再造。

1）研究趋向细致化。流程的内涵外延、分类、表达、绘制、优化各个方面的研究都有相当丰富的内容，这些内容也随着研究加深不断被揭示出来，并将发挥更大的作用。

2）成果被广泛应用。这正是认真细致研究流程的重要意义所在。流程具有极其广泛的应用领域。涉及市场营销、销售管理、设计开发、采购管理、生产管理、贮运管理、服务管理、质量管理、财务管理、行政办公管理等。就组织的形式而言，几乎囊括了生产型、制造型、服务型和管理型所有形式，不管盈利还是非盈利、跨国与否。

3）对流程复杂性的认识加深。流程会改变组织形式，"扁平化"期望必须通过变革流程才能达成，价值链增值也依赖于对流程增值环节与非增值环节的识别等，这些方面的研究在国际上也正得到加强。

（2）国内对流程研究的现状

目前，国内对流程的研究是与国际基本同步，"经院派"从事应用性传播、软件化服务方式。

随着国际交流的增强和媒体技术的提高，国内跟踪国际知识的步伐也在加快。流程知识的传播可以说与国际是"基本"同步的，即着重在流程再造、逐步细化、广泛应用和对流程复杂性的认识，需要注意的是，仅仅是知识的传播，原创的理论研究却十分稀缺。

对于流程知识的了解与掌握，主要人群集中在院校的"管理系"及从事"智库"工作的咨询公司，他们较多地从事着对企业"流程"的诊断、新建、再造等咨询工作，从中获得报酬。

最近几年，对流程知识的认识随着一浪接一浪的管理知识的传播有所普及，但偏重"工具性应用"的倾向相当明显。因此，对流程本质的理论研究与方法探讨，显得十分苍白。另外，工作流管理服务的软件化趋势明显。

（3）理论上的缺陷

随着信息技术（通信、网络、计算机技术）和市场竞争的加剧，企业对低成本、高效率的需求越来越高。于是，组织的"扁平化"、信息的"即时化"、决策的"柔性化"、战略的"全球化"和沟通的"人性化"以及组织适应变革的"学习型"等理论不断被提出和完善，不过如何扁平化、即时化、全球化、柔性化，却缺乏真正能够很好起到指导实践的理论和技术手段，根本原因在于未能抓住企业要素的"关键要素"——流程的核心作用。事实也已经证实，单纯依靠IT等技术手段还不足以实现这些目标。不然也不会出现"事实上，整个20世纪90年代仅仅只有20%左右的业务流程再造项目获得了成功，而大部分重组项目则没有达到预期目的，有的甚至可以说是彻底失败了"。

总而言之，目前国际国内对流程研究还没有将流程作为牵引动力的类似研究，仅仅把流程作为企业管理的一个普通要素来研究的。这是对流程在实现组织目标中的核心作用认识不足。此外，针对流程本身从定义、要素、分类、表达到流程的编制、优化及今后方向的研究上均存在不够深入的现状，其结果是对企业流程构建与再造不能起到更好的指导作用。对流程所具有的内在动力式的作用方式和作用机理存在研究资源（高水准人员参与、资金支持等）投入不足，因而，对这个方面的认识也没有加速。最后，流程管理与现代信息技术的结合研究与软件化程度以及指导企业进行BPR以及作为ERP前提的流程优化作用不够，缺乏系统性地将流程与组织结构设置、工作结构分解以及TM等通信技术结合开发的成果。

2. 对流程再造的反思

流程被密切关注是在业务流程重组（再造）和ERP的应用之后，已有大约20年时间。ERP作为一种新的管理理念和先进技术手段的结合，在国内企业推广中失败率奇高。众所周知，ERP的失败，很大程度上是基于BPR的低成功率。一般的认为BPR失败率高有以下原因：①不现实的预期，期望通过流程再造得到过高的期望；②人力、财力和培训教育不足；③过分依赖IT技术；④再造项目实施进度控制不严。

但是我们认为，上述原因虽然很有道理，却没有能够触及更深层的原因，那就是对流程本身的认识不足，具体体现在以下几个方面。

（1）流程本身研究严重不够，存在着较大缺陷，未达到自善程度。如分类混乱、不具备全覆盖性、要素之间的关系未予认真阐明等。流程知识体系的建立也还远远未能满足实践的要求。

（2）流程再造基点不明确，出发点认识不够。流程分类的不明确，导致再造出发点不正确或者不完善是十分自然的。在前面从信度、效度角度，分类后的稳定性角度均已进行了详细的阐述。

（3）流程的理性地位问题。流程虽只是一个组织为了达到（实现）目标的最佳路径而非企业本身，但流程却具有核心的作用。

（4）忽视组织的协调性。战略、组织、流程、资源、信息是一个组织最根本性的要素，必然需要充分地协调。流程能够起到牵引作用，但是它需要在整个体系中平衡协调运行才能正常发挥作用。

ERP或者今后新的集成系统思想是一个重要方向，而流程的牵引作用将借此得到更大的发挥。因而，深入细致地研究流程，成为当前的迫切需要。

3. 本研究的意义与前景

坦率地说，我们国家正处于社会大革命的时期，世界上以美国为绝对主力的一大批心理学家、行为学家、哲学家、管理学家、企业家，已经完成了管理理论的初步构建，或者说，在1960年，最迟1980年之前，"管理理论丛林"（孔茨）已经根深叶茂了。而IT技术等发展兴起的管理理论创建的20世纪90年代，只能称得上是小高潮而已。对百年来110位管理学界著书立说的"人物"的作品统计显示，不能说后续的研究只是小修小补，最多也不过是添砖加瓦罢了。而我们国家能够登上管理研究榜单的（近现代管理研究成果）几乎没有。我们基于五千年特色文化的管理，一定将会推动本土管理理论的建立，并促使和指导本国的社会管理的发展。

本研究，在理论上，从组织的战略、项目的目标，到任务的执行是由框架到细节，由宏观到具体，由规划到落实的过程，这个过程中流程起到核心作用。在实践中，流程作为任务执行的内在动力起着牵引（如同火车机组拉动车厢奔向目的地）的作用，其对项目实施具有决定性意义。同时，在高度复杂的以人际关系为纽带的社会里，突出任务型管理，有利的一面是将部分地厘清"环境影响因素"，从而提高效率。也有摆脱复杂性羁绊的作用。从这个意义上来讲，关于流程的研究，是主要针对做事的，而不是做人的。

因此，研究"流程牵引目标实现"，不仅是从一个崭新的视角探讨目标实现的内在动力，丰富了管理理论，而且对其研究的成果将具有令人振奋的实践效果，该研究具有较大的理论和实际应用价值。

像我这样，立足于建设行业，大部分职业生涯并不是专职从事教学、研究的人，虽也在企业和项目管理中，但想独立研究管理论题，是相对比较困难的，尤其是在差不多20多年，充斥着的都是引进、翻译西方管理思想的论著、思潮的情况下，说实在的，西方的话语方式和知识体系，对于我来说，读起来也十分别扭，用起来恐怕更是半桶水，不得要领。一些管理的词汇，甚至到现在对其真实内涵，一知半解，甚或相当不解。为什么我们还没有自己的管理理论体系？哪怕一些切合实践的理论呢？伴随着本书的写作，这种困惑也不时袭来。

本研究所努力的方向，是构建完整的流程知识体系框架，并使流程为管理实践提供真正的理论与方法支撑。文中首创性地提出"流程牵引"理论，建立"流程型组织"的"流程牵引目标实现"管理模式，简称"L管理模式"，或"L模式"。其中，对"流程定义、四流程类型划分（战略、职能、工艺、自善）、流程要素描述、流程的牵引表达方法、流程评价（流程信度、效度和优度的概念）方法、与IT结合的软件开发思路"，均有独特的理解，并首次提出，不可避免地存在不尽完善之处。但既已迈出步子，不可半途而废。

对于流程核心地位的论证，也采用了哲学思辨、理性分析、管理实践多维度、多层次的方式旨在尽量剔除牵强附会。以此抛砖引玉，希望引起对流程研究的兴趣和成为同道交流的话题。

流程可视化、高度集成化、即时动态化、协同和综合查询、流程仿真是今后流程研究和管理的重要方向。同时还应注意到流程管理的局限性，尤其在鼓励创新的一些领域，因为流程强调程序化，而常常与创新所主张的变化相抵触。

"重拾流程价值，重塑流程地位"。完成本书时我们只能说，"流程牵引"的流程已经不是"流程再造"的流程。其内涵、属性、层次、分类、要素、本质、内线、史观、地位和作用，都有根本的不同。流程之所以能够"担当"组织运营动力的牵引角色，是其异于传统的"输入、输出"及活动和组合方式、对客户与价值的关注，而这些构成内容其实是组织的自身使命！也就是说：传统的经典流程是混淆于组织的功能之中的。这一点，掩盖了流程的独特性和其特殊的价值，我们的研究正因为"揭开了"这一遮蔽，期待能够使"流程牵引"的流程大放异彩。

参考文献

［1］王玉荣．流程管理［M］．2版．北京：机械工业出版社，2004．

［2］蒋志青．企业业务流程设计与管理［M］．北京：电子工业出版社，2002．

［3］方少华．业务流程咨询［M］．北京：电子工业出版社，2006．

［4］王璞，曹叠峰．流程再造［M］．北京：中信出版社，2005．

［5］（加）Norman Lofts．企业流程设计指南——流程可视化［M］．邓冰，苏益群，译．北京：机械工业出版社，2005．

［6］孙宗虎，王瑞永．通用管理流程设计与工作标准［M］．北京：人民邮电出版社，2006．

［7］滕宝红，陈文峰．行政办公流程控制与管理［M］．广州：广东经济出版社，2005．

［8］（美）J. Mike Jacka, Paulette J. Keller. Business Process Mapping［M］．王进奎，译．北京：机械工业出版社，2006．

［9］Joe Peppard, Philip Rowland. The Essence of Business Process Re-engineering［M］．Prentice Hall Europe, 1995.

［10］（美）Gregory T. Haugan. Effective Work Breakdown Structures［M］．北京广联达慧中软件技术有限公司，译．北京：机械工业出版社，2005．

［11］北京理正软件设计研究院．建设企业管理信息系统软件通用标准应用指南［M］．北京：中国水利水电出版社，2005．

［12］孙彦广，陈靖屏．流程工业制造执行系统［M］．北京：化学工业出版社，2006．

［13］（美）彼得·德鲁克．卓有成效的管理者［M］．许是祥，译．北京：机械工业出版社，2005．

［14］王红兵，车春鹏．建筑施工企业管理信息系统［M］．北京：电子工业出版社，2006．

［15］赵纯均，张陶伟，张文．ERP、CRM企业实施案例［M］．北京：清华大学出版社，2003．

［16］杨威．管理高手Project 2003项目管理应用［M］．北京：人民邮电出版社，2006．

［17］韦云．医院质量管理程序文件［M］．北京：化学工业出版社，2005．

［18］程铁信．国际流行项目管理软件应用［M］．北京：中国电力出版社，2007．

［19］Frederick Taylor．科学管理原理［M］．马风才，译．北京：机械工业出版社，2007．

［20］李卫星．突破项目管理难点：从WBS到计划［M］．北京：电子工业出版社，2006．

［21］孙宗虎，付伟．生产企业管理流程设计与工作标准［M］．北京：人民邮电出版社，2006．

［22］周小桥. 项目管理工具与模板［M］. 北京：清华大学出版社，2005.

［23］李存斌. 中国施工企业信息化［M］. 北京：中国水利水电出版社，2006.

［24］（荷兰）Wil Van der Aalst & Kees van Hee. 工作流管理——模型·方法·系统［M］. 王建民，译. 北京：清华大学出版社，2004.

［25］Best, Fernandez C. Notations and terminology on Petri net theoty. Petri Net New-sletters1986, 23, 21-46.

［26］陈启申. ERP—从内部集成起步［M］. 2版. 北京：电子工业出版社，2005.

［27］罗鸿. ERP原理·设计·实施［M］. 3版. 北京：电子工业出版社，2005.

［28］罗焕佐，宋国宁，王晓峰. 流程企业智能计划调度技术［M］. 沈阳：东北大学出版社，2004

［29］John M. Nicholas. Conpetitive manufacturing management: continuous improvement, lean production, and customer focused quality［M］. The McGraw-Hill Company, 1988.

［30］Larry Bossidy, Ram Charan. Execution: The discipline of getting things done［M］. New York: Crown Business, 2002.

［31］王守清. 计算机辅助建筑工程项目管理［M］. 北京：清华大学出版社，1996.

［32］武汉理工管理咨询有限公司. 项目管理大师网. 网址：www. ipmis. com.

［33］企业资源研究中心. 网址：www. amteam. org.

［34］同济大学工程管理研究所. 网址：www. ripam. com. cn.

［35］广东同望科技股份有限公司. 网址：www. toone. com.

［36］Karl Albrecht. At America's Service［M］. New York: Warner Books, 1992.

［37］Clay Carr. The Competitive Power of Constant［M］. New York: Amacom, 1994.

［38］Champy, James L. "Reengineering or Dead? Don't Believe It: An Interview with James Champy"［J］. Harvard Management Update, 1999，（3）：332-369.

［39］Hammer, Michael, Steven Stanton. "How Process Enterprises Really Work"［J］. Harvard Business Review, 1999, 9: 524-589.

［40］Hammer, Michael. Beyond Reengineering: How the Process-Centered Organization Is Changing Our Work and Live［M］. New York: Harper Collins, 1997.

［41］Mark M. Klein. Reengineering Mathodologies and Tools［J］. Information Systems Management, 1994, 3: 112-153.

［42］中国管理咨询网，网址：www. chinamcn. com.

［43］BPR Online Learing Center, 网址：www. prosci. com.

［44］Business Process Reengineering & Innovation, 网址：www. brint. com/BPR. html.

［45］胡彬. ERP项目管理与实施［M］. 北京：电子工业出版社，2004.

［46］张兰霞. 新管理理论丛林［M］. 沈阳：辽宁人民出版社，2001.

［47］龚卫锋，孙敏. 军事供应链的基本内涵［J］. 物流技术与应用，2006,9：98.

［48］李万秋. 冷链物流现状及问题［J］. 物流技术与应用，2006,9：103.

［49］张新国. 新科学管理［M］. 北京：机械工业出版社，2011.

［50］张新国. 新科学管理［M］. 2版. 北京：机械工业出版社，2013.

［51］李伯聪. 工程哲学引论［M］. 郑州：大象出版社，2002.

［52］潘恩荣. 工程设计哲学［M］. 北京：中国社会科学出版社，2011.

［53］张文焕，苏连义，等. 控制论、信息论、系统论与现代管理［M］. 北京：北京出版社 1991.

［54］郭金忠，李菲. 业务流程再造理论的起源、演进及发展趋势［J］. 现代管理科学. 2007.

［55］［清］方观承. 御题棉花图［M］. 王恒铨，注译. 石家庄：河北科学技术出版社，1999.

［56］［清］方观承. 御题棉花图［M］. 李秋占，苏禄煊，注译. 北京：中国农业科学技术 出版社，2011.

［57］陈庆华等. 系统工程理论与实践（修订版）［M］. 北京：国防工业出版社，2011.

［58］曹德成. 工程管理信息系统［M］. 武汉：华中科技大学出版社，2008.

［59］朱广君. 建筑企业价值链管理［M］. 北京：中国建筑工业出版社，2008. 06

［60］罗珉. 德鲁克管理思想解读［M］. 成都：西南财经大学出版社，2009.

［61］黄成日. 业务流程管理咨询工具箱［M］. 北京：人民邮电出版社，2010.

［62］葛星，黄鹏. 流程管理理论设计工具实践［M］. 北京：清华大学出版社，2008.

［63］楚渔. 中国人的思维批判［M］. 北京：人民出版社，2010.

［64］［德］Augst-Wilhelm Scheer等. 下一代业务流程管理［M］. 黄官伟，武亚平，译. 上 海：同济大学出版社，2007.

［65］欧洲质量管理基金会. 欧洲质量奖卓越模式［M］. 中国质量协会等译. 北京：中国标 准出版社，2009.

［66］真虹，刘桂云. 柔性化港口的发展模式［M］. 上海：上海交通大学出版社，2008.

［67］马旭晨. 项目管理工具箱［M］. 2版. 北京：机械工业出版社，2011.

［68］方振邦，徐东华. 管理思想百年脉络［M］. 3版. 北京：中国人民大学出版社，2011.

［69］冯成平，袁莉. 红色管理（修订版）［M］. 北京：东方出版社，2008.

［70］金观涛. 整体的哲学——组织的起源、生长和演化［M］. 成都：四川人民出版社， 1987.

［71］孙健，赵涛. 按流程执行［M］. 北京：企业管理出版社，2008.

［72］赵灿. 基于建设行业的现代重要管理技术之流程本质研究［D］. 杭州：绍兴文理学 院，2017.

［73］中国报告网，网址：http://www.chinabaogao.com.

［74］中华人民共和国住房和城乡建设部［EB/OL］. http://www.mohurd.gov.cn.

［75］M. Hammer, J. Champy. Reengineering the 1993: Corporation: A Manifesto for Busines-s Revolution. Nicholas Brealey, NewYork, 113～155.

［76］Bashein B J, Markus M L, Riley P. Prevent Failures. Information Systems Precondi-tion for

BPR Success and How to Management, Spring 1994.

［77］詹姆斯·哈林顿．业务流程改进：全面质量管理、生产力和竞争力的突破性战略［M］．北京：中国财经出版社．2002.

［78］JACK GIDO, JAMES P, CLEMENTS．成功的项目管理［M］．张金成，译．北京：机械工业出版社，1999.

［79］葛星，黄鹏．流程管理理论设计工具实践［M］．北京：清华大学出版社，2008：107–121.

［80］魏瑞斌，武夷山．国内知识总量——GDK及其测度［J］．情报杂志，2013.

［81］山美．"知识爆炸"和知识老化［J］．学习与研究，1983.

［82］辽宁青年．当今世界的知识爆炸［J］．中国金融，1985.

［83］卢锡雷，姜屏，李娜，等．顺应知识易获得特性的高等工程教学方式变革思考［J］．高等工程教育研究，2018（2）：147–151.

［84］余天佐，刘少雪．工程教育学生通用学习成果鉴别：基于工业界视角［J］．高等工程教育研究，2018（2）：63.

［85］朱高峰．论工程的综合性［J］．高等工程教育研究，2011（02）：1–4.

［86］王庆环．"新工科"新在哪儿［N］．光明日报，2017–04–03（005）.

［87］王亚同．认知科学发展中的三次思潮［J］．青海师范大学学报（哲学社会科学版）．2012（11）：129–133.

［88］陆国栋．"新工科"建设的五个突破与初步探索［J］．中国大学教学，2017（05）：38–41.

［89］姜嘉乐，张海英．中国工程教育问题探源——朱高峰院士访谈录［J］．高等工程教育研究，2005（6）.

［90］Bhatt G, Emdad A, Roberts N, et al. Building and leveraging information in dynami-c environments: The role of IT infrastructure flexibility as enabler of orga–nizational responsiveness and competitive advantage［J］．Information & Manage–ment, 2010, 47（7）：341–349.

［91］Sambamurthy V, Wei K K, Lim K, et al. IT–enabled organizational agility and firms' sustainable competitiveadvantage［C］．Montreal, Canada: ICIS 2007 Proceedings, 2007.

［92］边江，徐向．基于敏捷供应链的应急决策知识供给机制［J］．经济研究参考，2011，（65）.

［93］［美］Rick Dove．敏捷企业（上）［J］．张申生，译．中国机械工程，1996,7（3）.

［94］［美］F·W·泰勒．科学管理原理［M］．马风才，译．北京：机械工业出版社，2007.

［95］联合国教科文组织．知识更新缩短至2～3年［R］．时事报告，2010.

［96］叶飞帆．敏捷高等教育的理论与实践［J］．高等工程教育研究，2017（01）：75–81+95.

［97］魏小琳．基于敏捷性的本科专业设置机制建设与研究［J］．中国大学教学，2013（12）：52–54.

［98］刘慧霞．建筑工程项目风险评估与施工安全成本分析［D］．上海：同济大学，2006．

［99］李金亮，丁学龙，闫洁．安全目标管理在建筑安全管理中的应用［J］．2009．

［100］太萍，林益明．项目资源配置的管理［J］．航天器工程，2010，（03）：102-107．

［101］王振，苑静，宋文华．建筑工程项目施工安全管理模式的建立［J］．安全，2010，（02）：12-15．

［102］孙家．实现项目安全管理目标的五大途径［J］．管理观察，2010（23）：78-79．

［103］乔治·L·拉克，布鲁森·A·汉德森．精益企业——让精益思想贯穿企业的每一个角落［M］．北京：企业管理出版社，2005．

［104］杰弗瑞·米卡．改善丰田式的高效执行要诀［M］．北京：机械工业出版社，2009．

［105］胡尊涛．建筑施工安全管理中的问题及应对策略分析［J］．科技风，2017（26）：237．

［106］汪中求．细节决定成败［M］．北京：新华出版社，2005：98．

［107］傅兴．建筑施工成本精细化管理的探讨［J］．居业，2019（05）：145+149．

［108］王淑梅，陈炳志，王海永．建设工程项目质量管理与控制方法［J］．工程项目管理，2010,07：179-181．

［109］丁胜军．工程项目质量控制研究［J］．财经问题研究，2014（S2）：125-128．

［110］白凤美．建筑施工企业安全生产风险管理及预警信息系统开发与应用［J］．建筑技术，2016,47（01）：86-89．

［111］蒋丽军．建筑施工安全生产危险源辨识与控制［J］．中华建设，2017（02）：142-143．

［112］我国工程建设质量管理改革发展回顾与展望［J］．建筑，2019（06）：30-33．

［113］高林炎．基于流程牵引理论的BIM技术在施工阶段应用策略研究［D］．杭州：绍兴文理学院，2019．

［114］丁烈云，龚剑，陈建国．BIM应用·施工［M］．同济大学出版社．2015．

［115］2014年度施工企业BIM技术应用现状发展报告［R］．上海市建筑施工行业协会．上海鲁班企业管理咨询有限公司，2014．

［116］企业级BIM建设推进方案［M］．广联达BIM．浙江省"最多跑一次"改革始于2016年12月，"最多跑一次"是"放管服"的重要实现途径．

［117］杨皓然，姚瑶．基于Petri网的医疗流程建模优化［J］．延边大学学报(自然科学版),2018,44（04）：332-335．

［118］祖旭．基于Petri网理论的产品开发过程建模方法研究［D］．大连：大连理工大学，2005．

［119］何应侨．基于ARIS的企业业务流程建模及优化仿真研究［D］．成都：西南交通大学，2009．

［120］Argote L. Ingram P. Knowledge transfer: a basis for competitive advantage in fi-rms, Organization behavior and human decision process［J］．2001, 82（1）：150-169．

［121］陈广智，潘嵘，李磊．工作流建模技术综述及其研究趋势［J］．计算机科学，2014，41(S1)：11-17+23

［122］代飞，赵文卓，杨云，等．BPMN 2.0编排的形式语义和分析［J］．软件学报，2018，29（04）：1094-1114.

［123］上海泛微网络科技有限公司官网，https://www.weaver.com.cn/.

［124］上海斯歌信息技术有限公司官网，网址：http://www.k2software.cn/.

［125］爱迪斯（上海）软件有限公司官网，网址：https://www.ids-scheer.com.cn/.

［126］董阳，王扬，赵迪，等．基于ARIS流程管理平台的信息运维体系构建与实施［J］．电力信息与通信技术，2014，12（08）：6-9.

［127］赵玫．ARIS与企业建模实例［J］．信息技术与标准化，2003（07）：24-27.

［128］周波．船舶建造流程的虚拟仿真［D］．杭州：浙江大学，2014.

［129］汪秋丰．L公司物流部业务流程优化研究［D］．上海：东华大学，2014.

［130］吴忠君．航站楼旅客离港服务流程建模与仿真［D］．哈尔滨：哈尔滨工业大学，2013.

［131］陈飞，计效园，周建新．基于Flexsim的铸造企业发货质保流程仿真优化研究［J］．铸造，2016，65（04）：345-350.

［132］于飞．机场生产流程仿真研究［D］．南京：南京航空航天大学，2007.

［133］袁钢．基于业务知识的流程优化研究［D］．北京：中国农业大学，2015.

［134］方长林．大型养路机械捣固作业安全风险评估及应对［J］．铁路技术创新，2013（1）：73-74.

［135］吉姆·怀延，王光远，宁丙文．安全风险管理标准ISO 31000［J］．劳动保护，2009（2）：18-20.

［136］Bunni N G. The FIDIC Form of Contract［M］. London Black well Scientific Publica-tion, 1997, 386-389.

［137］高波．风险管理在工程建设中的应用［J］．中国工程咨询，2014（8）：64-65.

［138］徐长山，张耕宁．工程风险及其防范［J］．自然辩证法研究，2012（1）：57-62.

［139］韩海容，岳远斌，张庆洪．浅谈风险的可保性［J］．上海保险，1997（8）：33-34.

［140］谢俊贵．当代社会风险源：特征辨识与类型分析［J］．西南石油大学学报：社会科学版，2009，2（4）：34-40.

［141］敖晓军．浅析风险管理在招标工作中的运用［J］．中小企业管理与科技旬刊，2013（8）：65-66.

［142］薛庆根，高红峰．美国食品安全风险管理及其对中国的启示［J］．世界农业，2005（12）：15-18.

［143］Makar and Hastak,Aury Shaked. ICRAM-1: Model for International Construction Risk Assessment Journal of Management in Engineering, 2000,（1）：59-69.

［144］The risk and insurance management association. 1O1 Rules of Risk Management, 1983.

［145］S. C. Ward, C. B. Chapman. Risk management perspective on the project lifecycle［J］.

International Journal of Project management, 1995, 13（3）: 145-149.

［146］解万宝. 国际通信建设中的项目风险管理［J］. 科技创新导报，2015（33）: 186-187.

［147］Project Management Institute: A Guide to the Project Management Body of Knowl-edge［S］. PMBOK Guide, 2012.

［148］童占刚. 风险管理在某企业信息平台系统扩容项目中的应用［D］. 上海：上海交通大学，2012.

［149］Greenstein M, Feinman T M. Electronic Commerce: Security Risk Management and Control［J］. Journal of Risk & Insurance, 2002, 68（2）: 371.

［150］Feng W D, Chen J. Study on risk management and control for virtual enterprises［J］. Journal of Manegement Sciences in China, 2001.

［151］Neiger D, Rotaru K, Churilov L. Supply chain risk identification with valuefocu-sed process engineering［J］. Journal of Operations Management, 2009, 27（2）: 154-168.

［152］刘力. 运用SWOT分析法识别项目的机遇和风险［J］. 项目管理技术，2008(s1): 6-10.

［153］王黎明. 不确定信息条件下的决策［J］. 中国经贸，2012（14）: 123-125.

［154］李罗兰. 项目风险量化评价方法比较［J］. 时代金融，2008（9）: 35-37.

［155］黄锦成，杨颂阳，陈启源. 科技计划项目风险监督与控制方法的研究［J］. 科技管理研究，2006，26（5）: 126-127.

［156］何关培. 建立企业级BIM生产力需要哪些BIM专业应用人才［J］. 土木建筑工程信息技术，2012（1）.

［157］倪江波等. 中国建筑施工行业信息化发展报告（2014）：BIM应用于发展［M］. 北京：中国城市出版社，2014.

［158］马智亮. BIM技术贵在深度应用［J］. 中国建设信息，2013（20）.

［159］胡晓娟. BIM人才需求状况及培养途径探讨［J］. 科教文汇（下旬刊），2016（05）: 61-64.

［160］王治，杨勇. 高校BIM技术人才培养模式研究［J］. 科技创业月刊，2017，30（23）: 61-63.

［161］《关于贯彻落实"最多跑一次"改革决策部署全面推进建筑工程"竣工测绘合一"改革的实施意见（征求意见稿）》（浙政办发［2017］74号）.

［162］丁士昭. 建设工程项目管理［M］. 2版. 北京：中国建筑工业出版社，2014.

［163］2014年度施工企业BIM技术应用现状发展报告［R］. 上海市建筑施工行业协会. 上海鲁班企业管理咨询有限公司，2014.

［164］黄嘉，聂炜玲，李艳俊，等. 5G核心网建设路径选择及部署方案研究［J］. 互联网天地，2018（09）: 14-20.

［165］李新，陈旭奇. 5G网络规划流程及工程建设研究［J］. 电信快报，2018（05）: 6-9.

[166] 彭佩雯. 浅谈5G通信传输网络的建设策略［J］. 计算机产品与流通，2019（06）：46.

[167] 李枫林. 企业业务流程管理［M］. 武汉：武汉大学出版社，2006.

[168] 华通咨询. 流程管理实用手册［M］. 北京：机械工业出版社，2013.

[169] 杨兴文，杨靖. 流程管理工具箱［M］. 北京：中国电力出版社，2012.

[170] 王永挺，韩鸿泉. 研发企业必备的53个制度和61个流程［M］. 北京：人民邮电出版社，2014.

[171] 李泽尧. 中国式管理：TBC企业驱动模式［M］. 广东：广东经济出版社，2012.

[172] 张国祥. 用流程解放管理者–中小企业规范化管理（2）［M］. 北京：电子工业出版社，2013.

[173] 孙宗虎. 最有效的100个常用管理流程［M］. 北京：人民邮电出版社，2013.

[174] 石真语. 管理就是走流程［M］. 北京：人民邮电出版社，2013.

[175] 水藏玺，吴平新，刘志坚. 流程优化与再造［M］. 3版. 北京：中国经济出版社，2013.

[176] 水藏玺. 流程优化与再造：实践·实务·实例［M］. 2版. 北京：中国经济出版社，2011.

[177] 金国华，谢林君. 图说流程管理［M］. 北京：北京大学出版社，2013.

[178] 杨平. 流程的力量［M］. 北京：中国财政经济出版社，2013.

[179] 张镝亓. 执行就是走流程［M］. 北京：机械工业出版社，2012.

[180] 孙健，赵涛. 按流程执行：最新企业规范化管理推行实务，执行标准卷［M］. 上海：立信会计出版社，2014.

[181] 徐明达. 老板就要抓流程走现场［M］. 北京：人民邮电出版社，2015.

[182] 陈启申. 成功实施ERP的规范流程［M］. 北京：电子工业出版社，2010.

[183] 李京静. 生产流程管理实操手册［M］. 北京：中国电力出版社，2014.

[184] 沈凯，罗青华，王海涛. 流程树管理：打造高效率医院［M］. 北京：机械工业出版社，2015.

[185] 李庆能. 优秀流程可以复制［M］. 北京：电子工业出版社，2015.

[186] 王玉荣，葛新红. 流程革命2.0：让战略落地的流程管理［M］. 北京：北京大学出版社，2011.

[187] 陈立云，罗均丽. 跟我们学建流程体系［M］. 武汉：中华工商联合出版社，2014.

[188] 杨兴文. 流程管理的55个关键细节［M］. 北京：中国电力出版社，2011.

[189] 许国才. 企业内部控制流程手册［M］. 2版. 北京：人民邮电出版社，2012.

[190] 吕梁，杨志宏，方飞虎. 流程型企业5S攻略［M］. 北京：机械工业出版社，2014.

[191] 马文. M. 沃泽尔. 什么是业务流程管理［M］. 北京：电子工业出版社，2014.

[192] 郭威. 新组织设计［M］. 北京：经济管理出版社，2011.

[193] 宋新宇. 让管理回归简单［M］. 北京：电子工业出版社，2012.

［194］（美）李·克拉耶夫斯基，拉里·里茨曼，Krajewski L,et al. 运营管理：流程与价值链［M］. 北京：人民邮电出版社，2007.

［195］（美）吉尔里·A. 拉姆勒，艾伦·P. 布拉奇. 流程圣经［M］. 北京：东方出版社，2014.

［196］樊光中. 流程修炼——通往卓越之路［M］. 北京：中国时代经济出版社，2011.

［197］林鸣，马士华. 动态联盟：项目管理新模式［M］. 北京：电子工业出版社，2003.

感谢

我是在中国地质大学以工学学士毕业15年后的2002年，在职就读华中科技大学管理科学与工程专业的。那些架起两个短短的椅子在教室里午休的情景，至今仍历历在目，深知学习的重要却无法用大段的时间专注脱产学业。感谢喻家山下夏热冬冷、起早贪黑的日日夜夜。

在此期间，博士生导师王宗军教授，用他有力的无可置疑的语言鼓励和悉心指导，使我顺利完成了硕士阶段学习并获得管理学硕士学位。而中国地质大学（武汉）的张人权教授，以其年过八旬的敏锐和广博的知识，常常教诲我、勉励我，使我受益良多，他是我学术和人生道路上的良师。此外还得到学兄薄纯林博士、同学张磊等的无私帮助。

来到绍兴文理学院土木工程学院之后，担任了行政职务和教师职责，近乎铆足劲地争分夺秒地工作，动力来自于兴趣和使命感，思索着、操劳着是十分愉悦的状态，不是形式主义的摆拍。也可以说是我人生从"技术员、管理员"到"教练员"的重要阶段，创见活跃、行动力强劲。感谢学校宽松的学术氛围和各方面的支持。

值得强调的是，由于江苏理工学院周兰珍教授的引荐，不仅仅让我有机会跟工程哲学的首创人李伯聪教授学习，也结识了"另外一个天地"——工程哲学界的诸多学术先进，殷瑞钰院士、丘亮辉研究员、王大洲教授、王安院士等，思辨和哲思忽然开朗，工程与哲学的结合快速加深，哲学思想、工程实践、流程方法、工程教育的浑然融合体也呼之欲出。真诚地感谢你们。

第二版研究、编写和出版过程中，特别得到了华侨大学的祁神军副教授的无私帮助，因为中交二航局的关系与他结识，他的工程造价课程以MOOC形式办得有声有色。

丁烈云院士是华中科技大学的老校长，攀谈中才知道1999年长江干堤我做堤防加固工程时，就在他的家乡大半年之久，这急速增加了工程管理专业方向的志趣之外的亲近感，更加深了钦佩、敬重感。他为了鼓励后进的我们，也深情地为这本第二版拙著写了推荐序言，我们一定不辜负老师、前辈的期望，不忘初心、牢记使命、砥砺前行，"聚焦使命，做原创人、深耕者"，为管理学科知识添砖加瓦。

感谢华汇董事长袁建华的支持，他领导的民营设计集团是行业中的佼佼者。感谢华汇工程设计集团股份有限公司和绍兴文理学院出版基金资助以实现我们将研究成果公之于世的愿望。华汇肖景平付出了很多辛劳。

尤其感佩于教育部原副部长、同济大学原校长吴启迪老师，在百忙中为我这个无名小辈的一点点研究进步，写下中肯和充满勉励的序言，使我更加充满热情，努力将流程的研究深化、细化和实用化，使之发挥更大的作用。

要感谢在本研究过程中，被我参考和引用的论著者，我赞同读书就是和老师们的无语交流，因此我敬你们为师，如有引用不当不妥，敬请宽宥。特别感谢驰骋在流程咨询、管理实践一线成绩卓越的金国华、包立南、洪武敬，虽未谋面，借助互联网却与他们神交已久，从中获益良多。

感谢我曾经工作过的中交第二航务工程局、浙江八咏建设集团有限公司、浙江海天建设集团有限公司、浙江华厦建设集团有限公司、上海科瑞建设项目管理有限公司。并感谢浙江省岩土力学与工程学会龚晓南院士、杜时贵教授、罗战友教授，同济大学复杂工程管理研究院的乐云教授、何清华教授和罗晟博士，浙江大学张宏教授，浙江省土木建筑学会工程管理学术委员会的同仁们，从他们那里汲取到让我"做工程"以外，坚持"学术研究"的力量。感谢同事也是好朋友的乐少林、张国志，好朋友李云长，在不停地聆听他们海阔天空的讨论中获得诸多启发、反证和审视。

特别感谢我的夫人李琼，她的长期无原则支持，使我既不离开工程管理实践的一线，又有一些海阔天空思考的小天地。感谢儿子卢笑言和儿媳林卉，他们年少求学海外，风华正茂既已学成，正因为他们"没有事情麻烦"，给我留下了充沛的时间和精力来探索自己的兴趣所在。还有小姨解晓明一家，由于她无微不至的关心和付出，解放了我们的思想和许多家务的羁绊。

还要感谢我的诸多朋友、网友、博友，常常从他们那里得到忽闪一过的灵感，以接续不断中止的关于流程的探讨。